Fundamentos en DevOps y arquitecturas de microservicios

Patrones, estrategias y tecnologías para el desarrollo de microservicios

José Manuel Ortega Candel

Fundamentos en DevOps
y arquitecturas
de microservicios

Patrones, estrategias
y tecnologías para el desarrollo
de microservicios

José Manuel Ortega Candel

Fundamentos en DevOps y arquitecturas de microservicios

© 2026 José Manuel Ortega Candel

Primera edición, 2026

© 2026 MARCOMBO, S. L.
Gran Via de les Corts Catalanes 594, 08007 Barcelona
www.marcombo.com
Contacto: info@marcombo.com

Ilustración de cubierta: Jotaká
Corrección: José López Falcón
Maquetación: Reverté-Aguilar, S.L.

Directora de producción: M.ª Rosa Castillo

ISBN: 978-84-267-4115-8
D.L.: B 23390-2025

Impreso en Servicepoint
Printed in Spain

Libro ecológico
Impreso con papel procedente de bosques gestionados de manera eficiente, libre de cloro.

Dedicado a los lectores. Su curiosidad y pasión
por el conocimiento hacen que la escritura cobre vida.

Antes de comenzar a leer

El código fuente de los ejemplos, y todos los recursos didácticos y de programación que se emplean, podrán descargarse a medida que se avanza en la lectura.

Estos recursos están disponibles en www.marcombo.info con el código **DEVOPS26**.

Contenido

Introducción

El panorama del desarrollo de software ha experimentado una transformación radical en las últimas décadas. La creciente demanda de aplicaciones más rápidas, escalables y resilientes ha impulsado la adopción de nuevas metodologías y arquitecturas. En este contexto, DevOps y la arquitectura de microservicios han emergido como pilares fundamentales para construir y operar sistemas de software modernos y complejos.

Más que una simple herramienta o tecnología, DevOps representa una filosofía cultural y un conjunto de prácticas que buscan integrar los equipos de desarrollo y operaciones, fomentando la colaboración, la automatización y la mejora continua en todo el ciclo de vida del software. Por otro lado, la arquitectura de microservicios propone una alternativa al enfoque monolítico tradicional, descomponiendo las aplicaciones en pequeños servicios independientes que se comunican a través de la red.

Este libro se presenta como una guía integral para comprender los conceptos esenciales, los patrones de diseño, las estrategias de implementación y las tecnologías clave que sustentan el desarrollo de aplicaciones modernas utilizando estos dos paradigmas. A lo largo de sus páginas explicaremos cómo DevOps y los microservicios se complementan para ofrecer soluciones robustas, escalables y adaptables a las necesidades cambiantes del negocio.

Este libro está dirigido a desarrolladores de software, arquitectos de sistemas, profesionales de operaciones, líderes de equipo y cualquier persona interesada en comprender y aplicar los principios y las prácticas de DevOps y las arquitecturas de microservicios para construir sistemas de software de próxima generación.

Entre los principales objetivos de aprendizaje que se persiguen con esta obra podemos destacar:

- Comprender los fundamentos y principios clave de la filosofía DevOps, incluyendo la colaboración, la automatización, la mejora continua y la cultura.
- Definir y diferenciar la arquitectura de microservicios de otros estilos arquitectónicos tradicionales, comprendiendo sus ventajas y desafíos.
- Identificar y aplicar los patrones de diseño de microservicios más comunes para construir sistemas resilientes, escalables y mantenibles.
- Conocer las estrategias de descomposición de un monolito en microservicios y los criterios para definir los límites de los servicios.
- Comprender las consideraciones clave para la comunicación entre microservicios, incluyendo patrones síncronos y asíncronos.
- Explorar las estrategias de gestión de datos en arquitecturas de microservicios, abordando la consistencia y la independencia de las bases de datos.
- Conocer las principales tecnologías y herramientas utilizadas en el desarrollo y despliegue de microservicios dentro de un entorno DevOps, como contenedores (Docker, Kubernetes), orquestación, observabilidad y CI/CD.
- Entender las prácticas de automatización esenciales en un entorno DevOps, incluyendo la infraestructura como código, la gestión de la configuración y las pruebas automatizadas.
- Implementar estrategias de monitorización y observabilidad para garantizar la salud, el rendimiento y la disponibilidad de las aplicaciones basadas en microservicios.
- Comprender los aspectos de seguridad específicos de las arquitecturas de microservicios y cómo abordarlos en un contexto DevOps.
- Aplicar los principios de mejora continua para optimizar los procesos de desarrollo y operación de sistemas basados en microservicios.

CAPÍTULO 1
INTRODUCCIÓN A DEVOPS

1.1. Ciclo de vida DevOps

En los últimos años, la metodología DevOps se ha afianzado como la respuesta a la necesidad de estandarizar un proceso mediante el cual un desarrollo software (nueva funcionalidad, mejora o corrección) pasa de la implementación a la explotación. Se trata de un enfoque ágil cuyo objetivo principal es reducir los tiempos necesarios dentro del ciclo de vida software (migración entre versiones, ejecución de pruebas, detección de bugs, etc.).

Para alcanzar ese objetivo, la metodología se basa en la idea de reducir la distancia entre los técnicos de desarrollo (Dev) y los de sistemas (Ops), permitiendo a ambos equipos trabajar de forma más cercana, lo que aportará mayor agilidad y productividad al entorno de trabajo.

El objetivo de este enfoque es agilizar y facilitar el proceso de desarrollo y entrega de software, uniendo para ello equipos que tradicionalmente no estaban tan comunicados, como por ejemplo los equipos de desarrollo y los de mantenimiento de sistemas. Con la colaboración de estos grupos, se busca optimizar el trabajo de los desarrolladores, a la vez que se asegura la funcionalidad de las aplicaciones desarrolladas mediante medidas de monitorización aplicadas por el equipo de operaciones.

El proceso de DevOps se representa como un bucle infinito. Comprende las etapas de planificación, codificación, compilación, pruebas, despliegue, implementación, operación, monitoreo y, a través de la retroalimentación, planificación, lo que restablece el bucle.

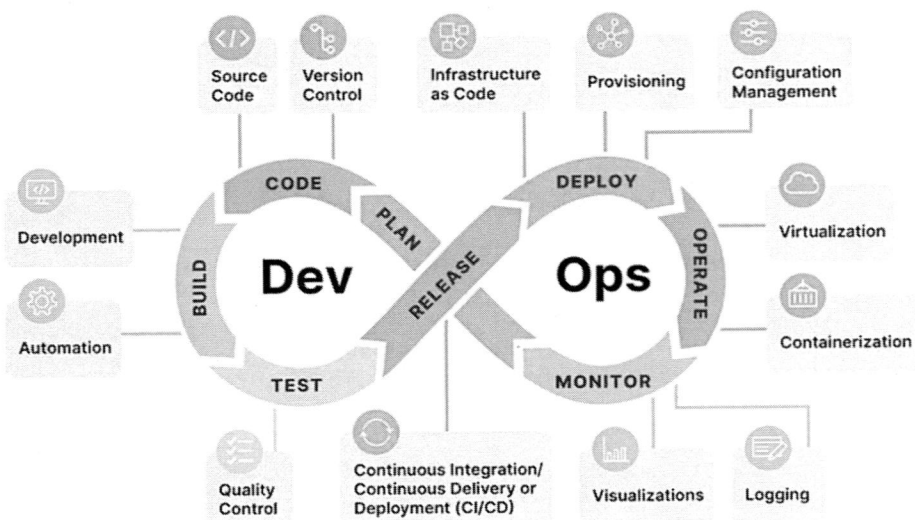

Figura 1.1 Ciclo de vida en proyectos que siguen una metodología DevOps

El proceso que se sigue en la aplicación de DevOps suele estar formado por ocho fases, que se repiten durante el ciclo de vida de las aplicaciones desarrolladas. En cada fase se llevan a cabo diferentes tareas, realizadas por el equipo de desarrollo y el de operaciones:

- **Fase planificación:** el equipo de desarrollo habla con el cliente sobre los detalles de su aplicación y se planean las funcionalidades que se van a implementar, corregir o mejorar según los resultados recibidos del equipo de operaciones.

- **Fases desarrollo, implementación y testeo:** en estas fases se desarrollan, implementan y testean las funcionalidades que se van a añadir a la aplicación.

- **Fases de despliegue y puesta en producción:** el equipo de operaciones recibe las nuevas implementaciones y despliega y publica el código generado, de tal manera que no entre en conflicto con las funcionalidades ya implementadas.

- **Fases de operación y monitorización:** se definen medidas de control y monitorización para asegurar el funcionamiento de la aplicación una vez puesta en producción, y se van comunicando los resultados de las mediciones al equipo de desarrollo. Desde aquí, con las mediciones obtenidas, el proceso volvería otra vez a la fase de planificación, lo que iniciará una nueva etapa dentro del ciclo de vida de la aplicación.

Las ventajas de DevOps son claras: los equipos que adoptan esta cultura, las prácticas y las herramientas de DevOps mejoran el rendimiento y crean productos de mayor calidad, pero empleando menos tiempo, lo que se traduce en una satisfacción mayor en el cliente final. Esta mejora en la colaboración y la productividad es también vital para alcanzar objetivos de negocio.

El pilar fundamental sobre el que se basa el sistema de trabajo es la automatización de todos los procesos que intervienen en el ciclo de vida de una aplicación: integración, pruebas, despliegue, monitorización y operación. En la siguiente tabla se resumen las implicaciones que tienen los beneficios de la metodología DevOps:

Ventajas	Impacto en el negocio
Reducción de los tiempos de despliegue de nuevas versiones	Reducción del "time to market"
Mayor número de despliegues	Los clientes perciben más agilidad y calidad del producto
Testing automatizado	Los errores se detectan y resuelven antes de que lleguen al cliente
FeedBack continuo	Se consigue mayor calidad en el producto final
Procesos automáticos	Los procesos de negocio no se ven afectados por errores humanos
Escalabilidad	Capacidad de adaptación a las demandas que puedan surgir de los usuarios o clientes

1.2. Arquitecturas DevOps

Una arquitectura DevOps engloba un conjunto de principios, patrones y mejores prácticas arquitectónicas que, cuando se aplican en conjunto, facilitan y potencian la implementación de la filosofía y las prácticas de DevOps en una organización. Una arquitectura DevOps es aquella que está diseñada y construida para soportar la velocidad, la colaboración, la automatización, la monitorización continua y la mejora iterativa que son fundamentales para DevOps. Una arquitectura DevOps se construye sobre un conjunto de principios arquitectónicos que habilitan las prácticas de DevOps:

- **Microservicios:** descomponer las aplicaciones monolíticas en servicios pequeños, independientes y autónomos que se pueden desarrollar, desplegar, escalar y mantener de forma independiente. Los microservicios facilitan la agilidad, la resiliencia y la escalabilidad, y son altamente compatibles con la automatización de DevOps.
- **Infraestructura como código:** tratar la infraestructura (servidores, redes, almacenamiento, etc.) como código, permitiendo su gestión automatizada, versionada y declarativa. La IaC es esencial para la automatización del aprovisionamiento, la configuración y el despliegue en DevOps.
- **Contenedores:** empaquetar aplicaciones y sus dependencias en contenedores (Docker, etc.) que proporcionan aislamiento, portabilidad y consistencia entre diferentes entornos (desarrollo, pruebas, producción). Los contenedores simplifican el despliegue, la escalabilidad y la gestión de aplicaciones en DevOps.
- **Orquestación de contenedores:** utilizar plataformas de orquestación de contenedores (Kubernetes, Docker Swarm) para automatizar el despliegue, la gestión, la escalabilidad y la autorrecuperación de aplicaciones contenerizadas. La orquestación de contenedores es un componente clave de las arquitecturas DevOps modernas.

- **Automatización:** la automatización debe ser un principio fundamental en todos los aspectos de la arquitectura DevOps. Se deben automatizar tareas repetitivas, procesos de build, pruebas, despliegues, configuración, monitorización y respuesta a incidentes siempre que sea posible. La automatización aumenta la velocidad, la eficiencia y la fiabilidad.

- **Observabilidad:** diseñar arquitecturas fácilmente observables, implementando sistemas de monitorización centralizados para recopilar métricas, logs y trazas. La observabilidad permite entender el estado interno de los sistemas basándose en datos externos, lo cual facilita la detección temprana de problemas, el diagnóstico rápido y la optimización del rendimiento.

- **Seguridad integrada:** incorporar la seguridad en la arquitectura desde el inicio (Shift-Left Security). Integrar prácticas de seguridad en todas las fases del ciclo de vida de DevOps, automatizando pruebas de seguridad y controles de seguridad operativos.

- **Escalabilidad y resiliencia:** diseñar arquitecturas que sean fácilmente escalables para manejar picos de demanda y crecimiento futuro, y que sean resilientes ante fallos, con redundancia, autorrecuperación y planes de contingencia.

- **API (Application Programming Interface) y desacoplamiento:** utilizar unas API bien definidas para la comunicación entre componentes y servicios, promoviendo el desacoplamiento y la independencia. Las API facilitan la integración, la reutilización y la evolución independiente de los componentes.

Dentro de las arquitecturas DevOps, se utilizan patrones comunes que potencian la agilidad y la eficiencia. La arquitectura de microservicios, donde las aplicaciones se dividen en servicios pequeños e independientes, facilita el despliegue y la escalabilidad individual de los componentes. Las arquitecturas basadas en contenedores, con Kubernetes como orquestador principal, ofrecen portabilidad y gestión simplificada de aplicaciones complejas. También son relevantes las arquitecturas serverless, que minimizan la gestión de la infraestructura, y las arquitecturas cloud (híbridas o multinube), que aprovechan la elasticidad y los servicios gestionados de la nube para construir sistemas más robustos y adaptables.

El objetivo de estas herramientas es tratar de optimizar, acortar y automatizar aún más las diversas etapas del flujo de trabajo de creación de software. Muchas de estas herramientas también promueven los postulados principales de DevOps, como son la automatización, la colaboración y la integración entre los equipos de desarrollo y operaciones. A continuación, se ofrece un ejemplo de herramientas que se emplean en las diversas etapas del ciclo de DevOps.

- **Planificación:** en esta fase se definen los requisitos y valores empresariales. Algunas herramientas de muestra son Jira o Git, con las cuales se puede hacer un seguimiento de los problemas conocidos y llevar a cabo la gestión de los proyectos.

- **Codificación y control de versiones:** esta fase implica el diseño del software y la creación del código. Algunas herramientas en este punto son GitHub, GitLab, Bitbucket o Stash.

- **Integración continua:** en esta fase se gestionan las versiones y las compilaciones del software utilizan herramientas automatizadas que ayudan a compilar y crear paquetes de código para publicarlos después en producción. Se utilizan repositorios de código fuente o repositorios de paquetes que también empaquetan la infraestructura que se necesita para el lanzamiento del producto. Algunas herramientas en este punto son Docker, Ansible, Puppet, Chef, Gradle, Maven o JFrog Artifactory.

- **Pruebas automatizadas:** esta fase incluye la realización de pruebas automatizadas para garantizar la calidad del desarrollo. Algunas herramientas en este punto son JUnit, Codeception, Selenium, Vagrant, TestNG o BlazeMeter.

- **Despliegue continuo:** en esta fase se emplean herramientas que ayudan a gestionar, coordinar, programar y automatizar las tareas de producción de las versiones de productos. Algunas herramientas en este punto son Puppet, Chef, Ansible, Jenkins, Kubernetes, OpenShift, OpenStack, Docker o Jira.
- **Operaciones:** en esta fase se gestiona el software durante su producción. Algunas herramientas en este punto son Ansible, Puppet, PowerShell, Chef, Salt u Otter.
- **Monitorización:** en esta fase se identifica y se recopila información sobre problemas que surgen en una versión de software específica que se encuentra en producción. Algunas herramientas en este punto son New Relic, Datadog, Grafana, Wireshark, Splunk, Nagios o Slack.

1.2.1. Principios de arquitectura de la infraestructura

La arquitectura de la infraestructura subyacente es importante para habilitar las prácticas de DevOps. Los principios clave en la arquitectura de infraestructura DevOps incluyen:

- **Infraestructura como código:** la infraestructura debe ser gestionada como código (IaC) para permitir la automatización del aprovisionamiento, la configuración y la gestión. Se utilizan herramientas como Terraform, Ansible, Chef, Puppet.
- **Infraestructura dinámica y elástica:** la infraestructura debe poder escalar automáticamente según la demanda, aprovisionando recursos de forma dinámica. Se aprovechan las capacidades de la nube pública y las plataformas de orquestación de contenedores.
- **Infraestructura inmutable:** en lugar de modificar servidores existentes, se reemplazan estos por nuevas instancias cada vez que se requiere un cambio. La infraestructura inmutable reduce los cambios de configuración, mejora la consistencia y facilita los rollbacks.

- **Infraestructura de autoservicio:** proporcionar a los equipos de desarrollo la capacidad de aprovisionar y gestionar la infraestructura que necesitan bajo demanda, utilizando portales de autoservicio y API.
- **Redes definidas por software:** utilizan SDN para automatizar la configuración y la gestión de la red, lo que permite una infraestructura de red más ágil y programable, y facilita la microsegmentación y la seguridad de la red.

1.3. SRE (Site Reliability Engineering)

En el mundo tecnológico actual, la confiabilidad de las aplicaciones es esencial para el éxito empresarial. Ante la creciente complejidad de las infraestructuras tecnológicas y la demanda de una experiencia de usuario fluida, surge la figura del ingeniero de fiabilidad del sitio (SRE), que las organizaciones utilizan para garantizar que las aplicaciones mantengan un nivel mínimo de fiabilidad en medio de las frecuentes actualizaciones llevadas a cabo por los equipos de desarrollo.

SRE es una disciplina que incorpora diversos aspectos del desarrollo de software y lo aplica a problemas y tareas en operaciones de TI específicamente. El objetivo principal de SRE es desarrollar una aplicación o sistema de software altamente confiable y escalable. Entre las principales **características** de SRE podemos destacar:

- **Ingeniería de software aplicada a la infraestructura:** trata la infraestructura como código, utilizando principios de ingeniería de software como la automatización, la monitorización, las pruebas y la revisión por pares para gestionar y mejorar los sistemas.
- **Colaboración estrecha con los equipos de desarrollo:** fomenta una estrecha colaboración entre los equipos de desarrollo y operaciones, rompiendo los silos tradicionales y compartiendo responsabilidades.

- **Enfoque en la automatización:** la automatización es fundamental para SRE. Se automatizan tareas repetitivas como el despliegue, la configuración, la monitorización y la resolución de problemas.
- **Monitorización y observabilidad:** se basa en una sólida estrategia de monitorización para recopilar datos sobre el rendimiento del sistema, identificar problemas potenciales y responder rápidamente a los incidentes que surjan.
- **Cultura de la mejora continua:** fomenta una cultura de aprendizaje continuo a través de la realización de *post mortems,* el análisis de incidentes y la búsqueda de mejoras continuas en los procesos y sistemas.
- **Aceptación de errores:** reconoce que los fallos son inevitables y se enfoca en diseñar sistemas resilientes que puedan recuperarse rápidamente de los errores.
- **Utilización de métricas:** utiliza métricas clave para medir el rendimiento del sistema, como el tiempo de actividad, la latencia, la tasa de errores y el tiempo de resolución de incidentes.

1.3.1. SRE (Site Reliability Engineering) vs DevOps

SRE y DevOps son enfoques clave en el desarrollo y la operación de sistemas de software, pero presentan diferencias notables en sus objetivos y en cómo abordan los desafíos de lograr una entrega de software eficaz. Algunas diferencias entre ambos perfiles son:

El objetivo principal de un perfil SRE es garantizar que los sistemas sean confiables, escalables y resistentes, manteniendo altos niveles de disponibilidad y rendimiento. DevOps busca acortar los ciclos de desarrollo y entrega, fomentando la entrega continua y mejorando la colaboración y la comunicación entre los equipos.

Los perfiles SRE aplican principios de ingeniería de software para mantener la estabilidad y el rendimiento del sistema en entornos operativos. En cambio, DevOps abarca la colaboración entre equipos de desarrollo y operaciones para agilizar el desarrollo, las pruebas y la entrega de software.

SRE utiliza prácticas como el monitoreo proactivo, la automatización de operaciones y la gestión de incidentes para garantizar la fiabilidad del sistema en producción, mientras que DevOps se besa en la integración continua, la entrega continua y la automatización de procesos de desarrollo y operaciones para agilizar la entrega de software.

Los ingenieros de SRE son expertos en confiabilidad y operaciones. Se enfocan en el monitoreo, la gestión de la capacidad, la escalabilidad y la resolución de problemas en producción. Por otro lado, DevOps promueve la colaboración entre desarrolladores y operaciones, compartiendo responsabilidades para todo el ciclo de vida del software.

En la siguiente figura podemos ver que DevOps representa una cultura de colaboración entre desarrollo y operaciones, enfocada en acelerar la entrega de software. SRE, por su parte, es una disciplina de ingeniería que se basa en los principios de DevOps y se centra en la fiabilidad y escalabilidad de los sistemas en producción. Mientras que DevOps busca acortar los ciclos de desarrollo, SRE se asegura de que los sistemas puedan soportar cargas de trabajo crecientes y recuperarse de fallos de manera rápida y eficiente.

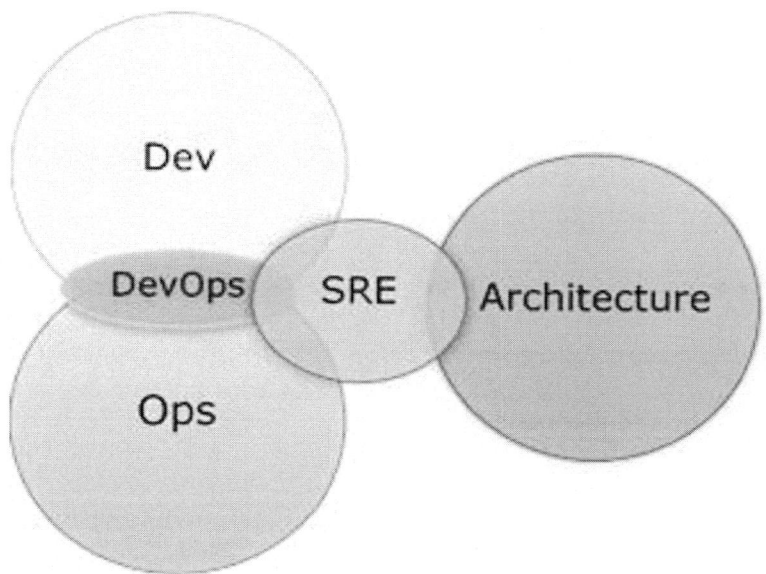

Figura 1.2 SRE vs DevOps

A continuación, mostramos una tabla comparativa entre SRE (ingeniería de fiabilidad del sitio) y DevOps, destacando las principales diferencias y similitudes:

Característica	DevOps	SRE
Objetivo principal	Acelerar la entrega de software	Asegurar la fiabilidad y escalabilidad de los sistemas en producción.
Enfoque	Colaboración entre desarrollo y operaciones para acelerar la entrega de software.	Garantizar la fiabilidad, escalabilidad y rendimiento de los sistemas en producción.
Responsabilidades	Abarca todo el ciclo de vida del software, desde el desarrollo hasta la implementación.	Se centra principalmente en la operación y mantenimiento de los sistemas en producción.

Cultura	Fomenta una cultura de colaboración, automatización y mejora continua.	Amplía la cultura DevOps con un enfoque en la ingeniería de fiabilidad y la resolución de problemas.
Métricas	Tiempo de actividad, frecuencia de despliegues, tiempo medio para la recuperación (MTTR).	Métricas de rendimiento, latencia, errores por segundo, satisfacción del usuario.
Herramientas	Herramientas de automatización, contenedores, orquestación, monitoreo, etc.	Herramientas de monitoreo, alerta, automatización, análisis de incidentes, etc.
Habilidades	Desarrollo de software, operaciones, automatización, pruebas.	Desarrollo de software, sistemas operativos, redes, análisis de datos, resolución de problemas.

1.4. Metodologías de desarrollo

La forma en que diseñamos y desarrollamos software ha evolucionado significativamente en las últimas décadas. Dos enfoques principales han surgido en el desarrollo de las API: Code First y API First. Cada uno tiene sus propias fortalezas y debilidades. La elección entre uno u otro dependerá de los objetivos específicos del proyecto.

El enfoque más tradicional o **Code First** consiste en crear una aplicación con todas las funcionalidades requeridas por la lógica de negocio, elaborar la interfaz de usuario, back-end, etc., y luego, casi como un side project, montar una API para interactuar la lógica de negocio que tenemos implementada.

Los enfoques más actuales emergen hoy en busca de la planificación y especificación de contratos de diseño para las API que satisfagan la lógica del negocio de manera sostenible y escalable. Recuerda que la API no es más que el lenguaje común que utilizarán para comunicarse todas las partes de un proyecto y que, por tanto, debe ser consensuado, especificado, validado y de dominio colectivo.

El enfoque **API First** prioriza la planificación de la API a través de la especificación del contrato de diseño, utilizando especificaciones como **OpenAPI** https://www.openapis.org. Iniciar un proyecto con un contrato de API garantiza la coherencia, la reutilización y la amplia interoperabilidad de la API resultante, siendo posible utilizar herramientas gratis para generar documentación y ejemplos de prueba a partir de las especificaciones establecidas en el contrato de la API. A continuación, se muestra una tabla comparativa entre ambas metodologías.

Característica	Code First	API First
Foco inicial	Código	Diseño de la API
Flexibilidad	Alta	Media
Reutilización	Baja	Alta
Documentación	Tiende a ser posterior	Generada automáticamente
Tiempo de desarrollo inicial	Más rápido	Más lento
Escalabilidad	Menor	Mayor

La elección entre ambos enfoques depende de una variedad de factores, incluyendo el tamaño del proyecto, la complejidad de la API, los requisitos de escalabilidad y la importancia de la reutilización. En general, el enfoque API First es cada vez más popular, debido a sus beneficios a largo plazo, pero el enfoque Code First puede ser adecuado para ciertos tipos de proyectos.

1.4.1. Code First

El enfoque Code First es una metodología de desarrollo de software en la que se prioriza la escritura del código de la aplicación antes de definir formalmente las interfaces o contratos. En otras palabras, se construye la lógica de la aplicación y luego se exponen sus funcionalidades a través de API o interfaces de usuario. Las principales **características** del enfoque Code First son:

- **Flexibilidad:** permite un desarrollo ágil y adaptable, ya que el diseño de la API puede evolucionar a medida que se desarrolla la aplicación.
- **Velocidad:** puede ser más rápido de implementar, especialmente para proyectos pequeños o prototipos.
- **Énfasis en la funcionalidad:** prioriza la implementación de las características de la aplicación.
- **Menor planificación inicial:** requiere menos planificación formal en comparación con otros enfoques.

El enfoque Code First, aunque ofrece una gran flexibilidad, se adapta mejor a ciertos tipos de proyectos y escenarios. A continuación, analizamos algunos de los casos de uso más comunes:

- **Proyectos pequeños y rápidos:** cuando se necesita una solución rápida y no se requiere una API estable y escalable.
- **Prototipos:** para construir prototipos rápidamente y obtener feedback temprano de los usuarios.
- **Desarrollo interno:** cuando la aplicación está destinada a ser utilizada internamente y no requiere una API públicamente expuesta.
- **Proyectos en los que la funcionalidad es más importante que la reutilización:** si el objetivo principal es construir una aplicación específica y no se prevé reutilizar el código en otros proyectos.

1.4.2. API First

El desarrollo API First es una metodología de desarrollo de software que se centra en la creación de una API como el primer paso en el proceso de desarrollo de una aplicación. En lugar de desarrollar primero la interfaz de usuario y luego crear una API para conectarla con el backend, el enfoque API First implica diseñar y desarrollar primero la API, y luego construir la interfaz de usuario en función de esa API.

Al adoptar el enfoque API First, se mejora la experiencia del usuario, se facilita la integración con otras aplicaciones, se permite una mayor escalabilidad y se promueve la reutilización de código. Las principales ventajas de usar esta metodología son las siguientes:

- **Mejora la experiencia del usuario:** al adoptar el enfoque API First, se pone el foco en el diseño de una API bien estructurada y fácil de usar. Esto permite que la interfaz de usuario se construya en torno a la funcionalidad de la API, lo que resulta en una experiencia de usuario más coherente. Además, al separar la lógica de negocio de la interfaz de usuario, se facilita la actualización y mejora de la aplicación sin afectar la experiencia del usuario.

- **Facilita la integración con otras aplicaciones:** al desarrollar una API como punto de entrada a su aplicación, se está facilitando la integración con otras aplicaciones y servicios. Esto es especialmente útil hoy con la integración de sistemas, donde es común encontrar que las aplicaciones se conecten entre sí. Al proporcionar una API bien documentada y fácil de usar, estamos abriendo las puertas a la integración con otras aplicaciones y permitiendo a la aplicación formar parte de un ecosistema más amplio.

- **Permite una mayor escalabilidad:** el enfoque API First permite una mayor escalabilidad de su aplicación. Al desarrollar primero la API, podrías realizar el diseño de manera que sea fácil de escalar y manejar grandes volúmenes de peticiones. Además, al separar la lógica de negocio de la interfaz de usuario, podríamos escalar cada componente por separado según sea necesario. Esto ofrece flexibilidad para añadir más recursos a la API o a la interfaz de usuario según las demandas del negocio y el número de usuarios que estén haciendo uso de la aplicación.

- **Promueve la reutilización de código:** al desarrollar primero la API, se fomenta la reutilización de código. Una API bien diseñada y modular puede ser utilizada por diferentes aplicaciones y servicios, lo que reduce la necesidad de escribir código duplicado. Esto no solo ahorra tiempo y esfuerzo en el desarrollo, sino que también facilita el mantenimiento y la actualización de la aplicación.

- **Mejora la seguridad de las API:** al definir el contrato primero, permite validar la seguridad basada en la definición y encontrar bugs de seguridad antes de haber comenzado con la fase de implementación.

- **Arquitectura de la API mejorada:** en el enfoque Code First, la API se desarrolla método a método, por lo que un desarrollador puede perder fácilmente la pista de la arquitectura general de la API. Sin embargo, con el enfoque API First el desarrollador se ve obligado a interactuar con una API desde la posición de usuario de esta, lo que con frecuencia puede ayudarle a diseñar una arquitectura de API más limpia.

El enfoque API First nos invita a comenzar inicialmente por el diseño y desarrollo de la API, lo que da como resultado que la misma contemple un contexto más amplio. Al ser el contexto inicial más amplio, la extensión o adición de nuevas funcionalidades a nuestra API tiende a ser más orgánico y ordenado. Además, esta metodología posibilita trabajar en varias partes simultáneas de la aplicación, testear, corregir e iterar nuevamente, teniendo en mente no sólo la lógica de negocio de la aplicación, sino también cómo se utilizará cada parte de la misma.

El enfoque API First es ideal para proyectos grandes y complejos, en los cuales la reutilización, la escalabilidad y la colaboración son fundamentales. A continuación, analizamos algunos de los casos de uso más comunes:

- **Proyectos grandes y complejos:** cuando se requiere una API estable y escalable que pueda ser utilizada por múltiples aplicaciones.
- **Proyectos donde la reutilización es importante:** cuando se espera que la API sea reutilizada en otros proyectos.
- **Proyectos que requieren una colaboración estrecha entre equipos:** cuando diferentes equipos trabajan en diferentes partes de la aplicación.

Una variante de esta metodología es la de **API-Design First**, que resulta un enfoque más ambicioso en cuanto a la planificación: antes de comenzar a escribir cualquier línea de código, o incluso de especificación del contrato, las partes involucradas técnicas y no técnicas podrán discutir las funcionalidades de la API, la estructura del contrato, realizar simulacros de funcionamiento y trazar las posibles pruebas de validación, todo ello en un ciclo corto de retroalimentación. En una fase posterior podrán ser definidas en código las especificaciones de la API y, a partir de ahí, los desarrolladores podrán pasar a implementar en paralelo con apoyo de la documentación y entornos de prueba generados hasta ese momento.

1.5. Otras metodologías DevOps

En esta sección se presentan algunas de las metodologías DevOps que han surgido en los últimos años para diferenciar diferentes formas de trabajo en los proyectos.

1.5.1. DevSecOps

Desde hace algunos años, la seguridad viene ganando cada vez más importancia en el ámbito del desarrollo de software, en especial cuando se trata de procesos cortos de desarrollo, que tienen que producirse cada vez con más rapidez entre las versiones. El cumplimiento de los estándares de seguridad en estos casos es todo un desafío. En este contexto, si se deja la seguridad para el final, tras la fase de desarrollo en sí, puede que no se logre alcanzar tales estándares.

En muchos casos, las empresas tienen que elegir entre un alto nivel de seguridad, que requiere una gran inversión de tiempo, o ciclos cortos de lanzamiento que renuncian a la seguridad.

DevSecOps es una práctica que integra la seguridad (Sec) en todo el ciclo de vida del desarrollo y operaciones (DevOps). Esta metodología busca automatizar la implementación de controles de seguridad y garantizar que la seguridad sea una responsabilidad compartida entre los equipos de desarrollo, seguridad y operaciones.

DevSecOps permite utilizar de manera óptima la agilidad y la rapidez de reacción que ofrece el enfoque DevOps. En este sistema, los mecanismos de seguridad están integrados en el proceso ya desde el inicio del desarrollo. Esta es una de las claras diferencias entre el paradigma DevSecOps y los enfoques convencionales, en los que los equipos de seguridad suelen aplicar las medidas correspondientes una vez se ha desplegado la solución en producción.

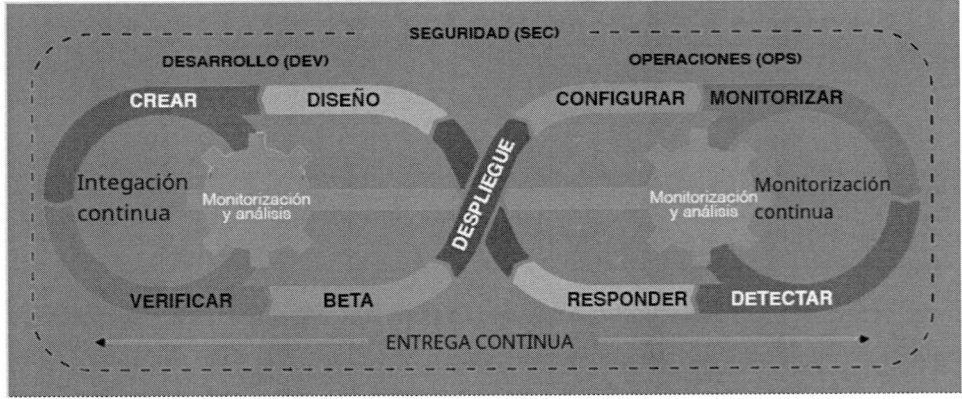

Figura 1.3 Ciclo de vida en proyectos que siguen una metodología DevSecOps

Una de las principales ventajas que aporta este modelo en una organización es servir de nexo de unión para dos departamentos entre los que frecuentemente existen roces, como son desarrollo y operaciones (sistemas). La necesidad de coordinar ambos departamentos a la hora de detectar, analizar y corregir las distintas vulnerabilidades e introducir esas modificaciones en el ciclo de entrega continua, redunda en una mejora del trabajo en equipo, la comprensión y el entendimiento entre ellos. El éxito de la implantación de un modelo DevSecOps se encuentra en tres pilares fundamentales:

- **Seguridad desde el diseño:** introducción de la seguridad desde el mismo momento del diseño y en todas las fases del ciclo de vida del software.
- **Fomento de una cultura de desarrollo seguro entre los desarrolladores:** mediante formación adecuada e información constante sobre guías y recomendaciones de algunas organizaciones como OWASP https://owasp.org, IEE https://www.ieee.org, SANS https://www.sans.org.
- **Pruebas de seguridad y herramientas de análisis de código:** la implementación de pruebas de seguridad estáticas (SAST) y dinámicas (DAST) permiten identificar vulnerabilidades en el código. Este enfoque ayuda a detectar problemas de seguridad durante el desarrollo y la ejecución de las aplicaciones, lo que reduce el riesgo de vulnerabilidades en entornos de producción.
  - **SAST (pruebas de seguridad estáticas):** se analizan los códigos fuente en busca de vulnerabilidades sin ejecutar el programa. Esto permite identificar problemas en las primeras etapas del desarrollo.
  - **DAST (pruebas de seguridad dinámicas):** se realizan pruebas en aplicaciones en ejecución para identificar vulnerabilidades que solo pueden ser detectadas durante el tiempo de ejecución.

1.5.2. DataOps

DataOps es la convergencia de procesos, personas y tecnología para mejorar la colaboración y la automatización en la gestión de datos. Su objetivo principal es acelerar la entrega de análisis de datos de alta calidad, al tiempo que garantiza la calidad y la seguridad de los datos. Sus **características** principales son:

- **Colaboración continua:** DataOps fomenta la colaboración continua entre los equipos de desarrollo, operaciones y análisis de datos. Rompe las barreras tradicionales y crea un entorno donde la comunicación es transparente, lo que facilita la integración efectiva de la perspectiva analítica y operativa desde el inicio del ciclo de vida del proyecto.

- **Automatización de procesos:** la automatización es el corazón de DataOps. Desde el ingreso de datos hasta la entrega de resultados, la automatización agiliza los procesos, reduce errores manuales y acelera el tiempo de entrega. La automatización no solo se aplica a las tareas rutinarias, sino también a las pruebas de calidad, la monitorización y la implementación, asegurando la coherencia y confiabilidad de los datos.

- **Escalabilidad:** DataOps está diseñado para escalar de manera eficiente, permitiendo a las organizaciones manejar grandes volúmenes de datos de manera efectiva. La arquitectura escalable facilita la incorporación de nuevas fuentes de datos y la expansión de la infraestructura según las necesidades del negocio, sin comprometer la estabilidad del sistema.

- **Agilidad:** la agilidad es un pilar fundamental de DataOps, al adoptar prácticas ágiles que permiten a los equipos adaptarse rápidamente a los cambios en los requisitos y responder de manera eficiente a las demandas del mercado.

- **Calidad y seguridad de los datos:** DataOps pone un énfasis especial en la calidad y seguridad de los datos. La implementación de prácticas de integración continua garantiza que los datos sean confiables y estén disponibles en todo momento. Las medidas de seguridad están integradas en cada fase del ciclo de vida, para proteger la integridad y confidencialidad de la información.

- **Retroalimentación continua:** DataOps fomenta un ciclo de retroalimentación constante. La monitorización proactiva, la recopilación de comentarios y la mejora permanente son elementos esenciales para garantizar que los procesos evolucionen y se puedan optimizar de forma continua. Esta mentalidad de aprendizaje constante fortalece la capacidad de adaptación de las organizaciones.

- **Automatización de las pruebas:** la reducción de la participación humana en las fases de pruebas, como las pruebas de no regresión, permite acelerar los despliegues en producción.

- **Metadatos y gestión de versiones:** el aumento de la frecuencia y el número de lanzamientos requiere la presencia de un sistema de control de versiones; además, cada versión de una solución intensiva en datos implica cambios que pueden expresarse mediante metadatos. Estos metadatos, puestos a disposición de todos los roles que participan en el pipeline de datos, garantizan una gestión eficaz y compartida de los cambios.

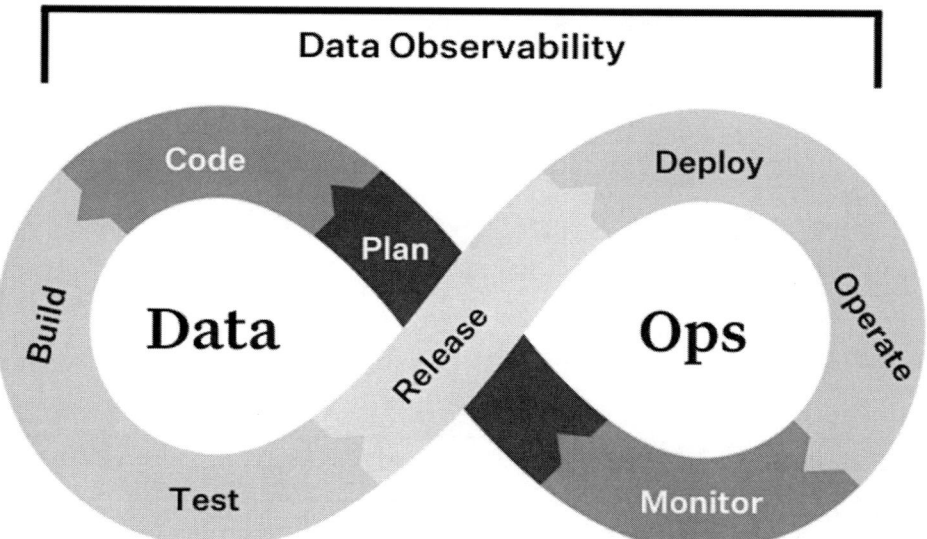

Figura 1.4 Ciclo de vida en proyectos que siguen una metodología DataOps

DataOps surge de la filosofía de DevOps, pero enfocándose en el análisis de datos con una búsqueda de la automatización, velocidad y precisión en el procesamiento de estos datos. Las ventajas que implican este tipo de operaciones son:

- **Evitar la duplicación de datos:** puesto que se busca la creación de productos de datos más accesibles, de calidad y con disponibilidad.

- **Creación de una estrategia de datos:** facilitando la colaboración de los equipos en todas las fases de desarrollo, para que los datos estén disponibles cuanto antes.

- **Mejora de la analítica de datos:** gracias al uso de algoritmos de aprendizaje automático. Pueden gestionar gran cantidad de datos.

- **Mejora en la eficiencia operativa:** se optimiza la eficiencia, la agilidad, la seguridad y el cambio de transformación del dato.

- **Procesos avanzados:** al adoptar DataOps, las empresas y organismos aceleran la transición a la nube y la ejecución de estrategias de transformación digital.

- **Apoyo a tecnologías de automatización:** se eliminan el tiempo necesario para la ejecución de tareas manuales.

A continuación, mostramos una tabla donde comparamos Devops y DataOps desde diferentes puntos de vista. Mientras que DevOps se centra en la eficiencia y la velocidad en el ciclo de vida del software, DataOps aplica principios similares al ciclo de vida de los datos, buscando mejorar la calidad, la velocidad y la confiabilidad en la entrega de datos para el análisis y la toma de decisiones. Ambas metodologías comparten la importancia de la automatización, la colaboración y la mejora continua.

Característica	DevOps	DataOps
Enfoque principal	Desarrollo y operaciones de software	Desarrollo y operaciones de datos
Objetivo principal	Automatizar y optimizar el ciclo de vida del desarrollo de software para una entrega más rápida y confiable.	Automatizar y optimizar el ciclo de vida de los datos para una entrega más rápida, confiable y de mayor calidad.

Alcance	Ciclo de vida del desarrollo de aplicaciones (codificación, pruebas, despliegue, infraestructura, operaciones).	Ciclo de vida de los datos (adquisición, preparación, integración, almacenamiento, análisis, visualización).
Equipos involucrados	Desarrolladores, equipos de operaciones de TI, equipos de seguridad (DevSecOps).	Científicos de datos, ingenieros de datos, analistas de datos, equipos de TI.
Procesos clave	Integración continua (CI), entrega continua (CD), infraestructura como código (IaC), monitoreo y logging.	Integración continua (CI), entrega continua (CD) para datos, infraestructura como código (IaC) para datos, monitoreo y logging de pipelines de datos, gobernanza de datos
Datos	Considerados principalmente como parte de la aplicación. La gestión de bases de datos es un componente, pero no el foco central.	El dato es el activo principal. Se enfoca en la calidad, la disponibilidad, la seguridad y la gobernanza de los datos.
Infraestructura	Principalmente infraestructura de aplicaciones (servidores, redes, contenedores).	Infraestructura de datos (almacenamiento, procesamiento, pipelines de datos, lagos de datos).
Herramientas	Git, Jenkins, Docker, Kubernetes, Ansible, Chef, Prometheus, Grafana.	Apache Kafka, Apache Spark, Airflow, dbt, Snowflake, AWS Glue, Google Cloud Dataflow.

Métricas	Frecuencia de despliegue, tiempo de entrega, tiempo de recuperación de incidentes, tasa de cambio de fallos.	Tiempo de ciclo de datos, calidad de los datos, disponibilidad de los datos, tiempo de detección de problemas de datos.
Filosofía	Cultura de colaboración, automatización, mejora continua, enfoque en la entrega de valor al cliente.	Cultura de colaboración (entre equipos de datos y TI), automatización de flujos de trabajo de datos, enfoque en la calidad y el valor del dato.
Casos de Uso	Desarrollo y despliegue de aplicaciones web y móviles, microservicios, gestión de infraestructura.	Pipelines de datos para análisis, machine learning, inteligencia de negocios, almacenamiento y gestión de grandes volúmenes de datos.

1.5.3. MLOps

En un mundo en el que los datos son tan importantes, los modelos MLops surgen con la intención de facilitar y agilizar los proyectos de machine learning e inteligencia artificial dentro de una empresa. Gracias a estos modelos entrenados, se ha conseguido una mayor optimización de procesos. Los tiempos han cambiado y el flujo de datos que necesita procesar una empresa a día de hoy requiere de herramientas que permitan hacerlo de forma automática.

MLOps https://ml-ops.org son las siglas de Machine Learning Operations, una extensión de la metodología DevOps que tiene como objetivo incluir los procesos de aprendizaje automático y ciencia de datos en la cadena de desarrollo y operaciones, de forma que el machine learning resulte más productivo y confiable. Lo que busca este sistema es poder desarrollar y entrenar modelos de machine learning con procesos más automatizados para que se integren en los equipos de data, a los desarrolladores y a los que se encargan de la seguridad y de la infraestructura.

El enfoque MLOps es la aplicación de las prácticas DevOps en el desarrollo y puesta en producción de los modelos de machine learning. Este nombre viene de la combinación de los términos machine learning y operations. La aplicación de las prácticas MLOps trata de agilizar el proceso de experimentación y desarrollo de modelos, facilitar y hacer más eficiente el proceso de desplegado y mantenimiento de los modelos ya puestos en producción, y asegurar la calidad de los resultados obtenidos mediante estos modelos.

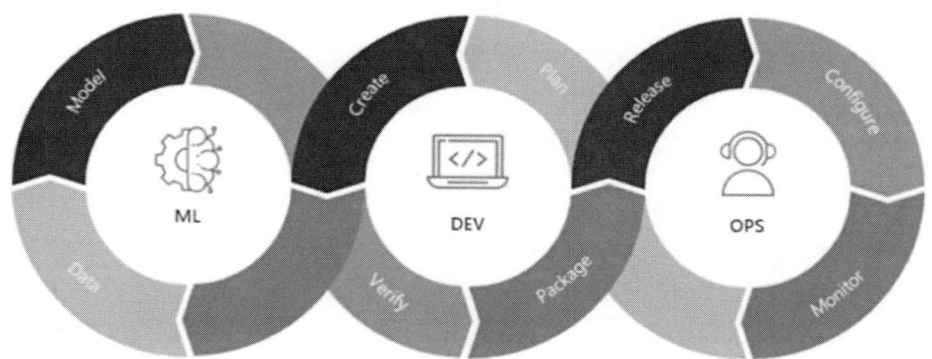

Figura 1.5 Ciclo de vida en proyectos que siguen una metodología MLOps

Este nuevo ciclo de vida y las fases que lo componen tienen un funcionamiento similar a las del enfoque DevOps. En este caso, el equipo de desarrollo de machine learning se encarga de diseñar y crear una arquitectura de modelo que satisfaga las necesidades del cliente, o planifica los cambios necesarios según la información recibida del equipo de operaciones.

El nuevo modelo pasa a manos de los ingenieros y analistas de datos, que realizan los cambios necesarios al conjunto de datos y envían los cambios realizados de vuelta al equipo de ingenieros de machine learning. Estos testean y evalúan el modelo, y se comunican con el equipo de operaciones, para desplegar y realizar las configuraciones necesarias para la puesta en marcha del modelo creado. Este equipo monitoriza el comportamiento del modelo y reporta a los ingenieros de machine learning los resultados para que puedan evaluar si es necesario realizar algún cambio en el modelo, con lo que vuelve a comenzar el proceso anterior.

Una de las herramientas más interesantes para gestionar el ciclo de vida de este tipo de proyectos es MLflow https://mlflow.org, una plataforma de código abierto diseñada para gestionar el ciclo de vida completo de los proyectos de aprendizaje automático. Desde el seguimiento de experimentos hasta la implementación de modelos en producción, MLflow ofrece una solución unificada y flexible.

La idea que hay detrás de MLFlow es ofrecer a los científicos de datos una herramienta para controlar la experimentación, la reproducibilidad y el despliegue de modelos de aprendizaje automático. MLFlow le permite:

- Realizar un seguimiento de los hiperparámetros y métricas de los modelos con MLFlow Tracking https://mlflow.org/docs/latest/tracking.html.
- Guardar sus modelos en un formato que permita la reproducibilidad en otras máquinas con MLFlow Projects https://mlflow.org/docs/latest/projects.html.
- Poner en producción modelos de una manera muy fácil en AWS o Azure con MLFlow Models https://mlflow.org/docs/latest/models.html.
- Tener un registro para centralizar y guardar sus modelos con MLFlow Registry https://mlflow.org/docs/latest/model-registry.html.

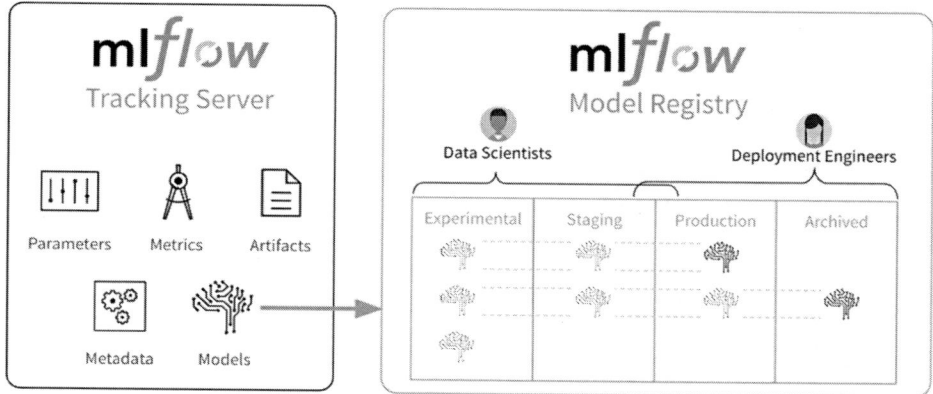

Figura 1.6 Componentes de MLFlow para la gestión del ciclo de vida de los proyectos

MLFlow nos permite hacer tracking de todos los componentes que conforman un modelo, desde su código y artefactos hasta los parámetros y las métricas, así como otros metadatos de interés. También nos ayuda en la gestión de los modelos mediante el model registry, que nos permite indicar en qué fase se encuentra cada versión del modelo.

1.5.4. AIOps

AIOps (Artificial Intelligence for IT Operations) son una serie de metodologías que tienen como objetivo automatizar procesos como la detección de anomalías o correlación de eventos. Para ello, se utilizan técnicas de inteligencia artificial y algoritmos de machine learning, con el fin de filtrar los datos en busca de eventos significativos o patrones de comportamiento del sistema relacionados con su rendimiento. Esta información se le comunica en tiempo real al grupo encargado del mantenimiento del sistema, que puede solucionar esos fallos de manera rápida y eficaz —aunque, dependiendo del entorno, el propio sistema de inteligencia artificial puede ser capaz de dar solución a estos problemas—.

AIOps se puede definir como la aplicación de capacidades de inteligencia artificial, como el procesamiento del lenguaje natural y los modelos de aprendizaje automático, para automatizar y agilizar los flujos de trabajo operativos. Mediante capacidades de big data, analítica y aprendizaje automático, este tipo de operaciones va a permitir:

- Recopilar y agregar enormes volúmenes de datos generados por múltiples componentes de la infraestructura de IT.
- Separar de forma inteligente lo importante con el objetivo de identificar sucesos y patrones significativos relacionados con el rendimiento de las aplicaciones y los problemas de disponibilidad.
- Diagnosticar las causas y comunicarlas a los departamentos de IT y DevOps para una respuesta y corrección rápidas, o para resolver de forma automática los problemas sin intervención humana.

Las ventajas que aporta AIOps se pueden resumir en los siguientes puntos:

- **Tiempo medio de reparación más rápido:** al reducir el ruido de las operaciones de IT y correlacionar los datos de operaciones de varios entornos, la AIOps puede identificar las causas del problema y proponer soluciones de forma más rápida y precisa que lo haría un humano.
- **Menores costes operativos:** gracias a la identificación automática de problemas operativos y los scripts de respuesta automática reducirán los costes asociados.
- **Mayor observabilidad y mejor colaboración:** se facilita una colaboración entre equipos más eficaz en todas las funciones de DevOps, ITOps, gobierno y seguridad.

1.5.5. GitOps

La metodología DevOps ha cambiado en los últimos años la forma en que el software se desarrolla y se gestiona; sin embargo, dado que los sistemas se van volviendo cada vez más complejos, es necesario implementar prácticas que mejoren la eficiencia. GitOps está siendo la clave, porque combina la automatización con el control de versiones. En esta sección vamos a conocer en qué consiste, su funcionamiento y su implementación.

GitOps se basa en los principios fundamentales de DevOps, como la automatización, la integración continua (CI) y la entrega continua (CD), pero los lleva un paso más allá al centralizar todas las configuraciones y las operaciones en un repositorio Git. De este modo, GitOps convierte a Git en el centro de operaciones para todo el ciclo de vida del software. Por tanto, cualquier cambio en la infraestructura o en las aplicaciones se realiza a través de commits en el repositorio Git, y se garantiza que el control de versiones es total y que hay una trazabilidad clara.

En GitOps, la infraestructura se define como código y se almacena en un repositorio distribuido como Git. Los cambios en el código activan unas acciones automatizadas que despliegan estos cambios en el entorno de destino, lo que facilita el mantenimiento y la coherencia en los entornos de desarrollo, pruebas y producción. GitOps sigue un flujo de trabajo sencillo que incluye los siguientes pasos:

- El código de la infraestructura se almacena en un repositorio Git.
- El estado deseado de la infraestructura se define como código y se versiona en Git.
- Los cambios en el código activan un proceso automatizado que recupera la última versión del código de Git, la prueba y la despliega en el entorno de destino.
- La infraestructura desplegada se supervisa y audita para garantizar el cumplimiento de los requisitos normativos.

Todo comienza con la definición del estado deseado del sistema. Esto incluye la configuración de la infraestructura, las definiciones de las aplicaciones y cualquier otro aspecto del sistema que necesite ser gestionado. Este estado deseado se describe en archivos de configuración y código, que se almacenan en un repositorio de Git. Por ejemplo, podríamos tener archivos YAML que describiesen cómo debería ser la infraestructura de usted y qué aplicaciones deben ejecutarse.

Para aplicar el estado deseado, existen herramientas de GitOps como Argo CD https://argoproj.github.io/cd/ o Flux https://fluxcd.io, que permiten supervisar continuamente el repositorio de Git en busca de cambios en el estado deseado. Cuando se detectan cambios, la herramienta compara el estado deseado con el estado actual del sistema; si existe alguna diferencia, se aplican los cambios necesarios para que coincidan. Por ejemplo, si se añade una nueva definición de aplicación al repositorio, la herramienta se asegura de que esa aplicación se despliegue automáticamente en el entorno de producción.

Después de aplicar los cambios, la herramienta de GitOps continúa monitoreando el sistema para detectar cualquier desviación del estado deseado. Por ejemplo, si una aplicación se cae inesperadamente, la herramienta la reiniciará automáticamente para restaurarla al estado deseado.

GitOps se fundamenta en los siguientes principios básicos, que son los que guían su funcionamiento y que son esenciales para su implementación:

- **Automatización mediante CI/CD:** utiliza herramientas de integración y entrega continua (CI/CD). Cualquier cambio en el repositorio Git desencadena automáticamente pipelines que aplican estos cambios a los entornos de destino, ya sea desarrollo, pruebas o producción.
- **Observabilidad y monitorización:** GitOps exige una fuerte capacidad de observabilidad y monitoreo para garantizar que los sistemas funcionen según lo previsto. Para ello, se usan herramientas que proporcionan métricas, registros y alertas en tiempo real.
- **Sincronización continua:** el funcionamiento de GitOps se basa en la sincronización constante entre el repositorio Git y los entornos de implementación. Cuando un desarrollador realiza un cambio en la configuración o el código y lo confirma en Git, una herramienta de CI/CD como Jenkins, GitLab CI o Argo CD se encarga de desplegar automáticamente esos cambios. Si hay algún problema en la implementación, el ingeniero DevOps puede revertir fácilmente los

cambios a un estado anterior utilizando las capacidades de control de versiones de Git.

Si analizamos las diferencias entre el enfoque GitOps con el tradicional de integración continua y despliegue continuo, en un pipeline CI/CD tradicional cuando un desarrollador sube al repositorio de la aplicación el código, se lanza el proceso de construcción, que habitualmente se compone de ejecución de pruebas unitarias, de integración, comprobación de la calidad, generación de la imagen con la aplicación y subida al repositorio de imágenes. Posteriormente se despliega en el clúster de Kubernetes, todo ello desde el propio pipeline.

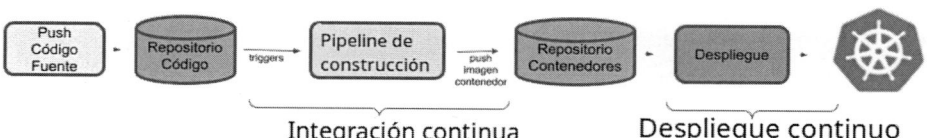

Figura 1.7 Pipeline tradicional Integración continua + despliegue continuo

En cambio, el pipeline de GitOps es ligeramente diferente: separa el proceso de construcción del proceso de despliegue.

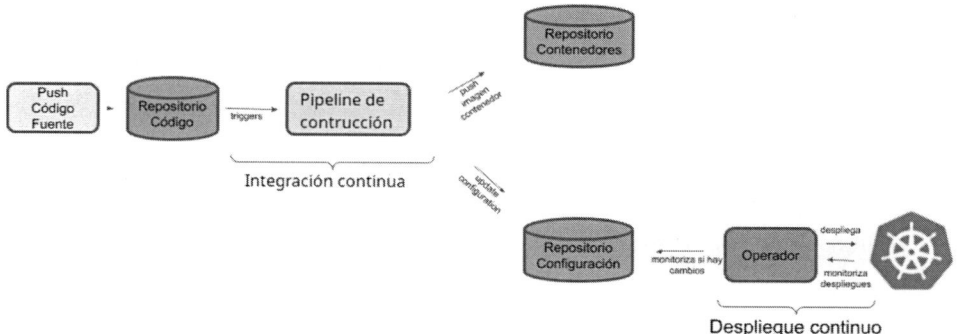

Figura 1.8 Pipeline de GitOps integración continua + despliegue continuo

Como se puede ver en el diagrama, el proceso de construcción es idéntico al anterior. El verdadero cambio se centra en el despliegue. Aparecen dos nuevos elementos: el **repositorio de configuración,** donde se almacenan todos los ficheros de despliegue de nuestra aplicación y un **operador** desplegado en el clúster de Kubernetes, que se encarga de monitorizar el repositorio de configuración y cuando exista un cambio desplegarlo en el clúster. De esta forma, cuando se quiera subir una nueva versión de la aplicación, se deberá realizar un Pull Request en el repositorio de configuración, y cuando este se haya aprobado por las personas encargadas para este propósito, se despliega automáticamente en el entorno correspondiente en el que se haya solicitado el despliegue.

Además, GitOps añade una ventaja desde el punto de vista de seguridad. El propio clúster es el que se encarga de desplegar las aplicaciones, a diferencia de los pipelines tradicionales, que necesitan tener las credenciales con privilegios de administrador para poder desplegar las aplicaciones. Además, con GitOps cualquier cambio de estado del clúster está registrado, es decir, se sabe quién realizó el cambio, quién lo aprobó y cuándo se desplegó.

Otro aspecto importante es cuando se necesita restaurar el clúster por algún desastre. En el caso de GitOps sólo se deben sincronizar los repositorios de configuración, mientras que en el pipeline tradicional se deben volver a ejecutar los jobs de todas las aplicaciones. Entre las principales **ventajas** del uso de GitOps podemos destacar:

- **Control de versiones y trazabilidad:** al utilizar Git como única fuente de verdad, hay un historial completo de cambios que facilita el seguimiento. Si hay un error en la infraestructura como código, GitOps puede identificar con rapidez qué cambio lo causó y revertirlo.

- **Automatización y eficiencia:** GitOps automatiza los procesos de despliegue de las infraestructuras y aplicaciones, lo que se traduce en una mayor eficiencia y productividad. Al definir el estado deseado de la infraestructura como código y automatizar el proceso de despliegue, los equipos pueden ahorrar una cantidad significativa de tiempo y recursos que, de otro modo, se emplearían en tareas manuales de configuración y despliegue.

- **Consistencia y confiabilidad:** GitOps promueve un enfoque declarativo de la gestión de infraestructuras, en el que el estado deseado de la infraestructura se especifica en código y se versiona en Git. Este enfoque hace que sea más fácil garantizar que la infraestructura desplegada sea coherente con el estado deseado, lo que conduce a una mayor fiabilidad.

- **Mayor colaboración:** GitOps promueve la colaboración entre equipos con un repositorio centralizado donde todos los cambios son visibles y se pueden revisar antes de aplicarlos. Se mejora también la comunicación y la coordinación al revisar y aprobar cambios desde el repositorio Git.

- **Mayor seguridad:** GitOps promueve un enfoque seguro y auditable de la gestión de la infraestructura aprovechando las capacidades de control de acceso y auditoría integradas en Git. Esto facilita el seguimiento de los cambios en la infraestructura y garantiza el cumplimiento de los requisitos normativos.

- **Mayor velocidad de despliegue y recuperación ante fallos:** con GitOps los despliegues se vuelven más rápidos y predecibles. Al automatizar el proceso de implementación y alinear la infraestructura y el código con el repositorio de Git, podemos desplegar cambios de forma rápida y consistente. Además, en caso de fallo o necesidad de hacer un rollback, GitOps facilita la recuperación. Como todo está versionado en Git, podemos revertir cambios rápidamente de versiones anteriores y restaurar el sistema a un estado conocido y estable.

La implantación de GitOps implica varios pasos, entre ellos:

- **Definir el estado deseado de la infraestructura como código:** el primer paso en la implementación de GitOps es definir el estado deseado de la infraestructura como código. Esto implica identificar los componentes de la infraestructura, como servidores, bases de datos y balanceadores de carga, y definir sus configuraciones como código.

- **Almacenamiento del código de la infraestructura en Git:** el siguiente paso es almacenar el código de la infraestructura en Git. Esto implica crear un repositorio Git y enviar el código de la infraestructura al repositorio.

- **Establecer un proceso automatizado:** el siguiente paso es configurar las acciones automatizadas necesarias que recuperen la última versión del código de Git, se ejecuten las pruebas automatizadas y se despliegue en el entorno de destino.
- **Supervisión y auditoría:** una vez desplegada la infraestructura, es importante supervisar y auditar los cambios para garantizar el cumplimiento de los requisitos normativos.

CAPÍTULO 2
ARQUITECTURAS BASADAS EN MICROSERVICIOS

2.1. Introducción

Tradicionalmente, el diseño de las aplicaciones ha presentado arquitecturas monolíticas en las que no existe una clara separación entre módulos, todos los aspectos funcionales se acoplaban en un mismo programa. En el momento en que las aplicaciones comenzaron a desarrollarse y a crecer, este sistema comenzó a plantear serios problemas, al no ser sencillamente escalable a largo plazo. Conforme las aplicaciones progresaban, los problemas experimentados en las mismas se tornaban más difíciles de solucionar y resultaba más complicada la implementación de nuevas funcionalidades.

Hasta el momento de la aparición de las arquitecturas basadas en microservicios https://microservices.io, las arquitecturas de las aplicaciones eran consideradas monolíticas con respecto al despliegue de estas en un servidor de aplicaciones, es decir, el despliegue se realizaba como un único proceso o un único servicio. Este enfoque monolítico tiene las siguientes implicaciones:

- Cada vez que queremos realizar una actualización tenemos que desplegar la aplicación entera.
- La dificultad para escalar partes individuales obliga a que, cada vez que queremos escalar nuestra aplicación, tenemos que desplegar diferentes versiones de la misma aplicación.

Dicha necesidad a la hora de realizar cambios en los programas, e implementarlos de manera rápida y sencilla, potenció el desarrollo de una nueva arquitectura de aplicaciones, dividiendo los sistemas en microservicios. De este modo, los problemas podrían tratarse de manera independiente, sin que afectasen a otras funcionalidades de la aplicación.

Detectada la necesidad por parte de las empresas de realizar cambios en el software e implementarlos de forma fácil y rápida, nacen los microservicios. La idea era dividir los sistemas en partes individuales, lo que permite que se puedan tratar y abordar los problemas de manera independiente sin afectar al resto. De esta forma, mientras que en una arquitectura monolítica el software se desarrolla como una única unidad, una arquitectura de microservicios funciona con un conjunto de pequeños servicios que se ejecutan de manera autónoma e independiente.

La arquitectura de microservicios se podría considerar una metodología de desarrollo de aplicaciones software que funciona como un conjunto de pequeños servicios que se ejecutan de manera independiente y autónoma, proporcionando una funcionalidad de negocio completa. En ella, cada microservicio es un código que puede estar en un lenguaje de programación diferente y que desempeña una función específica. Los microservicios se comunican entre sí a través de las API y cuentan con sistemas de almacenamiento propios, lo que evita la sobrecarga y caída de la aplicación.

2.2. Arquitectura monolítica vs arquitectura de microservicios

En el panorama actual del desarrollo de software, las arquitecturas monolíticas y los microservicios se han convertido en dos enfoques arquitectónicos de gran relevancia. Ambos modelos tienen un impacto significativo en la eficiencia, escalabilidad y mantenibilidad de las aplicaciones.

Una arquitectura monolítica es un estilo de arquitectura de software en el que una aplicación se desarrolla como una sola unidad o componente indivisible, tienen como característica el uso de una base de código única para sus servicios o funcionalidades. En este enfoque, todos los componentes y funcionalidades de la aplicación están interconectados y desplegados juntos como una sola entidad en un entorno de ejecución.

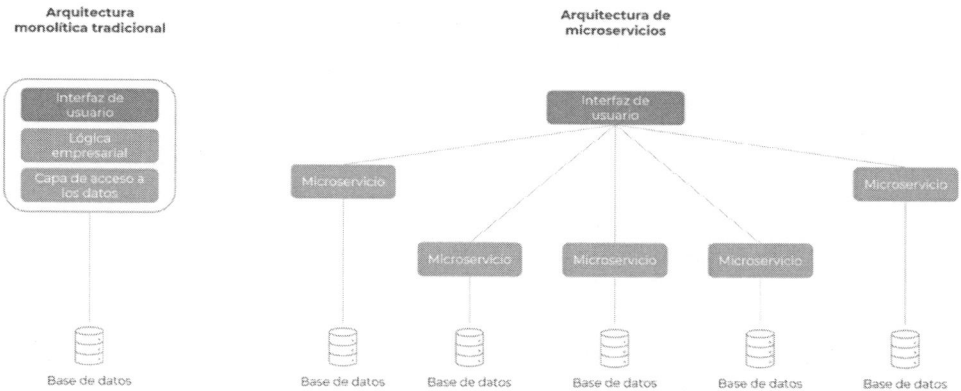

Figura 2.1 Arquitectura monolítica vs arquitectura de microservicios

Los componentes de una arquitectura monolítica se comunican directamente entre sí a través de llamadas a funciones o métodos internos. La aplicación monolítica generalmente se ejecuta en un solo servidor o instancia, lo que significa que no hay una separación física o lógica entre los diferentes componentes de la aplicación.

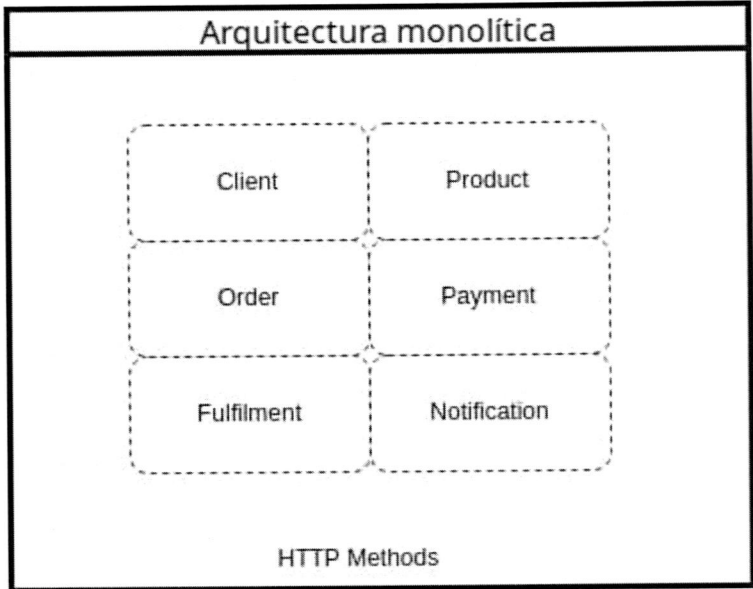

Figura 2.2 Ejemplo de arquitectura monolítica

Con las arquitecturas monolíticas, todos los procesos están estrechamente asociados y se ejecutan como un solo servicio. Esto significa que, si un proceso de una aplicación experimenta un pico de demanda, se debe escalar toda la arquitectura. Añadir o mejorar las características de una aplicación monolítica se vuelve más complejo a medida que crece la base de código.

A diferencia de una arquitectura monolítica, en la que todos los componentes están estrechamente acoplados en una sola unidad, con una arquitectura de microservicios, una aplicación se crea con componentes independientes que ejecutan cada proceso de la aplicación como un servicio. Estos servicios se comunican a través de una interfaz definida mediante API. Debido a que se ejecutan de forma independiente, cada servicio se puede actualizar, implementar y escalar para satisfacer la demanda de funciones específicas de una aplicación.

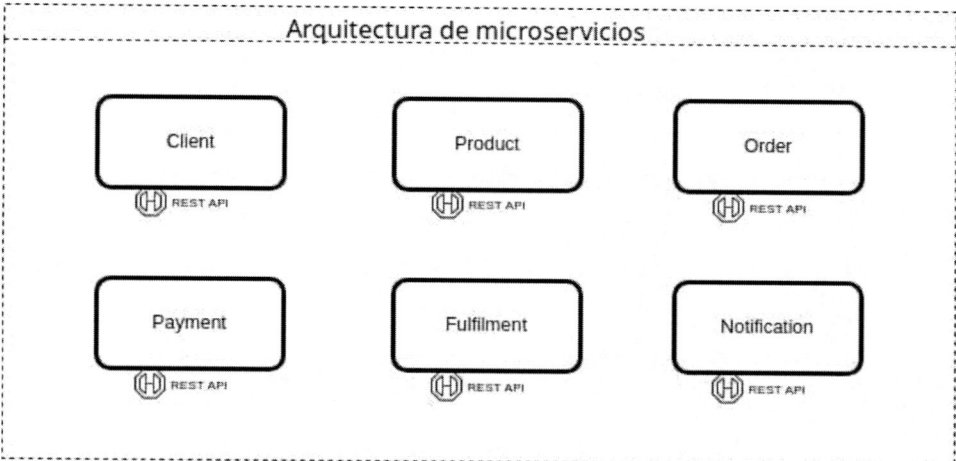

Figura 2.3 Ejemplo de arquitectura de microservicios

Para poder entender las diferencias principales entre las arquitecturas monolíticas y los microservicios, es importante conocer las ventajas y desventajas de cada una de ellas. A continuación, resumimos las **ventajas** de una arquitectura **monolítica:**

- **Simplicidad:** las arquitecturas monolíticas son relativamente simples de entender y desarrollar, ya que todos los componentes y funcionalidades están integrados en una sola unidad. Esto puede ser beneficioso para equipos de desarrollo pequeños o proyectos simples en los cuales la complejidad no es un factor determinante.

- **Costes de desarrollo iniciales más bajos:** en la fase inicial de desarrollo, las arquitecturas monolíticas pueden tener un costo inicial más bajo, ya que no se requiere una infraestructura adicional ni una gestión compleja de múltiples servicios.

- **Menor complejidad operativa:** las arquitecturas monolíticas suelen requerir menos infraestructura y recursos operativos, ya que toda la aplicación se ejecuta en un solo entorno de ejecución.

Entre las **desventajas** de una arquitectura **monolítica** podemos destacar:

- Dificultad para escalar y ajustar recursos individualmente.
- Mayor complejidad y costes de mantenimiento a medida que la aplicación crece. Aunque son fáciles de desarrollar, una aplicación que aglutina toda su funcionalidad no es la mejor opción, en el caso de que se tengan aspiraciones de crecimiento complejas, más usuarios, más desarrolladores…
- Menor flexibilidad para integrar nuevas tecnologías y herramientas.
- Impacto en toda la aplicación al realizar cambios o desplegar nuevas funcionalidades. En el momento que se quiera realizar un nuevo despliegue, se debería relanzar todo el sistema de nuevo.
- Otra de las dificultades que plantean los sistemas monolíticos frente a los microservicios es la imposibilidad de trabajar en varios ambientes al mismo tiempo (por tiempos de carga), lo que dificulta enormemente el trabajo de los arquitectos o desarrolladores de software.

Entre las **ventajas** de uso los **microservicios** podemos destacar:

- **Seguridad:** cualquier problema o fallo que suceda con un microservicio solo afectará a este. A diferencia de las aplicaciones monolíticas, un error significa que todo el monolito puede fallar.
- **Mejor escalabilidad:** los microservicios se pueden replicar con facilidad, lo cual permite que nuestra aplicación pueda crecer con mayor rapidez y que de un mejor servicio.
- **Flexibilidad:** los microservicios son mucho más fáciles de trabajar que las aplicaciones monolíticas. Además, permiten introducir nuevos marcos, fuentes de datos y demás recursos sin dificultades.
- **Facilita la adopción de enfoques DevOps:** los microservicios se integran bien con las prácticas de DevOps, ya que promueven la colaboración y la comunicación entre equipos de desarrollo y operaciones. Esto facilita la implementación continua, la automatización de procesos y la entrega rápida de software.

- **Flexibilidad al elegir tecnologías y lenguajes de programación:** cada microservicio puede ser desarrollado utilizando la tecnología y el lenguaje de programación más adecuados para su funcionalidad específica. Esto permite elegir las mejores herramientas y enfoques para cada servicio, sin restricciones impuestas por una única tecnología o lenguaje.
- **Mayor facilidad de implementación:** las aplicaciones basadas en microservicios son más modulares, por lo que su implementación es más ágil y sencilla que cuando se trataba de una aplicación monolítica.

A continuación, se muestra un cuadro resumen con las diferencias principales entre una arquitectura monolítica y otra basada en microservicios:

	Arquitectura monolítica	Microservicios
Estructura	Aplicación única y monolítica	Conjunto de servicios pequeños y autónomos
Comunicación	Interna, dentro de la aplicación monolítica	Externa, a través de interfaces (API)
Escalabilidad	Escalado vertical, toda la aplicación a la vez	Escalado horizontal, servicios individuales
Despliegue	Requiere desplegar toda la aplicación	Despliegue individual de servicios
Mantenibilidad	Compleja, cambios pueden afectar toda la aplicación	Modular, cambios en un servicio no afectan otros
Tecnología	Uso de una única tecnología/lenguaje de programación	Uso de diferentes tecnologías/lenguajes para servicios
Acoplamiento	Fuerte acoplamiento entre componentes	Bajo acoplamiento, servicios independientes

2.3. Características de las arquitecturas orientadas a microservicios

Con el auge de las tecnologías de virtualización, la computación en la nube y los contenedores, se ha extendido un nuevo paradigma para el desarrollo de aplicaciones basado en la modularización de sus distintos componentes, para convertir cada uno en una entidad por sí misma. Estas entidades reciben el nombre de microservicios y se conciben como paquetes independientes capaces de responder de forma autónoma al resto del sistema, lo que reduce la tasa de errores que se pueden producir durante la ejecución. Además, tener un sistema modular dividido en múltiples paquetes software facilita el mantenimiento y evolución de este, ya que el sistema completo es menos susceptible de errores cuando se modifica o actualiza tan solo uno de sus componentes.

En el caso de la arquitectura de microservicios, la idea se centra en separar la funcionalidad en pequeñas aplicaciones independientes que puedan operar con completa autonomía, las cuales podrían exponer su funcionalidad como servicios, con la idea de que sean reutilizables.

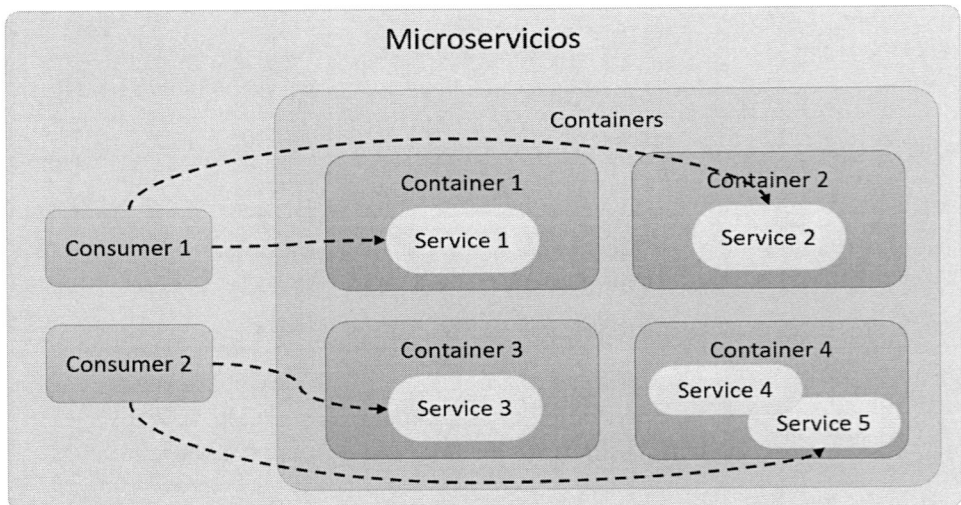

Figura 2.4 Ejemplo de arquitectura de microservicios

En la imagen anterior podemos ver que una serie de servicios pueden ser desplegados de forma independiente, de tal forma que cada uno funciona de forma autónoma y sin importar si los demás servicios están operando o no.

Uno de los principales retos que hay que afrontar al trabajar con microservicios es el despliegue en cada uno de los entornos. Con el paso del tiempo, el número de artefactos que manejar se vuelve muy grande y, por tanto, se complica su gestión, su despliegue, su monitorización, el autoescalado y por supuesto mantener todo en alta disponibilidad. A continuación, se explicarán algunas de las principales características que una plataforma de microservicios tiene que cumplir para facilitar el manejo de los microservicios en los diferentes entornos.

2.3.1. Despliegue

Una de las principales ventajas que aportan los microservicios es que estos se pueden desplegar de forma independiente unos de otros. Cuando se tienen muchos microservicios, se vuelve imposible hacer esta gestión manualmente, por lo que es vital tener algún sistema automático que permita su orquestación de forma sencilla y controlada.

2.3.2. Contenedores y orquestadores

En cuanto al desarrollo, la manera más ágil de arrancar todas las piezas de una arquitectura es usando contenedores. El uso de contenedores y sus sistemas de orquestación es un gran avance en el despliegue, gestión y monitorización de aplicaciones.

Una de las ventajas de trabajar con contenedores es la abstracción sobre el entorno de despliegue que ofrece. Esto da más libertad a los desarrolladores sobre el software y la base donde se ejecutará su aplicación. Por lo tanto, se podrían tener entornos similares al que se tiene en producción.

2.3.3. Monitorización

Otra de las funcionalidades que debe tener nuestro sistema es la monitorización. Es necesario poder medir cómo se están comportando los microservicios, no solo para saber su rendimiento, sino también para conocer si un servicio está caído o no. Con sistemas de gestión de contenedores donde estos son volátiles, es vital tener herramientas de monitorización que puedan analizar el estado de salud de cada uno de los servicios.

2.3.4. Alta disponibilidad

Con toda probabilidad, los microservicios van a tener que estar desplegados en entornos productivos en alta disponibilidad, es decir, desplegar varias instancias de un mismo microservicio en distintas máquinas con el objetivo de que, si una de ellas falla, poder seguir dando servicio con el resto de las instancias.

Otra característica que está relacionada con la alta disponibilidad —y tal vez uno de los grandes puntos clave de estos sistemas— es la capacidad de recuperarse ante un fallo. Ante un problema o fallo de una instancia de un microservicio, los sistemas tienen la capacidad de levantar dinámicamente otros contenedores con las instancias necesarias hasta llegar a cumplir los requisitos de disponibilidad configurados en el sistema.

2.3.5. Autoescalado

Una vez se tiene la alta disponibilidad, el siguiente paso es el autoescalado. Esto permite aumentar el número de instancias de un microservicio en función de la demanda de uso, de forma que el sistema no solo es tolerante a fallos, sino que es capaz de soportar picos de peticiones en un momento determinado de tiempo.

Con la capacidad de autoescalado, la aplicación podría aumentar o disminuir el número de instancias de un determinado microservicio. De esta forma nuestro sistema se adaptará dinámicamente en función de la carga, lo que optimiza el uso de los recursos.

2.4. Componentes de una arquitectura de microservicios

Los microservicios son un estilo de arquitectura de software en el que las aplicaciones están compuestas por módulos pequeños e independientes que se comunican entre ellos utilizando API, normalmente REST —aunque podríamos utilizar otras arquitecturas, como GraphQL—. Estos servicios son módulos altamente desacoplados y suficientemente pequeños para implementar una funcionalidad única. Los siguientes serán los componentes que vamos a necesitar en una arquitectura de microservicios.

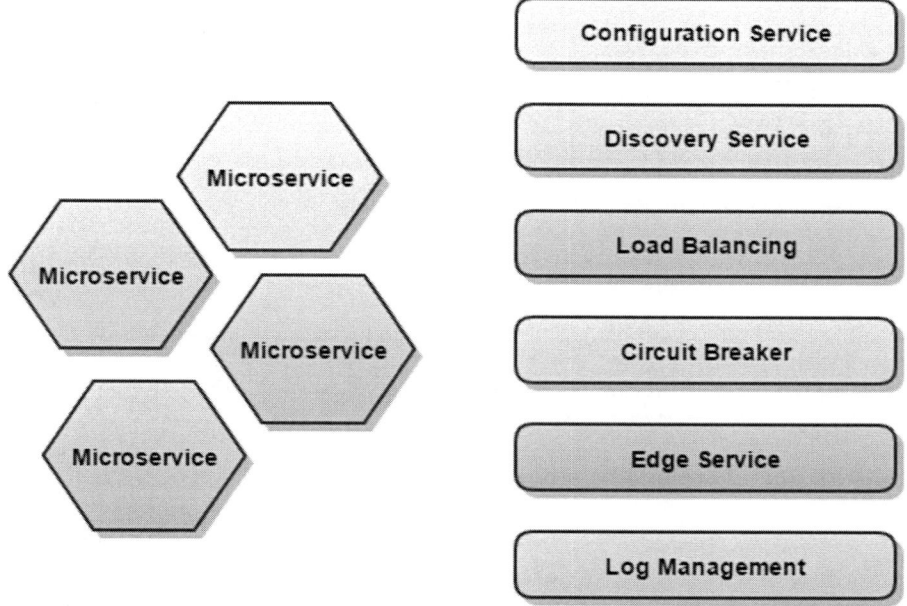

Figura 2.5 Componentes de arquitectura de microservicios

- **Microservicios:** cada microservicio será una aplicación independiente. Por ejemplo, podríamos utilizar **Spring Boot** https://spring.io/projects/spring-boot para el desarrollo de los diferentes microservicios en Java.

- **Configuration Service:** este componente se encargará de centralizar y proveer remotamente la configuración a cada microservicio. Esta configuración se podría mantener en un repositorio Git, lo que nos permitiría gestionar su propio ciclo de vida y versionado. Por ejemplo, **Spring Cloud Config** https://spring.io/projects/spring-cloud-config nos puede ayudar a centralizar y delegar en un servicio la provisión de la configuración de todos nuestros microservicios.

- **Service Discovery:** este servicio centralizado será el encargado del descubrimiento de los diferentes servicios y proveer los endpoints de los servicios para su consumo. Todo microservicio se registrará automáticamente en él en tiempo de arranque. Por ejemplo, **Spring Cloud Netflix** https://spring.io/projects/spring-cloud-netflix nos puede ayudar a registrar cada servicio y a su vez podrá consultar la dirección de los demás servicios para consumirlos.

- **Load balancer (balanceo de carga):** el objetivo es consumir un servicio de forma balanceada entre varias instancias desplegadas de este. La idea es que en un escalado elástico el consumo balanceado sea transparente. Por ejemplo, **Spring Cloud LoadBalancer** https://docs.spring.io/spring-cloud-commons/reference/spring-cloud-commons/loadbalancer.html permite el balanceo de carga entre distintas instancias de forma transparente a la hora de consumir un servicio.

- **Circuit breaker (tolerancia a fallos):** mediante este patrón conseguiremos que, cuando se produzca un fallo, este no se propague en cascada, y así poder gestionarlo de forma controlada a nivel local del servicio donde se produjo. Podríamos implementar nuestro mecanismo de tolerancia a fallos a través de soluciones como **Histryx** https://github.com/Netflix/Hystrix y **Spring Cloud Circuit Breaker** https://spring.io/projects/spring-cloud-circuitbreaker.

- **Edge server (servidor perimetral):** será un gateway en el que se expondrán los diferentes servicios que consumir. **Spring Cloud Gateway** https://spring.io/projects/spring-cloud-gateway proporciona una forma sencilla de enrutar a las API y proporcionarles aspectos transversales, como seguridad, supervisión/métricas y resiliencia.
- **Log management (centralización de logs):** se hace necesario un mecanismo para centralizar la gestión de logs, ya que sería difícil de manejar la consulta de cada log individual de cada uno de los microservicios.

2.5. Arquitecturas de microservicios

Las arquitecturas de microservicios son un enfoque para desarrollar aplicaciones de servidor como un grupo de pequeños servicios. Cada servicio se ejecuta en su propio proceso y se comunica con otros procesos usando distintos protocolos, como HTTP/HTTPS o WebSockets.

Cada microservicio es independiente de los demás y por tanto implementa una funcionalidad o lógica de negocio completa, de principio a fin. Debe ser desarrollado autónomamente y desplegado independientemente. Además, la lógica del dominio implementada en el microservicio será responsable de sus propios modelos de datos. Esto se hará de una forma descentralizada, por lo que cada microservicio puede tener una base de datos distinta y/o podrán estar basados en distintas tecnologías de almacenamiento de datos (SQL, NoSQL) y distintos lenguajes de programación.

Aunque el propio nombre incluya la palabra *micro,* ello no implica que tengamos que hablar del tamaño de los microservicios como un punto importante. Lo importante debería ser crear servicios altamente desacoplados, ganando la autonomía en el desarrollo, despliegue y escalado de ellos. Si un microservicio tiene que estar constantemente interconectado con otros para realizar cualquier operación, puede ser un indicativo de que quizás deberían estar contenidos en él.

Esta arquitectura provee de mayor agilidad a largo plazo y un mejor mantenimiento en sistemas complejos altamente escalables, dado que permite crear aplicaciones basadas en muchos servicios que pueden ser desplegados independientemente, por lo que sus ciclos de vida son autónomos. De esta forma, podemos escalar un microservicio específico bajo demanda otorgándole más capacidad de procesamiento, ancho de banda de red, memoria, o desplegando más copias de este microservicio en la misma o distintas máquinas.

Las aplicaciones basadas en arquitecturas de microservicios facilitan escenarios de integración y entrega continuas, elementos que son parte de la cultura DevOps. Aceleran la entrega de nuevas funcionalidades en la aplicación y permiten su evolución de forma autónoma, siempre que los contratos que estas exponen se mantengan claros. Entre los principales puntos a favor que encontramos en este tipo de arquitecturas, y que facilitan su sincronización con formas de trabajo basadas en DevOps, cabe destacar:

- **Facilidad al realizar mejoras y correcciones:** si algo caracteriza a las arquitecturas basadas en microservicios es que cada funcionalidad supone un módulo independiente del conjunto. Esto deriva en que las modificaciones que se realizan sobre un programa se simplifican tanto a nivel cuantitativo (cada módulo está compuesto por menos código, lo que agiliza el proceso de análisis, diseño e implementación de las soluciones) como cualitativo (al contener tan solo una funcionalidad concreta, la lógica detrás de cada parte del software se vuelve más simple). Esta reducción de la complejidad en el desarrollo acelera los procesos de implementación y permite desplegar funcionalidades de valor con mayor frecuencia, sacando el máximo partido a las iteraciones del ciclo DevOps.

- **Agilidad en el despliegue de nuevas funcionalidades:** otro de los factores diferenciadores de los microservicios es la rapidez con la que se despliegan. Esta cualidad es especialmente útil en entornos en los que se lanzan nuevas versiones o mejoras de forma frecuente, como es habitual al aplicar metodologías DevOps. Al poder desplegar nuevas versiones de forma rápida, no solo se mejoran los tiempos de desarrollo de nuevas funcionalidades, sino también la detección y corrección de errores, ya que la regresión a una versión previa del software se puede realizar rápidamente cuando se detectan problemas o errores en el funcionamiento de alguno de los módulos desplegados.

- **Escalabilidad:** esta cualidad va en relación con la facilidad del despliegue de microservicios. Al tratarse de una arquitectura modular, es posible desplegar múltiples instancias de un microservicio, con el fin de tener capacidad de respuesta cuando se produzcan picos de uso en partes concretas del sistema.

Todas estas características se traducen en que implantar una arquitectura basada en microservicios se convierta en el punto de partida básico para el uso de la metodología DevOps. El principal inconveniente para dar el paso hacia este nuevo sistema es, como en muchos otros casos, la resistencia al cambio que se produce en la mayoría de las empresas o grupos de trabajo, más justificado si cabe en este caso al tratarse de cambios que afectan a la arquitectura sobre la que se construyen los proyectos. A continuación, se presentan algunas metodologías y modelos que tener en cuenta en el diseño de nuestras soluciones de microservicios.

2.5.1. Metodología DDD (Domain-Driven Design)

Una regla importante en las arquitecturas de microservicios es que cada microservicio debe ser el dueño de su propia lógica de negocio y de los datos del dominio que este maneje. Una conclusión que podemos sacar de esto es que el modelo conceptual que manejará cada microservicio podrá ser completamente distinto del resto. Cada microservicio tendrá un Bounded Context (BC), lo que podríamos traducir al castellano como 'contexto acotado'.

Domain-Driven Design (DDD) o diseño orientado al dominio es un enfoque para el desarrollo de software que pone el dominio de negocio central y su lógica asociada en el foco principal del proyecto. En lugar de centrarse primero en la tecnología o la base de datos, DDD busca comprender con mayor detalle el negocio y modelar el software en torno a ese conocimiento.

Esta filosofía se alinea de manera excepcional con las arquitecturas de microservicios. Los microservicios buscan descomponer una aplicación monolítica grande en un conjunto de servicios pequeños e independientes, cada uno responsable de una capacidad de negocio específica. La forma más efectiva de identificar y definir estas capacidades de negocio (y, por lo tanto, los límites de los microservicios) es a través del análisis del dominio de negocio utilizando los principios de DDD. Entre las principales características podemos destacar:

- **Enfoque en el dominio central (Core Domain):** DDD enfatiza la identificación y el modelado del área más importante y compleja del negocio, donde reside el valor principal y la innovación de la aplicación. Es en este núcleo donde se debe invertir la mayor parte del esfuerzo de modelado.

- **Lenguaje ubicuo:** la creación de un lenguaje compartido y consistente entre los expertos del dominio y el equipo de desarrollo es fundamental. Este lenguaje se utiliza en todas las comunicaciones, en el código, en los modelos y en la documentación, eliminando ambigüedades y asegurando que todos tengan la misma comprensión del dominio.

- **Contextos acotados (Bounded Contexts o BC):** como se mencionó anteriormente, es un límite explícito dentro del cual un modelo de dominio específico es coherente y tiene un significado consistente. Ayuda a dividir un dominio grande y complejo en partes más pequeñas y manejables, cada una con su propio lenguaje ubicuo y modelo.

- **Modelado estratégico:** DDD proporciona herramientas y patrones para la organización de Bounded Contexts y sus relaciones (Context

Mapping). Esto ayuda a definir las fronteras del sistema y cómo interactúan las diferentes partes del negocio.

- **Modelado táctico:** una vez definidos los Bounded Contexts y sus relaciones, DDD ofrece patrones tácticos para construir el modelo de dominio dentro de cada BC.
- **Entidades (Entities)**: objetos con una identidad única y persistente a lo largo del tiempo, cuyas características pueden cambiar, pero siguen siendo el mismo objeto (ej: Cliente, Pedido).
- **Objetos de valor (Value Objects):** objetos que describen características, pero no tienen una identidad conceptual única. Se definen por el valor de sus atributos y son inmutables (ej: Dirección, Rango de fechas, Moneda).
- **Agregados (Aggregates):** clústeres de entidades y objetos de valor relacionados que se tratan como una sola unidad para garantizar la consistencia de los datos. Tienen una raíz de agregado (Aggregate Root), que es el único punto de entrada para las operaciones dentro del agregado.
- **Repositorios (Repositories):** mecanismos para recuperar y persistir agregados, abstrayendo los detalles de la infraestructura de almacenamiento.
- **Servicios de dominio (Domain Services):** operaciones que no encajan naturalmente dentro de una entidad o un objeto de valor, pero que representan una lógica de negocio importante que involucra a múltiples objetos del dominio.
- **Eventos de dominio (Domain Events):** hechos relevantes que ocurren dentro del dominio y que son significativos para otras partes del sistema. Se utilizan para comunicar cambios entre agregados o contextos acotados.

Esta metodología ofrece ventajas en los siguientes escenarios:

- **Dominios de negocio complejos:** cuando la lógica de negocio es intrincada, tiene muchas reglas y excepciones, y requiere una comprensión profunda por parte del equipo de desarrollo.
- **Aplicaciones con lógica de negocio significativa:** para sistemas en los que el valor principal reside en la correcta implementación de procesos y reglas de negocio complejas.
- **Sistemas críticos para el negocio:** cuando la correcta implementación de la lógica de negocio es fundamental para el éxito de la organización.

2.5.2. Comunicación entre microservicios

Si venimos del mundo de las aplicaciones monolíticas, donde la aplicación se está ejecutando en un único proceso, sabemos que la comunicación entre componentes mediante llamadas a funciones y métodos de este puede provocar un fuerte acoplamiento entre ellos. En este punto podríamos mejorar este aspecto si utilizamos mecanismos de inyección de dependencias e inversión de control, que podemos encontrar en frameworks como Spring. De esta forma podríamos desarrollar los componentes de forma desacoplada. Es el framework el encargado de realizar llamadas de una forma desacoplada, referenciando abstracciones en vez de instancias concretas.

El principal factor que tener en cuenta respecto de las comunicaciones entre microservicios es si estas son síncronas (tenemos que esperar a que se complete la comunicación y por tanto quedarnos esperando al resultado) o asíncronas (lanzamos la petición sin esperar la respuesta). Es este aspecto, los principales protocolos que podemos usar son:

- Uso de **peticiones y respuestas HTTP** cuando estamos ejecutando consultas sobre una API REST que exponen los microservicios.
- Uso de **mensajería asíncrona** cuando necesitemos lanzar eventos y actualizaciones sobre diferentes microservicios de forma distribuida.

En este caso los protocolos que se suelen usar son los orientados a la gestión de colas de mensajes como **AMQP (Advanced Message Queuing Protocol)** https://www.amqp.org.

En un escenario ideal, los microservicios deberían comunicarse propagando los datos de forma asíncrona, sin depender de lo que pase en otros microservicios de forma síncrona como parte de una petición desde el cliente. Si necesitamos realizar alguna acción en otro microservicio como parte de una petición, es mejor hacerlo de forma asíncrona, sin que afecte al tiempo de respuesta del cliente. En estas situaciones es mejor replicar o propagar esos datos en las bases de datos de los microservicios usando patrones relacionados con la propagación de eventos o mediante el uso de programación reactiva.

2.5.3. Servicios basados en HTTP y REST

REST es el estilo arquitectónico más usado para comunicaciones basadas en peticiones y respuestas a través del protocolo HTTP. Cuando un cliente se conecta a un servicio usando este estilo de comunicación, envía una petición al servicio, este la procesa y envía una respuesta al cliente. Normalmente se asume que las peticiones serán procesadas en un corto periodo de tiempo.

REST está basado en el protocolo HTTP, usando sus verbos, como son GET, POST, PUT, DELETE, PATCH. Existe una iniciativa llamada OpenAPI https://github.com/OAI/OpenAPI-Specification, https://www.openapis.org que nos provee de un estándar para construir una API REST. Este formato es una evolución de la especificación de Swagger https://swagger.io que facilita herramientas para crear clientes de forma automática que serán capaces de descubrir y consumir nuestros servicios.

Para que una documentación sea útil, necesitaremos que sea navegable y que esté perfectamente organizada para un fácil acceso. Swagger UI https://swagger.io/tools/swagger-ui es una de las herramientas más útiles de la plataforma. Swagger UI utiliza un documento JSON o YAML existente y lo hace interactivo, creando una aplicación que ordena cada uno de nuestros métodos (get, put, post, delete) y categoriza nuestras operaciones. Cada uno de los métodos es expandible y en ellos podemos encontrar un listado completo de los parámetros con sus respectivos ejemplos. En este enlace https://petstore.swagger.io podemos ver cómo funciona.

Figura 2.6 Ejemplo de API REST con Swagger

A continuación, se exponen algunos de los principios y restricciones que debe satisfacer una API para que se la considere una API Restful:

- **Desacoplamiento cliente-servidor:** los clientes (frontend) y el servidor (backend) están completamente separados, solo pueden comunicarse a través de los puntos finales.

- **Interfaz uniforme:** los datos que se ven en la interfaz son idénticos en todos los dispositivos.

- **Sin estado:** el servidor no recuerda si la solicitud actual se realiza por primera vez o no. Cada vez que se hace una petición, tiene que incluir toda la información necesaria para procesarla desde el principio.

- **Almacenamiento en caché:** se permite el almacenamiento en caché y en sesión, pero deben configurarse para que los usuarios finales puedan optar por no almacenar datos en caché.

- **Arquitectura del sistema en capas:** las API deben estar diseñadas de forma que ni el cliente ni el servidor puedan saber si se están comunicando directamente o a través de un intermediario.

Otra herramienta útil con la que cuenta Swagger es la de Editor https://swagger.io/swagger-editor, que es otra herramienta interesante que nos ayuda a identificar los errores en nuestra documentación en YAML o JSON. Simplemente subiendo nuestra documentación a la plataforma la comparará con las especificaciones Swagger Editor, con el objetivo de identificar errores que hayamos cometido, además de plantearnos sugerencias y darnos alternativas para que nuestra documentación sea perfecta. En el siguiente enlace encontramos un ejemplo de uso de esta herramienta https://editor.swagger.io.

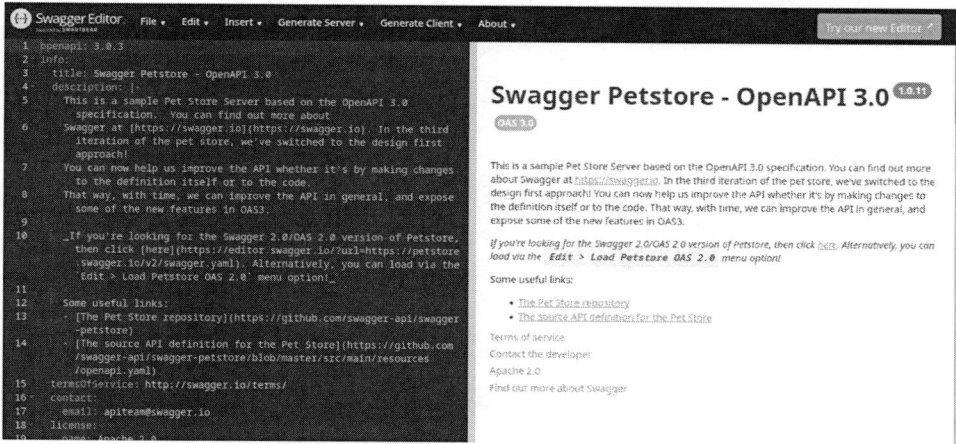

Figura 2.7 Ejemplo de API REST con Swagger Editor

Para el diseño de una API REST tenemos otras opciones, como la de Postman https://www.postman.com, que nos permite entre otras cosas diseñar y documentar API, crear mocks y realizar test automáticos.

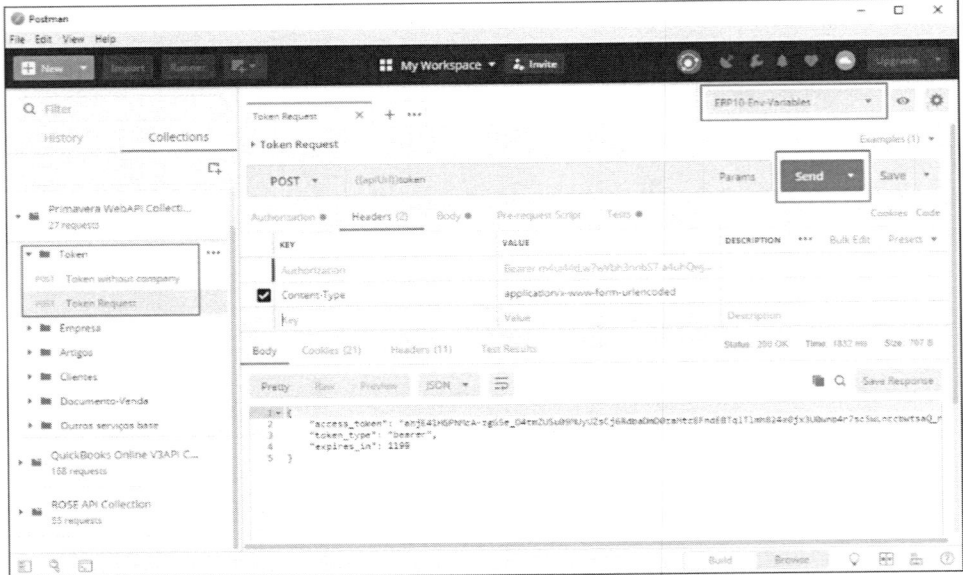

Figura 2.8 Interfaz de Postman para interactuar con API Rest

2.5.4. Comunicación asíncrona basada en mensajes

La mensajería asíncrona y la comunicación basada en eventos son las mejores opciones cuando queremos propagar cambios en múltiples microservicios de forma distribuida. Como decíamos anteriormente, si seguimos la metodología DDD, una misma entidad de dominio podría significar distintas cosas en microservicios diferentes, por lo que, cuando existan cambios, necesitamos alguna forma de sincronizarlos a lo largo de las diferentes entidades. Una buena solución podría ser utilizar comunicación asíncrona basada en paso de mensajes entre los diferentes microservicios.

En estas comunicaciones, el cliente ejecuta un comando o una petición a otro servicio enviando un mensaje. El mensaje está compuesto por unas cabeceras y un cuerpo. Si el servicio necesita contestar podría mandar un mensaje distinto al cliente. La principal ventaja es que, al estar basada en mensajes, el cliente no esperará tener una respuesta inmediata, o incluso podría no esperar recibir ninguna.

La infraestructura común es usar un broker de mensajes, el cual actúa distribuyendo los mensajes y, siendo los microservicios, los encargados de toda la lógica de producir y consumir mensajes.

En el caso de mensajes con un solo receptor, hay una comunicación punto a punto que envía un mensaje a un único consumidor, que está leyendo mensajes en ese canal y que será procesado una única vez. En caso de que se produzca un fallo en el procesamiento de un mensaje, los microservicios podrían reintentar el reenvío hasta que el mensaje sea procesado.

En el caso de mensajes con varios receptores, podemos usar el mecanismo de publicador/suscriptor, de tal forma que la comunicación desde el publicador esté disponible para distintos microservicios o incluso aplicaciones externas. De esta forma podremos tener suscriptores de clientes adicionales sin necesidad de modificar el servicio publicador.

2.5.5. Registro de servicios

Cada microservicio dentro de nuestra aplicación debe tener un nombre único, que usaremos para descubrir cómo acceder a él. Podemos ver esto como una analogía a la resolución de DNS, que, a través de un nombre o una dirección única, identifica a una dirección IP y por tanto a un servidor de destino. Este proceso se denomina *resolución de nombres.* Con los microservicios ocurre lo mismo: es necesaria una forma de acceder a ellos, usando un nombre, sin preocuparnos de la infraestructura en la que los estamos ejecutando.

Existe un patrón denominado **Service Registry,** que podemos ver como una base de datos que contiene las localizaciones de red de las instancias de nuestros servicios. Un factor muy importante es que el registro debe actualizarse cada vez que se elimina una instancia o se añaden nuevas de nuestros servicios. Este Service Registry lo implementan soluciones conocidas como orquestadores, entre los que podemos destacar **Kubernetes** https://kubernetes.io y **Docker Swarm** https://docs.docker.com/engine/swarm.

2.5.6. Utilizando un API Gateway

En arquitecturas basadas en microservicios, cada microservicio expone una serie de endpoints. Los clientes que se conectan a nuestros servicios (ya sean aplicaciones móviles o aplicaciones web, que se ejecutan en el navegador de nuestros usuarios) pueden acceder directamente a ellos, por lo que estarían expuestos directamente a internet y tendrían que tener una dirección pública. En entornos de producción y en la nube, la dirección pública que exponen podría ser un balanceador que distribuya la carga entre los microservicios.

La comunicación directa entre clientes y microservicios está bien cuando hablamos de una aplicación pequeña; sin embargo, cuando la aplicación es compleja, este enfoque presenta una serie de problemas. Si necesitamos realizar múltiples llamadas a distintos microservicios para cargar una página o pantalla en una aplicación móvil, incrementaremos el número de peticiones aumentando la latencia y la complejidad en la parte del cliente.

En este punto podríamos introducir un sistema intermediario llamado API Gateway que proporcione una interfaz API REST para hacer de router desde un único punto de entrada hacia un grupo de microservicios y/o API de terceros.

El patrón API Gateway permite implementar una solución para centralizar y enrutar todas las peticiones desde el exterior hacia cada microservicio, actuando como un proxy que enruta una petición que llega hacia los microservicios correspondientes. Existen fundamentalmente dos enfoques, el API Gateway conoce dónde está cada microservicio y enruta directo hacia ellos, y se emplea un servicio de descubrimiento que conoce las instancias y las identifica mediante un id de servicio.

En la figura siguiente se muestra uno de los posibles escenarios, usando un API Gateway que conoce las rutas hacia todos los microservicios que tiene por debajo y direcciona directamente las peticiones.

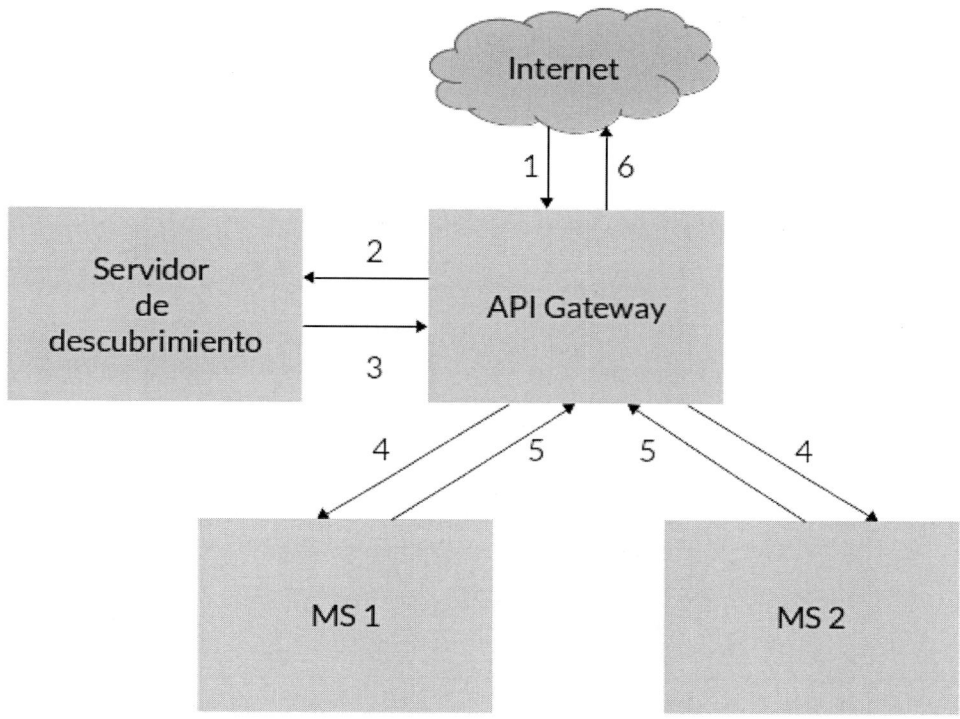

Figura 2.9 Comunicación entre microservicios utilizando un API Gateway

El flujo contiene las siguientes etapas:

1. Llega una petición desde internet y las reglas de enrutamiento determinan hacia qué microservicio dirigirla.
2. Con el id del microservicio se va al servidor de descubrimiento y se obtiene la ruta a la instancia correspondiente.
3. El service discovery entrega la ruta.
4. Se invoca el microservicio correspondiente.
5. El microservicio entrega la respuesta.
6. Se responde al servicio original que invocó desde el exterior.

Este patrón es especialmente útil para evitar exponer los servicios internos a clientes externos, separando las API públicas externas de las API internas de los microservicios. También permite ocultar el descubrimiento de los servicios publicados en la API principal y los detalles de las diferentes versiones que puedan tener los microservicios, ya que proporciona un único punto de entrada para todos los microservicios y API.

Aunque puede variar un poco de acuerdo con la implementación de la API Gateway que se elija desde el punto de vista tecnológico, con un gateway podemos implementar las siguientes funcionalidades que son beneficiosas para la arquitectura.

- Realizar verificaciones de seguridad y control de acceso.
- Soporte multiprotocolo, por ejemplo, HTTP REST, WebSockets, entre otros.
- Verificar/modificar cabeceras en las peticiones.
- Realizar operaciones de logger sobre las peticiones/respuestas.
- Gestionar políticas de consumo, rendimiento, fallos, etc. para asegurar acuerdos de nivel de servicio (SLAs) y sistemas de pago por uso.

Podríamos tener diferentes escenarios para estudiar qué opciones tenemos disponibles a la hora de utilizar un API Gateway en arquitecturas basadas en microservicios:

- **Desde una API existente:** si disponemos de una API y necesitamos desarrollar una aplicación con algunas de sus funcionalidades, lo más indicado sería no publicar el API principal. El mejor recurso es hacerlo mediante el API Gateway, configurando en la aplicación únicamente aquellos endpoints que necesite la aplicación. Como resultado habrás minimizado los accesos a la API, además de poder controlar los mecanismos de autenticación y autorización.
- **Desde un servicio SOAP existente:** en aplicaciones que exponen las interfaces con el protocolo SOAP podríamos utilizar un API Gateway para traducir las llamadas de un servicio SOAP en llamada a una API Rest.

En definitiva, prácticamente todas las aplicaciones basadas en microservicios deberían consumirse mediante una API Gateway, para que interactúe como un único punto de entrada en el conjunto de microservicios, enrutando las peticiones y abstrayendo a los usuarios del funcionamiento interno de los protocolos; además de beneficiarte de todas las funcionalidades y herramientas que le aporta una API Gateway manager, como analizar, supervisar, monitorizar, auditar, orquestar, versionar y gestionar la seguridad de su API. Entre los principales API Gateway managers podemos destacar las siguientes soluciones:

- **AWS API Gateway** https://aws.amazon.com/es/api-gateway: es un servicio completamente administrado por Amazon Web Services que facilita a los desarrolladores la creación, publicación, mantenimiento, monitorización y seguridad de API a cualquier escala. Permite la integración fluida con servicios backend, como AWS Lambda, Amazon EC2, y cualquier servicio web público o privado, ofreciendo soporte para API RESTful, WebSockets y HTTP API de baja latencia. API Gateway se encarga de tareas como la gestión del tráfico, el control de acceso, la monitorización, la autenticación y la optimización del rendimiento, lo que lo convierte en una solución ideal para construir backends serverless, aplicaciones móviles y web, o para exponer funcionalidades de microservicios de forma segura y escalable dentro del ecosistema de AWS.

- **WSO2** https://wso2.com/api-management: una solución de gestión de API de código abierto que proporciona una plataforma integral para el ciclo de vida completo de las API, desde su diseño y publicación hasta su seguridad, gestión y análisis. Permite a las organizaciones exponer sus activos digitales como API, lo que facilita la integración con sistemas internos y externos, y soporta una amplia gama de tipos de API (REST, SOAP, GraphQL). Con capacidad para desplegarse on-premise, en la nube o en entornos híbridos, WSO2 API Manager ofrece funcionalidades robustas de seguridad (OAuth2, OpenID Connect), gestión de tráfico (throttling, rate limiting), un portal para desarrolladores y herramientas de analítica. Es una elección potente para empresas que buscan una flexibilidad de despliegue y un control granular sobre sus estrategias de API.

2.5.7. Utilizando GraphQL

GraphQL https://graphql.org es un lenguaje de consultas y un motor de ejecución para describir las capacidades y los requisitos de los modelos de datos para aplicaciones cliente-servidor. Para entender el funcionamiento de GraphQL, es necesario explicar los tres componentes elementales que caracterizan al proyecto:

- **Lenguaje de consultas:** GraphQL describe un lenguaje de consultas que facilita el acceso a una API. Mientras otras arquitecturas de interfaz solo permiten consultas estrictas que solo garantizan acceder a un solo recurso, las consultas GraphQL se distinguen por una gran flexibilidad. GraphQL permite tanto consultas de lectura como de escritura.
- **Sistema de tipos:** GraphQL trabaja con un sistema propio de tipos que permite describir a una API. Cada tipo consta de uno o varios campos que, a su vez, contienen sus propios tipos de datos. Este sistema sirve a GraphQL como punto de partida para validar las consultas.
- **Múltiples lenguajes de programación:** GraphQL le ofrece múltiples opciones a la hora de escoger el lenguaje de programación base. De esta manera, si trabajas con Python, podemos utilizar **Graphene** https://github.com/GraphQL-python/graphene y si trabajas en Java https://github.com/GraphQL-java/GraphQL-java. Puedes encontrar un listado de las bibliotecas para GraphQL y aplicaciones clientes disponibles para distintos lenguajes de programación en la página oficial de GraphQL https://graphql.org/code.

Una de las características principales de GraphQL es la sencillez del lenguaje de consulta, que facilita a los desarrolladores el acceso a la interfaz. Al utilizar GraphQL es fácil darse cuenta de que las respuestas que se obtienen reflejan exactamente las consultas que se han formulado. GraphQL destaca por las siguientes **características**:

- **Estructura jerárquica:** las bases de datos que pueden consultarse con API de GraphQL tienen una estructura jerárquica. Es posible generar relaciones de forma automática entre los objetos que permiten formular (y responder) consultas complejas en una única solicitud.

- **Flexibilidad:** GraphQL permite formular consultas flexibles. Normalmente se requieren pocos reajustes del lado del servidor, aunque el equipo de desarrolladores puede actuar de manera totalmente independiente respecto del equipo responsable del componente cliente. Además, todos los cambios o las ampliaciones de las API se pueden ejecutar sin versionado, ya que, si es necesario añadir campos adicionales, se puede hacer fácilmente sin necesidad de realizar cambios en las consultas por parte del cliente.

- **Esquema fuertemente tipado:** esta característica es lo que permite definir las operaciones de la API, sus argumentos y sus respuestas. De esta forma, un esquema es un contrato que especifica lo que puede hacer una API. También la documentación puede ser autogenerada con base en el esquema que define la API.

- **Versatilidad:** mientras que REST está orientada a recursos, GraphQL permite definir qué información se desea recibir y en qué formato. Con el lenguaje de consulta de GraphQL, cuando se realiza una solicitud al servidor, se puede definir qué datos se van a recibir en dicha consulta, incluso obtener de una única vez un recurso con determinados datos propios y otros recursos relacionados.

- **Velocidad:** la velocidad de un servicio web dependerá de muchos factores, como el lenguaje, los servidores donde se ejecute, etc. Pero a priori, gracias a la posibilidad de acceder a un set arbitrario de datos del servicio web, podemos ganar en rendimiento gracias a la disminución del número de consultas al servidor.

- **Manejo de versiones del API:** otro de los detalles que en situaciones es difícil de gestionar en arquitecturas REST es el versionado del API. Gracias a la definición en el cliente de los juegos de datos a recibir como resultado de las consultas, es indiferente que se agreguen nuevos datos a los modelos, o que se marquen como obsoletos algunos. Por tanto, en el código del servidor no es necesario más que gestionar una versión de la API.

- **Complementa a otras tecnologías:** usar GraphQL no es excluyente. Podrías perfectamente mezclarlo con un servicio web ya desarrollado, que quizás ya implementa REST, pero donde quieres reducir la complejidad de determinadas peticiones.

Otra de las ventajas de GraphQL es la comunicación con múltiples servicios. Cuando tenemos varios clientes que solicitan datos de varios servicios de almacenamiento de datos como PostgreSQL, MongoDB y una caché de Redis, una capa GraphQL puede simplificar y estandarizar esa comunicación. En lugar de que un cliente vaya directamente a los múltiples servicios de datos, puede hacer que ese cliente se comunique con el servicio GraphQL. Lo que hace internamente el servicio GraphQL es traducir la petición de un solo cliente en múltiples peticiones a múltiples servicios utilizando diferentes lenguajes.

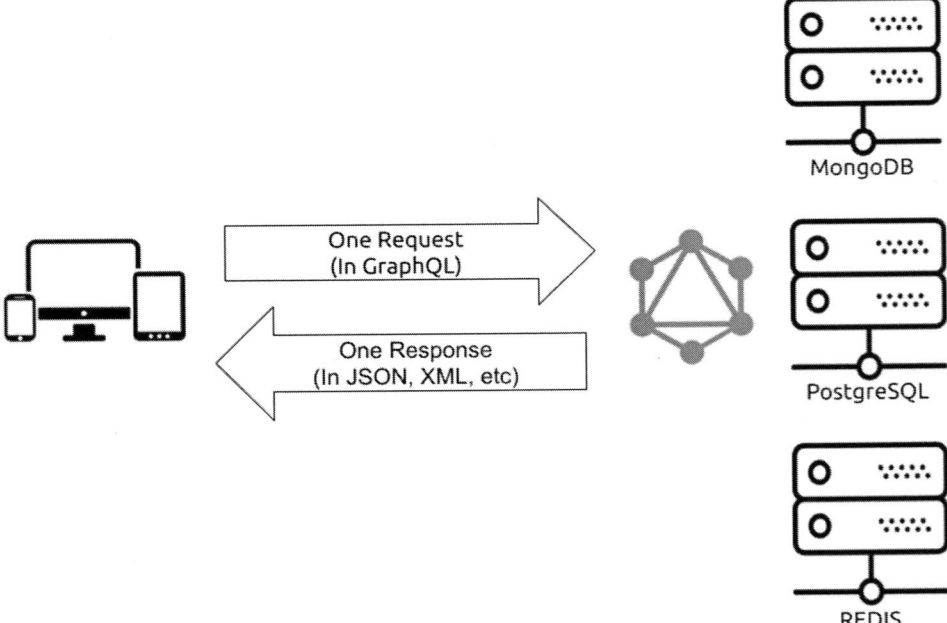

Figura 2.10 Conexión con diferentes servicios de almacenamiento

La parte más importante de un proyecto con GraphQL es la definición del **schema,** que es donde se definen las operaciones y tipos que expondrá nuestra API. Como vemos a continuación, cambia la filosofía de RESTful y nos olvidamos de endpoints y verbos. Primero definimos los tipos de datos que va a soportar nuestra API y luego definimos las operaciones que va a soportar con los tipos de datos definidos. Este sería nuestro esquema donde representamos los objetos Book y Author.

schema.graphql

```
type Book {
  id: ID!
  title: String!
  editorial: String
  author: Author
}

type Author {
  id: ID!
  name: String!
  books:[Books] # array de objetos del tipo Book
}
```

Una vez definidos los tipos de datos, definiremos las operaciones de nuestra API. En nuestro caso definimos un tipo Query que nos permite realizar la consulta por identificador de un objeto Book o por identificador de un objeto Author. La consulta recibe como parámetros un identificador y devolverá un objeto de tipo Book o Author.

```
type Query {
  books (id: ID!): Book
  author (id: ID!): Author
}
```

Una consulta se construye con un único endpoint y en el body le indicamos la consulta que queremos realizar.

```
POST /graphql
body{
        "query":"query"{
                books(id:1){
                        title
                        editorial
                        author{
                                name
                        }
                }
        }
}
```

Para crear recursos disponemos de las mutaciones. En este caso estamos creando una mutación que nos permite crear un objeto del tipo Book.

```
type Mutation{
        createBook(
                title:String!
                editorial:String!
                authorId:ID
        ):Book!
}
```

Desde la parte del cliente se enviaría la siguiente información utilizando la mutación creada anteriormente para registrar un objeto Book:

```
mutation{createBook(title:"Title book",editorial:"editorial"){
        id
        title
```

```
        editorial
        author{
              id
        }
}
```

En el siguiente repositorio de GitHub encontramos una lista de API públicas implementadas en GraphQL con las cuáles podemos realizar pruebas https://github.com/APIs-guru/graphql-apis.

2.5.8. Utilizando gRPC

gRpc https://grpc.io es un protocolo RPC (Remote Procedure Call), el cual puede ser ejecutado sobre cualquier entorno para realizar conexiones o llamadas entre microservicios. Este protocolo fue creado por Google y puede ser utilizado como una alternativa a REST, WebHook o GraphQL. Entre sus principales **características** podemos destacar:

- Transmisión bidireccional y autenticación conectable totalmente integrada con transporte basado en HTTP/2.
- Destaca el rendimiento, debido a su bajo consumo de CPU, ancho de banda, etc.
- Ofrece JSON encondings y serialización con PROTO 3.
- Genera automáticamente stubs idiomáticos de cliente y servidor para su servicio en una variedad de idiomas y plataformas.
- Autenticación incorporada soportando SSL.

gRPC se caracteriza por la definición del servicio mediante el uso de **Protocol Buffers**, que son un mecanismo de serialización de datos agnóstico al lenguaje y la plataforma. Los búferes de protocolo, también conocidos como **Protobuf** https://protobuf.dev, son estándares de serialización o deserialización que simplifican la definición de aplicaciones y realizan automáticamente la generación de código de las bibliotecas de clientes. La versión más reciente, proto3, es la más sencilla de utilizar y ofrece las capacidades más novedosas para gRPC. Lo que nos proporciona es un lenguaje (sintaxis) para definir la estructura de nuestros datos y un compilador para multitud de lenguajes (Go, Java, Python, etc).

gRPC ofrece varias ventajas sobre otros mecanismos de diseño de API entre los que podemos destacar:

- **Llamadas a procedimientos remotos:** utilizando Protobuf y HTTP/2, los servicios gRPC proporcionan hasta 10 veces más alto rendimiento y protección de la API que la interacción REST+JSON. Con el uso de server push, multiplexación y compresión de cabeceras, HTTP/2 proporciona clasificaciones de alto rendimiento para los servicios gRPC. Mientras, el multiplexado elimina los tiempos de latencia del envío de las cabeceras y los mensajes se comprimen de forma más eficaz con HTTP/2, lo que se traduce en una carga más rápida de los servicios gRPC.
- **Interoperabilidad:** gRPC es compatible con numerosos lenguajes de programación, como Java, Ruby Go, C#. Con estos lenguajes de programación, los desarrolladores pueden crear aplicaciones de alto rendimiento utilizando una compatibilidad completa entre plataformas con gRPC. Esto es posible gracias a Protobuf y a la generación efectiva de código para los lenguajes de programación soportados.
- **Seguridad:** la seguridad de la API está garantizada en gRPC mediante el uso de cifrado TLS de extremo a extremo a través HTTP/2. gRPC promueve la adopción de SSL/TLS para el cifrado de datos y la autenticación entre el servidor y el cliente gRPC.

La comunicación cliente-servidor de gRPC se puede resumir en los siguientes pasos:

1. La aplicación cliente realiza una llamada de procedimiento local al stub con los parámetros necesarios para la ejecución de la operativa en el servidor.

2. El stub del cliente serializa los parámetros a través de un proceso denominado serialización y llama a la librería runtime del cliente con los datos serializados.

3. La librería runtime del cliente reenvía la solicitud al runtime del servidor a través de la capa de transporte.

4. La librería runtime del servidor llama al stub del servidor y le pasa la petición recibida.

5. El stub del servidor es el encargado de deserializar los datos y enviarlos al controlador o procedimiento registrado para atender esta petición.

6. El servidor ejecuta la solicitud y devuelve la respuesta al stub del servidor.

7. El stub del servidor serializa el objeto de respuesta y llama a la librería runtime del servidor con la respuesta serializada.

8. La librería runtime del servidor devuelve al cliente la respuesta a través de la capa de transporte a través de la librería runtime del cliente.

9. La librería runtime del cliente deserializa la respuesta y la envía al objeto de solicitud definido en el código del cliente.

10. Finalmente, la respuesta se devuelve a la aplicación.

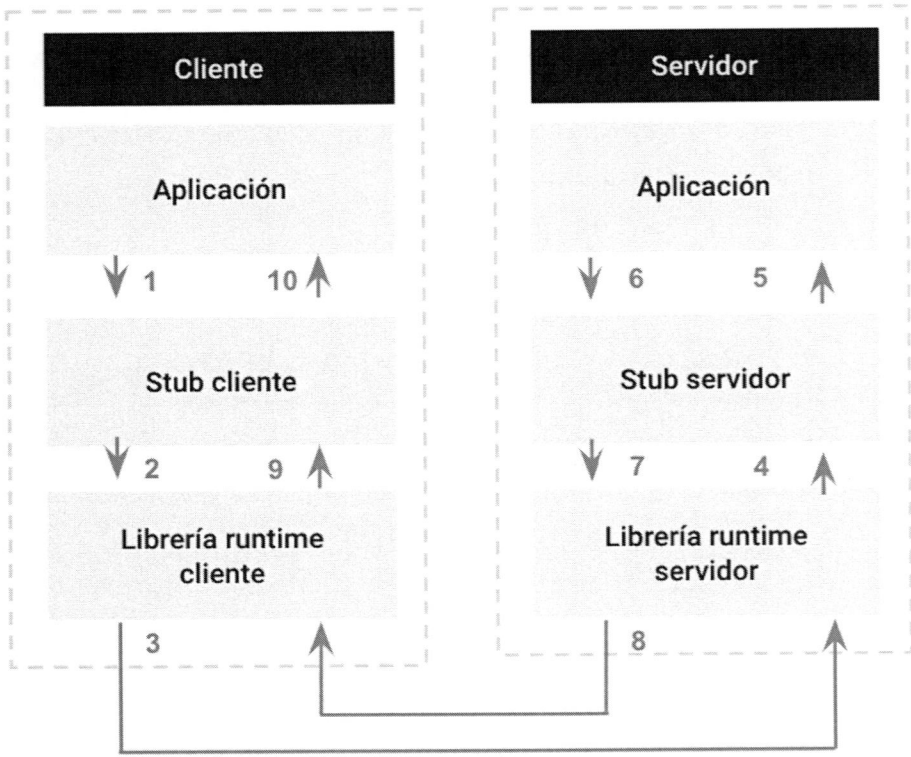

Figura 2.11 Arquitectura cliente-servidor con gRPC

Teniendo en cuenta los puntos anteriores, hay ciertos escenarios en los que gRPC puede ser la solución más adecuada:

- **En servicios de comunicación punto a punto en tiempo real:** en aquellas situaciones en las que se requiera una comunicación punto a punto en tiempo real, gRPC es la opción más acertada gracias al uso de HTTP/2. Un ejemplo típico de este tipo de soluciones son el IoT y la domótica.

- **En soluciones cuyo objetivo sea una comunicación eficiente:** en escenarios que necesiten una comunicación eficiente entre procesos que busquen una latencia baja y un flujo elevado de datos y mensajes puede ser una opción que considerar. Un ejemplo de este tipo de soluciones puede ser la conexión entre sí de microservicios.

- **En soluciones de integración:** gracias a la velocidad y la eficiencia, gRPC puede ser una buena alternativa en escenarios que requieren la integración y comunicación con aplicaciones del ámbito móvil, sobre todo en tareas de procesamiento distribuido de datos, ya que conecta los dispositivos, las aplicaciones incluso servicios de proveedores externos con servicios backend. Un ejemplo de este tipo son las API expuestas a través de gRPC en Google.

2.5.9. API REST vs GraphQL vs gRPC

En primera instancia, cuando hablamos de construir un servicio web basado en API, se siguen enfoques que podríamos considerar con puntos en común en arquitecturas tanto en API REST como en GraphQL:

- Ambas tecnologías permiten exponer puntos de entrada para consultar o enviar datos. Tanto el caso de un API REST y GraphQL usan estos conceptos relacionados, construyendo así un servicio web donde en ambos escenarios se ve influenciado en cómo nuestro cliente puede realizar consultas o qué es lo que necesita de este servicio.
- JSON es el tipo predeterminado de datos que se intercambian entre un cliente con el servicio.
- Funcionan con cualquier lenguaje en el lado del servidor.
- Para frontend tienes libertad de elegir la tecnología que quieras.
- Son stateless, es decir, no viene implementado un sistema de autentificación. No guardamos ningún dato del cliente, solo se limita a recibir correctamente la petición y devolver al cliente el recurso que necesite o modificarlo.

Los siguientes puntos serían aquellos donde ambas arquitecturas se diferencian:

- **Over Fetching:** con API REST nos encontramos con el problema de que podemos obtener datos que realmente no vamos a necesitar.

Cada endpoint tiene una estructura fija de datos que nos va a devolver cada vez que hagamos una petición. En muchas ocasiones no necesitamos toda la información y acabamos ignorando muchos de los datos, lo que indica que no estamos siendo eficientes. Este problema hace que consumamos más ancho de banda y tengamos una carga más lenta de las aplicaciones.

● **Under Fetching:** Under Fetching estaría en el lado opuesto del caso anterior, en que el cliente tiene que hacer peticiones adicionales porque el endpoint no ha devuelto la información suficiente. En este caso necesitamos hacer una llamada adicional para traer la información. En este caso nos encontramos con el problema de N + 1 peticiones. Es un problema de rendimiento de las API REST y consultas a base de datos.

En estos dos aspectos que acabamos de citar anteriormente, la principal ventaja de GraphQL sobre API REST es que nos permite solicitar únicamente los datos que necesitamos para evitar los problemas mencionados anteriormente de over fetching y under fetching. Entre las principales razones por las que podríamos querer considerar el uso de GraphQL en lugar de REST podemos destacar:

● **Rendimiento de la red:** si queremos aumentar el rendimiento de la red enviando menos datos o enviando solo la información que necesitamos para los clientes.

● **La elección de diseño «Incluir vs. Endpoint»:** existe una elección complicada entre incluir la solicitud o crear un punto final adicional. Con GraphQL, ese problema se resuelve gracias a las funciones de esquema y resolución. Entonces, el cliente tiene el control de qué datos deben devolverse.

● **Manejo de diferentes tipos de clientes:** imagina que tienes una API y todos los clientes (aplicación de iOS, aplicación de Android, aplicación web, etc.) son completamente diferentes entre sí debido a que necesitan estructuras de datos completamente diferentes. Con el enfoque REST, es posible que tengas que generar una API separada para cada cliente.

Por el contrario, con GraphQL no es necesario hacerlo, porque puedes hacer que todo se realice desde un único endpoint.

En los puntos analizados anteriormente GprahQL ofrece ventajas frente a API REST, pero hay otras características donde una API REST tiene ventaja:

- **Caché de datos:** REST está implementado sobre HTTP. Este tiene implementado el almacenamiento en caché, de forma que el cliente puede usar ese almacenamiento para evitar volver a buscar recursos. GraphQL no tiene un mecanismo de almacenamiento en caché, lo que deja a los clientes con la responsabilidad de encargarse del almacenamiento.

- **Manejo de errores:** el manejo de errores en REST es sencillo, solo nos basta con mirar los headers de la llamada HTTP para conocer el estatus de la respuesta. Existen varios códigos de estatus que cada uno representa un tipo de correcto, redirección y error (2xx, 3xx, 4xx, 5xx). Los servicios RESTful aprovechan los códigos de estado HTTP para diferentes errores que se pueden encontrar, por ejemplo, los códigos de error 404 y 500. En GraphQL las respuestas siempre son 200 OK. Debes programar que mande un mensaje de error y esperar que el cliente lo lea.

La diferencia principal y más importante es que GraphQL no está tratando con recursos dedicados, sino que todos los recursos se consideran en su totalidad un conjunto de grafos conectados entre sí. Esto da lugar a que pueda adaptar su consulta a las necesidades de su cliente utilizando el lenguaje de consulta de GraphQL (basado en Schemas), describiendo lo que le gustaría tener como respuesta, así como combinar diferentes entidades (o tipos) en una consulta y qué atributos deben incluirse en la respuesta.

Si comparamos gRPC con REST y graphQL, los tres son paradigmas de diseño de API con sus ventajas e inconvenientes. gRPC, basado en RPC y Protocol Buffers, destaca por su alto rendimiento, ideal para microservicios y aplicaciones con gran volumen de datos, gracias a su serialización eficiente y comunicación bidireccional. Sin embargo, requiere una configuración más compleja y una curva de aprendizaje más pronunciada.

Por otro lado, REST, con su enfoque en recursos y HTTP, es más sencillo de implementar y entender, es ampliamente adoptado en el desarrollo web; no obstante, puede resultar menos eficiente para escenarios de alta concurrencia y puede generar sobrecarga de datos al cliente. GraphQL, con su enfoque en la consulta de datos por parte del cliente, ofrece una gran flexibilidad y evita la sobrecarga de datos. No obstante, su complejidad de implementación y la necesidad de un servidor GraphQL robusto pueden ir en su contra.

La elección entre gRPC, REST y graphQL dependerá de los requisitos específicos del proyecto, como el rendimiento requerido, la complejidad de los datos, la frecuencia de cambios en la API y la facilidad de desarrollo.

- **gRPC:** ideal para aplicaciones que priorizan el rendimiento y la eficiencia, como microservicios.
- **REST:** más sencillo de implementar y entender, adecuado para una amplia variedad de aplicaciones.
- **GraphQL:** ideal para aplicaciones que requieren flexibilidad en la consulta de datos y desean evitar la sobrecarga de datos.

En la siguiente tabla comparamos las principales características de REST, GraphQL y gRPC:

Característica	REST	GraphQL	gRPC
Definición	Es un estilo de arquitectura de software.	Es un lenguaje de consultas y manipulación de datos.	Es un framework que trabaja con RPC (Remote Procedure Call).
Respuesta del servidor	Puede haber over fetching, o sea enviar más información de la que se necesita.	Envía solo lo necesario: se controla los datos que deben ser enviados desde el servidor.	Envía solo los datos solicitados en el contrato de servicio.

Obtención de datos	El servidor expone los datos y los clientes deben adecuarse a la forma en que están representados.	Los clientes definen la estructura de los datos que reciben como respuesta del servidor.	Los clientes invocan métodos definidos en un servicio, y reciben los datos exactamente como se especificó en el contrato.
Peticiones	Se realizan múltiples peticiones por vista lo que disminuye el rendimiento.	Hace una sola petición por vista, en una sola petición se puede obtener todos los datos necesarios.	Generalmente hace una sola petición por llamada a procedimiento remoto.
Almacenamiento en caché	API REST implementa almacenamiento en caché para evitar repetir búsquedas de un mismo recurso.	El almacenamiento en caché es responsabilidad de los clientes.	El almacenamiento en caché se puede implementar a nivel del cliente o del servidor, pero no es una característica inherente a gRPC.
Versionado de un API	Para dar soporte a nuevas versiones de una API , generalmente se deben crear nuevos endpoints.	El cambio de la versión del API no afecta, ya que se pueden quitar o añadir campos modificando la consulta.	Se gestiona mediante la evolución de los servicios y mensajes definidos en los archivos .proto.

2.6. Implementar una arquitectura de microservicios

La implementación de una arquitectura de microservicios requiere de una planificación estratégica, un cambio cultural y una inversión en nuevas herramientas y prácticas. A continuación, analizamos los principales pasos que podemos seguir para implementar una implementación eficiente.

1. **Identificar los microservicios:** este es posiblemente el paso más crítico. La clave es encontrar los límites y las responsabilidades de cada uno de los microservicios.
   a. **Basado en capacidades de negocio:** un enfoque común y recomendado es identificar microservicios en función de las capacidades de negocio. Piense en las funciones principales que realiza su negocio (por ejemplo, gestión de pedidos, gestión de inventario, procesamiento de pagos, gestión de clientes). Cada una de estas podría ser un candidato para un microservicio.
   b. **Domain-Driven Design (DDD) y contextos acotados:** DDD es una metodología que permite definir los contextos acotados (bounded contexts) que se mapean de forma natural en microservicios. Identificar los límites conceptuales del negocio ayuda a definir los límites de los servicios.
   c. **Técnicas de descubrimiento:** técnicas como Event Storming son muy efectivas para explorar el dominio de negocio, identificar eventos y microservicios.
   d. **Principio de responsabilidad única:** cada microservicio debe tener una única responsabilidad bien definida.
2. **Diseñar la comunicación:** la comunicación entre microservicios es fundamental. Existen diferentes enfoques con sus propios compromisos.
   a. **Comunicación síncrona:** la comunicación síncrona requiere mecanismos de manejo de fallos (circuit breakers, reintentos, timeouts) para evitar que la falla de un servicio afecte a otros.
      i. **REST/HTTP:** es el estilo más común, utilizando API RESTful. Es fácil de entender e implementar, pero puede introducir acoplamiento temporal (los servicios deben estar disponibles al mismo tiempo para comunicarse).

      ii.   **gRPC:** un framework de llamada a procedimiento remoto (RPC) de alto rendimiento que utiliza Protocol Buffers. Es más eficiente que REST en algunos casos, pero puede ser más complejo de implementar.

  b. **Comunicación asíncrona:** reduce el acoplamiento temporal, mejora la resiliencia y facilita la escalabilidad. Introduce complejidad en la gestión de la coherencia de los datos (consistencia eventual) y requiere infraestructura de mensajería.

      i.   **Colas de mensajes (message queues):** servicios como RabbitMQ, Apache Kafka, Amazon SQS, Google Cloud Pub/Sub permiten a los microservicios comunicarse enviando mensajes a través de colas.

  c. **API Gateways:** un punto de entrada único para los clientes externos que enrutan las solicitudes a los microservicios apropiados. Puede manejar tareas transversales como autenticación, autorización, limitación de velocidad y transformación de solicitudes/respuestas.

  d. **Contratos de API:** define claramente la interfaz de cada microservicio (formatos de solicitud/respuesta, puntos finales, etc.). Es importante para asegurar que los servicios puedan interactuar correctamente. Considera el uso de herramientas para definir y probar estos contratos (por ejemplo, OpenAPI/Swagger, Consumer-Driven Contract Testing).

3. **Implementar la infraestructura:** la infraestructura para microservicios difiere significativamente de la de las aplicaciones monolíticas.

  a. **Contenedores (Docker):** son esenciales para empaquetar cada microservicio con sus dependencias, asegurando un entorno consistente desde el desarrollo hasta la producción.

  b. **Orquestación de contenedores:** plataformas como Kubernetes, Docker Swarm, Amazon ECS o Google Kubernetes Engine permiten gestionar el ciclo de vida de los contenedores a escala. Proporcionan funcionalidades para el despliegue, escalado automático, autorreparación (healing), balanceo de carga y gestión de la configuración.

    c. **Descubrimiento de servicios:** los servicios necesitan encontrarse unos a otros para comunicarse. Las plataformas de orquestación a menudo incluyen descubrimiento de servicios, o se pueden usar herramientas dedicadas como Consul o etcd.

    d. **API Management:** plataformas para gestionar el ciclo de vida de las API, incluyendo seguridad (autenticación/autorización), monitorización, análisis de uso y control de versiones.

    e. **Infraestructura como código (IaC):** utiliza herramientas como Terraform, CloudFormation o Ansible para automatizar el aprovisionamiento y la gestión de la infraestructura, garantizando la consistencia y reduciendo errores.

    f. **Logging y monitorización:** con muchos servicios distribuidos, es importante tener sistemas centralizados para recopilar logs, métricas y trazas para monitorizar el rendimiento, identificar problemas y solucionar errores.

    g. **Pipelines CI/CD:** configurar pipelines de integración continua y entrega continua automatizadas para cada microservicio permite despliegues rápidos y frecuentes.

4. **Desarrollo de los microservicios:** esta fase se centra en la construcción real de cada servicio individual.

    a. **Equipos independientes:** los microservicios están diseñados para ser desarrollados por equipos pequeños y autónomos. Esto permite a los equipos elegir sus propias tecnologías (principio de políglota de tecnología).

    b. **Elección de la tecnología:** cada equipo puede elegir el lenguaje de programación, la base de datos y las herramientas que mejor se adapten a las necesidades específicas de su microservicio, sin estar atado a un stack tecnológico único para toda la aplicación.

    c. **Pruebas automatizadas:** la automatización de pruebas es fundamental. Implementar pruebas unitarias robustas, pruebas de integración (a nivel del servicio individual) y considerar las pruebas de contrato (para verificar que los servicios cumplen sus acuerdos de API).

    d. **Diseño para la observabilidad:** construye cada servicio pensando en cómo será monitoreado y depurado. Incluye logging detallado, métricas relevantes (uso de recursos, latencia, errores) y soporta el rastreo distribuido (tracing) para seguir las solicitudes a través de múltiples servicios.

e. **Diseño para la resiliencia:** implementa patrones de diseño que permitan a los servicios manejar fallos de otros servicios (circuit breakers, retries, bulkheads).

5. **Integrar los microservicios:** una vez que los servicios individuales están desarrollados, deben trabajar juntos como un todo cohesionado.

a. **Pruebas de integración y end-to-end:** aunque cada servicio se prueba de forma independiente, es importante probar cómo interactúan entre sí (pruebas de integración entre servicios) y probar el flujo completo de la aplicación desde el punto de vista del usuario (pruebas end-to-end).

b. **Gestión de dependencias:** con muchos servicios, gestionar las dependencias entre ellos se vuelve complejo. Las herramientas y estrategias para visualizar y gestionar estas dependencias son importantes.

c. **Pipelines CI/CD para el despliegue:** los pipelines de CI/CD deben estar diseñados para desplegar servicios de forma independiente y segura. Considera estrategias de despliegue avanzadas como Blue/Green Deployments o Canary Releases para minimizar el riesgo al desplegar nuevas versiones.

d. **Monitorización de la integración:** presta especial atención a la monitorización de la comunicación entre servicios (latencia, errores, tráfico) para detectar problemas de integración rápidamente.

e. **Gestión de versiones de las API:** a medida que los servicios evolucionan, sus API pueden cambiar. Implementa estrategias claras para gestionar las versiones de las API y asegurar la compatibilidad con versiones anteriores.

2.7. Casos de uso de microservicios

Los microservicios se han convertido en una arquitectura de software popular, debido a su flexibilidad, escalabilidad y capacidad para gestionar sistemas complejos. A continuación, analizamos algunos de los casos de uso más comunes de esta arquitectura:

- **Backends de aplicaciones web y móviles**: los microservicios permiten desarrollar backends escalables y flexibles para aplicaciones web y móviles, lo que facilita la adición de nuevas funcionalidades y la gestión de cargas variables.

- **Servicios personalizados**: cada característica de una aplicación móvil puede ser implementada como un microservicio independiente, lo que facilita el desarrollo y el mantenimiento.

- **Procesamiento de datos**: los microservicios pueden procesar grandes volúmenes de datos generados por dispositivos IoT, realizando análisis en tiempo real y tomando decisiones basadas en esos datos.

- **Gestión de dispositivos**: cada tipo de dispositivo IoT puede ser gestionado por un microservicio específico, lo que facilita la escalabilidad y la actualización de los dispositivos.

- **Procesamiento de pagos**: cada etapa del proceso de pago, desde la autorización hasta la conciliación, puede ser implementada como un microservicio independiente.

- **Integración con múltiples pasarelas de pago**: los microservicios permiten integrar fácilmente diferentes pasarelas de pago, lo que proporciona mayor flexibilidad y redundancia.

- **Catálogo de productos**: un microservicio puede gestionar el catálogo de productos, otro puede manejar los carritos de compra, y así sucesivamente.

- **Personalización**: los microservicios permiten ofrecer experiencias personalizadas a los clientes en función de su historial de compras y preferencias.

CAPÍTULO 3
PATRONES DE DISEÑO
EN MICROSERVICIOS

3.1. Introducción

Al trabajar con arquitecturas orientadas a microservicios se pueden observar ciertos patrones y mecanismos para solventar problemas específicos, que tienden a repetirse en todas las aplicaciones. El objetivo principal del capítulo es estudiar el uso de algunos patrones de diseño que pueden ser útiles cuando diseñamos arquitecturas orientadas a microservicios.

3.2. Patrón Service Discovery

Una gran parte de las aplicaciones que se construyen hoy en día requieren de un API para funcionar. Esta API ofrece todos los servicios necesarios para que la aplicación puede interactuar con el backend y así afectar la información de la base de datos; sin embargo, de esa gran cantidad de aplicaciones que se conectan con API, requieren saber exactamente dónde está alojado (IP y puerto) cada uno de los servicios que conforman el ecosistema de microservicios. Es allí donde entra el Service Discovery Pattern para solucionar ese tipo de dependencias.

La idea central de este patrón es que todos los servicios cuando inician se registran ante una entidad llamada Service Registry, el cual lleva el control de todos los activos, de tal forma que, cuando nosotros queremos consumir un servicio, buscamos en el Service Registry las instancias disponibles, como se muestra en el siguiente diagrama.

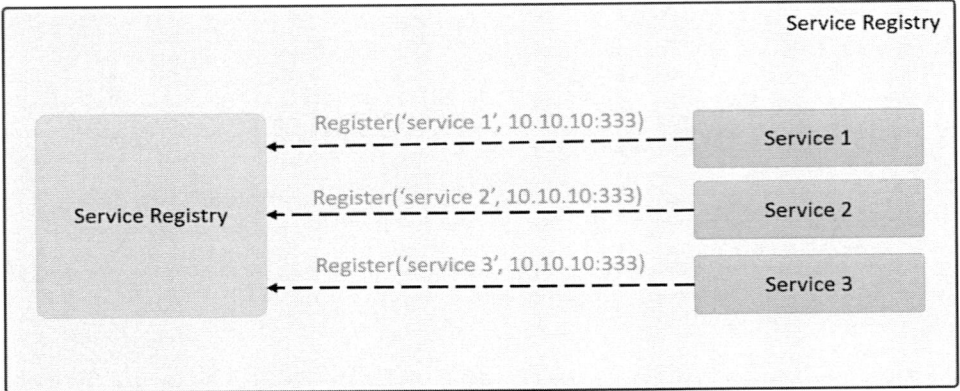

Figura 3.1 Obtención de las instancias a través del Service Registry

En la imagen se puede apreciar cómo cada servicio se registra de forma individual, indicando su nombre y la dirección en la que se encuentra el servicio. De esta forma, el Service Registry tiene un registro de todos los servicios que están disponibles. Estos tienen que mandar señales de vida cada X tiempo para que el Service Registry tenga conocimiento que el servicio continúa disponible. A esto se le conoce como heartbeat (latido).

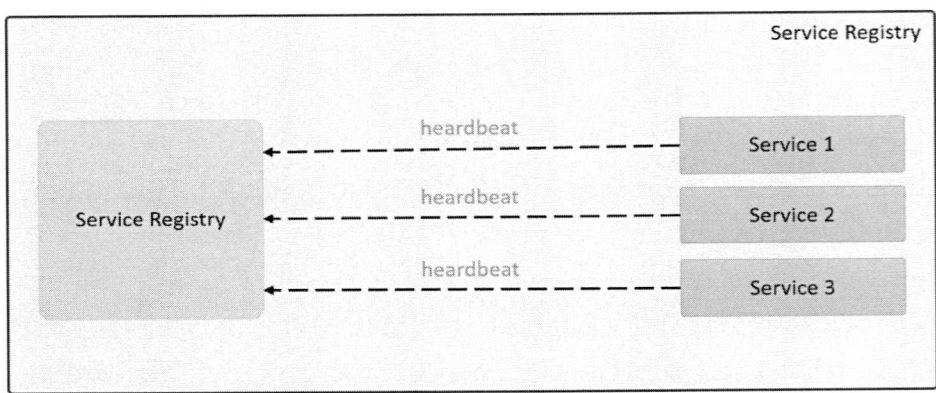

Figura 3.2 Uso del patrón heartbeat en un Service Registry

Si un servicio no comunica que está activo, el Service Registry sabrá que hay algo mal en ese servicio y asumirá que no está disponible, por lo que todas las peticiones serán redirigidas a las demás instancias. Además, es posible que el Service Registry nos mande notificaciones cuando un servicio no está disponible para poder actuar en consecuencia.

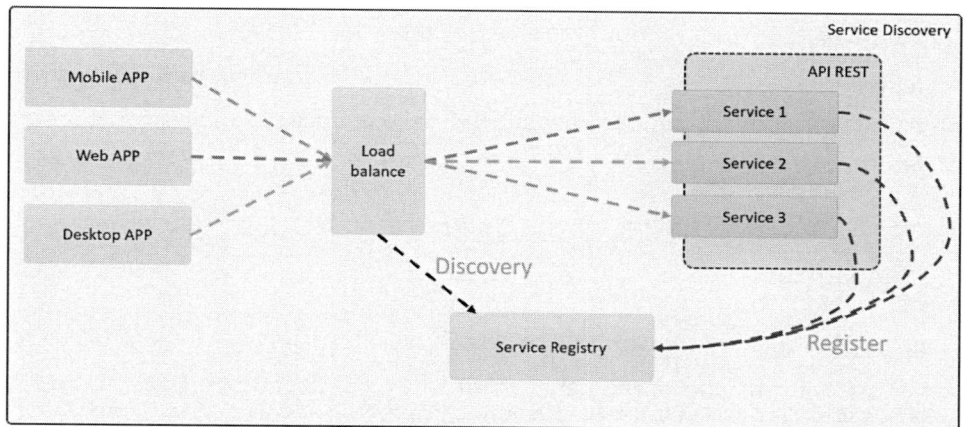

Figura 3.3 Uso del Service Registry para obtener el estado de los servicios

Esta nueva arquitectura funciona de la siguiente manera: primero, los servicios se registrarán ante el Service Registry, con la finalidad de saber qué servicios tenemos disponibles; por otra parte, los clientes ejecutarán llamadas a los servicios por medio del balanceador de carga, el cual se apoyará del Service Registry para determinar la dirección física del servicio y redireccionar la petición a la instancia correcta del servicio.

En esta nueva arquitectura, podemos ver los componentes que ya conocíamos, como los servicios, el Service Registry, el balanceador de carga y los clientes. La diferencia entre esta arquitectura y la anterior es que ya no tenemos la necesidad de conocer la dirección física de los servicios, pues ellos mismos se registran al iniciar y nos permiten saber su estado mediante el heartbeat. Por otro lado, si aprovisionamos una nueva instancia de un servicio, este se registrará de forma automática ante el Service Registry, por lo que no habrá necesidad de la configuración de ningún componente.

Por otro lado, el balanceador de carga puede estar ubicado en dos puntos diferentes. A estas dos variantes se les conoce como Server-side (del lado del servidor) o Client-side (del lado del cliente). Debido a que cada uno tiene sus ventajas y desventajas, las analizaremos por separado.

En resumen, este patrón nos permite ejecutar un servicio determinado sin conocer la dirección física del servicio, para esto, utilizamos un balanceador de cargas que se apoyará del Service Registry para conocer la ubicación real del servicio.

3.2.1. Client-side

En esta variante, el balanceador de carga se ubica directamente en la aplicación cliente, de tal forma que no requiere realizar una llamada remota al balanceador. En su lugar, la implementación local del balanceador se comunicará con el Service Registry para obtener las instancias disponibles. Posteriormente, desde la misma aplicación, se seleccionará la instancia que será consumida.

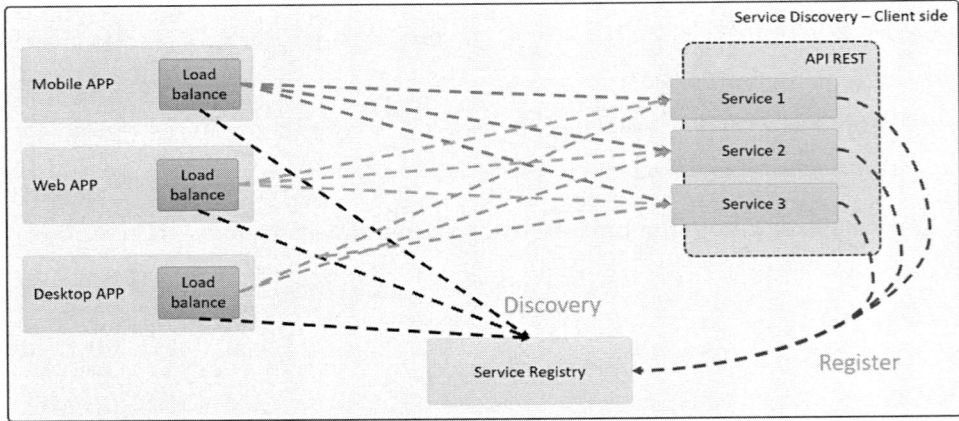

Figura 3.4 Variante donde el balanceador de carga se sitúa a nivel de aplicación

En este caso, el cliente es responsable de consultar un Service Registry para obtener las ubicaciones de red de las instancias disponibles del servicio de destino. Posteriormente, el cliente selecciona una de las instancias y se conecta directamente a ella. Como principal ventaja, el cliente puede implementar lógicas de balanceo de carga y manejo de fallos más sofisticadas. Como desventaja, la lógica de descubrimiento debe estar integrada en cada cliente, lo que puede aumentar la complejidad y dificultar la actualización de la lógica de descubrimiento.

3.2.2. Server-side

En esta arquitectura, el balanceador de carga es un componente externo, al cual todos los clientes se conectan. De esta forma, cuando una petición llega, el balanceador será el encargado de buscar la instancia adecuada por medio del Service Registry.

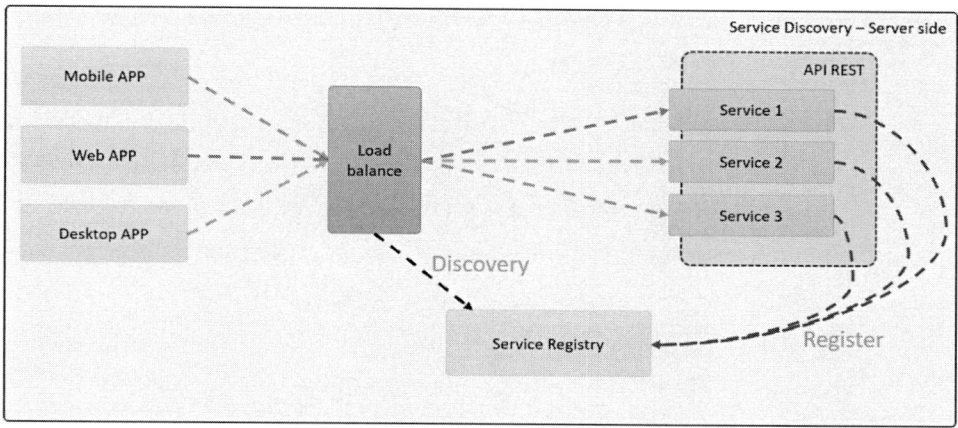

Figura 3.5 Variante Server-side

Esta arquitectura es visiblemente más limpia si la comparamos con la anterior, pues los clientes sólo se comunican con el balanceador de carga; este se encargará de redirigir la petición al servicio adecuado. En esta arquitectura, el cliente no se preocupa por el descubrimiento de los servicios ni de balancear la carga entre las diferentes instancias de un mismo servicio. Adicionalmente, es posible tener un clúster de balanceadores de carga, para evitar un único punto de fallo. Como principal ventaja, esta solución nos permite desacoplar la responsabilidad del balanceo y descubrimiento de servicios por parte del cliente, evitando tener que desarrollar esta funcionalidad en cada cliente. Como desventaja, si no se configura adecuadamente, puede crear un único punto de fallo, lo que provoca que todo falle todo el sistema.

3.2.3. Soluciones para implementar Service Discovery

La implementación de Service Discovery es fundamental en arquitecturas de microservicios y otros entornos distribuidos donde las instancias de servicio son dinámicas (se crean, eliminan o escalan con frecuencia). Service Discovery permite que los servicios se encuentren y comuniquen entre sí sin necesidad de tener sus ubicaciones de red codificadas de forma rígida. Algunas alternativas para el descubrimiento de servicios son:

- **Spring Cloud Eureka Server** https://cloud.spring.io/spring-cloud-netflix: el rol fundamental del Eureka Server es permitir el Service Discovery (descubrimiento de servicios) en entornos distribuidos. Los servicios individuales (conocidos como Eureka Clients) se registran en el Eureka Server al iniciar, e informan su nombre, dirección IP, puerto y estado de salud. Otros servicios que necesitan comunicarse con ellos pueden consultar el Eureka Server para obtener una lista de las instancias disponibles y sus direcciones.

- **Etcd** https://etcd.io: un almacén de clave-valor distribuido y consistente, diseñado para almacenar datos de configuración y estado de un clúster. Es el componente central utilizado por Kubernetes para su registro de servicios y estado del clúster.

- **Consul** https://www.consul.io: es una solución que ofrece Service Discovery, Health Checking, almacenamiento clave-valor distribuido y Service Mesh. Los servicios pueden registrarse y consultarse a través de una API o DNS.

- **Kubernetes** https://kubernetes.io: Kubernetes tiene de serie integrado un Service Discovery de forma nativa. Cuando despliegas servicios, Kubernetes les asigna nombres DNS internos y proporciona un descubrimiento basado en DNS.

- **Apache Zookeeper** https://zookeeper.apache.org: servicio de coordinación distribuida que puede ser utilizado para Service Discovery, aunque su API y modelo son un poco más complejos que otras soluciones para este propósito específico.

3.2.4. Service Discovery con Spring Cloud Eureka Server

Eureka es un servidor de descubrimiento de servicios cuya función principal es mantener un registro de todos los servicios en funcionamiento en una arquitectura de microservicios, lo que permite que estos servicios se encuentren y se comuniquen entre sí de manera dinámica. Entre las principales características podemos destacar:

- **Registro de servicios (Service Registration):** los microservicios construidos con Spring Cloud Eureka Client se configuran para registrarse automáticamente con uno o más Eureka Servers al arrancar. Envían información sobre sí mismos para que el servidor sepa dónde encontrarlos.
- **Descubrimiento de servicios (Service Discovery):** los microservicios que necesitan invocar a otros servicios actúan como Eureka Clients y pueden consultar al Eureka Server para obtener una lista actualizada de las instancias disponibles para un servicio determinado.
- **Resiliencia y alta disponibilidad:** Eureka está diseñado pensando en la resiliencia y la alta disponibilidad. Los servidores Eureka pueden desplegarse en clústeres (peer-aware), donde se registran entre sí y replican la información del registro. Esto permite que el sistema continúe funcionando incluso si algunos servidores fallan.
- **Monitorización de salud (Health Checks):** Los Eureka Clients envían *latidos* (heartbeats) periódicamente al servidor para indicar que están activos. Si el servidor no recibe latidos de una instancia de servicio después de pasado un cierto tiempo, se considera que esa instancia no está disponible y la elimina de su registro.

- **Caché del lado del cliente**: los Eureka Clients mantienen una caché local del registro de servicios. Esto les permite seguir resolviendo ubicaciones de servicios, incluso si el servidor no está accesible de forma temporal.
- **Integración con Spring Boot**: Spring Cloud simplifica la configuración de un Eureka Server y los Eureka Clients utilizando anotaciones (**@EnableEurekaServer, @EnableDiscoveryClient**) y propiedades de configuración en los archivos application.properties o application.yml.

En primer lugar, necesitaremos añadir la siguiente dependencia en nuestro proyecto de Spring:

```xml
<dependencies>
    <dependency>
      <groupId>org.springframework.cloud</groupId>
      <artifactId>spring-cloud-starter-netflix-eureka-server</artifactId>
    </dependency>
</dependencies>
```

Posteriormente, necesitamos anotar la clase principal con **@EnableEurekaServer.**

```java
import org.springframework.boot.SpringApplication;
import org.springframework.boot.autoconfigure.SpringBootApplication;
import
org.springframework.cloud.netflix.eureka.server.EnableEurekaServer;

@SpringBootApplication
@EnableEurekaServer
public class EurekaServerApplication {
   public static void main(String[] args) {
      SpringApplication.run(EurekaServerApplication.class, args);
   }
}
```

A continuación, pasaremos a realizar la configuración de los servicios con Spring Boot. Para ello añadimos las siguientes dependencias en el fichero **pom.xml**:

```xml
<dependencies>
  <dependency>
    <groupId>org.springframework.boot</groupId>
    <artifactId>spring-boot-starter</artifactId>
  </dependency>
  <dependency>
    <groupId>org.springframework.boot</groupId>
    <artifactId>spring-boot-starter-web</artifactId>
  </dependency>
  <dependency>
    <groupId>org.springframework.boot</groupId>
    <artifactId>spring-boot-starter-actuator</artifactId>
  </dependency>
  <dependency>
    <groupId>org.springframework.cloud</groupId>
    <artifactId>spring-cloud-starter-config</artifactId>
  </dependency>
  <dependency>
    <groupId>org.springframework.cloud</groupId>
    <artifactId>spring-cloud-starter-netflix-eureka-client</artifactId>
  </dependency>
  <dependency>
    <groupId>org.springframework.boot</groupId>
    <artifactId>spring-boot-starter-test</artifactId>
    <scope>test</scope>
  </dependency>
</dependencies>
```

La aplicación, para registrarse como un servicio, solo necesita de la anotación **@EnableDiscoveryClient** en la clase principal. Al iniciar cada servicio, se registrará automáticamente en el servidor Eureka con la información de configuración proporcionada. La anotación **@LoadBalanced** en el RestTemplate permite habilitar el balanceador de carga.

```
import org.springframework.boot.SpringApplication;
import org.springframework.boot.autoconfigure.SpringBootApplication;
import org.springframework.cloud.client.loadbalancer.LoadBalanced;
import org.springframework.cloud.netflix.eureka.EnableEurekaClient;
import org.springframework.context.annotation.Bean;
import org.springframework.web.client.RestTemplate;

@SpringBootApplication
@EnableEurekaClient
public class CatalogServiceApplication {

        @LoadBalanced
        @Bean
        public RestTemplate restTemplate() {
        return new RestTemplate();
        }

        public static void main(String[] args) {
        SpringApplication.run(CatalogServiceApplication.class, args);
        }
}
```

En la implementación de cada servicio inyectamos un **RestTemplate** en los servicios para realizar llamadas a otros servicios.

```
import org.springframework.beans.factory.annotation.Autowired;
import org.springframework.stereotype.Service;
import org.springframework.web.client.RestTemplate;

@Service
public class CatalogService {
  @Autowired
  private RestTemplate restTemplate;

  public Product getProduct(Long productId) {
     return restTemplate.getForObject("http://product-
service/products/{id}", Product.class, productId);
    }
}
```

3.3. Patrón DDD (Domain-Driven Design)

Domain-Driven Design (DDD) es una metodología de desarrollo de software que prioriza el dominio del negocio (el problema que se quiere resolver) y lo coloca en el centro del diseño de la aplicación. En lugar de centrarse en la tecnología, este patrón busca construir un modelo de software que refleje de manera precisa y profunda las reglas, conceptos y procesos del negocio. Entre las principales **ventajas** que aporta este patrón podemos destacar:

- **Mejor comprensión del negocio:** al trabajar estrechamente con expertos del dominio, los desarrolladores obtienen una comprensión más profunda del negocio, lo que se traduce en software más alineado con las necesidades reales.
- **Código más limpio y mantenible:** el modelo de dominio actúa como un lenguaje común entre desarrolladores y expertos del negocio, facilitando la comunicación y la evolución del software.
- **Soluciones más adaptables:** DDD promueve la creación de software flexible y adaptable a los cambios en el negocio.
- **Mayor calidad del software:** al centrarse en el dominio, se reduce la posibilidad de errores y se mejora la calidad del software.

Este patrón comienza con un profundo conocimiento del dominio del negocio, lo que implica trabajar con expertos para comprender a fondo los conceptos, reglas y procesos clave. A partir de esta comprensión, se construye un modelo del dominio que captura la esencia del negocio de forma abstracta. Este modelo sirve como lenguaje común entre los desarrolladores y los expertos del dominio, asegurando que el software se alinea con las necesidades reales del negocio. Sus principios se basan en:

- Colocar los modelos y reglas de negocio de la organización en el core de la aplicación.
- Basar nuestro dominio complejo en un modelo de software.

- Se utiliza para tener una mejor perspectiva a nivel de colaboración entre expertos del dominio y los desarrolladores, para concebir un software con los objetivos bien claros.

El modelo de dominio se implementa en el código a través de value objects, entidades, servicios, agregados y repositorios.

- **Value objects**: estos objetos definen funcionalidades y tienen significado. Estos objetos suelen ser pasados como parámetros en mensajes entre los objetos. Por lo general se crean temporalmente para alguna operación y luego son descartados.
- **Entidades:** una entidad es un objeto definido principalmente por su identidad en lugar de por atributos específicos. Por lo general tendrá un identificador único que lo hará diferente a un value object.
- **Servicios:** son los encargados de implementar el comportamiento de negocio que desencadenan los comandos. Para ello realizan la orquestación entre agregados.
- **Agregados:** los agregados son un conjunto de entidades y value objects que tienen sentido a nivel de dominio y se crean y persisten juntos.
- **Repositorios:** los repositorios son los componentes que llevan a cabo la persistencia de los agregados, tanto la escritura como la lectura. Los repositorios se comunican y conectan a la base de datos, de manera que ocultan los detalles del dominio. En la capa de dominio se crearán las interfaces, pero será en la capa de infraestructura donde reside la lógica de comunicación con la base de datos. Con esta aproximación y haciendo uso de interfaces, podemos realizar cambios en la capa de persistencia sin afectar al modelo ni lógica de negocio.

3.4. Command Query Responsibility Segregation (CQRS)

En un sistema de administración de datos típico, todas las operaciones de CRUD (create, read, update, delete) normalmente se ejecutan en la misma interfaz, utilizando el mismo almacenamiento y modelo de datos para ejecutar todas las operaciones.

CQRS es un patrón de diseño arquitectónico en el que tenemos dos subsistemas diferenciados, uno responsable de las operaciones de actualización de la base datos (creación, actualización y eliminación) llamado **Command System**, y otro responsable de las lecturas o consultas llamado **Query System.**

- El **subsistema de comandos** recibe peticiones de comandos que se validan que sean consistentes con el estado actual del sistema antes de ejecutarlos. Como resultado de la ejecución de un comando, el estado del sistema cambia, y ese cambio se comunica al subsistema de consultas mediante algún mecanismo de sincronización. Por comando entendemos una petición por parte de un usuario o de otro sistema con el objetivo de realizar una operación de negocio que haga evolucionar el sistema a través de un cambio de estado.

- El **subsistema de consultas** recibe los cambios de estado del sistema mediante un mecanismo de sincronización. En algunos casos, el propio mecanismo de sincronización podría proporcionarnos herramientas para definir esta etapa de forma declarativa. Si en el subsistema de consultas usamos una base de datos relacional, podríamos definir un esquema optimizado para las consultas, de forma que estas no necesitan joins, y las sentencias SELECT sean más simples y sencillas de optimizar.

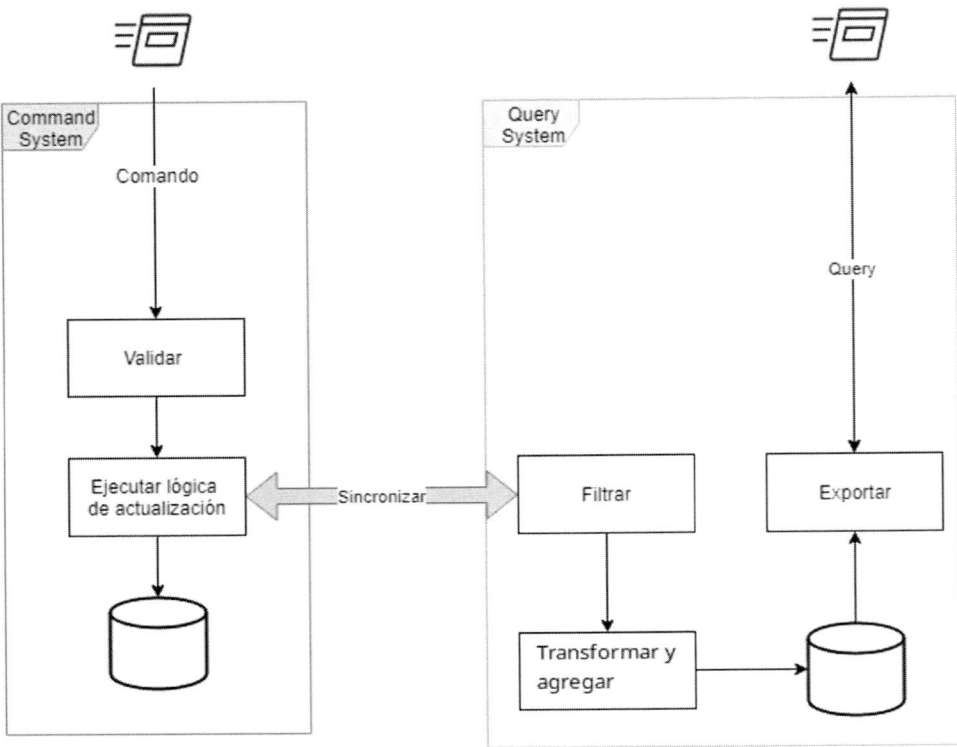

Figura 3.6 Subsistemas de consultas y de comandos

Como hemos contado, este patrón es útil cuando las operaciones de lectura se separan de las operaciones de escritura de datos y se implementan interfaces diferentes para cada una de ellas. En la mayoría de los sistemas CQRS, las operaciones de lectura y escritura utilizan diferentes modelos de datos, e incluso podrían ser diferentes almacenes de datos. Esto posibilita que sea más fácil escalar las diferentes operaciones al separar las lecturas de las escrituras. Usar CQRS nos aporta las siguientes **ventajas**:

- **Ambos subsistemas pueden evolucionar por separado:** normalmente el ritmo de cambios en la funcionalidad es muy diferente en las consultas (lecturas) y los comandos (escrituras). Las tecnologías de ambos sistemas podrían ser distintas: el sistema de escritura podría tener una base de datos distinta de la de lectura.

- **Arquitectura modular:** podríamos construir nuestra una arquitectura de forma modular donde tengamos varios subsistemas de consulta y varios subsistemas de comandos. Cada uno de ellos diseñado, mantenido y desplegado de forma separada del resto. Esta arquitectura modular nos daría la posibilidad de añadir nuevos subsistemas de comandos o consultas sin tener que parar el resto de los subsistemas.

- **Alta escalabilidad**, al permitir distribuir la aplicación a través de múltiples máquinas, y **alta disponibilidad** a nivel de aplicación, ya que, si falla un componente, el resto del sistema puede seguir funcionando. Si los subsistemas de escritura y lectura se separan físicamente, podrían escalar de manera independiente.

- **Permite seguir más de cerca el principio de responsabilidad única:** lectura y escritura son procesos relacionados pero diferentes, y tener mecanismos bien diferenciados permite mantener mejor los modelos.

3.4.1. Eventos en CQRS

Cabe destacar que los eventos del patrón CQRS son la fuente de cualquier cambio de estado en la aplicación. Como hemos mencionado anteriormente, la ejecución de los comandos inicia el cambio de estado en el sistema, lo que a su vez producirá una serie de eventos de dominio. Cuando se necesita que un objeto de dominio procese un comando, el repositorio obtendrá el flujo de eventos relacionados con ese objeto del almacén de eventos.

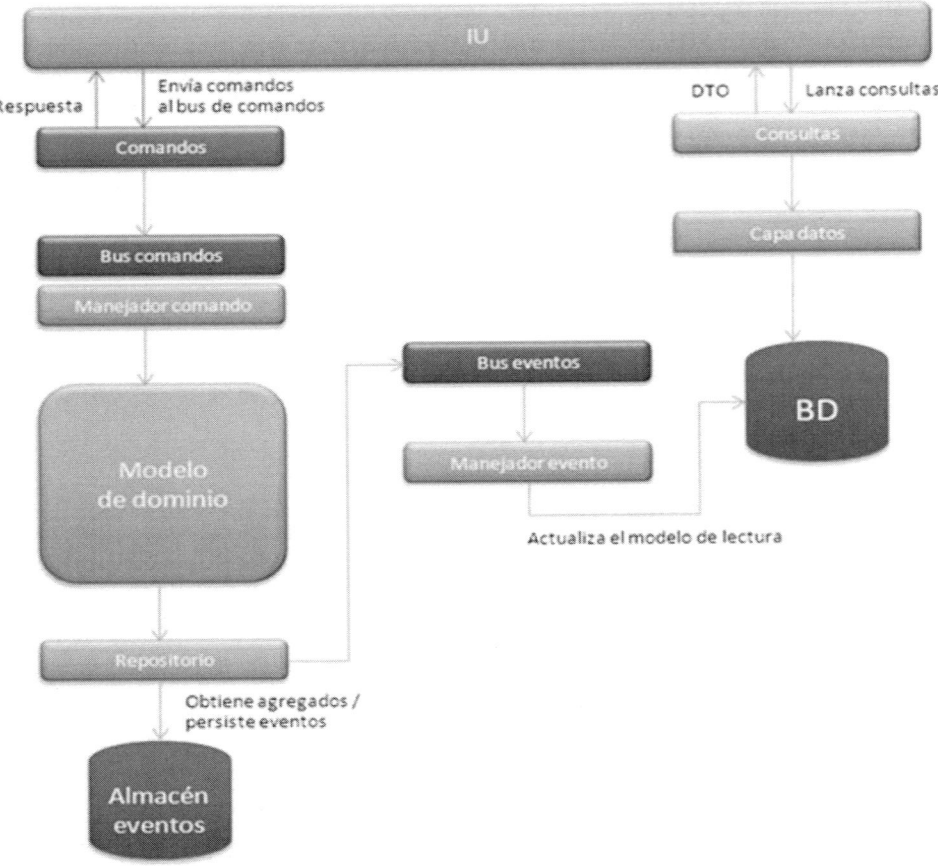

Figura 3.7 Gestión de eventos en CQRS

De esta forma obtendremos el objeto en su estado original y no será necesario proporcionar persistencia para el modelo de dominio. Con esto tenemos la posibilidad de reconstruir el objeto de dominio a su último estado, tan solo aplicando el flujo de eventos sobre él.

Este patrón se conoce como Event Sourcing, que consiste en que los eventos se mandan al bus de eventos y se despachan a cualquier componente interesado. Se trata de un patrón de arquitectura que permite capturar todos los cambios que se pueden producir en nuestra aplicación como una secuencia de eventos.

3.4.2. Casos de uso de CQRS

CQRS es un patrón arquitectónico que separa las responsabilidades de lectura (queries) y escritura (commands) en un sistema. Esto permite optimizar cada una de estas operaciones de forma independiente, mejorando el rendimiento y la escalabilidad de la aplicación. Este patrón es especialmente útil en sistemas que cumplen con las siguientes características:

- **Alta concurrencia:** cuando se esperan muchas lecturas y escrituras simultáneas, CQRS permite optimizar cada operación por separado.
- **Datos de lectura complejos:** si se requieren vistas personalizadas y agregaciones complejas de los datos, CQRS facilita la creación de modelos de lectura optimizados.
- **Sistemas de gran escala:** en sistemas distribuidos, CQRS puede ayudar a gestionar la complejidad y mejorar la escalabilidad.
- **Requisitos de rendimiento:** cuando las operaciones de lectura y escritura tienen requisitos de rendimiento muy diferentes, CQRS permite optimizar cada una de ellas de forma independiente.

A continuación, se resumen algunos ejemplos de aplicaciones que podrían beneficiarse del uso de este patrón:

- **Aplicaciones de comercio electrónico:** en este tipo de aplicaciones, CQRS permite optimizar tanto las operaciones de lectura como de escritura. Por un lado, las consultas para mostrar el catálogo de productos, el carrito de compras y el historial de pedidos pueden ser altamente optimizadas al utilizar bases de datos NoSQL o índices especializados, lo que garantiza una respuesta rápida a las solicitudes de los usuarios. Por otro lado, las operaciones de escritura, como realizar pedidos o actualizar el inventario, pueden ser procesadas de manera asíncrona, lo que mejora la escalabilidad y la resiliencia del sistema.
- **Sistemas de gestión de contenido:** CQRS es ideal para sistemas de gestión de contenido que necesitan manejar grandes volúmenes de

datos y ofrecer interfaces de usuario con altas tasas de refresco. Las lecturas, como mostrar contenido y realizar búsquedas, pueden ser optimizadas mediante la creación de índices secundarios y vistas materializadas. Las escrituras, como crear y editar contenido, pueden ser procesadas de forma asíncrona y replicadas en múltiples bases de datos para mejorar la disponibilidad y el rendimiento.

- **Aplicaciones para operar con transacciones:** en el sector financiero, la consistencia y la seguridad son fundamentales. CQRS permite separar las operaciones de lectura y escritura, lo que facilita la implementación de mecanismos de control de acceso y auditoría. Las lecturas, como mostrar saldos e historial de transacciones, pueden ser optimizadas mediante la creación de vistas materializadas que resumen la información relevante. Las escrituras, como realizar transferencias y pagar facturas, pueden ser procesadas de forma transaccional y auditada para garantizar la integridad de los datos.

3.5. Event Sourcing para aplicaciones escalables

Event Sourcing es un patrón de arquitectura que define un enfoque para las operaciones de manipulación de datos. Se trata de un patrón que trata de almacenar todo el estado del sistema como una secuencia ordenada de eventos, con el objetivo de tener una trazabilidad de ellos.

Este patrón se fundamenta en que toda la información del sistema debe estar vinculada a sus estados y debe guardarse como una secuencia ordenada de eventos. Un evento es el mecanismo que posibilita un cambio de estado del sistema. Este patrón garantiza que todos los cambios en el estado de la aplicación se almacenen como una secuencia de eventos. No solo podemos consultar estos eventos, sino que además también podemos reconstruir esos estados hasta llegar al actual.

La idea es crear una secuencia de eventos, cada uno de los cuales se registra en un store. De esta forma, cada cambio en el estado de la aplicación es capturado en un objeto evento. Estos objetos se guardan en la secuencia en que han sido aplicados. La principal ventaja que aporta es que podemos garantizar que podemos reconstruir la aplicación desde el principio y llevarla hasta el estado actual o uno anterior.

Este patrón tiene como principal desventaja que aumentará el tiempo de arranque a medida que crece el número de eventos. Cada vez que el sistema tiene que ser reiniciado, debe leer todo el log de eventos y volver a procesarlos para obtener una instancia del modelo de negocio en memoria en el mismo estado que teníamos antes.

Este paradigma rompe con los modelos de datos relacionales y con el patrón ORM (mapeo objeto relacional), ya que no es necesario persistir las entidades ni relacionarlas entre sí. Bastaría con tener una secuencia ordenada de eventos serializados, ya que esto contiene toda la información del sistema. Los tipos de repositorio para almacenar la información que mejor encajan son bases de datos orientadas a documentos como MongoDB o sistemas clave valor como Redis.

Event Sourcing garantiza que cada cambio en el estado se capture en un objeto de evento y se mantenga. Este modelo ofrece una serie de ventajas que podríamos aplicar en aplicaciones basadas en blockchain:

- **Reconstrucción completa:** podemos reconstruir el estado de la aplicación volviendo a ejecutar los eventos del registro de eventos en una nueva aplicación.
- **Recreación del estado:** un modelo CQRS nos ayuda a definir un conjunto de comandos que almacenaremos en la cadena de bloques y publicaremos nuestros modelos de consulta con una API pública. El almacenamiento de los comandos en la cadena de bloques nos ayudaría a recrear el estado y auditar el caché de estado que un tercero proporciona para saber si es o no válido.

- **Compartir comandos**: compartir los comandos nos ayuda a que otros sepan rápidamente cómo interactuar con nuestro modelo de dominio a través de una red confiable, sin la necesidad de compartir la lógica interna de ese modelo.

La principal ventaja de usar los patrones CRQS y Event Sourcing es que encajan perfectamente con una arquitectura moderna que garantice la alta disponibilidad, buenos tiempos de respuesta, seguridad y robustez. Entre otras **ventajas** podemos destacar:

- Al mantener un registro histórico de todas las secuencias de eventos se pueden solucionar problemas en datos, ya que revisando el historial se puede explicar cómo la aplicación llegó a ese estado.
- Efectuar pruebas en un ambiente controlado con datos de producción es más sencillo porque maneja una bitácora de acciones que permite volver al estado actual del sistema o a uno intermedio simplemente replicando los eventos sucedidos.
- El almacenamiento de eventos puede optimizarse para obtener un mejor desempeño dado que solo permite agregarlos, no hay que borrar ni actualizar registros. Si se desea anular una acción anterior, debe agregarse un nuevo evento que tenga ese efecto de reversión.
- Evita problemas de concurrencia, ya que registra la secuencia de acciones exactamente a como se ejecutó y no actualiza los objetos o datos guardados directamente.

De entre los frameworks existentes que adoptan estos patrones de arquitectura con el objetivo de crear aplicaciones extensibles y mantenibles, cabe destacar AxonIQ https://docs.axoniq.io/home.

3.5.1. Casos de uso de Event Sourcing

Hasta hace unos años era habitual que las aplicaciones tuvieran tiempos superiores de respuesta a los estimados y caídas frecuentes. Hoy en día los sistemas deben dar servicio 24/7 y proporcionar en la mayoría de los casos unos óptimos tiempos de respuesta.

Todo sistema que presente la necesidad de soportar una gran carga de usuarios o procesos debe adoptar características como resiliencia, comunicación asíncrona y escalabilidad. En otras palabras, deben ser sistemas reactivos. Event Sourcing encaja de forma natural en un sistema de estas características:

- A diferencia de los tradicionales CRUD, cuya escalabilidad está muy limitada debido a que toda operación se debe realizar de forma atómica y consistente, con Event Sourcing solo se almacenan eventos, lo que propicia un modelo óptimo para una arquitectura basada en eventos. Esto conlleva escalabilidad y responsividad.
- Al tener almacenado cada uno de los eventos que han ocurrido en el sistema, se obtiene información de negocio muy valiosa, ya que en todo momento se conoce cómo el dominio ha llegado a su estado actual.

La clave está en separar aquellas operaciones de la aplicación relacionadas con la obtención de datos y las que cambian el estado de nuestro dominio —por ejemplo, las operaciones encargadas de modificar los datos—. Básicamente, por un lado están las querys, que serán los datos que obtenemos de realizar una consulta en la base de datos; por otra parte tenemos los comandos, que serían las operaciones correspondientes al insert, update y delete.

Imaginemos que en una aplicación tiene que aparecer un listado de usuarios. Para ello podríamos tener en nuestro controller la función obtenerUsuarios(). Posteriormente esta función llama al service, el cual tendrá acceso al DAO o repository para obtener los datos.

En el caso de realizar modificaciones sobre nuestro modelo, podríamos tener en nuestro controller una función llamada actualizarUsuario() que llamara al service. Este accederá a un repositorio que acabará publicando un evento en el bus de eventos. Posteriormente tendremos un manejador de eventos (Event Handler) para capturar el evento y persistir en la base de datos.

En cuanto a la base de datos, la idea es que podamos utilizar una que sea lo más rápida posible. La mejor opción podría ser optar por una documental (MongoDB, ElasticSearch), ya que las bases de datos orientadas a documentos son bastante más rápidas que las relacionales.

3.6. Patrón Change Data Capture (CDC)

Cuando comenzamos a crear una arquitectura, podríamos empezar por lo esencial, diferentes microservicios con una base de datos por microservicio.

El siguiente diagrama muestra una arquitectura donde cada microservicio tiene una base de datos con la que se comunica, obtiene la información y la muestra. En un primer momento, esta aproximación puede servirnos, pero, si la idea es añadir un ElasticSearch para realizar indexaciones de datos, o añadir una base de datos en la que realizar alguna explotación de la información, vamos a querer utilizar una base de datos adicional que sea una réplica de la base que ya tenemos. El problema es que esto va a producir información redundante que tendremos que duplicar, adaptar, etc.

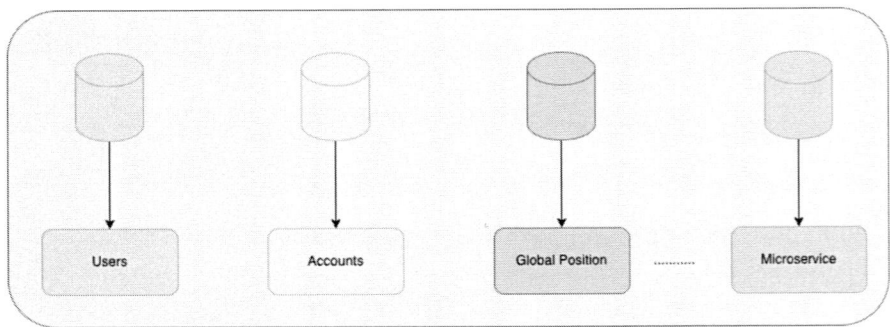

Figura 3.8 Aplicación con una base datos por microservicio

En este punto, el patrón Change Data Capture es un método de ETL (extract, transform, load). La información es extraída, transformada y cargada en un repositorio destino. Hay tres pasos claramente diferenciados en el patrón CDC, que son:

- Detectar el cambio.
- Capturar el cambio.
- Realizar la propagación del cambio.

Para seguir estos pasos, podemos aplicar diferentes aproximaciones. Por ejemplo, lanzar un trigger de nuestra base de datos, tener un proceso scheduler o batch para obtener el último registro guardado, o mirar los logs de la base de datos para detectar los cambios. Podríamos decir que las dos aproximaciones más importantes son las siguientes:

- **Query-based CDC:** en la aproximación basada en query-based se toman los cambios que han ocurrido en la base de datos, lo que provoca un mayor consumo de recursos si la comparamos con la basada en logs.
- **Log-based CDC:** la mayoría de las bases de datos tienen un sistema de logs de transacciones para guardar en base de datos las operaciones realizadas. Este funcionamiento puede ayudar a recuperar la información de las últimas transacciones. Una vez la base de datos ha escrito sus logs, los sistemas de CDC de nuestra arquitectura observarán los logs que se han escrito y se propagarán al servicio final. Este servicio final lo que hará será replicar los cambios y actualizar el estado. Durante este proceso, desde el comienzo hasta que el dato llega al servicio final, el sistema de CDC intervendrá de una manera activa.

Actualmente, una de las aproximaciones más utilizadas para aplicar CDC es el uso de eventos a través de Event Driven, en el que se recoge el dato y se envía. De esta manera tendremos un sistema altamente escalable y resiliente. Entre las **ventajas** de usar eventos con Event Driven en CDC podemos destacar:

- Permite tener desacoplado el sistema. Es escalable si se necesitan más recursos.
- Permite un procesamiento y actualización de mensajes en tiempo real.
- No impacta en el sistema ni tiene tanto impacto en el rendimiento de las aplicaciones como lanzar triggers o hacer uso de polling o scheduler para leer los cambios.

Entre los principales **frameworks** para implementar este patrón podemos destacar:

- **Kafka Streams** https://kafka.apache.org/documentation/streams. Podemos hacer uso de Kafka Streams para implementar un sistema basado en CDC. Para ello nos apoyamos en Kafka Connect, que es un componente de Apache Kafka que nos permite una integración de datos entre diferentes fuentes de datos.
- **Debezium** https://debezium.io. Debezium es una plataforma distribuida de código abierto pensada y orientada al Change Data Capture (CDC). Esta solución está basada en el uso de logs transaccionales como aproximación para detectar los cambios en una base de datos. Uno de los usos más comunes es utilizar Debezium junto con Kafka Connect para poder transmitir datos a kafka.

3.6.1. Kafka Streams

Kafka Streams https://kafka.apache.org/documentation/streams es una biblioteca cliente para Apache Kafka que permite construir aplicaciones y microservicios que procesan y analizan flujos de datos en tiempo real. No es un framework CDC por sí mismo, sino una potente herramienta para procesar los flujos de datos capturados por una solución CDC (como Debezium) una vez que ya están en Kafka. Entre las principales **características** para implementar el patrón CDC podemos destacar:

- **Procesamiento de datos en tiempo real:** permite transformar, agregar y filtrar datos a medida que llegan a Kafka. Esta característica es importante en este patrón, donde los cambios en la base de datos se transmiten como un flujo continuo de eventos.
- **API declarativas y funcionales:** ofrece API de alto nivel (KStream y KTable) que simplifican el desarrollo de aplicaciones de procesamiento

de flujo, abstrayendo la complejidad de Kafka y la computación distribuida.

- **Tolerancia a fallos y escalabilidad:** hereda la tolerancia a fallos y la escalabilidad de Apache Kafka. Las aplicaciones Kafka Streams pueden ejecutarse en clústeres, procesando datos de forma distribuida y recuperándose automáticamente de fallos.
- **Integración con Kafka:** al ser una biblioteca de Kafka, se integra perfectamente con sus conceptos de tópicos, particiones y offsets.

El uso de Kafka Streams para implementar CDC (en conjunto con Kafka Connect) se podría dividir en las siguientes fases:

1. **Captura de cambios (con Kafka Connect y un conector):** Kafka Connect es un framework para la integración de datos escalable y fiable entre Apache Kafka y otros sistemas de datos. Funciona con conectores preconstruidos o personalizados. El conector es el responsable de monitorizar la base de datos fuente (por ejemplo, leyendo su log transaccional) y de publicar los cambios (inserts, updates, deletes) como eventos en tópicos de Kafka.

2. **Procesamiento de cambios (con Kafka Streams):** una vez que los eventos de cambio están en Kafka, una aplicación Kafka Streams puede suscribirse a estos tópicos. Esta aplicación de Kafka Streams puede entonces procesar estos eventos de cambio en tiempo real para:

   a. **Materializar vistas:** crear y mantener vistas de datos actualizadas en otras bases de datos o sistemas de caché (ej. replicar una base de datos para analytics o mantener un índice Elasticsearch).

   b. **Sincronizar sistemas:** actualizar otros sistemas o servicios con los últimos cambios de datos.

   c. **Realizar auditorías:** registrar todos los cambios de datos en un formato específico para auditoría o cumplimiento.

d. **Activar flujos de trabajo:** iniciar procesos de negocio o notificaciones basados en cambios específicos en los datos.

3.6.2. Debezium

Debezium https://debezium.io es una plataforma de código abierto para Change Data Capture que se enfoca en capturar de forma robusta y fiable los cambios en las bases de datos y transmitirlos como flujos de eventos. Su característica distintiva es el uso de los logs transaccionales (o binlogs) de la base de datos para detectar cambios. Entre las principales **características** para implementar el patrón CDC podemos destacar:

- **Basado en logs transaccionales:** Debezium lee directamente el log transaccional de la base de datos (por ejemplo, el binlog de MySQL, el WAL de PostgreSQL, el redo log de Oracle). Esta es una aproximación muy robusta porque:
  - o **No impacta el rendimiento de la base de datos:** no requiere realizar consultas periódicas a las tablas (polling) que puedan cargar la base de datos.
  - o **Consistencia y atomicidad:** refleja la secuencia exacta de transacciones y garantiza que se capturen todos los cambios, incluso si una aplicación falla.
  - o **Captura de metadatos:** puede capturar información detallada sobre el cambio, como el tipo de operación (insert, update, delete), los valores antes y después de la operación (para update) y la marca de tiempo.
- **Conectores para diversas bases de datos:** Debezium ofrece conectores específicos para una amplia gama de bases de datos populares, incluyendo MySQL, PostgreSQL, MongoDB, SQL Server, Oracle, Db2 y Cassandra.
- **Integración con Kafka Connect:** Debezium está diseñado para ejecutarse como conectores de origen (source connectors) en el framework Kafka

Connect. Esto significa que hereda la escalabilidad, la tolerancia a fallos y la capacidad de gestión de Kafka Connect.

- **Monitoreo y gestión:** Debezium proporciona métricas y herramientas para monitorear el estado de los conectores y la captura de cambios.

El uso típico de Debezium se integra perfectamente con Apache Kafka para implementar el patrón CDC:

1. **Despliegue de Kafka Connect:** primero, se despliega un clúster de Kafka Connect, que es un servicio distribuido.

2. **Configuración del conector Debezium:** se configura una instancia de un conector Debezium (ej. debezium-connector-mysql) dentro de Kafka Connect. Esta configuración incluye detalles sobre la base de datos fuente (dirección, credenciales) y las tablas que se desean monitorizar.

3. **Captura de cambios y publicación en Kafka:** el conector Debezium se conecta a la base de datos, lee su log transaccional y, cada vez que detecta un cambio (insert, update, delete) en una tabla monitorizada, crea un evento de cambio. Este evento se publica inmediatamente en un tópico de Kafka específico para esa tabla.

4. **Consumo de eventos:** una vez en Kafka, cualquier aplicación (incluyendo aplicaciones desarrolladas con Kafka Streams, otros microservicios, consumidores de datos, etc.) puede suscribirse a estos tópicos y consumir los eventos en tiempo real para tareas como:

   a. **Replicación de bases de datos:** mantener bases de datos secundarias o almacenes de datos actualizados.

   b. **Cachés en tiempo real:** actualizar cachés con los últimos datos.

   c. **Sincronización de servicios:** asegurar que los datos estén consistentes entre diferentes microservicios que tienen sus propios almacenes de datos.

   d. **Auditoría de datos:** crear un registro inmutable de todos los cambios de datos.

e. **Activación de procesos de negocio:** disparar flujos de trabajo basados en cambios específicos (Ejemplo: «Cuando un producto se agote, enviar alerta»).

3.7. Patrón Publish/Subscribe

Se trata de un patrón de uso que podemos encontrar dentro de la tipología de arquitecturas orientadas a la gestión de una cola de mensajes. Es muy utilizado para la comunicación entre aplicaciones. También se conoce con el nombre de *publicador/suscriptor* o *productor/consumidor*.

En este patrón existe un elemento publisher o emisor del mensaje. Este, al generar un dato o mensaje, no lo dirige a alguien en concreto, sino que se envía de forma indirecta a la dirección del suscriptor a través de una cola de suscripción.

Este tipo de comunicación se utiliza sobre todo para la comunicación asíncrona. A nivel de infraestructura requiere de otra pieza que sirve de intermediario (broker) donde se publican los topics.

Para ello se dispone de listas de colas o topics y un conjunto de suscriptores. El emisor del mensaje trata de clasificar el mensaje según una tipología o un tema específico y el receptor lo que hace es suscribirse a algunas de las colas de las cuales tiene interés en recibir mensajes.

En los siguientes diagramas podemos ver algunos casos de uso relacionados con este patrón, donde un suscriptor puede estar asociado a uno o varios topics en concreto. Siguiendo este modelos podemos encontrar las siguientes variaciones:

- 1 tópico compartido por n suscriptores
- 1 tópico propio para cada suscriptor
- n tópicos propios para cada suscriptor
- n tópicos propios y m tópicos de forma compartida por cada suscriptor

3.7.1. Tópico compartido por n suscriptores

En esta configuración, existe un único tópico central al que múltiples suscriptores distintos se conectan. Cada mensaje publicado en este tópico es recibido por todos los suscriptores conectados a él. Entre las principales **ventajas** que aporta podemos destacar:

- **Máximo desacoplamiento:** el publicador no necesita saber nada sobre los suscriptores.
- **Escalabilidad horizontal de lectura:** podemos añadir tantos suscriptores como necesitemos para consumir el mismo conjunto de mensajes sin afectar al publicador ni a otros suscriptores.
- **Simplicidad para el publicador:** solo tiene que conocer y publicar en un único punto.

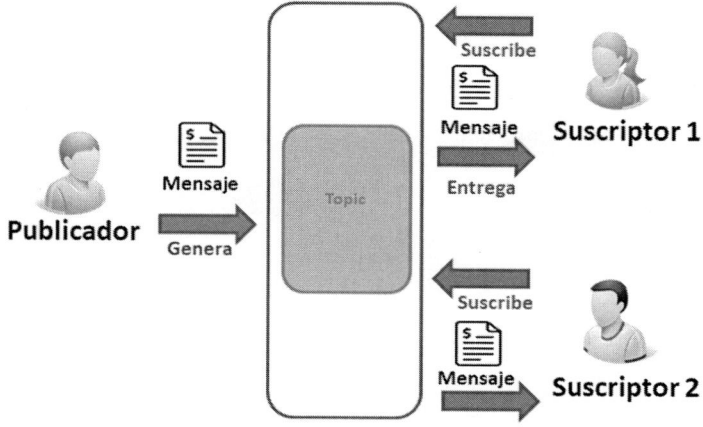

Figura 3.9 1 tópico compartido por n suscriptores

En el anterior diagrama representamos el modelo de 1 tópico con n suscriptores. Tenemos un publicador que genera un mensaje y se almacena en un tópico. Posteriormente, de este tópico tenemos 2 suscriptores, que recuperan el mensaje del mismo tópico. Algunos **casos de uso** de este modelo son:

- **Difusión de noticias o alertas:** un sistema de noticias publica las últimas novedades en un tópico «noticias-globales» y todas las aplicaciones de usuarios o lectores de noticias se suscriben para recibir todas las actualizaciones.

- **Registro centralizado (logging):** diferentes microservicios envían sus logs a un tópico «logs-del-sistema» y múltiples herramientas de monitorización, análisis de logs o sistemas de archivado se suscriben a este tópico para procesar todos los logs.

- **Eventos de dominio para múltiples consumidores:** cuando un evento de negocio (ej. «orden-creada») es relevante para varias partes de la aplicación (ej. el servicio de inventario, el servicio de pago, el servicio de notificaciones por e-mail), todas ellas se suscriben al mismo tópico.

3.7.2. 1 tópico por cada suscriptor

En este escenario, cada suscriptor tiene un tópico exclusivo y dedicado a recibir mensajes específicamente destinados a él. El publicador debe conocer el tópico específico de cada suscriptor al que desea enviar un mensaje. Entre las principales **ventajas** que aporta podemos destacar:

- **Alta especificidad y control:** los mensajes llegan solo al suscriptor o grupo de suscriptores deseado.

- **Aislamiento de errores:** un problema en el tópico de un suscriptor no afecta a la comunicación con otros suscriptores.

- **Seguridad y privacidad:** facilita la implementación de permisos granulares para el acceso a la información personal.

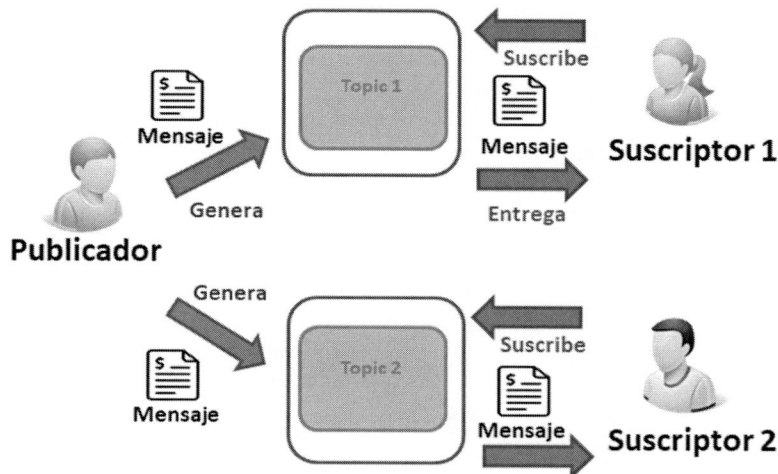

Figura 3.10 1 tópico por cada suscriptor

En el diagrama anterior representamos el modelo de 1 tópico por suscriptor. Tenemos un publicador que genera n mensajes y cada mensaje se almacena cada uno en un tópico distinto. Posteriormente, para cada tópico tenemos 1 suscriptor que recupera el mensaje de forma independiente. En este modelo tenemos la ventaja de que los suscriptores no comparten el tópico. Algunos **casos de uso** de este modelo son:

- **Notificaciones personalizadas/privadas:** un sistema de comercio electrónico podría tener un tópico «notificaciones-usuario-123» para enviar mensajes privados a un usuario específico.
- **Comandos a dispositivos individuales:** en sistemas IoT, cada dispositivo o grupo de dispositivos podría tener su propio tópico para recibir comandos específicos.

3.7.3. n tópicos por cada suscriptor

Esta es una extensión del caso anterior. Cada suscriptor tiene múltiples tópicos exclusivos, cada uno dedicado para un tipo o categoría diferente de mensaje. Entre las principales **ventajas** que aporta este modelo podemos destacar:

- **Mayor nivel de granularidad:** permite una categorización muy fina de la información que se envía a un suscriptor.
- **Organización lógica:** los mensajes pueden ser organizados por tipo o propósito dentro de los canales dedicados de un suscriptor.

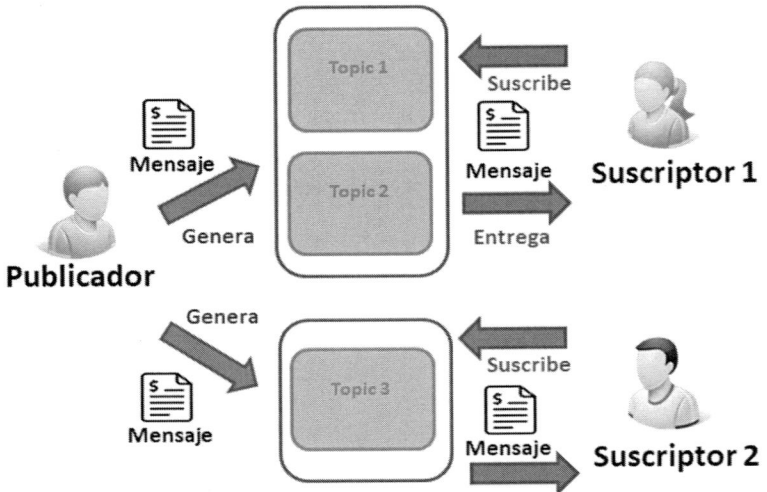

Figura 3.11 n tópicos por cada suscriptor

En el anterior diagrama representamos un modelo con n tópicos por suscriptor. Tenemos un publicador que genera n mensajes y cada mensaje se puede almacenar en varios tópicos. Posteriormente, para cada conjunto de tópicos tenemos 1 suscriptor que recupera el mensaje de forma independiente. En este modelo tenemos la ventaja de que los suscriptores tienen la capacidad de consumir los mensajes de cada tópico de forma independiente. Algunos **casos de uso** de este modelo son:

- **Feeds de datos privados:** una aplicación de trading podría tener un tópico «usuario-X-confirmaciones», otro «usuario-X-actualizaciones-balance» y un tercero «usuario-X-alertas-riesgo», todos ellos exclusivos para el mismo usuario.
- **Paneles de control personalizados multifunción:** un panel de control podría recibir datos específicos de diferentes tipos de un usuario en

tópicos dedicados, lo que permite una gran granularidad en la entrega de la información a los diferentes tipos de usuarios.

3.7.4. n tópicos y m tópicos de forma compartida por cada suscriptor

Este esquema es un enfoque híbrido que combina las ventajas de la comunicación dirigida y la difusión masiva. Cada suscriptor escucha una combinación de tópicos que son exclusivos para él y tópicos compartidos por un grupo más amplio de suscriptores. Entre las principales **ventajas** que aporta este modelo podemos destacar:

- **Máxima flexibilidad:** permite adaptar el flujo de información de forma más flexible a las necesidades de cada suscriptor.
- **Eficiencia en la distribución:** la información común se distribuye eficientemente a través de tópicos compartidos, mientras que la información privada se mantiene aislada.
- **Balance de complejidad:** reduce la proliferación de tópicos que se daría si toda la información fuera privada. También evita la sobrecarga de mensajes irrelevantes que tendrían si toda la información fuera compartida.

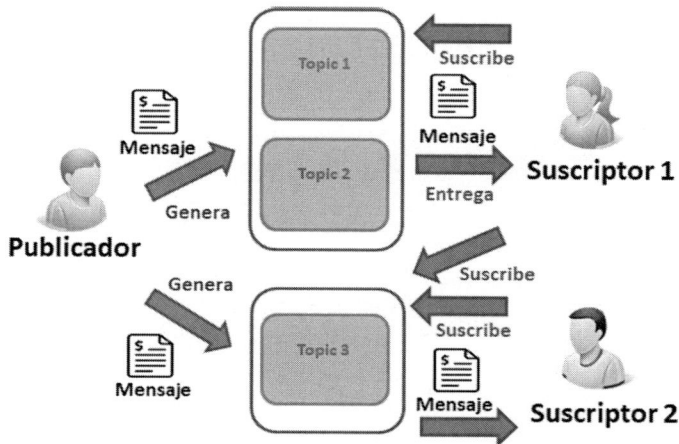

Figura 3.12 n tópicos y m tópicos de forma compartida por cada suscriptor

En el diagrama anterior representamos el modelo de n tópicos y n suscriptores. Tenemos un publicador que genera n mensajes y cada mensaje se puede almacenar en varios tópicos. Posteriormente, para cada conjunto de tópicos podemos tener más de 1 suscriptor. En este modelo tenemos la posibilidad de que los suscriptores pueden compartir un determinado tópico o conjunto de tópicos. Algunos **casos de uso** de este modelo son:

- **Aplicaciones con paneles de control híbridos:** un usuario podría recibir notificaciones personalizadas a través de un tópico propio y al mismo tiempo recibir mensajes de tópicos más genéricos.

- **Microservicios con roles mixtos:** un microservicio puede suscribirse a tópicos de eventos de dominio relevantes y también a tópicos más específicos, donde se le envían comandos o datos privados.

CAPÍTULO 4
ESTRATEGIAS DE DESPLIEGUE EN MICROSERVICIOS

4.1. Introducción

En un mundo donde la agilidad y la escalabilidad son imperativas, los microservicios se han convertido en una arquitectura de software popular. Sin embargo, desplegar y gestionar un conjunto de microservicios puede ser complejo. La elección de una estrategia de despliegue adecuada es importante para garantizar la continuidad del servicio, minimizar el tiempo de inactividad y facilitar la gestión de cambios.

Una estrategia de despliegue define la forma en que se implementan los cambios en una aplicación, en este caso en un conjunto de microservicios. El objetivo principal es entregar nuevas funcionalidades a los usuarios de la manera más eficiente y segura posible. Entre los principales factores que influyen en las estrategias de despliegue en microservicios podemos destacar:

- **Frecuencia de despliegues:** los microservicios permiten realizar despliegues más frecuentes, lo que acelera el tiempo de salida al mercado.
- **Independencia de los servicios:** cada microservicio se puede desplegar de forma independiente, lo que facilita la gestión de cambios.
- **Minimización del riesgo:** las estrategias de despliegue bien diseñadas pueden reducir el riesgo de interrupciones en el servicio.

- **Escalabilidad:** las estrategias de despliegue deben adaptarse a las necesidades de escalabilidad de los microservicios.

Dentro del ecosistema de los microservicios, la elección de la estrategia de despliegue adecuada es fundamental para garantizar la continuidad del servicio y la entrega ágil de nuevas funcionalidades. Entre las **estrategias** más comunes se encuentran:

- **Despliegue blue-green:** esta estrategia implica mantener dos entornos idénticos en producción. Al realizar un despliegue, se direcciona el tráfico hacia el nuevo entorno, lo cual permite una transición suave y segura. Una vez que se verifica que todo funciona correctamente, se redirige el tráfico restante.

- **Despliegue canary:** en este enfoque, se despliega una nueva versión del servicio a un pequeño subconjunto de usuarios, como un porcentaje del tráfico total. Esto permite evaluar el impacto de los cambios en un entorno de producción real antes de realizar un despliegue a gran escala.

- **Despliegue en fases:** consiste en actualizar los microservicios de forma secuencial, uno por uno. Esta estrategia minimiza el tiempo de inactividad y permite una recuperación rápida en caso de problemas.

- **Feature flags:** esta técnica permite habilitar o deshabilitar funcionalidades sin la necesidad de un nuevo despliegue. Las características se controlan a través de banderas que se pueden activar o desactivar de forma remota, brindando mayor flexibilidad y control sobre el lanzamiento de nuevas funcionalidades.

Cada una de estas estrategias tiene sus propias ventajas y desventajas. La elección de la más adecuada dependerá de factores como la complejidad de la aplicación, la tolerancia a fallos requerida, la frecuencia de los despliegues y la experiencia del equipo.

4.2. Despliegue de microservicios en producción

El despliegue de microservicios en un entorno de producción es un paso importante en el ciclo de vida del desarrollo de software. A diferencia de las aplicaciones monolíticas, los microservicios presentan desafíos únicos en términos de complejidad, escalabilidad y gestión de cambios. A continuación, analizamos con detalle cada una de las estrategias de despliegue.

Cada una de estas estrategias tiene sus propias ventajas y desventajas. La elección de la más adecuada dependerá de factores como la complejidad de la aplicación, la tolerancia a fallos requerida, la frecuencia de los despliegues y la experiencia del equipo.

4.2.1. Despliegue blue-green

En esta estrategia se mantienen dos entornos de producción casi idénticos (V1,V2), uno activo (blue) y otro en espera (green). Al realizar una actualización de la aplicación, se despliega la nueva versión (V2) en el entorno verde. Una vez que se verifica que todo funciona correctamente, se redirige todo el tráfico hacia el entorno verde, convirtiéndolo en el nuevo entorno activo. Esta técnica minimiza el riesgo de interrupción del servicio, ya que siempre hay un entorno en producción.

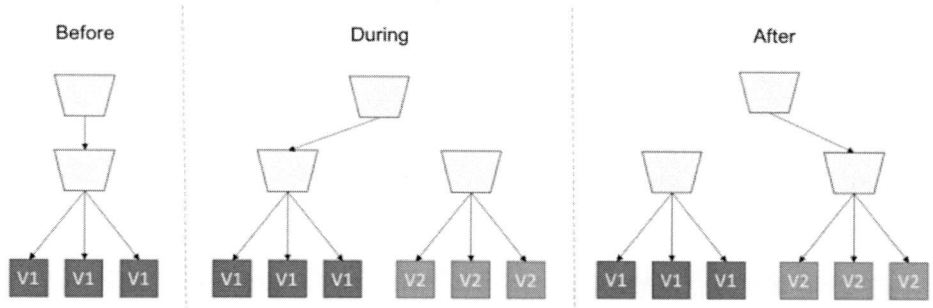

Figura 4.1 Despliegue blue-green

Esta estrategia, también conocida como A/B deployment, consiste en tener dos ambientes de producción paralelos (uno llamado blue y el otro llamado green) en el cual se despliegan las nuevas versiones de las aplicaciones de manera alternativa. Es decir, si blue tiene instalada la V1 de nuestra aplicación, entonces green tendrá instalada la V2. Este tipo de despliegue se puede resumir en los siguientes pasos:

1. **Dos entornos idénticos:** se mantienen dos entornos de producción casi idénticos, llamados comúnmente azul y verde. Ambos entornos deben ser réplicas exactas en términos de configuración, datos y capacidad.

2. **Despliegue de la nueva versión:** la nueva versión de la aplicación se despliega en el entorno «verde», que inicialmente está inactivo.

3. **Redireccionamiento del tráfico:** una vez que la nueva versión está lista y ha sido probada, se redirige todo el tráfico de producción del entorno azul al entorno verde. Esto se logra mediante un equilibrador de carga o un DNS.

4. **Validación y corte:** se monitorea de cerca el comportamiento de la nueva versión en el entorno verde. Si se detectan problemas, el tráfico se puede revertir rápidamente al entorno azul. Si todo funciona correctamente, el entorno azul se puede eliminar o reutilizar para la siguiente actualización.

Una de las ventajas de esta estrategia es que facilita realizar un rollback a la versión anterior de manera sencilla, cuando nuestra aplicación no se encuentra habilitada para trabajar dentro de contenedores. En caso de que exista una falla en la nueva versión, simplemente se rutea al ambiente previo. Las principales **ventajas** de este despliegue son:

- **Mínimo tiempo de inactividad:** el cambio de versión se realiza de forma casi instantánea, lo que minimiza el tiempo de inactividad para los usuarios.

- **Fácil reversión:** si se produce un problema, se puede revertir el tráfico al entorno anterior con un simple cambio en la configuración del balanceador de carga.
- **Reducción del riesgo:** al tener dos entornos idénticos, se reduce el riesgo de que un despliegue fallido afecte a todo el entorno de producción.
- **Pruebas en producción:** se puede realizar una prueba final en un entorno de producción antes de exponer la nueva versión a todos los usuarios.

4.2.2. Despliegue canary

Esta estrategia consiste en desplegar la nueva versión a un pequeño porcentaje de usuarios, como un grupo de prueba o un segmento específico de tráfico. Al monitorear el comportamiento del servicio en este grupo reducido, se puede detectar y solucionar cualquier problema antes de realizar un despliegue completo. Si todo funciona como se espera, se aumenta gradualmente el porcentaje de usuarios que reciben la nueva versión.

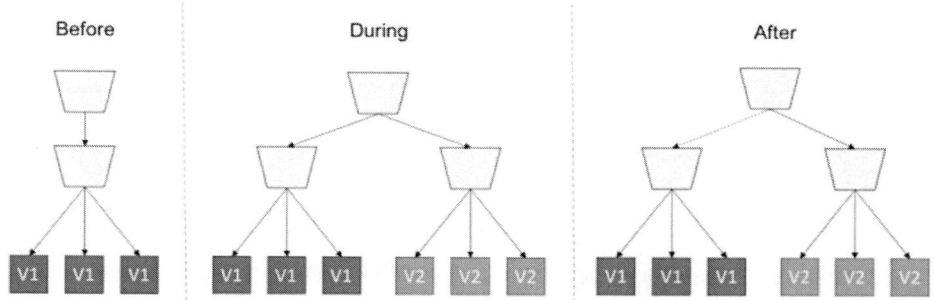

Figura 4.2 Despliegue canary

Este tipo de despliegue se puede resumir en los siguientes pasos:

1. **Despliegue inicial:** se despliega una nueva versión del servicio en un entorno de producción, pero se configura para que solo sea accesible a un pequeño porcentaje de usuarios. Este grupo de usuarios suele

seleccionarse aleatoriamente o basándose en criterios específicos (por ejemplo, ubicación geográfica, tipo de usuario).

2. **Monitoreo del servicio:** se monitorea el comportamiento del servicio en este grupo reducido. Se recopilan datos sobre métricas como latencia, tasa de errores, uso de recursos y feedback de los usuarios.

3. **Evaluación y decisión:** si los resultados del monitoreo son satisfactorios y no se detectan problemas significativos, se aumenta gradualmente el porcentaje de usuarios que acceden a la nueva versión. Este proceso se repite hasta que toda la base de usuarios o en un amplio porcentaje esté utilizando la nueva versión.

4. **Rollback:** si se detectan problemas durante la fase de canary, se puede revertir rápidamente el despliegue y volver a la versión anterior.

Una de las ventajas de adoptar esta estrategia es que se puede probar la nueva versión con un subconjunto de los usuarios para determinar si se encuentra estable; en caso de confirmarse, se rutea todo el tráfico al ambiente green o blue. Las principales **ventajas** de este despliegue son:

- **Reducción del riesgo:** al desplegar la nueva versión a un pequeño grupo de usuarios, se minimiza el impacto de cualquier problema que pueda surgir.

- **Detección temprana de errores:** los problemas se pueden identificar y solucionar en una etapa temprana del despliegue.

- **Mayor control:** permite un control más granular sobre el proceso de despliegue, ya que se puede ajustar el porcentaje de usuarios que utilizan la nueva versión en cualquier momento.

- **Mejora continua:** facilita la implementación de cambios incrementales y la obtención de feedback continuo de los usuarios.

4.2.3. Despliegue en fases (rolling deployment)

En el despliegue por fases, los microservicios se actualizan de forma secuencial, uno por uno. Esto significa que, mientras algunos microservicios están siendo actualizados, otros siguen atendiendo las solicitudes de los usuarios. Esta estrategia minimiza el tiempo de inactividad y permite una transición más suave. Sin embargo, es importante gestionar cuidadosamente las dependencias entre los microservicios para evitar problemas durante el proceso de actualización.

Es importante resaltar que el despliegue consiste en reemplazar una versión de la aplicación con otra en fases, de tal manera que existe un tiempo en el que ambas aplicaciones pueden coexistir. En el caso de un despliegue a **Kubernetes,** por ejemplo, el reemplazo consiste en destruir el contenedor con la versión anterior y descargar la última versión de la imagen desde el container registry que estemos utilizando. Este tipo de **despliegue** se puede resumir en los siguientes pasos:

- **Creación de nuevos pods:** se crea un nuevo conjunto de pods con la versión actualizada del servicio.
- **Balanceo de carga:** se configura el balanceador de carga para que envíe una parte del tráfico a los nuevos pods.
- **Monitoreo:** se monitorea de cerca el comportamiento de los nuevos pods para detectar cualquier problema.
- **Escalado:** si todo funciona correctamente, se escalan los nuevos pods y se reducen gradualmente los antiguos.
- **Eliminación de los antiguos pods:** una vez que todos los usuarios estén siendo atendidos por los nuevos pods, se eliminan los antiguos.

Las principales **ventajas** de este despliegue son:

- **Minimización del tiempo de inactividad:** al actualizar los servicios de forma gradual, se reduce significativamente el tiempo en que el servicio está completamente indisponible.

- **Mayor estabilidad:** los problemas se detectan y se solucionan en un subconjunto más pequeño de usuarios, lo que reduce el impacto en el servicio completo.
- **Facilidad de reversión:** si se detecta un problema, es más fácil revertir el despliegue simplemente deteniendo la actualización y eliminando los nuevos pods.

4.3. Integración continua (CI)

La integración continua (CI) es una práctica de desarrollo de software que consiste en integrar los cambios de código en un repositorio compartido de forma frecuente y automatizada. Cada integración es verificada mediante una compilación automática para detectar errores lo antes posible. La CI ofrece numerosos beneficios para los equipos de desarrollo, entre ellos:

- **Detección temprana de errores:** al integrar los cambios con frecuencia, los errores se identifican y corrigen más rápidamente, reduciendo el tiempo y el esfuerzo necesarios para solucionar problemas.
- **Mejora de la calidad del código:** la CI fomenta la escritura de código limpio y bien estructurado, ya que los cambios se revisan y se prueban continuamente.
- **Mayor colaboración:** al compartir el código de manera regular, los desarrolladores pueden colaborar de forma más efectiva y resolver conflictos de manera temprana.
- **Aumento de la productividad:** la automatización de tareas repetitivas libera tiempo para que los desarrolladores se concentren en tareas de mayor valor.

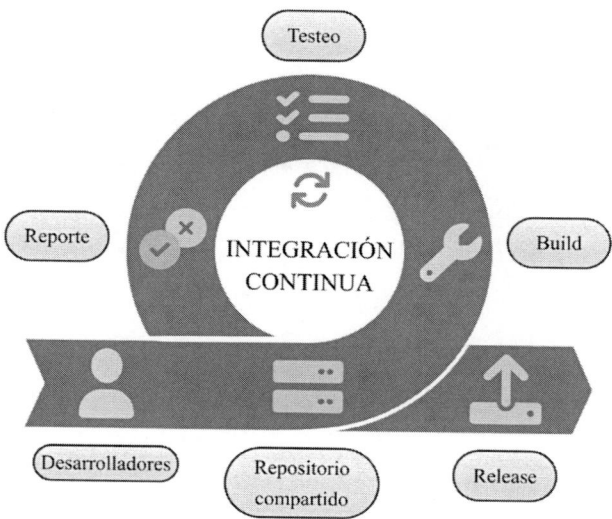

Figura 4.3 Pipeline de integración continua

Un pipeline de integración continua automatiza el proceso de tomar los cambios de código realizados por un desarrollador y transformarlos en un software funcional. Este flujo comienza con el envío de los cambios al repositorio compartido. A continuación, se compila el código automáticamente, se ejecutan diversas pruebas para verificar su calidad y, finalmente, se genera un informe detallado con los resultados. Si todo ha salido bien, el código puede ser desplegado en un entorno de pruebas para una evaluación más exhaustiva. Existen numerosas herramientas disponibles para implementar la CI.

4.4. Despliegue continuo (CD)

El despliegue continuo (CD) es una práctica de desarrollo de software que automatiza el proceso de entrega de código nuevo a producción. Una vez que el código pasa por todas las pruebas automatizadas, se despliega automáticamente a un entorno de producción, sin intervención manual.

- **Automatización:** todos los pasos del proceso, desde la compilación y las pruebas hasta el despliegue, están automatizados.

- **Frecuencia:** los despliegues se realizan con frecuencia, a veces varias veces al día.
- **Calidad:** se garantiza la calidad del software mediante pruebas automatizadas exhaustivas en cada etapa del proceso.
- **Colaboración:** fomenta la colaboración entre equipos de desarrollo y operaciones.
- **Reducción de riesgos:** al detectar y solucionar problemas temprano en el ciclo de desarrollo, se reducen los riesgos asociados a los despliegues.

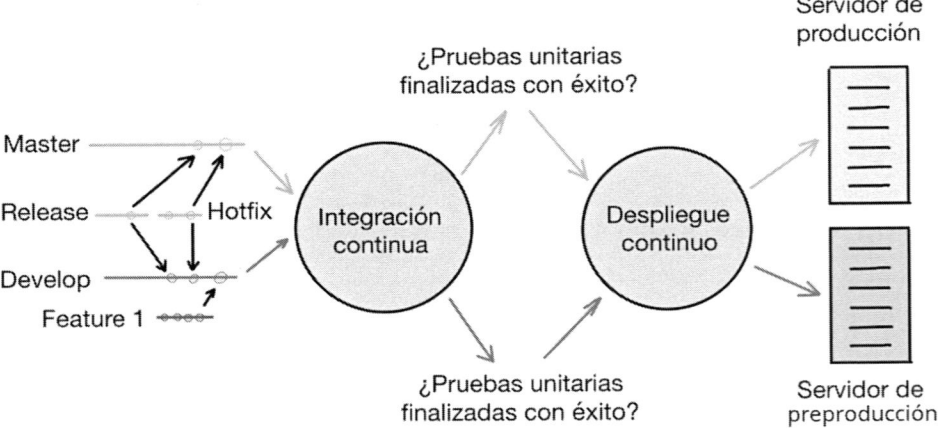

Figura 4.4 Integración continua + despliegue continuo

Un pipeline de despliegue continuo nos permite automatizar el proceso de llevar el código desde un entorno de desarrollo hasta producción. Este flujo involucra construir el código en un artefacto ejecutable (como un contenedor Docker), someterlo a un conjunto de pruebas para asegurar su calidad y, finalmente, desplegarlo en un entorno de pruebas o directamente en producción. Una vez en producción, el sistema es monitoreado continuamente para garantizar su correcto funcionamiento y detectar cualquier anomalía o problema durante el proceso.

4.5. Entrega continua

La entrega continua (CD) es una extensión de la integración continua (CI) que automatiza el proceso de entrega de software a un entorno de producción o preproducción. Una vez que el código ha pasado por todas las etapas de la CI (compilación, pruebas, etc.), la CD se encarga de desplegar de manera automática y segura.

- **Automatización completa:** todos los pasos, desde la compilación hasta el despliegue en producción, están automatizados.
- **Frecuencia:** los despliegues pueden realizarse varias veces al día, siempre que el código pase todas las pruebas.
- **Calidad:** se garantiza la calidad del software mediante pruebas exhaustivas en cada etapa del proceso.
- **Reducción de riesgos:** al automatizar el proceso y realizar despliegues frecuentes, se reducen los riesgos asociados a los cambios de código.
- **Mayor velocidad de entrega:** los nuevos cambios llegan a los usuarios más rápido, lo que permite responder más rápidamente a las necesidades del mercado.

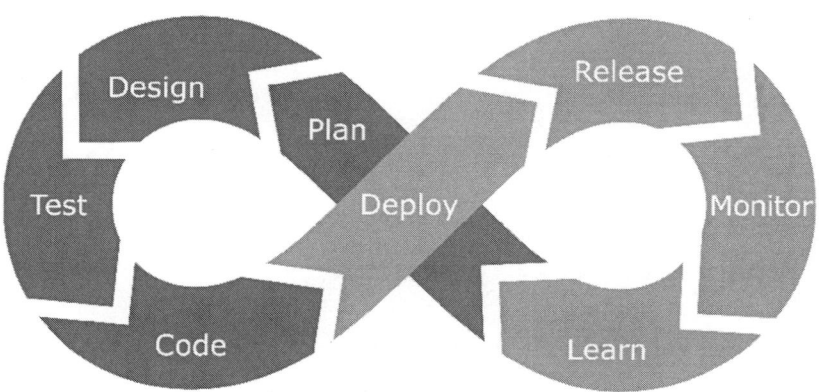

Figura 4.5 Pipeline de entrega continua

Un pipeline de entrega continua automatiza el flujo de trabajo desde que se escribe una línea de código hasta que se despliega en producción. Este proceso inicia con la compilación del código y su empaquetado en un formato ejecutable. A continuación, se somete a pruebas unitarias y de integración para garantizar su calidad y funcionalidad. Si pasa todas las pruebas, se despliega en un entorno similar al de producción para una evaluación final.

Aunque los términos de entrega continua y despliegue continuo a veces se usan indistintamente, hay una ligera diferencia:

- **Entrega continua:** automatiza el proceso de entrega de software a un entorno de preproducción o producción, pero puede requerir una aprobación manual antes de desplegar en producción.
- **Despliegue continuo:** automatiza completamente el proceso de entrega, incluyendo el despliegue en producción sin intervención manual.

4.5.1. Ventajas de la entrega continua

El desarrollo de software ha evolucionado de tal forma que el producto final solo se entregaba si todas las funcionalidades estaban totalmente desarrolladas, funcionaban a la perfección y no se detectaban fallos importantes cuando se realizaban las pruebas de calidad. De esta forma, el desarrollador tenía que entregar posteriormente parches o actualizaciones cada cierto tiempo.

Gracias al proceso de entrega continua, el cliente recibe el producto en una fase más temprana del desarrollo en la que todavía no ha sido terminado. Esta preentrega suele incluir la funcionalidad estructural del software para que el cliente pueda probarla en un entorno real. De esta manera, el propio cliente (o el tester de software) juega un papel muy importante dentro del proceso de control de calidad.

El proceso de entrega continua nos permite comprobar los procesos y mejoras implementados sobre el software (es decir, todos los cambios realizados sobre el código fuente) en tiempo real con el fin de conseguir un feedback. Si un cambio genera efectos secundarios no deseados, será posible detectarlos rápidamente, lo que le permitirá implementar las acciones necesarias en una fase temprana del desarrollo. Este punto es realmente una mejora importante porque facilita, por ejemplo, la detección de bugs dentro del código. Sin la entrega continua, detectar dónde se encuentra el error se convierte en un trabajo realmente tedioso.

En el pipeline de entrega continua se llevan a cabo pruebas manuales y automáticas. Cada fase de pruebas conlleva la aparición de una nueva versión del software (que suele llamarse *versión beta* o en algunas ocasiones nightly build, es decir, la última versión creada de forma automática), que, a su vez, entra en el pipeline. Hasta que se hayan pasado todas las pruebas y se reciba un feedback positivo, no se crea una versión estable y no se libera oficialmente el producto (este proceso se conoce como liberación y también incluye a la propia aplicación publicada). De esta forma, aumentan considerablemente las probabilidades de que el cliente reciba un producto sin bugs.

4.5.2. Fases del pipeline de entrega continua

Cuando se produce una modificación en el código, se activa el pipeline de continuous delivery y se ejecutan las pruebas. A continuación, analizamos las fases que forman parte de este pipeline:

- **Fase de commit:** en esta primera fase se desarrollan los componentes de la aplicación y se ejecutan los test de la versión del software mediante las pruebas unitarias. Si se superan con éxito todas las pruebas, la fase se da por finalizada. En este momento, se compilan y se almacenan en el repositorio los artefactos de los componentes de software. Por todo lo anterior, se trata de un paquete que afecta a la funcionalidad del pipeline porque determina el estado en el que se encuentra el software. Además, este paquete incluye todos los datos que serán instalados en un momento posterior en el sistema de destino. Los resultados de las pruebas en la fase de commit pueden asignarse de esta manera a las modificaciones concretas realizadas sobre el código fuente, que es precisamente una de las ventajas más significativas de la entrega continua.

- **Fase de aceptación:** en la segunda fase se ejecutan los test de aceptación a través de las pruebas de integración (para comprobar si la interacción entre los componentes funciona) y las pruebas necesarias del sistema (para comprobar si el software funciona del lado del usuario). Además, existen otras pruebas opcionales que forman parte de la fase de aceptación, como las pruebas de rendimiento y otros test que ponen a prueba requisitos no funcionales del software. Durante la fase de aceptación, se vuelve a utilizar la compilación ejecutada en la fase previa, que pasa a ser instalada en un entorno de pruebas adecuado.

En caso de que se surjan errores durante alguna de estas fases, se creará documentación al respecto. Cuando sea necesario, se deberá enviar feedback al desarrollador. Cada vez que se produce una modificación en el código, el pipeline se pone en funcionamiento, por lo que los mensajes de error siempre hacen referencia a la última modificación. De esta forma, el desarrollador puede reaccionar con rapidez y de forma eficiente para arreglar los bugs o el código defectuoso.

Las pruebas manuales se realizan en función de las necesidades concretas de cada caso. A la hora de realizar estas pruebas, el pipeline vuelve a utilizar la compilación creada en la primera fase y la reinstala en un entorno de pruebas adecuado.

Si se completan todas las pruebas y el feedback recibido es positivo, ha llegado el momento de instalar el paquete en el sistema de destino. Es posible automatizar este paso a través del despliegue continuo.

4.5.3. Integración continua vs entrega continua

Dentro del mismo contexto en el que encontramos el término *entrega continua* aparece a menudo el término *integración continua*; no obstante, hay una diferencia muy importante que afecta al alcance de uno y otro: cuando hablamos de integración continua estamos haciendo referencia a la automatización del proceso de pruebas; en cambio, la entrega continua abarca además el proceso de liberación del software como un proceso automatizado. Por lo tanto, la entrega continua complementa al modelo de integración continua e involucra al usuario final, ya que entrega el producto y, simultáneamente, ejecuta las pruebas pertinentes.

Como desarrollador, decidir si basta con utilizar la integración continua o si es preferible ampliar el proceso de desarrollo e incluir la entrega continua dependerá de la planificación del desarrollo, del equipo de desarrollo y de la base de clientes. En la siguiente tabla comparamos los dos conceptos:

Integración continua (CI)	Entrega continua (CD)
Proceso de pruebas automatizado que revisa en profundidad cada modificación realizada en el código fuente.	Abarca más que el proceso de pruebas e incluye al proceso de entrega. Las nuevas características y las modificaciones realizadas en el código llegan automáticamente al usuario final.
El equipo tiene que ejecutar pruebas automatizadas cada vez que se incluye una nueva característica, mejora o se produce una modificación en el código.	Las pruebas tienen que ser realmente eficaces en el CD porque los resultados se entregan directamente al usuario final.
Requiere un servidor de integración dedicado y continuo que controle y ejecute las pruebas automatizadas.	La instalación en el sistema de destino también debe ser lo más automatizada posible, lo que plantea mayores exigencias al servidor.

Los desarrolladores tienen que fusionar las modificaciones del código con mucha frecuencia y de forma continua.	Los desarrolladores tienen que mantener una buena comunicación con el cliente y saber explicar de forma clara cómo funciona el *software*.
Requiere un uso relativamente elevado de recursos si se quiere garantizar la calidad del producto en el momento de la entrega.	En el caso del CD el esfuerzo es aún mayor pero el producto puede ser entregado mucho antes tras haber sido sometido a pruebas reales.

4.6. Herramientas CI/CD

Las herramientas CI/CD son aplicaciones de software que automatizan el proceso de desarrollo de software, desde la integración de código hasta su despliegue en producción. Estas herramientas son fundamentales para implementar las prácticas de integración continua (CI) y entrega continua (CD), que permiten a los equipos de desarrollo entregar software de manera más rápida y confiable.

- **Aumento de la velocidad de desarrollo:** al automatizar tareas repetitivas, los desarrolladores pueden enfocarse en crear nuevas funcionalidades.
- **Mayor calidad del software:** la detección temprana de errores y la automatización de pruebas garantizan un software más robusto.
- **Mayor frecuencia de despliegues:** los cambios se pueden desplegar en producción de manera más frecuente, lo que permite obtener feedback más rápido de los usuarios.

A continuación se habla de algunas de las herramientas CI/CD más usadas hoy en día en los proyectos:

- **Jenkins** https://www.jenkins.io: es una de las herramientas de CI/CD más antiguas y populares, de código abierto y altamente personalizable. Ofrece una amplia gama de plugins para integrarse con casi cualquier herramienta o servicio. Ideal para proyectos de cualquier tamaño, especialmente aquellos que requieren una alta personalización y flexibilidad.

- **TravisCI** https://www.travis-ci.com: esta herramienta de integración continua trabaja en estrecha relación con el software de control de versiones git. Esta herramienta puede configurarse con un sencillo archivo YAML, que se guarda en el directorio raíz del proyecto. GitHub informa a Travis CI de todos los cambios efectuados en el repositorio y mantiene el proyecto actualizado.

- **GitLab CI/CD** https://docs.gitlab.com/ee/ci: integrada en GitLab, esta herramienta ofrece una experiencia de CI/CD completa dentro de la plataforma de desarrollo. Ideal para equipos que utilizan GitLab como repositorio de código y buscan una solución completa para CI/CD. Además de integración continua, GitLab ofrece despliegue y entrega continua. Al igual que con Travis CI, la configuración de GitLab CI se lleva a cabo con un archivo YAML.

- **GitHub Actions** https://github.com/features/actions: nativo de GitHub, permite crear workflows personalizados directamente en los repositorios. Ideal para proyectos hospedados en GitHub que buscan una solución simple y rápida de configurar.

- **CircleCI** https://circleci.com: la herramienta de integración continua CircleCI funciona tanto con GitHub y Bitbucket. CircleCI da mucha importancia a la ejecución de procesos de desarrollo de forma automática compatibles con otros entornos.

- **Codeship** https://app.codeship.com: la herramienta de integración continua que también cuenta con Jenkins en su catálogo. En el caso de querer trabajar con contenedores Docker, tendrán que hacerse con la versión profesional.

- **TeamCity** https://www.jetbrains.com/teamcity: el software TeamCity destaca sobre todo por sus gated commits. Con ellos, la herramienta comprueba los cambios en el código antes de integrarlos en la rama principal. Únicamente cuando el código está libre de errores pasa a formar parte del código base para todo el equipo. TeamCity lleva a cabo las pruebas automáticamente en segundo plano, de modo que el desarrollador puede continuar trabajando.

- **Bitbucket Pipelines** https://support.atlassian.com/bitbucket-cloud/docs/get-started-with-bitbucket-pipelines: integrada en

Bitbucket, esta herramienta ofrece una experiencia de CI/CD similar a GitLab CI/CD.

- **AWS CodePipeline** https://aws.amazon.com/es/codepipeline: una solución de CI/CD completamente administrada por AWS que se integra fácilmente con otros servicios de AWS. Ideal para proyectos que se ejecutan en AWS y requieren una integración estrecha con otros servicios de la nube.
- **Azure DevOps** https://azure.microsoft.com/es-es/products/devops: la plataforma de desarrollo de Microsoft incluye herramientas para CI/CD, gestión de proyectos y colaboración en equipos. Ideal para equipos que utilizan tecnologías de Microsoft y buscan una solución completa para el desarrollo de software.

La elección de una herramienta CI/CD dependerá de varios factores:
- **Tamaño del proyecto:** para proyectos pequeños, las herramientas más sencillas como GitHub Actions pueden ser suficientes. Para proyectos grandes y complejos, herramientas como Jenkins o Azure DevOps ofrecen más flexibilidad.
- **Tecnologías utilizadas:** asegúrate de que la herramienta soporte las tecnologías que utiliza en el proyecto que usted está desarrollando.
- **Integración con otras herramientas:** es importante comprobar si la herramienta se integra bien con las demás que utiliza en su entorno de trabajo.
- **Precio:** algunas herramientas son gratuitas, mientras que otras tienen costes asociados.
- **Facilidad de uso:** la interfaz de usuario y la curva de aprendizaje también son factores importantes que tener en cuenta.

4.7. Estrategias para organizar repositorios

Un repositorio es un almacén para todos los cambios y archivos de un proyecto, lo que permite a los desarrolladores controlar la versión de los activos del proyecto a lo largo de su etapa de desarrollo. Normalmente nos referimos a los repositorios Git (como los que proporcionan GitHub, GitLab o Bitbucket), pero el concepto también se aplica a otros sistemas de control de versiones (como Mercurial).

En el momento de almacenar nuestro código en estos repositorios podemos elegir distintas formas de organizarlos. La elección de la estrategia depende del contexto al cual se aplicará:

- Si tenemos varios proyectos o un proyecto tipo biblioteca o framework, quizás unificar sus dependencias y componentes en un solo repositorio sea lo más simple.
- Si tenemos proyectos para múltiples clientes, puede que separarlos en varios repositorios sea lo mejor, cada cliente con su único y propio repositorio para que tenga acceso al código fuente de todos sus proyectos. La elección de monorepo o multirepo dependerá de las necesidades de cada cliente.

4.7.1. Monorepo

Un monorepo es una forma de estructurar nuestro código fuente de diferentes proyectos (aplicaciones, servicios) en un único repositorio de código fuente. Este sistema se ha popularizado en los últimos años a partir del uso que han hecho de él compañías como Google, Facebook, Microsoft o Uber para estructurar y gestionar el código fuente de sus propias aplicaciones.

El objetivo de esta estrategia es mantener una versión global de cualquier dependencia y poder darle mantenimiento desde un solo lugar. Cuando sea necesario cambiar puedes tener mayor visibilidad en los lugares que se pueden ver afectados por este cambio y en un commit o pull request al proyecto solucionar el problema. Almacenar todo el código base en un único repositorio ofrece las siguientes **ventajas:**

- **Disminuye la entropía del código fuente:** esto permite a las personas de una organización ubicar rápidamente los artefactos disponibles, lo cual facilita la reutilización de bibliotecas, herramientas, documentación y soluciones entre distintos proyectos.

- **Los elementos comunes en todos los servicios se pueden separar en librerías compartidas:** la descarga de librerías de terceros se realiza una sola vez y las actualizaciones se aplican sobre todos los servicios de manera automática. Si es necesario realizar cambios, estos se pueden aplicar a todo el proyecto, ya que los desarrolladores tienen acceso.

- **Refactorizaciones de la aplicación:** al crear una refactorización del código en toda la aplicación, se verán afectadas múltiples bibliotecas. Si las alojas en varios repositorios, la gestión de todos los pull requests para mantenerlos sincronizados entre sí puede resultar un reto. Un monorepo facilita la realización de todas las modificaciones de todo el código de todas las bibliotecas y su envío bajo un único pull request.

4.7.2. Multirepo

El enfoque multirepo utiliza varios repositorios para alojar las múltiples bibliotecas o servicios de un proyecto desarrollado por una organización. La principal ventaja de usar esta estrategia está en que se puede tener un control más preciso de quién puede tener acceso al código fuente, además de que facilita los procesos de integración continua y despliegue continuo al ser solamente un proyecto por repositorio. Almacenar cada biblioteca de forma independiente de todas las demás proporciona una gran cantidad de ventajas:

- **Versionado independiente de bibliotecas:** al etiquetar un repositorio, se asigna la etiqueta «nuevo» a todo el código base. Tener una versión independiente para cada librería ayuda a definir el árbol de dependencias de la aplicación, permitiéndonos configurar qué versión de cada librería utilizar.

- **Ayuda a definir el control de acceso en toda la organización:** solo los miembros del equipo implicados en el desarrollo de una librería necesitan añadirse al repositorio correspondiente y descargar su código.

Como resultado, hay una estrategia implícita de control de acceso para cada capa de la aplicación.

- **Permite a los equipos trabajar de forma autónoma:** los miembros del equipo pueden diseñar la arquitectura de la biblioteca e implementar su código trabajando de forma aislada de todos los demás equipos. Pueden tomar decisiones basadas en lo que hace la biblioteca en el contexto general sin verse afectados por los requisitos específicos de algún equipo o aplicación externa.

Las desventajas que tiene esta estrategia están en que se dificulta la gestión de cambios, compartir artefactos y monitoreo de bugs. Al tener múltiples repositorios, la gestión de issues y cambios se ve fragmentada, y las personas tendrán que estar constantemente pendientes de cambios en las API o bugs de sus dependencias en múltiples lugares a la vez. Mientras más repositorios se cuente, más fragmentado estará el ecosistema. Se deberán utilizar herramientas complementarias y procesos estandarizados para disminuir la dispersión de información.

4.7.3. Estrategia híbrida

Además de los enfoques multirepo o monorepo, también existe el enfoque híbrido, que consiste en utilizar múltiples repositorios y emplear alguna herramienta para mantenerlos sincronizados. Se asemeja a un monorepo, pero con más flexibilidad.

Meta https://github.com/mateodelnorte/meta es una herramienta que permite organizar múltiples repositorios en subdirectorios y proporciona una interfaz de línea de comandos que ejecuta el mismo comando en todos ellos simultáneamente. Un meta repositorio contiene la información sobre los repositorios que componen un proyecto. La clonación de este repositorio a través del meta repositorio clonará recursivamente todos los repositorios necesarios, lo que facilita que los nuevos miembros del equipo puedan empezar a trabajar en sus proyectos inmediatamente. Para clonar un meta repositorio y todos sus repositorios múltiples definidos, debemos ejecutar lo siguiente:

```
$ meta git clone [meta repo url]
```

Meta ejecutará el comando git clone para cada repositorio y lo colocará en una subcarpeta. A partir de ahí, al ejecutar el comando meta exec se ejecutará el comando en cada subcarpeta. Por ejemplo, ejecutar el comando git checkout master en cada repositorio se haría de esta forma:

```
$ meta exec "git checkout master"
```

4.8. Versionado de código

En su gran mayoría, los equipos de desarrollo de software trabajan con un sistema de control de versiones (SCM) para promover sus cambios hacia los diferentes repositorios centralizados. Una de las herramientas más usadas es Git, que ofrece una serie de estrategias para promover los cambios del código fuente y su proceso de integración continua. Algunas de estas estrategias son Mainline Branch, Branch Per Feature, Git-Flow y Trunk Based Development.

A medida que los sistemas de control de versiones se desarrollaron, surgieron varios estilos de desarrollo que permitieron a los programadores encontrar errores con más facilidad, crear código en paralelo con sus compañeros y acelerar el ritmo de publicación. Hoy en día, la mayoría de los programadores aprovechan uno de estos dos modelos de desarrollo para ofrecer software de calidad: Git Flow y desarrollo basado en troncos (Trunk Based Development).

4.8.1. GitFlow

En GitFlow, un modelo de desarrollo, solo determinadas personas pueden aprobar los cambios en el código principal. Así se mantiene la calidad del código y se minimiza el número de errores. En este modelo de desarrollo existen cinco tipos de ramas: master, develop, feature, release y hotfix.

- **Master:** es la rama principal de un repositorio y es la que viene por defecto integrada cuando se crea uno. El propósito de la rama master en el flujo de trabajo de Git, es contener código listo que se pueda liberar a producción (entorno donde el usuario final tiene acceso). Esta rama es la que recibirá y combinará los cambios que provienen de otras ramas. Todo depende, por supuesto, de que sean suficientemente examinadas y probadas.

- **Develop:** esta rama es recomendable crearla al inicio de un proyecto. A medida que progresa el tiempo, esta rama tiene que mantener los cambios de preproducción con características recién desarrolladas que están en proceso de ser probadas antes de que pasen a producción (a la rama main).

- **Feature:** esta rama es el tipo más común, debido a que se utiliza para añadir nuevas características al código. Cuando se tenga que trabajar en una nueva característica, se inicia una rama feature de forma paralela a la rama develop y, a continuación, se combinan los cambios en la rama develop y desde esta se revisarán las nuevas características que se han integrado.

- **Release:** la rama de release debe utilizarse al preparar nuevas versiones de producción. Por lo general, el trabajo que se realiza en las ramas de release se refiere a cambios menores específicos, para distribuir el nuevo código y que se pueda ejecutar en producción.

- **Hotfix:** esta es la rama de revisión, que se utiliza para abordar rápidamente los cambios necesarios en la rama principal. La fusión de los cambios de la rama hotfix (revisión) en la rama de develop es fundamental para garantizar que la corrección persista la próxima vez que se libere la rama principal.

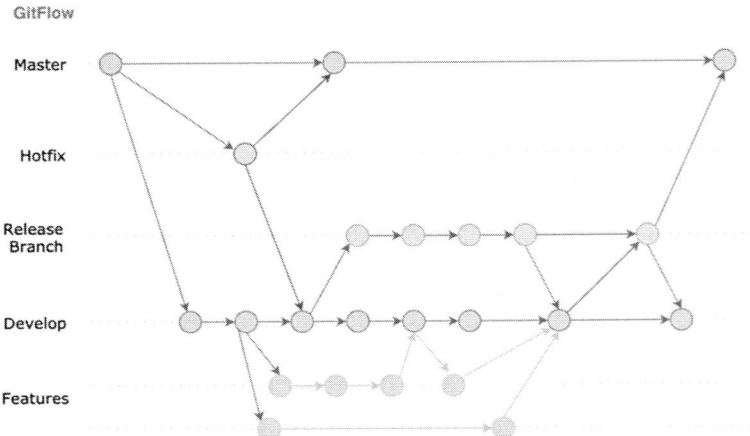

Figura 4.6 Gestión de ramas en GitFlow

La principal característica de las ramas principales es que solo existe una de cada tipo. El objetivo es que la rama principal no pueda recibir código de forma directa a través de un commit y que siempre tengan que recibir código a través de merge o pull requests utilizando las ramas auxiliares de tipo Feature, Release y Hotfix. Es un riesgo recibir código directamente en la rama Master, porque puede generar defectos en el repositorio en las subidas a producción que no contemplemos o que no hayamos previsto, por lo que siempre es mejor integrar código en otras ramas antes de integrar con las ramas Master y Develop.

Las ramas auxiliares son las ramas Feature, la rama Release y la rama Hotfix, que pueden instanciarse todas las veces que se consideren necesarias:

- La rama Feature, para nuevas características, nuevos requisitos o nuevas historias de usuario.
- La rama Release, para estandarizar un código que ha estado desarrollándose en la rama Develop.
- La rama Hotfix, que habitualmente se utiliza para depurar el código que venga de producción, por haberse detectado un defecto crítico en producción que deba resolverse, al que se le va a hacer una Release puntual para corregirlo.

4.8.2. Trunk Based Development

Uno de los problemas de GitFlow es que permite abusar de las features branches, lo cual, dependiendo del tiempo que tarde el desarrollo para una feature, puede alejar mucho del código de la versión en la rama principal de desarrollo. Es por lo que existen otros modelos, como el Trunk Based Development https://trunkbaseddevelopment.com. Si estamos trabajando con el enfoque de GitFlow y hacemos una comparativa sería como ver la siguiente imagen.

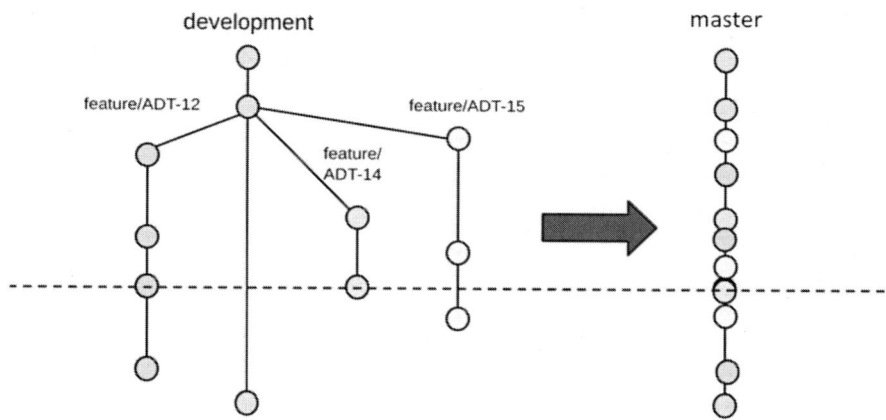

Figura 4.7 GitFlow vs Trunk Based Development

Como su nombre indica, esta estrategia se basa en una sola rama denominada tronco, que en los repositorios es llamada trunk o master. El desarrollo basado en tronco es una práctica de gestión de control de versiones en la que los desarrolladores fusionan pequeñas actualizaciones de forma frecuente en un tronco o rama principal (master). Al final del proceso, la rama trunk es promovida donde se requiera, como por ejemplo en ambientes preproductivos, como desarrollo o producción.

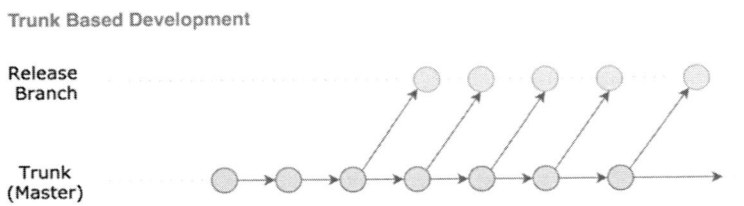

Figura 4.8 Trunk Based Development

Existe una variante de la anterior llamada **Scaled Trunk Based Development,** que permite crear branches de corta duración (que no vivan más de un día), hacerles code review e integrarlas rápidamente en la rama principal.

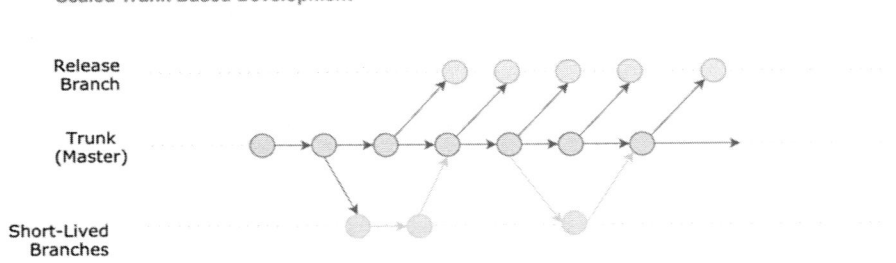

Figura 4.9 Scaled Trunk Based Development

4.8.3. Git Flow vs Trunk Based Development

Git Flow y Trunk Based Development (TBD) son dos de las estrategias de ramificación más populares en Git. Cada una tiene sus propias ventajas y desventajas. La elección de una sobre otra dependerá de las necesidades específicas del proyecto.

Git Flow ofrece una estructura clara y jerárquica para la gestión de ramas, lo cual resulta ideal para proyectos grandes con equipos distribuidos. Al separar las ramas de desarrollo, despliegue y corrección de errores, se facilita el control de versiones y se reduce el riesgo de introducir cambios no probados en la rama principal. Sin embargo, esta rigidez puede resultar excesiva para proyectos más pequeños o equipos que prefieren un flujo de trabajo más ágil. La complejidad de Git Flow puede aumentar el tiempo necesario para realizar despliegues y dificultar la colaboración entre equipos. Entre las principales **ventajas** del uso de Git Flow podemos destacar:

- **Estructura clara:** define un conjunto de ramas con roles específicos (desarrollo, release, hotfix), lo que facilita la organización del proyecto.
- **Aislamiento de características:** permite trabajar en características de forma independiente, reduciendo el riesgo de introducir errores en la rama principal.
- **Proceso de release bien definido:** establece un proceso claro para la preparación y lanzamiento de nuevas versiones.

Trunk Based Development, por su parte, promueve una integración continua y frecuente de los cambios en la rama principal. Esta práctica simplifica el flujo de trabajo y reduce la probabilidad de conflictos de fusión. Además, permite realizar lanzamientos más frecuentes, lo que agiliza la entrega de valor al cliente. No obstante, la falta de aislamiento de las características en desarrollo puede introducir inestabilidad en la rama principal y requerir una mayor disciplina por parte del equipo para evitar introducir errores. Asimismo, puede dificultar la gestión de características a largo plazo, especialmente en proyectos grandes y complejos. Entre las principales ventajas del uso de TDB podemos destacar:

- **Mayor frecuencia de integración:** los cambios se integran en la rama principal con mayor frecuencia, lo que facilita la detección y resolución de conflictos.
- **Ciclos de release más cortos**: permite realizar lanzamientos más frecuentes, lo que agiliza la entrega de valor al cliente.
- **Menor complejidad**: Es un modelo más sencillo de entender y adoptar.

La diferencia más grande entre GitFlow y Trunk Based Development se encuentra en el scope (ámbito) del desarrollo de una nueva funcionalidad. En GitFlow se espera que el desarrollo dure varios días e incluso semanas hasta entregar la tarea completa, mientras que en Trunk Based Development se espera que se entreguen trozos de código más pequeños y se integren lo más rápido posible al trunk.

4.9. Infraestructura como código (IaC)

La infraestructura como código (IaC) es un enfoque que permite administrar y controlar una infraestructura IT en la nube a través de código. Es una manera eficiente de gestionar la infraestructura, ya que se puede codificar y automatizar la configuración, lo que permite un mayor control y una mejor administración.

El funcionamiento de la infraestructura cómo código es bastante simple: se codifica la configuración de toda la infraestructura y se almacena en un repositorio. De esta forma, todos los cambios se pueden controlar desde un único punto y se tiene un registro de todos los que se van realizando.

La infraestructura cómo código nos permite replicar fácilmente nuestras arquitecturas en la nube mediante la construcción de plantillas, así como disponer de un control de versiones como si de cualquier otro código fuente se tratase. De esta forma, los desarrolladores ahorran mucho tiempo y pueden centrarse en lo que realmente importa: el código de la aplicación. Por lo general, el procedimiento de la infraestructura como código implica los siguientes pasos:

- Los desarrolladores definen las especificaciones de la infraestructura en un lenguaje que es específico del dominio.
- Los archivos que se crean se envían a una API de gestión, a un servidor o a un repositorio de código.
- La plataforma realiza todas las acciones necesarias para crear y configurar los recursos de computación.

La IaC es también una práctica esencial de DevOps, indispensable para el ciclo de vida de entrega de software a un ritmo competitivo. Permite a los equipos de DevOps crear y versionar rápidamente la infraestructura de la misma manera en que versionan el código fuente y hacer un seguimiento de estas versiones para evitar la inconsistencia entre los entornos de IT que puede conducir a graves problemas durante el despliegue. IaC es una práctica clave de DevOps y se utiliza junto con la entrega continua.

4.9.1. Ventajas de la IaC

La infraestructura como código ofrece numerosas ventajas, tanto a los equipos de desarrollo de software como al departamento de sistemas. Se trata de una metodología muy eficiente y que permite automatizar un gran número de tareas, lo que supone un ahorro importante de tiempo y esfuerzo. Algunas de las principales **ventajas** de la infraestructura cómo código son:

- **Automatización:** como ya hemos contado, la infraestructura como código permite automatizar toda la configuración de nuestra arquitectura. De esta forma, podemos asegurar la implementación de prácticas DevOps y la integración y distribución de software continua de una forma eficiente.
- **Consistencia en la configuración:** la misma configuración ejecutada en diferentes entornos nos devuelve siempre el mismo resultado. Esto nos permite asegurar que el software desarrollado y sus actualizaciones funcionarán tal y como se espera. Tan solo un cambio manual inesperado puede romper esta consistencia.
- **Variabilidad:** sólo aquella información que cambia se vuelve a ejecutar. Por ejemplo, si realizamos un cambio en el balanceador de carga, los demás elementos de nuestra infraestructura se mantendrán en el mismo estado. Esto evita errores que pueden afectar a toda la arquitectura.
- **Plantillas:** como cualquier otro trozo de código moderno, las configuraciones de IaC son reutilizables y nos permiten crear plantillas

que podemos utilizar en futuros proyectos, algo que permite ahorrar muchas horas de trabajo.

● **Documentación:** como disponemos de toda la información de nuestra infraestructura en nuestro código, esta nos puede servir como documentación. De esta forma, tan solo deberemos acudir a este para tener acceso a todos los datos y características de nuestra configuración.

● **Disminución de errores:** al administrar los recursos informáticos con código, se minimizan los errores humanos, lo que permite crear entornos de desarrollo y pruebas consistentes y fiables. Las herramientas de IaC permiten a los desarrolladores automatizar el aprovisionamiento de recursos de infraestructura, lo que garantiza que todos los entornos sean iguales. Esto reduce el tiempo que se necesita para configurar los entornos y garantiza que todos los equipos estén trabajando con la misma configuración.

● **Reducción de costes:** al administrar los recursos informáticos con código, se reduce el tiempo necesario para administrar los recursos. Esto significa que los costes se reducen, ya que se necesita menos tiempo para configurar y administrar los recursos.

● **Mayor rapidez:** la infraestructura como código puede ayudar a los equipos a acelerar el tiempo de entrega, ya que permite a los desarrolladores aprovisionar recursos de forma más rápida y fiable. Las herramientas de IaC permiten a los desarrolladores definir recursos de forma automatizada, lo que reduce considerablemente el tiempo que se necesita para configurar y desplegar la infraestructura. Los equipos pueden de este modo implementar cambios en la infraestructura de forma más rápida y con menos errores.

● **Mayor estabilidad:** los desarrolladores y administradores de sistemas pueden crear una infraestructura estable. Esto significa que esta se implementa de manera consistente y que se pueden realizar actualizaciones y cambios con mayor facilidad.

- **Mayor escalabilidad:** las empresas pueden escalar sus recursos mucho más rápido que si se realizara manualmente. Esto significa que los recursos se pueden agregar o eliminar con mayor rapidez.

- **Colaboración entre equipos:** la infraestructura como código también puede ayudar a los equipos a mejorar la colaboración entre ellos. Permite a los desarrolladores crear scripts de configuración y documentar los cambios, lo que facilita su seguimiento. Los equipos pueden así compartir sus conocimientos y aprender unos de otros.

- **Reducción de los errores y mejora en la homogeneidad de la infraestructura:** el gran problema de la configuración manual es que, por muy experto que sea quien se encargue de hacerla, nunca está al cien por cien libre de errores. La IaC elimina esos errores y también cualquier tipo de cambio de la configuración. Además, al codificar y documentar las especificaciones se evitan los cambios de configuración *ad hoc* no documentados de manera natural.

4.9.2. Buenas prácticas para securizar la infraestructura como código

La infraestructura como código (IaC) es la práctica de gestionar y aprovisionar recursos informáticos utilizando archivos de configuración o scripts en lugar de procesos manuales de despliegue y configuración. Esto permite a los desarrolladores y a los equipos de operaciones colaborar de forma más eficaz, automatizar los despliegues y mejorar la coherencia y la fiabilidad. Sin embargo, la infraestructura como código también introduce nuevos retos y riesgos de seguridad que deben abordarse exhaustivamente en cada etapa del ciclo de vida de desarrollo de software DevOps (SDLC). A continuación, analizamos cómo hacer más segura la IaC mediante este conjunto de buenas prácticas, que están al alcance de cualquier organización:

- **Utilizar herramientas y prácticas seguras desde el inicio del desarrollo:** es muy importante establecer prácticas de seguridad sólidas desde el inicio del desarrollo de la infraestructura como código. Esto implica utilizar herramientas de escaneo de seguridad estático (Static Application Security Testing o SAST) y analizar el código de infraestructura para identificar posibles vulnerabilidades o configuraciones incorrectas.

- **Limitar los privilegios y controlar el acceso:** el principio de mínimo privilegio es fundamental para garantizar la seguridad en la infraestructura como código. La opción más recomendable es siempre otorgar los permisos mínimos necesarios a los usuarios y evitar el uso de credenciales o roles con privilegios excesivos. Además, es importante implementar una gestión adecuada de identidades y accesos (Identity and Access Management o IAM) para controlar quién tiene acceso a los recursos de infraestructura.

- **Implementar revisiones y controles de calidad:** realizar revisiones periódicas del código de infraestructura para identificar y corregir posibles problemas de seguridad es fundamental y aporta un nivel extra de confianza en el sistema. Estas revisiones deben incluir aspectos como la configuración de seguridad, las contraseñas almacenadas, la gestión de claves y los puntos de acceso a los servicios en la nube. Además, se recomienda utilizar herramientas de análisis de calidad de código para identificar patrones o prácticas inseguras.

- **Automatizar las pruebas de seguridad:** la automatización de las pruebas de seguridad es clave para garantizar una implementación segura de la infraestructura como código. Esto implica utilizar herramientas de prueba de penetración y escaneo de vulnerabilidades para identificar posibles puntos débiles en el entorno. Estas pruebas deben realizarse regularmente como parte del proceso de integración continua y entrega continua (CI/CD) para asegurar que los cambios en la infraestructura no introduzcan vulnerabilidades.

- **Monitorear y auditar la infraestructura:** es esencial establecer un monitoreo constante de la infraestructura implementada a través de código. Esto implica el uso de herramientas de monitoreo y registros (logs) para identificar posibles incidentes de seguridad, detectar comportamientos anómalos y realizar un seguimiento de los cambios realizados en la infraestructura. Además, se sugiere realizar auditorías de seguridad periódicas para evaluar la efectividad de las medidas implementadas.

- **Actualizar y parchear regularmente:** mantener la infraestructura actualizada con las últimas actualizaciones y parches de seguridad es una práctica importante para mitigar riesgos. Tanto el sistema operativo como las herramientas y servicios utilizados en la infraestructura deben ser actualizados regularmente para protegerse contra nuevas vulnerabilidades y amenazas.

4.9.3. Tipos de infraestructura como código

Existen muchos tipos de infraestructura como código, cada uno con sus propias características y ventajas. Los principales tipos incluyen lenguajes de scripting, herramientas de configuración, lenguajes declarativos y herramientas de orquestación de contenedores. Se detallan a continuación:

- **Lenguajes de scripting:** son lenguajes de programación diseñados específicamente para automatizar tareas comunes. Los scripts se escriben en lenguajes como Bash, Python y PowerShell. Estos lenguajes se pueden usar para crear scripts que pueden ejecutarse para realizar tareas específicas. Por ejemplo, un script de Linux escrito en Bash puede ejecutarse para configurar un servidor web Apache. Los lenguajes de scripting son una de las formas más comunes de infraestructura como código. Esta técnica se utiliza para configurar y administrar sistemas. Los scripts se pueden usar para realizar tareas como instalar y actualizar software, configurar cuentas de usuario y realizar copias de seguridad.
- **Herramientas de configuración:** se utilizan para automatizar la configuración de máquinas virtuales y servidores. Estas herramientas proporcionan una interfaz gráfica para configurar los servidores.

Esto permite a los usuarios configurar los servidores sin tener que escribir código. Una de las herramientas de configuración más populares es Ansible, con la que los usuarios pueden crear scripts para automatizar tareas comunes. Por ejemplo, Ansible puede usarse para instalar paquetes de software, configurar firewalls y realizar tareas de administración de red.

- **Lenguajes declarativos:** se utilizan para describir la configuración de un sistema. Estos lenguajes permiten crear archivos de configuración que describen la configuración deseada, los cuales se pueden usar para configurar un sistema sin tener que escribir código. Dos de los lenguajes declarativos más populares son YAML y JSON, que se utilizan para describir la configuración de un sistema de forma simple y legible.

- **Herramientas de orquestación de contenedores:** estas herramientas se pueden utilizar para crear, desplegar y gestionar aplicaciones basadas en contenedores en una sola máquina virtual o en un clúster de máquinas virtuales. Una de las herramientas de orquestación de contenedores más popular es Kubernetes, con la que se pueden administrar y escalar estas aplicaciones con facilidad, aprovechando al máximo los recursos disponibles.

4.9.4. Herramientas para IaC

Las herramientas de infraestructura como código se han convertido en una parte importante de la transformación digital. Estas herramientas permiten a los usuarios automatizar la configuración, el mantenimiento y el despliegue de la infraestructura de TI. Esto se logra a través de la utilización de herramientas de scripting y lenguajes de programación para definir, implementar y administrar la infraestructura de TI.

- **Chef** https://www.chef.io: herramienta de automatización de infraestructura de código abierto que proporciona una forma sencilla de administrar y configurar sistemas y aplicaciones. Esta herramienta fue creada para aumentar la productividad de los desarrolladores y ahorrar tiempo al administrar una infraestructura. Chef puede crear un entorno de implementación consistente y predecible, lo que significa que los usuarios pueden desplegar aplicaciones en cualquier entorno de forma rápida y eficiente. Se puede utilizar para gestionar el ciclo de vida de la aplicación y la configuración de la infraestructura. Esta herramienta también se puede integrar con servicios de nube como Amazon EC2 y Microsoft Azure. Chef usa la tecnología de lenguajes de programación Ruby, que hace que la herramienta sea fácil de usar y entender, e incluye una amplia variedad de recursos, como herramientas de configuración, recetas, módulos y plantillas. Estos recursos proporcionan una solución completa para la configuración de la infraestructura.

- **Puppet** https://www.puppet.com: herramienta de automatización de infraestructura de código abierto que simplifica el mantenimiento y la administración de sistemas, aplicaciones y servicios. Fue diseñada para ayudar a los administradores de sistemas a gestionar grandes cantidades de servidores de manera eficiente. Por ejemplo, permite crear un modelo de despliegue y configuración para servidores, que se ejecuta en toda su infraestructura. Puede utilizarse para automatizar tareas como la creación y configuración de usuarios, la instalación de software, la configuración de redes, servicios y la administración de bases de datos. Se puede utilizar para aumentar la productividad, al automatizar las tareas repetitivas, reducir el tiempo de configuración de los servidores y mejorar la calidad de los servicios, manteniendo la consistencia de la configuración en todos los servidores. Admite varios sistemas operativos, lo que le permite implementar la misma configuración en diferentes sistemas operativos, como Windows, Linux y macOS. Esto permite ahorrar tiempo y esfuerzo, al no tener que configurar manualmente cada servidor de forma individual.

- **SaltStack** https://saltproject.io: ofrece una variedad de características de seguridad para dar seguridad a los servidores. Estas características incluyen un sistema de autenticación de dos factores, un registro de seguridad, un almacén de claves cifradas y una gran cantidad de herramientas de auditoría de seguridad. Es compatible con la mayoría de los sistemas operativos y contiene una gran cantidad de módulos y herramientas para configurar y administrar una variedad de sistemas. También es compatible con una variedad de lenguajes de programación, como Python, Ruby, Java y JavaScript, con lo que los administradores de sistemas pueden escribir scripts personalizados para automatizar tareas repetitivas.

- **AWS CloudFormation** https://aws.amazon.com/es/cloudformation: una herramienta de automatización de la nube de Amazon Web Services que permite a los usuarios implementar y administrar la infraestructura de sus aplicaciones a través de la creación y administración de recursos en la nube. Se puede utilizar para desplegar, actualizar y eliminar recursos de AWS sin tener que realizar cada una de estas tareas manualmente. Permite administrar todos los recursos de AWS desde una única consola. Es útil para aquellos que tienen recursos de AWS distribuidos entre diferentes regiones o para aquellos que tienen una gran cantidad de recursos de AWS. Con ello podemos administrar todos los recursos de AWS desde la misma consola sin tener que navegar entre diferentes regiones. Se basa en lenguajes declarativos como JSON y YAML.

- **Vagrant** https://developer.hashicorp.com/vagrant: funciona con una variedad de sistemas operativos, incluido Windows, macOS y Linux. Es compatible con múltiples proveedores de virtualización, como VirtualBox, Parallels y VMware. Una vez que se configura el entorno virtual, los usuarios pueden descargar e instalar el software necesario para su proyecto. También ofrece a los desarrolladores la capacidad de compartir sus entornos de desarrollo con otros usuarios, lo que permite a los equipos trabajar en proyectos conjuntos sin tener que preocuparse por configurar los entornos individualmente.

- **Terraform** https://www.terraform.io: esta herramienta está diseñada para permitir a los usuarios crear, actualizar y mejorar la infraestructura de la nube de una manera sencilla y segura. Está diseñada para ser compatible con los principales proveedores de nube como Amazon Web Services, Microsoft Azure, Google Cloud Platform, entre otros. Ofrece una gran cantidad de beneficios para los usuarios, como la capacidad de crear entornos de aplicaciones a escala en la nube, reducir los costes de administración de la infraestructura y mejorar su seguridad. Además, los usuarios pueden crear recursos de nube de forma sencilla con el lenguaje de configuración de Terraform. Esto permite a los usuarios configurar y administrar todos sus recursos de nube desde una sola ubicación.

- **Ansible** https://www.ansible.com: esta herramienta proporciona una forma simple de definir y administrar la infraestructura de TI, a través de un lenguaje de scripting y una interfaz de línea de comandos. Ansible se ejecuta sobre un servidor de control, al que los usuarios se conectan para realizar tareas en los servidores remotos. Esto permite a los usuarios crear una infraestructura de TI ágil y escalable para el despliegue de aplicaciones. Ofrece una plataforma de administración de configuración, que permite a los usuarios auditar y administrar los sistemas de forma segura. Esta herramienta permite a los usuarios mantener la consistencia entre los sistemas al mismo tiempo que les permite realizar tareas con mayor rapidez. Se basa en lenguajes de programación como Python, Ruby y YAML.

- **Docker** https://www.docker.com: esta herramienta es útil para los desarrolladores, ya que permite que una aplicación se ejecute de manera independiente, sin tener que preocuparse por la configuración de la computadora. Uno de los beneficios principales de Docker es que permite a los desarrolladores crear y ejecutar aplicaciones en un entorno aislado. Además, los contenedores Docker se ejecutan mucho más rápido que los contenedores de virtualización convencionales.

También son mucho más eficientes en términos de recursos, ya que no requieren de la creación de una máquina virtual completa.

4.9.5. Ansible

Las dos partes fundamentales de la infraestructura como código son aprovisionamiento y configuración. En ellas se define el contenido de los servidores, qué configuración deben tener, qué aplicaciones deben ser instaladas y cómo deben ser instaladas. Ansible modela la infraestructura al describir cómo se relacionan todos los sistemas, en lugar de administrar un solo sistema a la vez. Algunas de las características son:

- **Sin agente:** no hay software ni agente que instalar en el cliente que se comunica con el nuevo servidor.
- **Idempotente:** siempre tendrá el mismo resultado, sea cual sea el número de veces que se invoque a la función.
- **Simple y extensible:** está escrito en Python y usa YAML como lenguaje de los playbooks, haciéndolo fácil de entender y extender.

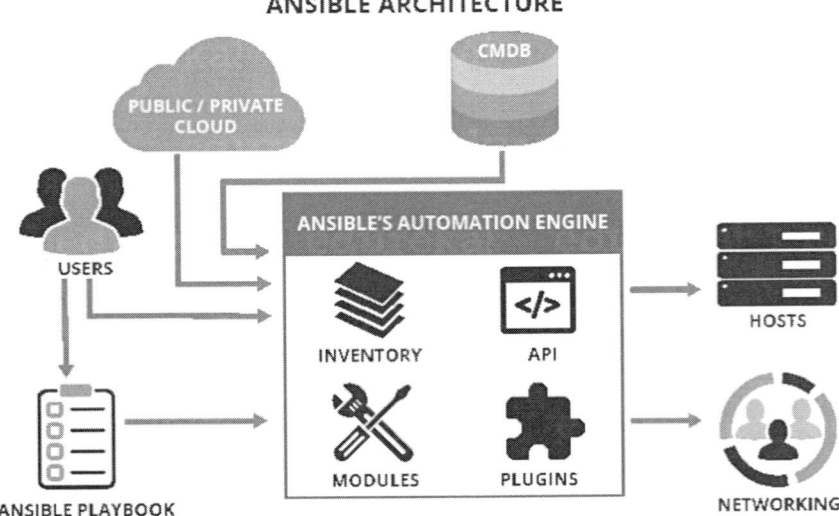

Figura 4.10 Arquitectura de Ansible

Los elementos que componen la arquitectura de Ansible son:

- **Módulos:** pequeños programas que hacen alguna tarea en el servidor.
- **Plugins:** piezas de código que aumentan la funcionalidad principal de Ansible.
- **Inventory:** es dónde se definen y agrupan los hosts que van a ser administrados por Ansible.
- **Playbooks:** el mecanismo que envía comandos a sistemas remotos de forma programada.

Ansible es una herramienta muy útil para los equipos DevOps, ya que permite realizar una gestión de servidores, aplicaciones y configuraciones de forma sencilla y eficiente. Esta herramienta facilita la aplicación de configuraciones paralelas, por lo que se podrán realizar configuraciones de múltiples servidores al mismo tiempo. Entre las principales **ventajas** de Ansible podemos destacar:

- Es una herramienta de instalación sencilla y que tiene amplia compatibilidad con los distintos elementos que conforman la infraestructura.
- Soporta una gran variedad de distribuciones de Linux y en Mac (puede ejecutarse en Windows a través de máquina virtual).
- Es sencillo de utilizar, no son necesarios grandes conocimientos en programación.
- Utiliza el lenguaje YAML para tareas completas (lenguaje muy descriptivo que facilita su comprensión).
- Dispone de una amplia comunidad y múltiples módulos out of the box, lo que aumenta su funcionalidad.

4.9.6. Puppet

Es una solución de gestión de la configuración para administrar la infraestructura en máquinas físicas o virtuales, pudiendo reproducir las configuraciones tantas veces como sean necesarias. Estas configuraciones para todo el software y servidores se almacenan de manera centralizada. Como **características** principales destacan:

- **Idempotencia:** siempre se obtendrá el mismo resultado, independientemente del número de veces que se invoque la función. Puppet verifica el estado en ese momento de la máquina destino y solo realizará cambios cuando haya algún cambio específico en la configuración.
- **Multiplataforma:** dispone de una capa de abstracción de recursos (RAL). Se puede apuntar a la configuración específica del sistema sin preocuparse por los detalles de la implementación.

4.9.7. Chef

Chef permite configurar y desplegar aplicaciones y configuraciones, orquestando la configuración de ambientes compuestos por más de un nodo. Es una herramienta desarrollada en Ruby que automatiza el procedimiento de aprovisionamiento y trabaja con un modelo maestro-cliente en el que se requiere un equipo independiente desde el que controlar el nodo maestro.

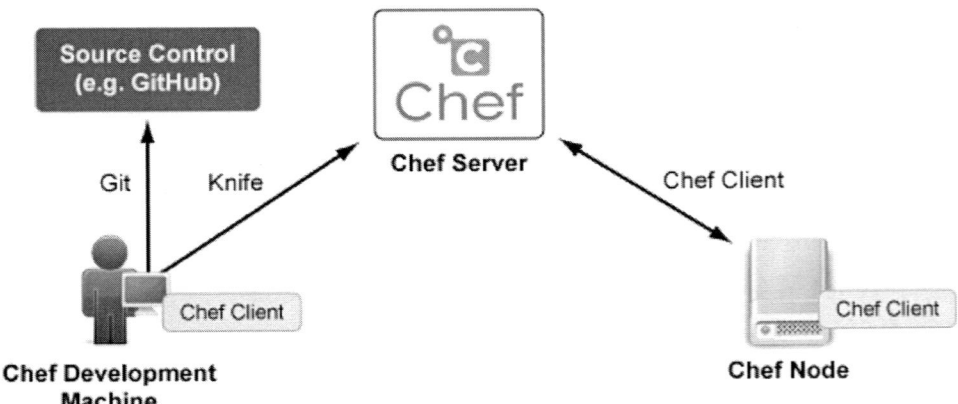

Figura 4.11 Arquitectura de Chef

Chef requiere de la instalación de un agente en cada nodo gestionado. Los agentes pueden instalarse desde el cliente, usando SSH para desplegar.

De esta forma, todos los nodos gestionados se comunican con el servidor principal a través del uso de certificados y reciben el despliegue. Los principales elementos de la arquitectura son:

- **Chef Node:** un nodo es una máquina que está bajo la administración de Chef.
- **Chef Client:** está instalado en cada nodo que está bajo la gestión de Chef. Realiza todas las tareas de configuración que están especificadas bajo una lista de ejecución que desplegará cualquier dato de configuración requerido del Chef Server.
- **Chef Server:** el Chef Client accede al Chef Server desde el nodo desde el que está instalado para obtener los datos de configuración. También realiza búsquedas de datos históricos de ejecución de Chef Client y descarga los datos de configuración necesarios. Cuando el Chef Client termina su ejecución, sube los datos de ejecución actualizados al Chef Server.

4.9.8. Terraform

Terraform es una herramienta que permite construir, cambiar y versionar infraestructura de una manera segura y eficiente. Es un software de código libre que, a partir de un lenguaje de alto nivel, crea el plan de construcción de una infraestructura compleja. La infraestructura se puede codificar atendiendo a las necesidades de nuestro servicio y ofrece un amplio abanico de proveedores en los que desembarcar nuestra infraestructura. Entre las principales **características** podemos destacar:

- **Infraestructura como código:** la infraestructura se describe utilizando una sintaxis de alto nivel. Estos archivos que describen la infraestructura pueden ser compartidos y reutilizados.

- **Planes de ejecución:** Terraform tiene un paso de planificación, donde genera un plan de ejecución. Este plan muestra lo que hará la aplicación cuando se ejecute.

- **Gráfico de recursos:** crea un gráfico con todos los recursos y paraleliza la creación y modificación de cualquier otro. Se puede obtener información sobre las dependencias de la infraestructura.

- **Automatización de cambios:** los cambios que sean más complejos se pueden aplicar a su infraestructura con una mínima interacción humana. Con el plan de ejecución y el gráfico de recursos, se sabe exactamente qué cambiará Terraform y en qué orden, evitando posibles errores humanos.

La base para definir y desplegar infraestructura como código es un archivo de configuración. Terraform genera un plan de ejecución que describe lo que hará para alcanzar el estado deseado y luego lo ejecuta para construir la infraestructura descrita. A medida que cambia la configuración, puede determinar qué ha cambiado y crear planes de ejecución incrementales que se puedan aplicar.

Algunas de las **ventajas** de la utilización de Terraform son:

- Permite hacer escalado de la infraestructura de manera segura y eficiente.

- Muchos de los servicios cloud utilizan el modelo «pay as you go» y Terraform permite reducir los costes, ya que permite el despliegue y destrucción de la infraestructura de una forma segura.

- Permite también el despliegue de entornos de pruebas que solo son necesarios durante unos ejercicios de duración determinada y que después pueden ser destruidos, lo que resulta en un coste mínimo para la ejecución de las pruebas.

A continuación, analizamos un ejemplo de un archivo de configuración **main.tf,** que crea un grupo de seguridad en AWS y una instancia de EC2 dentro de ese grupo:

```
# Configuración del proveedor
provider "aws" {
  region = "us-east-1"
}

# Creación de un grupo de seguridad
resource "aws_security_group" "allow_ssh" {
  name        = "allow_ssh"
  description = "Allow SSH traffic"

  ingress {
    description = "Allow SSH from anywhere"
    from_port   = 22
    to_port     = 22
    protocol    = "tcp"
    cidr_blocks = ["0.0.0.0/0"]
  }
}

# Creación de una instancia EC2
resource "aws_instance" "instancia" {
  ami         = "ami-0c55b159cbfafe1f0" # Reemplaza con la AMI de su
elección
  instance_type = "t2.micro"

  security_groups = [aws_security_group.allow_ssh.id]

  tags = {
    Name = "example"
  }
}
```

Las principales partes de este fichero de configuración son:

- **provider «aws»:** especifica que vamos a utilizar el proveedor de AWS para gestionar recursos en la nube de Amazon.

- **resource «aws_security_group»:** define un recurso de grupo de seguridad llamado allow_ssh. Este grupo permite el tráfico SSH desde cualquier dirección IP.
- **resource «aws_instance»:** define una instancia EC2 llamada «instancia». Esta instancia utilizará el grupo de seguridad creado anteriormente y tendrá un tipo de instancia t2.micro.

El workflow típico con esta herramienta es la creación de la infraestructura utilizando los recursos definidos en el código. El workflow típico utilizado en un proyecto de Terraform es el siguiente:

- **Init:** inicialización del proyecto
- **Plan:** planificación (dry-run) de los recursos definidos en el código
- **Apply:** despliegue de los recursos definidos en el código
- **Destroy:** destrucción de los recursos definidos en el código en caso necesario

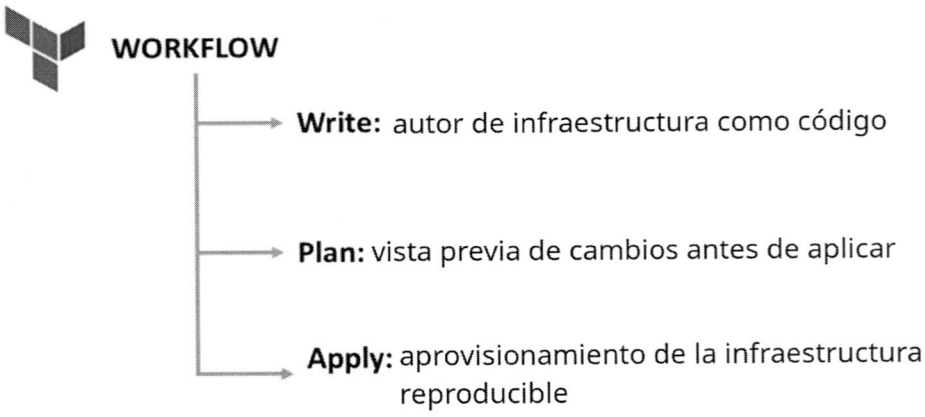

WORKFLOW

Write: autor de infraestructura como código

Plan: vista previa de cambios antes de aplicar

Apply: aprovisionamiento de la infraestructura reproducible

Figura 4.12 Workflow en Terraform

Los principales **componentes** de Terraform son:

- **Providers:** es el responsable de entender las interacciones con la API y exponer los recursos. La mayoría de los proveedores requieren algún tipo de configuración para proporcionar información de autenticación, url, etc. Cuando se requiere una configuración explícita, se utiliza un bloque de proveedor dentro de la configuración. La lista completa de proveedores se encuentra en la documentación oficial: https://www.terraform.io/docs/providers/index.html

- **Resource:** cualquier cosa que tenga un conjunto de atributos configurables y un ciclo de vida como creación, lectura, actualización, borrado. Implica identificación y estado. Bloque de construcción básico de los scripts de Terraform. La mayoría de tipos de infraestructura se puede representar como un Resource de Terraform.

- **Data:** información que leer por Providers. Data Sources permite recuperar o calcular datos para usar en cualquier parte de la configuración de Terraform. Son esencialmente un subconjunto de recursos de solo lectura.

- **Provisioner:** inicializa un recurso desde un script local o remoto. Se añaden directamente a cualquier recurso y son usados para ejecutar scripts en máquinas locales o remotas, como parte de la creación o destrucción de recursos, para arrancar un recurso o hacer limpieza tras la liberación de recursos.

- **Terraform State:** almacena el estado de la gestión de la infraestructura y configuración. Es usado para mapear recursos en la configuración, hacer seguimiento de metadatos y mejorar el rendimiento de grandes infraestructuras. El estado es almacenado por defecto en un fichero local llamado «terraform.tfstate», pero también se puede almacenar de forma remota en un servidor.

Los comandos de Terraform son una forma concisa de realizar tareas comunes, como la creación, la eliminación, la modificación y el seguimiento de los recursos creados en la nube.

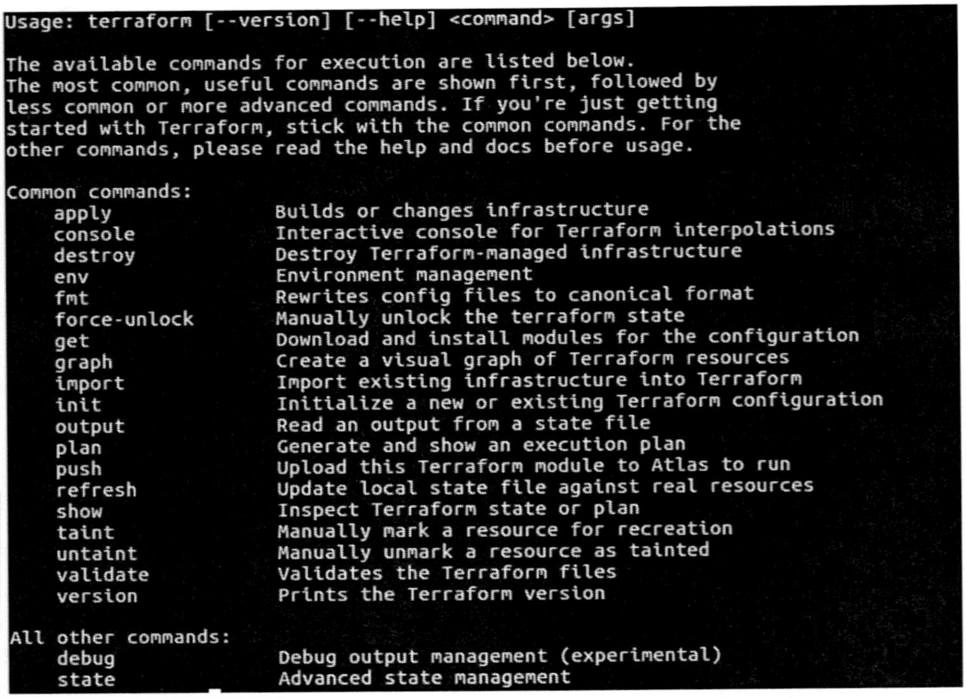

```
Usage: terraform [--version] [--help] <command> [args]

The available commands for execution are listed below.
The most common, useful commands are shown first, followed by
less common or more advanced commands. If you're just getting
started with Terraform, stick with the common commands. For the
other commands, please read the help and docs before usage.

Common commands:
    apply              Builds or changes infrastructure
    console            Interactive console for Terraform interpolations
    destroy            Destroy Terraform-managed infrastructure
    env                Environment management
    fmt                Rewrites config files to canonical format
    force-unlock       Manually unlock the terraform state
    get                Download and install modules for the configuration
    graph              Create a visual graph of Terraform resources
    import             Import existing infrastructure into Terraform
    init               Initialize a new or existing Terraform configuration
    output             Read an output from a state file
    plan               Generate and show an execution plan
    push               Upload this Terraform module to Atlas to run
    refresh            Update local state file against real resources
    show               Inspect Terraform state or plan
    taint              Manually mark a resource for recreation
    untaint            Manually unmark a resource as tainted
    validate           Validates the Terraform files
    version            Prints the Terraform version

All other commands:
    debug              Debug output management (experimental)
    state              Advanced state management
```

Figura 4.13 Comandos de Terraform

A continuación, se detallan los principales **comandos** de Terraform:

- **terraform -help:** Terraform tiene un sistema de ayuda incorporado al que se puede acceder desde la línea de comandos y que nos permite obtener el detalle sobre los comandos con los que no estamos familiarizados o sobre los que queremos obtener más información.

- **terraform version:** muestra la versión actual de Terraform e informa si hay una más reciente disponible para descargar.

- **terraform console:** abre una consola interactiva, que se puede utilizar para llevar a cabo pruebas.

- **terraform fmt:** formatea la configuración de Terraform de acuerdo con los estándares de codificación. Esto ayuda a mantener la configuración consistente y limpia. Este debe ser el primer comando que ejecute después de crear los archivos de configuración, para asegurarse de que el código está correctamente formateado. Esto hace que sea más fácil de seguir y ayuda a la colaboración.

- **terraform init:** este comando es el primer paso para empezar a utilizar Terraform. Inicializa los directorios locales requeridos para almacenar la configuración de Terraform. Para preparar el directorio de trabajo, este comando realiza la inicialización del backend, la instalación del módulo secundario y la instalación de plugins.

- **terraform validate:** valida los archivos de configuración en un directorio y ejecuta comprobaciones, que verifican si una configuración es sintácticamente válida y, por lo tanto, principalmente útil para la verificación general de módulos reutilizables, incluida la corrección de los nombres de atributo y los tipos de valor. Terraform init debe ejecutarse antes de este comando.

- **terraform plan:** este comando muestra una previsualización de los recursos que serán creados, eliminados o modificados antes de que los cambios se apliquen. Esto ayuda a verificar los cambios antes de que se implementen y generará un plan de ejecución, que mostrará qué acciones se llevarán a cabo sin realizar realmente las acciones planificadas

- **terraform apply:** este comando toma la configuración de Terraform y aplica los cambios a la infraestructura. Una vez que Terraform haya terminado de aplicar la configuración, obtenemos un informe detallado de los cambios realizados que ayuda a comprender cuáles se hicieron en la infraestructura de nube, y así poder asegurarnos de que todo se haya realizado según lo previsto. Terraform apply también escribirá datos en el archivo terraform.tfstate. De forma predeterminada, primero se generará un plan, el cual deberá aprobarse antes de poder aplicarlo.
  - ○ **terraform apply -auto-approve:** permite aplicar los cambios sin tener que aprobar interactivamente el plan. Útil en pipelines de CI/CD de automatización.

- o **terraform apply -lock=false:** se recomienda no mantener un bloqueo sobre el archivo de estado durante la operación de terraform apply, teniendo en cuenta que otros desarrolladores no estén ejecutando comandos simultáneos en el mismo espacio de trabajo.

- o **terraform apply -parallelism=<n>:** determina el número de operaciones ejecutadas en paralelo. El valor predeterminado es 10.

- **terraform destroy:** permite destruir la infraestructura gestionada por Terraform. Pide confirmación antes de llevar a cabo la acción.

- **terraform refresh:** lee la configuración actual de todos los objetos remotos administrados y actualiza el estado de Terraform para que coincida. Esto no modifica la infraestructura, pero sí el archivo de estado.

- **terraform show:** muestra la salida de la ejecución de Terraform. Se utiliza para proporcionar una salida legible de un archivo de estado o plan, que se puede usar para inspeccionar un plan que garantice que se esperan las operaciones planificadas, o para inspeccionar el estado actual tal como lo ve Terraform.

- **terraform state:** se utiliza para la administración avanzada del estado. A medida que el uso de Terraform es más avanzado, hay algunos casos en los que es posible que deseemos modificar el estado de Terraform. En lugar de modificar el estado directamente, los comandos de estado Terraform se pueden usar en muchos casos. Este comando es un subcomando anidado, lo que significa que tiene más **subcomandos:**

  - o **terraform state list:** enumera todos los recursos sobre los que se realiza un seguimiento en el archivo de estado actual.

  - o **terraform state mv:** mueve un elemento en el archivo de estado. Es útil cuando necesitamos decirle a Terraform que se ha renombrado un elemento.

  - o **terraform state pull > state.tfstate:** obtiene el estado actual y lo almacena en un archivo local.

- ○ **terraform state push:** actualiza el estado remote a partir del archivo de estado local.
- ○ **terraform state replace-provider:** reemplaza un proveedor, lo cual es útil cuando se cambia a un registro de proveedores personalizado.
- ○ **terraform state rm:** elimina el recurso indicado del archivo de estado. Es útil cuando un recurso se ha eliminado manualmente fuera de Terraform.
- ○ **terraform state show <resource_name>:** muestra el recurso especificado del archivo de estado.
- **terraform import:** se utiliza para importar a la configuración de Terraform recursos ya existentes.
- **terraform providers:** muestra información sobre los requisitos del proveedor de la configuración en el directorio de trabajo actual, como ayuda para comprender desde dónde se detectó cada requisito.
- **terraform workspace**: utilizado para administrar espacios de trabajo. Los espacios de trabajo pueden ser útiles cuando un desarrollador quiere probar una versión ligeramente diferente del código. No se recomienda utilizar espacios de trabajo para aislar o separar la misma infraestructura entre diferentes etapas de desarrollo, por ejemplo, dev / staging / production, o diferentes equipos internos.
- **terraform output:** enumera todos los outputs (salidas) que se encuentran actualmente en el archivo de estado y se muestran por defecto al ejecutar el comando terraform apply.

CAPÍTULO 5
GENERADORES DE MICROSERVICIOS

5.1. Introducción

El desarrollo multiplataforma cada vez está más presente en el desarrollo de las aplicaciones. Hoy, los diferentes proyectos tanto de frontend como backend tienden a unificar la creación de un proyecto base a modo de plantilla con el que empezar el desarrollo.

Actualmente, el desarrollo de aplicaciones web es mucho más sencillo gracias a los frameworks y los generadores de código que, como herramienta y base de código, ayudan a ahorrar tiempo y costes en el desarrollo de los proyectos. Entre las principales herramientas que nos pueden ayudar a generar la base de código en nuestros proyectos podemos destacar:

- **Yeoman** https://yeoman.io es una herramienta muy útil para generar una base para proyectos que trabajen con Javascript.
- **Jhipster** https://www.jhipster.tech es una herramienta muy útil para generar una base para proyectos que trabajen con Javascript en cuanto a frontend y con Java en cuanto a backend.
- **Atomist** https://docs.atomist.com/quick-start
- **Spring Initializer** https://start.spring.io es una herramienta que permite configurar desde cero un proyecto con Spring Boot.

5.2. Yeoman

Yeoman http://yeoman.io es una herramienta que permite construir el esqueleto de nuestra aplicación, es decir, su estructura y dependencias necesarias para empezar a desarrollarla. Se trata de una herramienta orientada a mejorar la productividad de los equipos de desarrollo, no solo por el tiempo que nos ahorramos configurando la aplicación, sino también porque le permite tener una base sobre la cual guiar el desarrollo.

Para generar una base de carpetas y configuración de nuestro proyecto hace uso de los **generadores.** Un generador es como una horma que da forma a nuestra aplicación. Los generadores también son dinámicos y permiten que configuremos ciertos aspectos. Los generadores disponibles se encuentran en la página oficial del proyecto http://yeoman.io/generators.

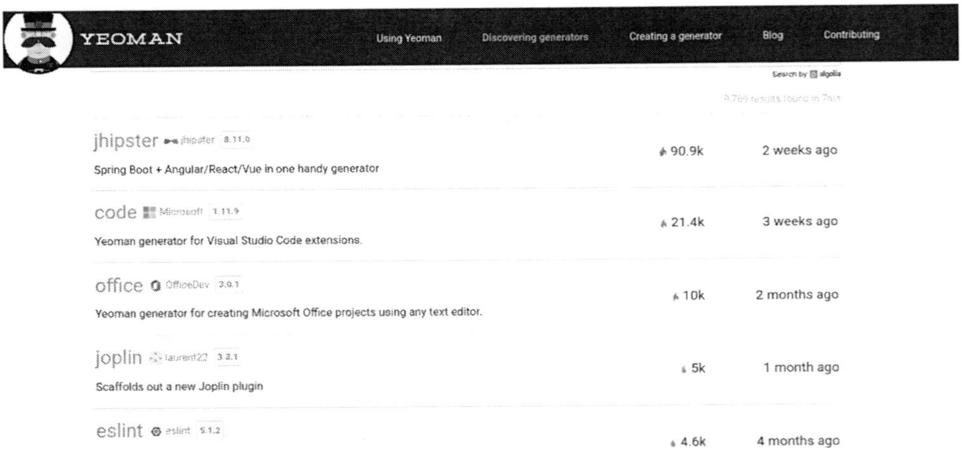

Figura 5.1 Generadores de Yeoman

Yeoman utiliza una serie de herramientas de código abierto. Por ejemplo, para ejecutar las tareas utiliza tanto con **Grunt** https://gruntjs.com como con **Gulp** https://gulpjs.com; además, se integra con **Bower** https://bower.io y **npm** https://www.npmjs.com para la gestión de dependencias y realiza las configuraciones necesarias para usar diferentes librerías como Sass o requireJS.

La principal ventaja de la utilización de Yeoman es que podemos estandarizar los proyectos que llevamos desarrollando. Independientemente de que lo realice un equipo de desarrollo u otro, ambos utilizarán las mismas herramientas, con lo que conseguimos que todo el equipo trabaje con las mismas librerías y las mismas versiones.

Otra ventaja es la distribución que podemos realizar de las diferentes plantillas en los diferentes proyectos en los que estemos trabajando. Por ejemplo, podríamos crear un repositorio central dentro de la organización para poder tener todos los templates que vamos a utilizar. Otra opción es tener un repositorio privado con el objetivo de almacenar las diferentes plantillas que vayamos generando. Los requisitos mínimos son tener instalado NodeJS y npm. Para instalar Yeoman lo podemos hacer con los siguientes comandos:

```
#Instalamos Yeoman y el boilerplate de generadores
$ npm install -g yo generator-generator
#Generamos un nuevo proyecto de generador
$ yo generator
```

El comando anterior nos creará un nuevo proyecto con la siguiente estructura de archivos:

- **generators:** carpeta contenedora con los generadores
- **generators/app/:** generador por defecto
- **node_modules/:** directorio que contiene las librerías y dependencias del generador
- **package.json:** fichero que contiene las dependencias y librerías de nuestro proyecto

En la página oficial podemos ver la guía de instalación y cómo empezar con esta herramienta: https://yeoman.io/learning/index.html.

5.3. Jhipster

Hoy, el desarrollo de aplicaciones web es mucho más sencillo gracias a los frameworks y los generadores de código que, como herramienta y base de código, ayudan a ahorrar mucho tiempo en el desarrollo de proyectos. Pero a veces no es tan fácil encontrar y armonizar todos esos componentes entre ellos para que acaben funcionando sin problemas en su aplicación.

El equipo de Jhipster https://www.jhipster.tech ha intentado dar una solución a este problema mediante la combinación de algunos de los frameworks más populares de desarrollo frontend y backend. Se trata de un proyecto de código abierto e integra componentes como Spring Boot, AngularJS o Bootstrap, que son imprescindibles a la hora de crear aplicaciones web modernas y aplicaciones basadas en microservicios.

El nombre se inspira principalmente en el concepto mismo del generador de aplicaciones web, y tiene como objetivo unir Java con las herramientas de desarrollo web más populares. Su objetivo es ofrecer a los proyectos un alto grado de productividad durante el desarrollo, al tiempo que se cuida la calidad de la aplicación final desarrollada. El código de JHipster, que se distribuye bajo una licencia Apache 2.0, está disponible de forma abierta en el repositorio https://github.com/jhipster/generator-jhipster.

5.3.1. Componentes principales de Jhipster

Jhipster nos ofrece un conjunto de herramientas para desarrollar y diseñar los elementos correspondientes al frontend y al backend de un proyecto de desarrollo. Por ejemplo, el framework **Spring Boot** es uno de los más utilizados para obtener un stack de Java del lado del servidor que nos permita conectarnos a bases de datos, motores de virtualización y herramientas de logs. Para conectar el frontend con el backend lo más común es utilizar una interfaz API REST, que podríamos construir con las anotaciones que ofrece Spring. Entre las principales opciones disponibles del lado del servidor en JHipster podemos destacar:

- **Bases de datos:** MariaDB, PostgreSQL, Oracle, MySQL, MongoDB
- **Virtualización:** Docker, Kubernetes, AWS
- **Entornos de ejecución de pruebas:** Karma, Cucumber

- **Indexación de documentos:** ElasticSearch, MongoDB
- **Cachés:** Ehcache, Infinispan
- **Sistemas de monitorización:** Prometheus

En cuanto al desarrollo de frontend, JHipster se basa principalmente en el framework JavaScript **Angular.js** y en la biblioteca JavaScript **React**. Estos dos componentes pueden combinarse con Bootstrap y con la plantilla web alternativa HTML5 Boilerplate.

5.3.2. Jhipster online

Jhipster online https://start.jhipster.tech es un servicio que nos ofrece la posibilidad de generar una aplicación sin necesidad de instalar la herramienta en nuestra máquina. El servicio se encarga de generar una aplicación completa de Jhipster que puedes alojar en una cuenta de GitHub y también puedes descargar en formato ZIP.

Figura 5.2 Interfaz de JHipster online

El objetivo de la interfaz es realizar preguntas básicas para la creación del proyecto, como el nombre del paquete por defecto, el tipo de base de datos que vamos a utilizar o si vamos a implementar algún mecanismo de seguridad.

JHipster ofrece la creación de 2 tipos de aplicaciones en su asistente:

- **Aplicaciones monolíticas:** aplicaciones que se caracterizan por contar con una arquitectura sencilla en la cual todo estará en un solo sitio, incluso el contenedor de servlets, Tomcat. Este tipo de aplicaciones son útiles cuando sabemos que el proyecto no está destinado a crecer en complejidad, aunque de igual forma puede crecer, pero haciéndola monolítica en una primera fase.

- **Aplicaciones basadas en microservicios:** las aplicaciones basadas en microservicios cuentan con una arquitectura un poco más compleja en la que se debe contemplar que cada microservicio pueda ofrecer una funcionalidad específica.

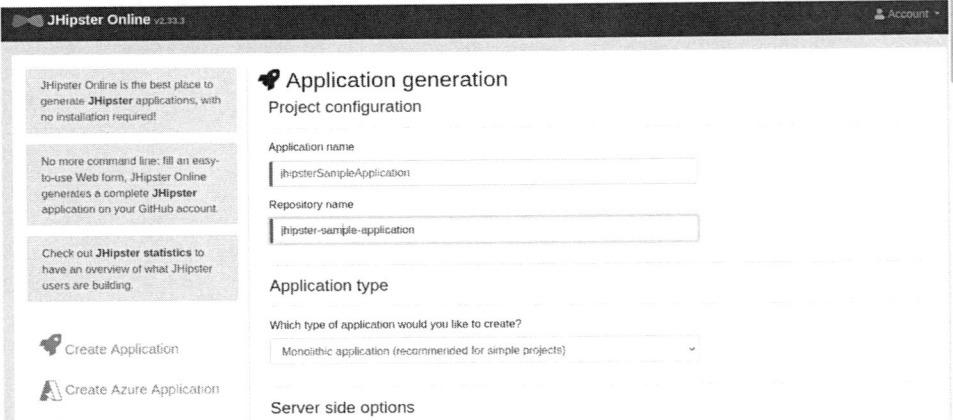

Figura 5.3 Preguntas realizadas para la generación del proyecto

El generador le va a hacer una serie de preguntas para establecer el tipo de aplicación y seleccionar las características y el software que prefieres. Esto sirve para que puedas establecer, por ejemplo, qué mecanismo de caché va a implementarse o qué herramientas prefieres para el diseño del backend (Gradle vs Maven). En la mayoría de los casos, nos valdrá con las opciones seleccionadas por defecto para ejecutar un proyecto de prueba. Las **preguntas** son las siguientes:

1. What is the base name of your application?
2. Which type of application would you like to create?
    a. Monolíthic application (by default)
    b. Microservice application
    c. Microservice Gateway
    d. JHipster UAA
3. What is your default Java package name?
4. On which port would like your server to run? It should be unique to avoid port conflicts.
5. Do you want to use the JHipster Registry to configure, monitor and scale your application?
6. Which type of authentication would you like to use?
    a. Session-based authentication mechanism
    b. OAuth 2.0 based authentication
    c. Token-based approach
7. Which type of database would you like to use?
    a. Base de datos SQL
    b. Cassandra
    c. MongoDB
    d. CouchBase
    e. Neo4j
8. Which production database would you like to use?
9. Which development database would you like to use?
    a. H2 storing in memory.
    b. H2 persisting to disk.
    c. The same one you have chosen for your production environment.
10. Do you want to use the Spring cache abstraction?
11. Do you want to use Hibernate 2nd level cache?
12. Would you like to use Maven or Gradle?
13. Which Framework would you like to use for the client?
    a. Angular
    b. React

---

14. Which testing frameworks would you like to use?
  a. **Gatling**
  b. **Cucumber**
  c. **Protactor**

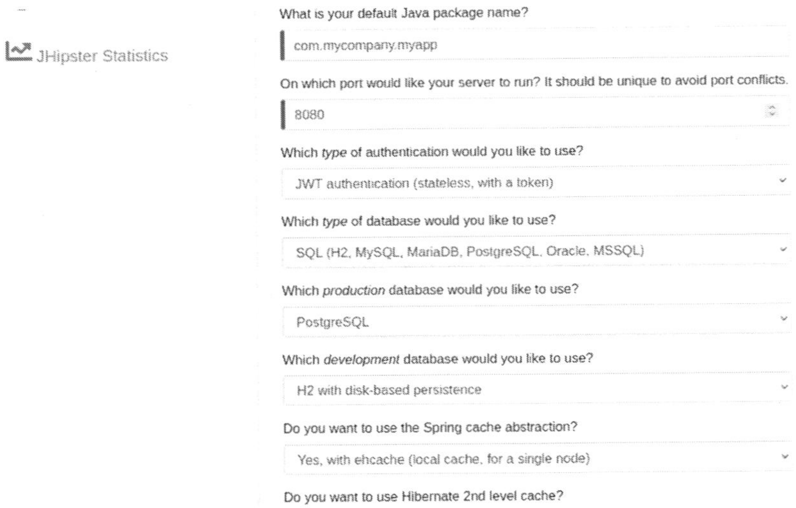

JHipster Statistics

What is your default Java package name?

com.mycompany.myapp

On which port would like your server to run? It should be unique to avoid port conflicts.

8080

Which *type* of authentication would you like to use?

JWT authentication (stateless, with a token)

Which *type* of database would you like to use?

SQL (H2, MySQL, MariaDB, PostgreSQL, Oracle, MSSQL)

Which *production* database would you like to use?

PostgreSQL

Which *development* database would you like to use?

H2 with disk-based persistence

Do you want to use the Spring cache abstraction?

Yes, with ehcache (local cache, for a single node)

Do you want to use Hibernate 2nd level cache?

Figura 5.4 Preguntas realizadas para la generación del proyecto

Una vez tenemos el esqueleto de nuestra aplicación, utilizando el directorio que acabamos de crear podemos iniciar una instancia de servidor basada en Spring Boot. A la hora de determinar qué comando vamos a utilizar, es necesario tener en cuenta qué herramienta de diseño hemos elegido para el backend. Si hemos elegido **Maven,** tendremos que ejecutar el componente del servidor utilizando el archivo Maven Wrapper mediante el siguiente comando:

```
$ ./mvnw
```

Si hemos elegido **Gradle**, debemos utilizar el siguiente comando:

```
$ ./gradlew
```

Esta versión online ofrece la posibilidad de crear directamente la aplicación en nuestra cuenta de GitHub. Bastaría con hacer un checkout del proyecto en nuestro entorno de desarrollo.

Al tratarse de una aplicación basada en Spring Boot, una vez importada la aplicación en nuestro IDE tendremos que ejecutar la clase anotada con la anotación **@SpringBootApplication** y esperar unos segundos a que el servidor de Spring Boot realice el despliegue de nuestra aplicación. Una vez finalizado el proceso de inicialización, la aplicación será accesible desde la dirección de localhost en el puerto especificado al crear el proyecto.

JhipsterSampleApplicationApp.java

```
package com.mycompany.myapp;

import com.mycompany.myapp.config.ApplicationProperties;
import com.mycompany.myapp.config.CRLFLogConverter;
import jakarta.annotation.PostConstruct;
import java.net.InetAddress;
import java.net.UnknownHostException;
import java.util.Arrays;
import java.util.Collection;
import java.util.Optional;
import org.apache.commons.lang3.StringUtils;
import org.slf4j.Logger;
import org.slf4j.LoggerFactory;
import org.springframework.boot.SpringApplication;
import org.springframework.boot.autoconfigure.SpringBootApplication;
import
org.springframework.boot.autoconfigure.h2.H2ConsoleAutoConfiguration;
import
org.springframework.boot.autoconfigure.liquibase.LiquibaseProperties;
import
org.springframework.boot.context.properties.EnableConfigurationProperti
es;
import org.springframework.core.env.Environment;
import tech.jhipster.config.DefaultProfileUtil;
import tech.jhipster.config.JHipsterConstants;
```

```java
@SpringBootApplication(exclude = { H2ConsoleAutoConfiguration.class })
@EnableConfigurationProperties({ LiquibaseProperties.class,
ApplicationProperties.class })
public class JhipsterSampleApplicationApp {

  private static final Logger LOG =
LoggerFactory.getLogger(JhipsterSampleApplicationApp.class);

  private final Environment env;

  public JhipsterSampleApplicationApp(Environment env) {
    this.env = env;
  }

  /**
   * Initializes jhipsterSampleApplication.
   * <p>
   * Spring profiles can be configured with a program argument --
spring.profiles.active=your-active-profile
   * <p>
   * You can find more information on how profiles work with JHipster on
<a
href="https://www.jhipster.tech/profiles/">https://www.jhipster.tech/pro
files/</a>.
   */
  @PostConstruct
  public void initApplication() {
    Collection<String> activeProfiles =
Arrays.asList(env.getActiveProfiles());
    if (

activeProfiles.contains(JHipsterConstants.SPRING_PROFILE_DEVELOPMENT
) &&

activeProfiles.contains(JHipsterConstants.SPRING_PROFILE_PRODUCTION)
    ) {
      LOG.error(
        "You have misconfigured your application! It should not run " +
```

```
"with both the 'dev' and 'prod' profiles at the same time."
    );
  }
  if (

activeProfiles.contains(JHipsterConstants.SPRING_PROFILE_DEVELOPMENT
) &&
      activeProfiles.contains(JHipsterConstants.SPRING_PROFILE_CLOUD)
  ) {
    LOG.error(
      "You have misconfigured your application! It should not " + "run
with both the 'dev' and 'cloud' profiles at the same time."
    );
  }
}

/**
 * Main method, used to run the application.
 *
 * @param args the command line arguments.
 */
public static void main(String[] args) {
  try {
    // Workaround Hazelcast issue:
https://github.com/hazelcast/hazelcast/issues/26361#issuecomment-
2489778475
    Class.forName(

"org.springframework.boot.devtools.autoconfigure.DevToolsProperties",
      false,
      SpringApplication.class.getClassLoader()
    );
    System.setProperty("spring.devtools.restart.enabled", "false");
    LOG.warn(
      "Spring Boot Developer Tools restart has been disabled using
System property in order to prevent issues with Hazelcast"
    );
  } catch (Exception e) {
    // Devtools not found, ignore
```

```java
    }

    SpringApplication app = new
SpringApplication(JhipsterSampleApplicationApp.class);
    DefaultProfileUtil.addDefaultProfile(app);
    Environment env = app.run(args).getEnvironment();
    logApplicationStartup(env);
  }

  private static void logApplicationStartup(Environment env) {
    String protocol = Optional.ofNullable(env.getProperty("server.ssl.key-
store")).map(key -> "https").orElse("http");
    String applicationName = env.getProperty("spring.application.name");
    String serverPort = env.getProperty("server.port");
    String contextPath =
Optional.ofNullable(env.getProperty("server.servlet.context-path"))
        .filter(StringUtils::isNotBlank)
        .orElse("/");
    String hostAddress = "localhost";
    try {
      hostAddress = InetAddress.getLocalHost().getHostAddress();
    } catch (UnknownHostException e) {
      LOG.warn("The host name could not be determined, using `localhost`
as fallback");
    }
    LOG.info(
      CRLFLogConverter.CRLF_SAFE_MARKER,
      """


        ----------------------------------------------------------
        \tApplication '{}' is running! Access URLs:
        \tLocal: \t\t{}://localhost:{}{}
        \tExternal: \t{}://{}:{}{}
        \tProfile(s): \t{}
        ----------------------------------------------------------""",
      applicationName,
      protocol,
      serverPort,
      contextPath,
```

```
        protocol,
        hostAddress,
        serverPort,
        contextPath,
        env.getActiveProfiles().length == 0 ? env.getDefaultProfiles() :
env.getActiveProfiles()
    );

    String configServerStatus = env.getProperty("configserver.status");
    if (configServerStatus == null) {
        configServerStatus = "Not found or not setup for this application";
    }
    LOG.info(
        CRLFLogConverter.CRLF_SAFE_MARKER,
        "\n---------------------------------------------------------\n\t" +
        "Config Server: \t{}\n---------------------------------------------------------",
        configServerStatus
    );
  }
}
```

La aplicación generada incluye de serie funcionalidades como gestión de usuarios, seguridad, gestión de configuración, swagger. Se generan automáticamente pantallas de autenticación, de métricas, de auditoría, de gestión del nivel de log. A continuación, se pueden ver capturas de algunas de esas pantallas, todas ellas generadas de forma automática:

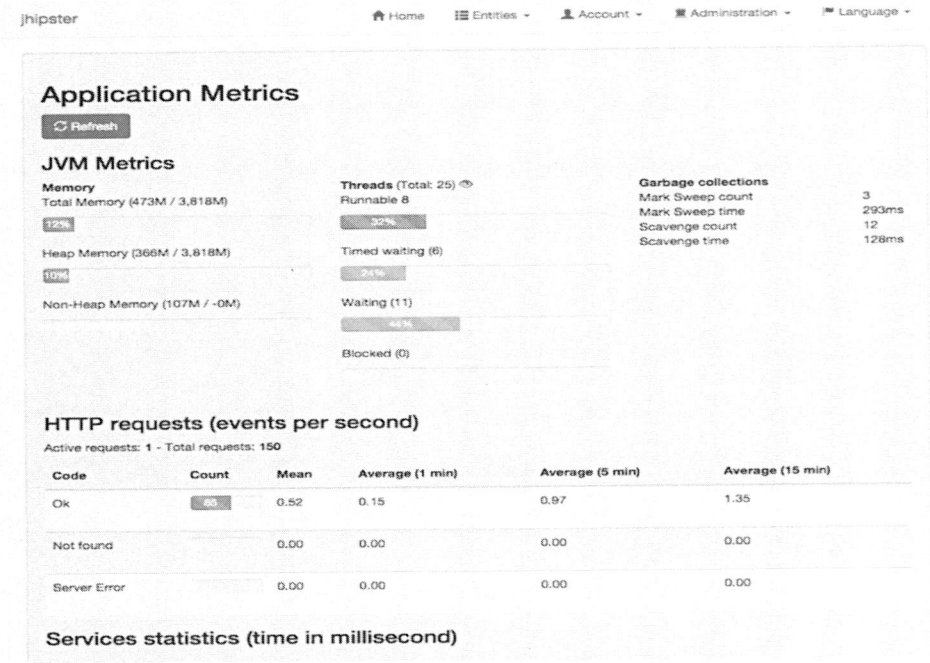

Figura 5.5 Métricas asociadas a la aplicación generada

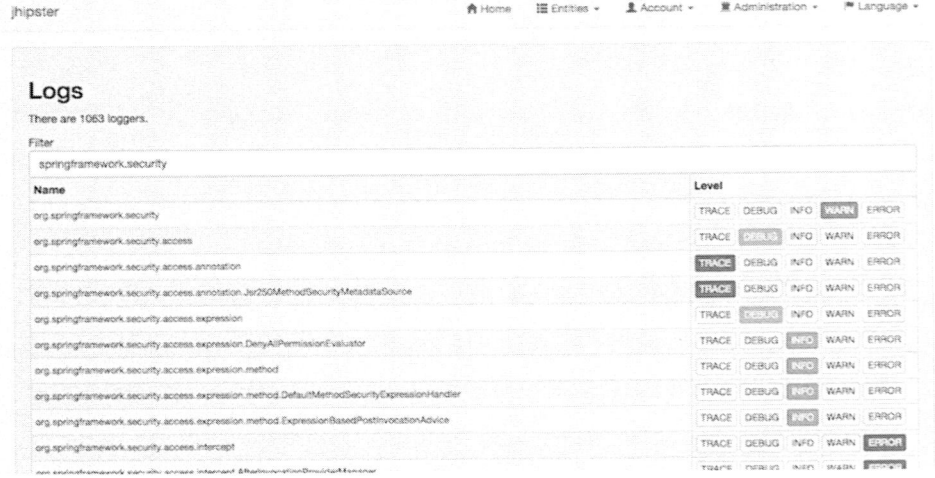

Figura 5.6 Logs asociados a la aplicación generada

Una vez tenemos el esqueleto de nuestra aplicación, JHipster también nos puede ayudar a generar de forma automática el código y pantallas para la gestión de las operaciones CRUD sobre diferentes entidades. Simplemente nos preguntará qué entidades queremos crear, qué campos tendrán y sus tipos, si son obligatorios y cómo se relacionan. Esto lo podemos hacer desde la línea de comandos o desde otras herramientas, para hacerlo de forma gráfica como JHipster UML https://www.jhipster.tech/jhipster-uml o JDL Studio https://start.jhipster.tech/jdl-studio, una aplicación web que permite crear visualmente, utilizando diagrama de clases, entidades y las relaciones entre ellas.

5.4. Atomist

Muchas empresas tienen los recursos necesarios para implementar su propia solución de entrega continua. Para aquellos que no, se trata de una buena alternativa que ofrece un framework y un servicio sobre el cual podemos partir para crear nuestro proyecto y desplegarlo de una forma eficiente.

En ocasiones, los equipos de DevOps suelen tener dificultades con las configuraciones de Jenkins, gastan más tiempo del que les gustaría en configurar archivos YAML o integrar el software de control de versiones (VCS). Esta herramienta trata de mejorar lo que ya aportan herramientas como Jenkins dentro de los procesos CI/CD, al ofrecer una perspectiva de automatización de entrega de software más general.

Con Atomist https://github.com/atomist podemos enviar eventos a través del Atomist Event Hub que estén correlacionados a las aplicaciones que maneja una organización. Es lo que se llama implementar una máquina de entrega de software (SDM).

Se trata de una herramienta cuyo objetivo es simplificar el proceso de entrega de software. A diferencia de otras soluciones que podemos encontrar en el mercado como Jenkins o Travis CI, Atomist ofrece una nueva visión de la entrega continua del software.

5.5. Spring Initializer

En muchos casos empezar un proyecto que tenga como base Spring Boot junto con maven/gradle es más complejo de lo que parece, debido principalmente a la gestión de dependencias, las versiones de estas y las dependencias con más de una versión, que podrían originar conflictos.

Spring Initializr https://start.spring.io es una herramienta que nos puede ayudar a generar un proyecto desde cero especificando la configuración y dependencias de nuestro proyecto de forma sencilla y visual a través de una aplicación web. Podemos ver 2 zonas diferenciadas para generar el proyecto. En la primera tenemos las opciones básicas del proyecto y la segunda nos permite añadir dependencias y librerías externas.

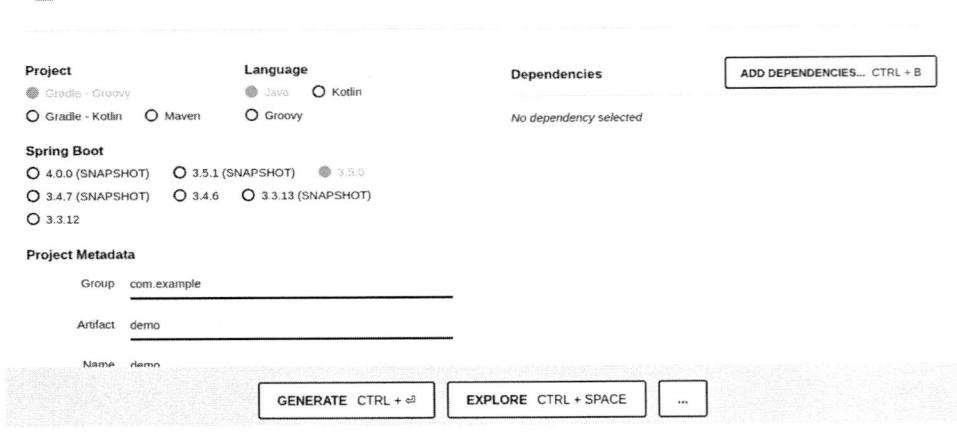

Figura 5.7 Interfaz de Spring Initializr

Las principales **opciones** a seleccionar son:

- **Project:** tipo de proyecto Maven o Gradle. El artefacto que se va a generar lo hará bien con un archivo pom.xml con su script y archivos para el wrapper de maven, bien con un archivo build.gradle y sus correspondientes archivos para el wrapper de gradle.
- **Language:** podemos escoger entre Java, Groovy y Kotlin.

- **Spring Boot:** la versión del starter parent de Spring Boot de la que vamos a depender. Aquí nos permiten incluso depender de versiones de desarrollo.
- **Group:** será el campo groupId en el descriptor de maven y el nombre del paquete base de las clases de nuestra aplicación.
- **Artifact:** nombre de nuestro artefacto. En maven se va a convertir en los campos artifactId y name. En gradle irá a parar al campo jar.baseName. Este será además el nombre del archivo zip que se va a generar.
- **Name:** nombre del paquete base de las clases de la aplicación en caso de que sea diferente a nuestro campo Group.
- **Description:** corresponde con el campo description de nuestro archivo pom.xml, para el caso de seleccionar maven como tipo de proyecto. En gradle esta opción no tiene efecto.
- **Dependencies:** buscador de dependencias con los starters de Spring boot disponibles. Las dependencias más habituales son:
  - **Spring Web:** se deberá escoger cuando se desee hacer una aplicación web o microservicios, siempre que se requiera una comunicación http y por tanto el uso de Spring MVC.
  - **Thymeleaf:** incorpora el motor de plantillas para HTML dinámico, sucesor de los anteriores JSP (Java Server Page).
  - **Spring Data JPA:** necesario para utilizar la capa estándar de acceso a base de datos SQL denominada Java Persistence Api.
  - **Spring Security:** permite incorporar controles de acceso en base a usuarios y roles sobre las url de la aplicación. También habilita el control de ejecución de métodos de servicio a partir de roles según los estándares J2EE.
  - **Lombok:** aporta utilidades que facilitan la programación, como la creación de @Getters y @Setters automáticamente para las clases que forman parte del conjunto de mensajes.
  - **Flyway:** librería que permite aplicar scripts de cambios de base de datos de manera controlada cuando arranca la aplicación.

Estos scripts se denominan migraciones y están sujetos a un control de versiones, para garantizar que se aplican en el orden correcto.

o **Mysql/Postgresql:** incluye el JAR que contiene el driver JDBC necesario para configurar la capa de JPA según la base de datos que se vaya a usar.

Podríamos querer generar un proyecto de Maven con Java, con unos determinados nombres de Group (Grupo) y Artifact (Artefacto) para la aplicación y seleccionar las dependencias en la sección de dependencias. Con las opciones por defecto nos generaría un proyecto basado en Maven, lenguaje de programación Java y la última versión de Spring Boot estable.

Con el botón generate podemos generar un zip que contenga el esqueleto del proyecto. También podríamos realizar una previsualización desde el botón explore para ver la estructura de ficheros y carpetas que nos generaría.

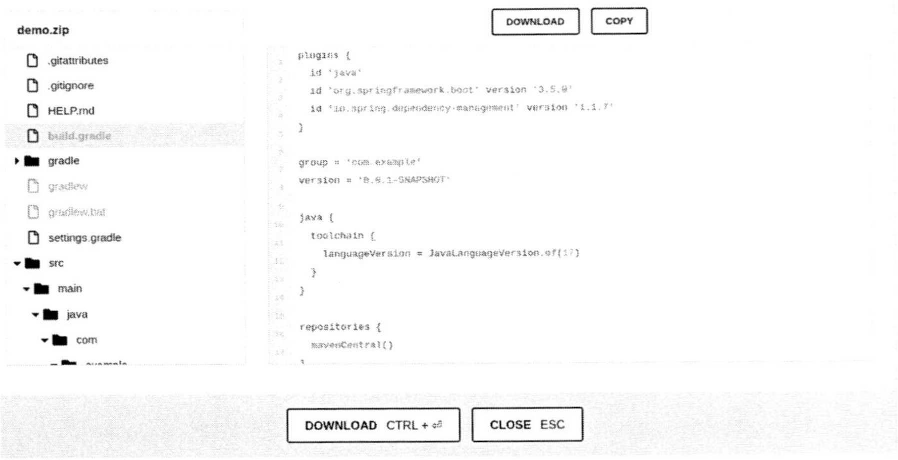

Figura 5.8 Interfaz de Spring Initializr

También podríamos ver la estructura de paquetes y clases que genera para arrancar nuestra aplicación. En un proyecto basado en Spring Boot tendremos una clase que tendrá la anotación **@SpringBootApplication,** que tendrá un método main donde le indicaremos que la aplicación se arrancará con Spring Boot.

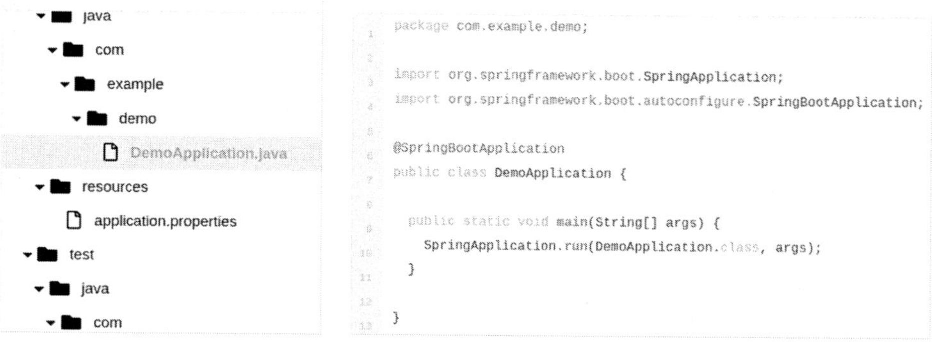

Figura 5.9 Interfaz de Spring Initializr

Durante el arranque de la aplicación, Spring revisará el resto de los directorios en la búsqueda de clases marcadas con alguna anotación que permita el registro de componentes como @Service, @Component, @Repository y demás anotaciones de Spring y de Spring MVC como @Controller o @RestController.

En el proyecto creado, si tratamos de ejecutar el método main de la clase **DemoApplication**, vemos como Spring inicializa toda la aplicación y se pone a la escucha del puerto 8080. Con el proyecto ya importado podríamos crear un controlador que sea el encargado de ejecutar código Java dada una url.

MyController.java

```java
// src/main/java/com/example/demo/controller/MyController.java
package com.example.demo;

import org.springframework.stereotype.Controller;
import org.springframework.ui.Model;
import org.springframework.web.bind.annotation.GetMapping;

import java.time.LocalDateTime;

@Controller
public class MyController {
```

```java
@GetMapping("/")
public String index(Model model) {
  model.addAttribute("tstamp", LocalDateTime.now());
  return "index";
}
}
```

CAPÍTULO 6
MICROSERVICIOS EN JAVA

6.1. Introducción

Con el objetivo de simplificar el desarrollo de aplicaciones con Java, en los últimos años se han ido creando diversos frameworks. Uno de los más conocidos es el framework de código abierto Spring, que reduce notablemente la complejidad de la especificación estándar de J2EE, así como del modelo de componentes de los Enterprise JavaBeans (EJB).

La filosofía de esta arquitectura se apoya en un diseño donde se puedan desplegar servicios independientes y que se comuniquen entre sí. De esta manera se descentraliza la aplicación monolito en pequeños servicios que pueden estar escritos en diferentes lenguajes, con diferentes tecnologías, pero que trabajan juntos para un mismo fin. Desde entonces han aparecido diferentes frameworks para adaptarse a esta nueva arquitectura. Estos proporcionan frameworks full-stack para el desarrollo de aplicaciones modulares basadas en microservicios y aplicaciones serverless. Entre ellos podemos destacar:

- **Spring Boot** https://spring.io/projects/spring-boot
- **Micronaut** https://micronaut.io
- **Quarkus** https://quarkus.io

6.2. Spring Boot

Spring Boot es la solución ofrecida por el framework Spring que sigue el principio de **convención sobre configuración** y reduce la complejidad del desarrollo de nuevos proyectos basados en Spring. Para ello, Spring Boot proporciona una estructura básica de configuración del proyecto que incluye las pautas para usar el framework y aquellas bibliotecas de terceros que puedan ser más relevantes para el desarrollo de aplicaciones.

Spring Boot busca que el desarrollador se centre en el desarrollo de la solución, olvidándose por completo de la compleja configuración que actualmente tiene Spring Core para poder funcionar. Centra su éxito en las siguientes características, que hacen que resulte fácil utilizarlo:

- **Configuración:** Spring Boot cuenta con un módulo que configura todos los aspectos de nuestra aplicación, para poder centrarnos en la lógica de esta.
- **Resolución de dependencias:** con Spring Boot solo hay que determinar qué tipo de proyecto estaremos utilizando y automáticamente se encarga de resolver todas las librerías/dependencias para que la aplicación funcione.
- **Despliegue:** Spring Boot se puede ejecutar como una aplicación Stand-alone, pero también es posible ejecutar aplicaciones web, ya que es posible desplegar las aplicaciones mediante un servidor web integrado, como es el caso de Tomcat, Jetty o Undertow.
- **Métricas:** por defecto, Spring Boot cuenta con servicios que permiten consultar el estado de salud (health check) de la aplicación. Permite saber si la aplicación está en ejecución o detenida.
- **Extensible:** Spring Boot permite la creación de complementos, los cuales ayudan a que la comunidad de software libre cree nuevos módulos que faciliten aún más el desarrollo.

Al igual que en cualquier biblioteca Java estándar, en Spring Boot se incluyen los correspondientes archivos JAR (Java Archive) y WAR (Web Application Archive) en el Classpath. Java recurre a esta ruta del sistema de archivos para buscar los archivos ejecutables. Podemos empezar un proyecto con Spring Boot de dos maneras distintas:

- Instalando Maven o Gradle para crear un esqueleto del proyecto, incluidas las dependencias necesarias.
- Utilizando el servicio web **Spring Initializr** https://start.spring.io para establecer la configuración de Spring Boot y descargarla como plantilla.

6.2.1. Creación de proyectos con Spring Boot Suite

La creación de proyectos con Spring Boot Suite (STS) es una de las formas más comunes y eficientes de empezar a desarrollar aplicaciones Spring Boot, ya que STS está diseñado específicamente para ello y optimiza el flujo de trabajo.

Spring Tools Suite (STS) es un entorno de desarrollo integrado (IDE) basado en Eclipse que proporciona las mejores herramientas para el desarrollo de aplicaciones Spring. Los requisitos previos para usar este entorno de desarrollo son:

- **Java Development Kit (JDK):** es necesario tener un JDK instalado (la versión 17 o superior es la más común hoy en día para Spring Boot 3.x).
- **Spring Tools Suite (STS):** podemos descargar e instalar la última versión de STS desde la página oficial de Spring: https://spring.io/tools.

STS se conectará a start.spring.io, generará el esqueleto del proyecto con las dependencias seleccionadas y lo importará automáticamente a su espacio de trabajo (workspace). Una vez que el proyecto esté importado, verás una estructura estándar de Maven/Gradle como la siguiente:

```
mi-primera-app-spring/
├── .mvn/
├── src/
│   ├── main/
│   │   ├── java/
│   │   │   └── com/example/miprimeraappspring/
│   │   │       ├── MiPrimeraAppSpringApplication.java  <-- Clase principal de
Spring Boot
│   │   │       └── ... (otras clases Java)
```

```
|  |   └── resources/
|  |      ├── application.properties (o application.yml) <-- Archivo de
configuración
|  |      ├── static/
|  |      └── templates/
|  └── test/
|     └── java/
|        └── com/example/miprimeraappspring/
|           └── MiPrimeraAppSpringApplicationTests.java <-- Clase de test
├── .gitignore
├── mvnw        <-- Wrapper de Maven (para ejecutar Maven sin tenerlo
instalado globalmente)
├── mvnw.cmd
├── pom.xml      <-- Archivo de configuración de Maven (dependencias,
plugins)
└── README.md
```

MiPrimeraAppSpringApplication.java contiene la clase principal de la aplicación Spring Boot, anotada con @SpringBootApplication. Podríamos añadir un controlador en el paquete com.example.miprimeraappspring:

HolaMundoController.java

```
package com.example.miprimeraappspring;

import org.springframework.web.bind.annotation.GetMapping;
import org.springframework.web.bind.annotation.RestController;

@RestController
public class HolaMundoController {

  @GetMapping("/hola")
  public String holaMundo() {
    return "¡Hola, Spring Boot desde STS!";
  }
}
```

Para ejecutar la aplicación, se debe seleccionar Run As sobre la clase anterior y elegir Spring Boot App. Esto iniciará el servidor web embebido (normalmente Tomcat) y la aplicación estará accesible en http://localhost:8080.

6.2.2. Spring Boot Actuators

Los actuators de Spring Boot ofrecen funcionalidades para supervisar nuestra aplicación, recopilar métricas, analizar el tráfico y el estado de nuestra base de datos. Según su propia definición en la documentación de Spring https://docs.spring.io/spring-boot/how-to/actuator.html, se trata de «una serie de características adicionales que le ayudan a monitorizar y gestionar su aplicación cuando es desplegada en producción».

En esencia, Spring Boot Actuator nos proporciona por defecto una serie de endpoints en los que poder consultar información relativa a nuestra aplicación. Para poder usarlos, tenemos que añadir la dependencia de Spring Boot Actuator en nuestro fichero **pom.xml** del proyecto.

```
<dependency>
<groupId>org.springframework.boot</groupId>
<artifactId>spring-boot-starter-actuator</artifactId>
</dependency>
```

En la documentación oficial de Spring Boot existen diferentes endpoints para los actuators que nos pueden ser de ayuda para testear nuestros entornos. Por resumir algunos de los más importantes:

- **/health:** muestra información acerca de la salud de nuestra aplicación. Devuelve un simple estado si no estamos autenticados o información mucho más detallada si estamos autenticados en la aplicación.
- **/info:** muestra información de nuestra aplicación.
- **/metrics:** muestra la información de métricas de nuestra aplicación.

- **/trace:** muestra información de seguimiento (por defecto las últimas peticiones HTTP).
- **/logfile:** son los logs de aplicación.
- **/loggers:** Nos permite consultar y modificar el nivel de logs.
- **/prometheus:** devuelve las métricas formateadas para prometheus.
- **/scheduledtasks:** proporciona información sobre las tasks de la aplicación.
- **/sessions:** devuelve las sesiones HTTP que estamos usando en Spring Session.
- **/shutdown:** detener la aplicación.
- **/threaddump:** obtiene la información del hilo de JVM.

Una vez tenemos dado de alta el actuator, bastaría con volver a arrancar la aplicación de Spring Boot, así podremos acceder aquellas url que nos aportan información sobre la aplicación y su estado. En un primer momento la única url activa es **actuator/health,** que nos devuelve la información sobre si la aplicación está activa o no.

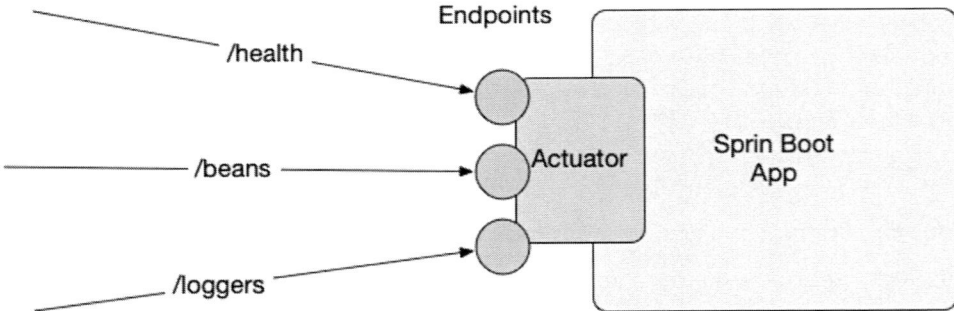

Figura 6.1 Endpoints de Spring Boot Actuator

Spring Boot Actuator realiza el control del estado a través del endpoint health. A nivel de implementación, Spring nos proporciona unos Health Indicator, que serán autoconfigurados según las dependencias de nuestro proyecto. Para la configuración de los endpoints se debe utilizar el fichero **application.properties** que nos provee Spring Boot con el siguiente formato:

```
endpoints.[endpoint_name].[property_to_customize]
```

Tenemos tres propiedades disponibles:

- **Id:** mediante el cual se accederá a este punto final por HTTP.
- **Enabled:** si es true es accesible; en caso contrario, no.
- **Sensitive:** si es true, necesitará que esté autorizado para mostrar información relevante acerca de HTTP.

Como ya hemos contado, no todos los endpoints de Spring Boot Actuator están habilitados para su uso. Únicamente los endpoints /health e /info están activados por defecto. Para activarlos todos habría que añadir en el fichero **application.properties** la siguiente configuración:

```
management.endpoints.web.exposure.include=*
```

En el caso del endpoint **/health,** tenemos varias opciones para mostrar la información de nuestra aplicación. Con la siguiente línea, nos mostrará más detalles, por ejemplo, la base de datos a la que nos estamos conectando, el tamaño en disco y otros aspectos.

```
management.endpoint.health.show-details=always
```

Si queremos mostrar toda la información de nuestra aplicación sin necesidad de estar autenticado, añadiremos la siguiente configuración:

```
endpoints.health.sensitive=*
management.security.enabled=false
```

El endpoint de estado proporcionado por Spring Boot Actuator está vinculado al ciclo de vida de la aplicación y no estará disponible hasta que se inicie la aplicación. Del mismo modo, se inhabilita tan pronto como se detiene la aplicación.

La información del servicio health se obtiene a partir de los beans que implementen la clase **HealthIndicator**. Cada implementación indica un valor status (UP, DOWN) y toda la información adicional que se quiera incluir en el JSON. Esta respuesta se modela con la clase **Health.**

- https://docs.spring.io/spring-boot/docs/current/api/org/springframework/boot/actuate/health/HealthIndicator.html
- https://docs.spring.io/spring-boot/api/java/org/springframework/boot/actuate/health/Health.html

Por ejemplo, la siguiente clase comprueba si hay conectividad desde la aplicación a una url que debe devolver un HTTP status 200 indicando el tiempo de respuesta en milisegundos.

HttpConnectivityHealthIndicator.java

```java
import org.springframework.boot.actuate.health.Health;
import org.springframework.boot.actuate.health.HealthIndicator;
import org.springframework.stereotype.Component;
import org.slf4j.Logger;
import org.slf4j.LoggerFactory;
import java.io.IOException;
import java.io.PrintWriter;
import java.io.StringWriter;
import java.net.URL;
import javax.net.ssl.HttpsURLConnection;

@Component
public class HttpConnectivityHealthIndicator implements HealthIndicator {

    private static final String GOOGLE_URL = "https://www.google.com/";
    private static final Logger logger = LoggerFactory
```

```
        .getLogger(HttpConnectivityHealthIndicator.class);

  @Override
  public Health health() {
    try {
      return checkConnectivity();
    } catch (IOException ex) {
      return checkErroneous(ex);
    }
  }

  private Health checkConnectivity() throws IOException{
    HttpsURLConnection urlConnection = (HttpsURLConnection) new
URL(GOOGLE_URL)
        .openConnection();
    long millisStart = System.currentTimeMillis();
    int responseCode = urlConnection.getResponseCode();
    long millisDuration = System.currentTimeMillis() - millisStart;
    if (responseCode == 200) {
      return Health.up().withDetail("timeMillis", millisDuration).build();
    }
    return Health.down().withDetail("timeMillis", millisDuration).build();
  }

  private Health checkErroneous(IOException ex) {
    logger.error("cannot perform health check", ex);
    StringWriter trace = new StringWriter();
    ex.printStackTrace(new PrintWriter(trace));
    return Health.down().withDetail("IOException",
trace.toString()).build();
  }
}
```

Spring Boot Actuator nos ofrece la posibilidad de crear nuevos endpoints. Para poder generar uno nuevo es necesario crear una nueva clase que cree un bean. Además informaremos que es una clase que creará un nuevo endpoint mediante la anotación **@Endpoint**.

La ruta del endpoint vendrá definida por el parámetro id de la anotación @Endpoint. Dentro de nuestro endpoint, como en cualquier API, podremos definir diferentes verbos, a través de las anotaciones **@ReadOperation** (HTTP GET), **@WriteOperation** (HTTP POST) y **@DeleteOperation** (HTTP DELETE).

MyHealthEndpoint.java

```java
import org.springframework.boot.actuate.endpoint.annotation.*;
import org.springframework.stereotype.Component;
@Component
@Endpoint(id = "my-health")
public class MyHealthEndpoint {

  Map<String, Object> healthMap = new LinkedHashMap<>();

  @ReadOperation
  public Map<String, Object> health() {
    healthMap.put("MyHealth", "Working");
    return healthMap;
  }

  @ReadOperation
  public String getHealth(@Selector String name) {
    return healthMap.get(name);
  }

  @WriteOperation
  public void writeOperation(@Selector String name) {
    //TODO this write operation
  }
  @DeleteOperation
  public void deleteOperation(@Selector String name){
    //TODO delete operation
  }
}
```

6.2.3. Spring Security

Spring Security https://spring.io/projects/spring-security es el módulo del proyecto Spring para incorporar seguridad a las aplicaciones implementadas con el framework. Para ello, el desarrollador puede añadir una serie de configuraciones sobre la aplicación, indicando a Spring Security cómo debe comportarse la capa de seguridad. Y aquí está una de las grandes ventajas de Spring Security, ya que permite realizar toda una serie de parametrizaciones y ajustes para un gran abanico de posibilidades, permitiendo que el módulo se adapte bien a casi cualquier escenario de aplicaciones realizadas con Spring IoC o Spring Boot.

Suponiendo que tenemos una aplicación Spring Boot gestionada utilizando Maven, donde el fichero pom.xml tiene como parent el artefacto **spring-boot-starter-parent,** lo primero que tenemos que hacer es incorporar el conjunto de dependencias provenientes de **spring-boot-starter-security,** que cargará de forma transitiva el resto de las librerías que Spring necesitará para aplicar los mecanismos de seguridad requeridos.

```
<dependencies>
        <!-- ... other dependency elements ... -->
        <dependency>
                <groupId>org.springframework.boot</groupId>
                <artifactId>spring-boot-starter-security</artifactId>
        </dependency>
</dependencies>
```

Al incluir esta dependencia, de manera predeterminada Spring Boot protegerá todo acceso a la aplicación, impidiendo que ningún usuario no identificado pueda invocar a cualquier controlador. Este mecanismo tan restrictivo suele ser suficiente para pequeñas aplicaciones en las que solo se necesita restringir el acceso de forma general, pero queda algo reducido en aplicaciones donde hay secciones accesibles y otras protegidas, dependiendo de si el usuario está identificado o de si este tiene un rol determinado.

Como el resto de los aspectos configurables de Spring Boot, en el fichero de configuración de la aplicación, **application.properties** o **application.yml,** hay varias propiedades que pueden ajustarse para controlar el comportamiento base de Spring Security. Las propiedades más importantes de Spring Security son:

```
spring.ldap.\* = ...              # propiedades correspondientes a integración
con LDAP
spring.security.oauth2.\* = ...      # parámetros para OAuth2 y JWT
spring.session.\* = ...         # configuraciones para la sesión HTTP, con
persistencia SQL opcional

spring.security.user.name = user      # usuario por defecto
spring.security.user.password =       # password por defecto
spring.security.user.roles =       # roles por defecto
```

De esta manera, solo por incluir la dependencia, en el fichero de propiedades de la aplicación puede indicarse un usuario y clave por defecto, que podrá usarse para tener acceso a los controladores, y como consecuencia a las diferentes pantallas HTML de la aplicación.

Cuando el usuario intente acceder a cualquier url de la aplicación, Spring Boot y el Security Filter de HTTP redirigirá al usuario al formulario de identificación, donde solicitará al usuario el nombre y password para proceder. En ese formulario se deben indicar los valores fijados en spring.security.user.name y spring.security.user.password. Si el usuario ha introducido los valores correctos, se considera al usuario autenticado, y sin tener en cuenta el rol, dejará continuar al usuario con una navegación normal.

Administrar usuarios en Spring Security es el proceso de autenticar (verificar la identidad de un usuario) y autorizar (determinar qué acciones puede realizar un usuario autenticado). El corazón de la administración de usuarios en Spring Security gira en torno a dos interfaces clave:

- **UserDetailsService:** esta interfaz es responsable de cargar los datos específicos del usuario de una fuente de datos (base de datos, LDAP, memoria, etc.). Tiene un único método: UserDetails loadUserByUsername(String username).

- **UserDetails:** esta interfaz representa los detalles del usuario autenticado. Contiene información como el nombre de usuario, la contraseña, una colección de autoridades (roles/permisos) y el estado de la cuenta (habilitada, expirada, bloqueada, etc.). Spring Security proporciona una implementación por defecto llamada org.springframework.security.core.userdetails.User.

La **administración de usuarios en memoria** es la forma más sencilla de configurar usuarios, ideal para desarrollo o aplicaciones con un número fijo y limitado de usuarios. Los usuarios se definen directamente en la configuración de seguridad y no son persistentes (se pierden al reiniciar la aplicación). En este caso se define un bean de tipo **InMemoryUserDetailsManager** que construye usuarios con sus roles y contraseñas.

SecurityConfig.java

```java
import org.springframework.context.annotation.Bean;
import org.springframework.context.annotation.Configuration;
import org.springframework.security.config.annotation.web.builders.HttpSecurity;
import org.springframework.security.config.annotation.web.configuration.EnableWebSecurity;
import org.springframework.security.core.userdetails.User;
import org.springframework.security.core.userdetails.UserDetails;
import org.springframework.security.core.userdetails.UserDetailsService;
import org.springframework.security.crypto.bcrypt.BCryptPasswordEncoder;
import org.springframework.security.crypto.password.PasswordEncoder;
import org.springframework.security.provisioning.InMemoryUserDetailsManager;
import org.springframework.security.web.SecurityFilterChain;
```

```java
@Configuration
@EnableWebSecurity
public class SecurityConfig {

  // 1. PasswordEncoder: IMPRESCINDIBLE para cifrar contraseñas
  @Bean
  public PasswordEncoder passwordEncoder() {
    return new BCryptPasswordEncoder(); // BCrypt es el recomendado
  }

  // 2. UserDetailsService: Define los usuarios en memoria
  @Bean
  public UserDetailsService userDetailsService(PasswordEncoder
passwordEncoder) {
    UserDetails user = User.withUsername("usuario1")
      .password(passwordEncoder.encode("password123")) // La
contraseña debe estar cifrada
      .roles("USER") // Define roles
      .build();

    UserDetails admin = User.withUsername("admin1")
      .password(passwordEncoder.encode("adminpass"))
      .roles("ADMIN", "USER") // Puede tener múltiples roles
      .build();

    return new InMemoryUserDetailsManager(user, admin);
  }

  // 3. SecurityFilterChain: Configura las reglas de seguridad HTTP
  @Bean
  public SecurityFilterChain securityFilterChain(HttpSecurity http) throws
Exception {
    http
      .authorizeHttpRequests(authorize -> authorize
        .requestMatchers("/public/**").permitAll() // Rutas públicas para
todos
        .requestMatchers("/admin/**").hasRole("ADMIN") // Solo acceso
para ADMIN
```

```
            .requestMatchers("/user/**").hasAnyRole("USER", "ADMIN") //
Acceso para USER o ADMIN
            .anyRequest().authenticated() // Cualquier otra petición requiere
autenticación
        )
        .formLogin(form -> form
            .permitAll() // Permitir a todos acceder al formulario de login
        )
        .logout(logout -> logout
            .permitAll() // Permitir a todos acceder al logout
        );
    return http.build();
  }
}
```

En el caso de que nos interese **administrar los usuarios utilizando una base de datos,** Spring Security espera un esquema de base de datos específico (aunque es configurable) para las tablas de usuarios y autoridades. Por defecto, busca las tablas **users** y **authorities** con la siguiente estructura:

- **Tabla users:** username (VARCHAR, PK), password (VARCHAR), enabled (BOOLEAN)
- **Tabla authorities:** username (VARCHAR, FK a users.username), authority (VARCHAR)

SecurityConfig.java

```
// Importación para DataSource
import javax.sql.DataSource;

// otras importaciones de Spring Security
import org.springframework.context.annotation.Bean;
import org.springframework.context.annotation.Configuration;
import
org.springframework.security.config.annotation.web.builders.HttpSecurity;
import
```

```java
org.springframework.security.config.annotation.web.configuration.Enable
WebSecurity;
import org.springframework.security.crypto.password.PasswordEncoder;
import org.springframework.security.core.userdetails.User;
import org.springframework.security.core.userdetails.UserDetails;
import org.springframework.security.core.userdetails.UserDetailsService;
import org.springframework.security.web.SecurityFilterChain;
import org.springframework.security.provisioning.JdbcUserDetailsManager

@Configuration
@EnableWebSecurity
public class SecurityConfig {

   // Inyecta el DataSource de tu aplicación (configurado en
application.properties/yml)
   private final DataSource dataSource;

   public SecurityConfig(DataSource dataSource) {
      this.dataSource = dataSource;
   }

   @Bean
   public PasswordEncoder passwordEncoder() {
      return new BCryptPasswordEncoder();
   }

   // Define el UserDetailsService para autenticación JDBC
   @Bean
   public UserDetailsService jdbcUserDetailsService(PasswordEncoder
passwordEncoder) {
      // Usa JdbcUserDetailsManager para gestionar usuarios y roles desde
la DB
      // Puedes personalizar las queries SQL si tu esquema de DB es
diferente al por defecto de Spring Security
      JdbcUserDetailsManager jdbcUserDetailsManager = new
JdbcUserDetailsManager(dataSource);

      // Opcional: Si quieres añadir usuarios al iniciar por primera vez (solo
para pruebas)
```

```java
    if (!jdbcUserDetailsManager.userExists("dbuser")) {
      UserDetails user = User.withUsername("dbuser")
        .password(passwordEncoder.encode("dbpass"))
        .roles("USER")
        .build();
      jdbcUserDetailsManager.createUser(user);
    }
    if (!jdbcUserDetailsManager.userExists("dbadmin")) {
      UserDetails admin = User.withUsername("dbadmin")
        .password(passwordEncoder.encode("dbadminpass"))
        .roles("ADMIN")
        .build();
      jdbcUserDetailsManager.createUser(admin);
    }
    return jdbcUserDetailsManager;
  }

  // El SecurityFilterChain sería similar al ejemplo en memoria
  @Bean
  public SecurityFilterChain securityFilterChain(HttpSecurity http) throws
Exception {
    http
      .authorizeHttpRequests(authorize -> authorize
        .requestMatchers("/public/**").permitAll()
        .requestMatchers("/admin/**").hasRole("ADMIN")
        .anyRequest().authenticated()
      )
      .formLogin(form -> form.permitAll())
      .logout(logout -> logout.permitAll());
    return http.build();
  }
}
```

6.3. Micronaut

En los últimos años han surgido alternativas a Spring Boot que nos permiten crear nuestros servicios de manera más ágil y sencilla. Micronaut https://micronaut.io es un framework JVM que nos permite crear nuestras aplicaciones basadas en microservicios de una manera sencilla y rápida. Además de Java, Micronaut permite el uso de otros lenguajes como Groovy y Kotlin. Las principales características de Micronaut con las siguientes:

- Inyección de dependencias en tiempo de compilación en vez de en ejecución. Esto consigue que el despliegue de las aplicaciones sea muy rápido y un uso bajo de memoria.
- Desarrollo rápido y sencillo de microservicios, basándose en anotaciones, al igual que Spring MVC.
- Programación reactiva a través de RxJava y ProjectReactor.
  - o https://github.com/ReactiveX/RxJava
  - o https://projectreactor.io
- Framework ideal para el desarrollo de aplicaciones cloud nativas, ya que soporta el uso de herramientas para el descubrimiento de servicios, como Eureka https://github.com/Netflix/eureka y Consul https://www.consul.io, y sistemas distribuidos como Zipkin https://zipkin.io y Jaeger https://www.jaegertracing.io.
- Crear test para los servicios y clientes implementados de manera rápida y sencilla.
- Micronaut proporciona un servidor y cliente HTTP basado en Netty https://netty.io.

Micronaut ofrece una gran cantidad de opciones y características pensadas en microservicios. Destacan las siguientes:

- **Soporte de funciones serverless:** Micronaut admite el desarrollo y la implementación de funciones serverless para muchos proveedores cloud, incluidos AWS Lambda, Oracle Functions, Google Cloud Functions y Azure Functions.

- **Documentación de OpenAPI:** Micronaut crea un archivo YAML en el momento de la compilación que puede añadirse como un recurso estático o servirse a través del navegador usando herramientas como Swagger UI.

- **Soporte para streams reactivos:** Micronaut admite cualquier framework que implemente el estándar streams reactivos. El framework también se integra con controladores de bases de datos reactivos para bases de datos SQL y NoSQL.

- **Microservicios controlados por mensajes:** Micronaut admite muchos sistemas de mensajería diferentes, incluidos Kafka, RabbitMQ, MQTT, JMS y NATS.io.

- **Soporte de service discovery:** ofrece soporte para diferentes herramientas de autodescubrimiento y configuración de servicios como Consul https://www.consul.io y Netflix Eureka https://github.com/Netflix/eureka, que se utilizan principalmente en los servicios cloud para descubrir servicios con el objetivo de balancear la carga.

- **Soporte para Jaeger y Zipkin:** para trazabilidad de las aplicaciones a través de la API Open Tracing.

- **Soporte para Spring Data:** facilitan el uso de tecnologías de acceso a datos, bases de datos relacionales y no relacionales, y servicios de datos basados en la nube.

6.3.1. Creación de microservicios con Micronaut

A diferencia de otros frameworks, Micronaut compila la inyección de dependencias en tiempo de compilación, lo que resulta en un arranque más rápido y un menor consumo de memoria. Esto lo convierte en una excelente opción para desarrollar aplicaciones cloud-native que requieren un alto rendimiento y escalabilidad.

Micronaut ofrece varias opciones de instalación, pero una de las más comunes es utilizar **SDKMAN** (SDK Manager). SDKMAN es un gestor de versiones para diversas herramientas de desarrollo, incluyendo Micronaut. Los comandos específicos varían según su sistema operativo, pero generalmente puedes seguir las instrucciones detalladas en la página oficial de SDKMAN https://sdkman.io.

Una vez que tengas SDKMAN instalado, puedes instalar Micronaut con el siguiente comando:

```
$ sdk install micronaut
```

Una vez instalado Micronaut, podemos crear un nuevo proyecto utilizando el siguiente comando:

```
$ mn create-app my-first-app
```

El comando anterior creará un proyecto llamado «**my-first-app**», con la estructura básica de un proyecto Micronaut.

- **src/main/java:** contiene el código fuente de su aplicación, incluyendo controladores, servicios, etc.
- **src/test/java:** contiene las pruebas unitarias y de integración.
- **grails-app:** si estás utilizando Groovy, esta carpeta contiene el código fuente.
- **build.gradle:** el archivo de configuración de Gradle.

Una vez creado el proyecto, para ejecutarlo podríamos utilizar el siguiente comando, si tenemos **gradle** instalado correctamente en nuestro sistema operativo.

```
$ ./gradlew run

> Task :run

  _ _ _ _                 _
 | V (_) _ _ _ _ _ _ _ _   _| |_
 | |V| | | |/ _| '_/ _ \| '_ \/ `| | | | _|
 | | | | | (_| | | | (_) | | | | (_| |_| | |_
 |_| |_|_|\__|_| \___/|_| |_|\__,_|\__|
18:44:00.066 [main] INFO  io.micronaut.runtime.Micronaut - Startup
completed in 215ms. Server Running: http://localhost:8080
<===========---> 80% EXECUTING [1m 50s]
> :run
```

Este ejemplo muestra un controlador Micronaut que expone un endpoint REST. La anotación **@Controller** indica que esta clase es un controlador HTTP. El método greeting está anotado con **@Get("/greeting"),** lo que significa que responde a solicitudes HTTP GET a la ruta /greeting. El parámetro name se extrae de la cadena de consulta de la url y se utiliza para personalizar el mensaje. Con este código, si un cliente envía una solicitud a la url http://localhost:8080/greeting?name=John, el servidor responderá con «Hello, John!».

GreetingController.java

```java
import io.micronaut.http.annotation.Controller;
import io.micronaut.http.annotation.Get;
import io.micronaut.http.annotation.QueryValue;

@Controller
public class GreetingController {

  @Get("/greeting")
  public String greeting(@QueryValue String name) {
    return "Hello, " + name + "!";
  }
}
```

Este ejemplo demuestra cómo crear un endpoint REST básico en Micronaut. La anotación **@Controller** identifica la clase como un controlador; la anotación **@Get** define el método HTTP y la ruta. Los parámetros del método se pueden extraer de las peticiones HTTP utilizando anotaciones como **@QueryValue.**

6.3.2. Inyección de dependencias e inversión de control

Micronaut define un contenedor de inversión de control, en el que se tendrán disponibles los distintos beans que se definan. Por defecto, todos los beans se crean de forma lazy, es decir, cuando se van a usar por primera vez es cuando se completan todas las dependencias asociadas. Esto hace que los despliegues también se vean favorecidos por este hecho y los tiempos se reduzcan al mínimo. Entre las principales anotaciones que podemos utilizar para realizar inyección de dependencias podemos destacar:

- **@Singleton:** indica que únicamente existirá una instancia.
- **@Context:** este bean deberá crearse al mismo tiempo que el ApplicationContext correspondiente.
- **@Prototype:** se creará una nueva instancia del bean cada vez que sea necesario inyectar para resolver una dependencia.
- **@Infraestructure:** indica que este bean no podrá ser reemplazado.
- **@ThreadLocal:** se asocia el bean por thread a través de un ThreadLocal.
- **@Refreshable:** permite actualizar el estado del bean a través del endpoint /refresh.

Para resolver la inyección de dependencias, micronaut adopta un camino distinto al de Spring. Mientras Spring define una serie de proxies en memoria que resuelven la dependencia en tiempo de ejecución, Micronaut lo resuelve en tiempo de compilación. Esta aproximación, hace que en tiempo de ejecución no se invierta tiempo en construir los objetos. Paralelamente, también ofrece un mecanismo para acceder directamente al contenedor de beans y recuperar el que nos interese en este momento. Esta segunda opción ya estaría resolviendo esa dependencia en tiempo de ejecución y sería algo más lenta.

También define un mecanismo para seleccionar un bean concreto cuando tenemos disponibles varias instancias, utilizando las anotaciones **@Qualifier** y **@Named** para sugerir al motor de IoC que inyecte la instancia que nos interese.

6.3.3. Descubrimiento de servicios

El descubrimiento de servicios es una funcionalidad fundamental en las arquitecturas de microservicios. Permite que las instancias de servicio se registren y sean encontradas por otras instancias que necesiten comunicarse con ellas. Micronaut, un framework moderno y ligero para la construcción de microservicios, API REST y aplicaciones serverless, tiene un soporte de primera clase para el descubrimiento de servicios.

Micronaut aprovecha su modelo de inversión de control (IoC) nativo de la compilación para integrar el descubrimiento de servicios de manera muy eficiente, sin necesidad de Reflection, lo que resulta en tiempos de arranque más rápidos y un menor consumo de memoria.

Micronaut soporta varios sistemas de registro de servicios y le permite a usted configurarlos fácilmente. El principio básico es el mismo que en otros frameworks:

- **Registro de servicios:** cuando una instancia de microservicio basada en Micronaut se inicia, se registra automáticamente con un servidor de registro de servicios. Le informa al registro su nombre, dirección IP y puerto.
- **Descubrimiento de servicios:** cuando un microservicio cliente basado en Micronaut necesita comunicarse con otro servicio, en lugar de conocer su dirección IP y puerto fijos, consulta al servidor de registro de servicios por las instancias disponibles del servicio con el cual se quiere comunicar.
- **Balanceo de carga:** una vez que el cliente obtiene una lista de instancias disponibles, Micronaut (a menudo en conjunto con un cliente de

balanceo de carga integrado) puede distribuir las solicitudes entre esas instancias.

Entre las **ventajas** del descubrimiento de servicios con Micronaut tenemos:

- **Rendimiento:** gracias a la generación de código en tiempo de compilación, no hay sobrecarga de reflection, lo que resulta en un arranque más rápido y un menor consumo de memoria en comparación con otros frameworks que usan Reflection para la inyección de dependencias y la configuración de clientes.
- **Facilidad de uso:** los clientes HTTP declarativos son muy intuitivos y reducen la cantidad de código boilerplate.
- **Flexibilidad:** soporte integrado para los registradores de servicios más populares.
- **Nativo de la nube:** Micronaut está diseñado para entornos de nube y serverless donde el descubrimiento de servicios es esencial.
- **Testing simplificado:** los clientes declarativos son fáciles de mockear en pruebas unitarias e integración.

Micronaut ofrece módulos específicos para integrarse con los registradores de servicios más comunes:

- **Eureka:** uno de los registradores de servicios más populares, desarrollado por Netflix. Es un servidor de registro y descubrimiento de servicios tipo client-side.

```
eureka:
 client:
  enabled: true
  defaultZone: http://localhost:8761/eureka # Dirección de su
servidor Eureka
  registration:
  enabled: true
  instanceId: "${micronaut.application.name}:${random.uuid}" #
Identificador único de instancia
```

- **Consul:** un sistema de red de servicios que ofrece descubrimiento de servicios, configuración distribuida y orquestación.

```
consul:
  client:
    enabled: true
    registration:
      enabled: true
      deregister: true # Desregistrar al apagar
    host: localhost # Dirección del servidor Consul
    port: 8500
```

6.3.4. Ejemplo de aplicación con Micronaut

Imaginemos que queremos crear una aplicación para gestionar un catálogo de productos donde tendremos endpoints para crear, leer, actualizar y eliminar productos, y almacenará la información en una base de datos. La aplicación podría tener la siguiente estructura:

```
src/main/java/com/example/myapp/
├── controller/
│   └── ProductController.java
├── domain/
│   └── Product.java
├── service/
│   └── ProductService.java
└── MyApplication.java
```

MyApplication.java es la clase principal de la aplicación donde se inicia el servidor Micronaut.

MyApplication.java

```
package com.example.myapp;
```

```
import io.micronaut.runtime.Micronaut;

public class MyApplication {
  public static void main(String[] args) {
    Micronaut.run(MyApplication.class);
  }
}
```

Para representar la entidad Producto, crearemos una clase Product para representar un producto en la base de datos. Esta clase tendrá atributos como id, nombre, descripción y precio.

Product.java

```
package com.example.myapp.domain;

import jakarta.persistence.Entity;
import jakarta.persistence.GeneratedValue;
import jakarta.persistence.GenerationType;
import jakarta.persistence.Id;
import java.math.BigDecimal;

@Entity
public class Product {
  @Id
  @GeneratedValue(strategy = GenerationType.IDENTITY)
  private Long id;
  private String name;
  private String description;
  private BigDecimal price;
  // ... getters y setters

  public Long getId() {
    return id;
  }

  public void setId(Long id) {
    this.id = id;
```

```
    }

    public String getDescription() {
      return description;
    }

    public void setDescription(String description) {
      this.description = description;
    }

    public BigDecimal getPrice() {
      return price;
    }

    public void setPrice(BigDecimal price) {
      this.price = price;
    }

    public String getName() {
      return name;
    }

    public void setName(String name) {
      this.name = name;
    }
}
```

A continuación, pasamos a crear el repositorio de productos. Para ello utilizaremos un repositorio para interactuar con la base de datos. Micronaut proporciona una integración sencilla con JPA, lo que nos permite definir métodos para realizar operaciones CRUD sobre la entidad Product.

ProductRepository.java

```
package com.example.myapp.repository;

import com.example.myapp.domain.Product;
```

```
import io.micronaut.data.annotation.Repository;
import io.micronaut.data.jpa.repository.JpaRepository;

@Repository
public interface ProductRepository extends JpaRepository<Product, Long> {
}
```

Al extender JpaRepository, automáticamente obtenemos una serie de métodos para realizar operaciones CRUD sobre la entidad Product, sin tener que implementarlos nosotros mismos. Estos métodos incluyen:

- **save(Product product):** permite persistir un nuevo producto o actualizar uno existente.
- **findById(Long id):** permite buscar un producto por su ID.
- **findAll()**: obtiene todos los productos.
- **deleteById(Long id):** permite eliminar un producto por su ID.
- **existsById(Long id):** permite verificar si existe un producto con el ID dado.
- **count()**: cuenta el número total de productos.

La clase **ProductService.java** será la capa de negocio de nuestra aplicación. En este servicio, definiremos la lógica de negocio para crear, leer, actualizar y eliminar productos. Este servicio utilizará el repositorio para interactuar con la base de datos.

ProductService.java

```
package com.example.myapp.service;

import com.example.myapp.domain.Product;
import com.example.myapp.repository.ProductRepository;
import io.micronaut.data.model.Page;
import io.micronaut.data.model.Pageable;

import jakarta.inject.Inject;
```

```java
import java.util.Optional;

public class ProductService {
  @Inject
  private ProductRepository productRepository;

  public Product createProduct(Product product) {
    return productRepository.save(product);
  }

  public Optional<Product> getProductById(Long id) {
    return productRepository.findById(id);
  }

  public Page<Product> getAllProducts(Pageable pageable) {
    return productRepository.findAll(pageable);
  }

  public Product updateProduct(Long id, Product updatedProduct) {
    return productRepository.findById(id)
        .map(product -> {
          product.setName(updatedProduct.getName());
          product.setDescription(updatedProduct.getDescription());
          product.setPrice(updatedProduct.getPrice());
          return productRepository.save(product);
        })
        .orElseGet(() -> {
          updatedProduct.setId(id);
          return productRepository.save(updatedProduct);
        });
  }

  public void deleteProduct(Long id) {
    productRepository.deleteById(id);
  }
}
```

La clase **ProductController.java** expondrá los endpoints REST para interactuar con los productos. Este controlador llamará al servicio de productos para realizar las operaciones correspondientes.

ProductController.java

```java
package com.example.myapp.controller;

import com.example.myapp.domain.Product;
import com.example.myapp.service.ProductService;
import io.micronaut.data.model.Page;
import io.micronaut.data.model.Pageable;
import io.micronaut.http.annotation.*;
import io.micronaut.http.HttpResponse;

import jakarta.inject.Inject;
import java.net.URI;
import java.util.Optional;

@Controller("/products")
public class ProductController {
  @Inject
  private ProductService productService;

  @Get("/hello")
  public String greeting() {
    return "Hello world!";
  }

  @Post
  public HttpResponse<Product> createProduct(@Body Product product) {
    Product createdProduct = productService.createProduct(product);
    return HttpResponse.created(URI.create("/products/" +
createdProduct.getId())).body(createdProduct);
  }

  @Get("/{id}")
  public Optional<Product> getProductById(@PathVariable Long id) {
```

```
      return productService.getProductById(id);
   }

   @Get
   public Page<Product> getAllProducts(Pageable pageable) {
      return productService.getAllProducts(pageable);
   }

   @Put("/{id}")
   public HttpResponse<Product> updateProduct(@PathVariable Long id,
@Body Product updatedProduct) {
      Product updated = productService.updateProduct(id, updatedProduct);
      return HttpResponse.ok(updated);
   }

   @Delete("/{id}")
   public HttpResponse deleteProduct(@PathVariable Long id) {
      productService.deleteProduct(id);
      return HttpResponse.noContent();
   }
}
```

6.4. Quarkus

Durante años, la arquitectura cliente-servidor ha sido el estándar *de facto* para crear aplicaciones. En los últimos años ha surgido una nueva gama de aplicaciones y estilos de arquitectura que afecta la forma en que se escribe el código y cómo se implementan y ejecutan las aplicaciones. Los microservicios HTTP, las aplicaciones reactivas, los microservicios basados en eventos y las arquitecturas serverless son ahora la base para el desarrollo de aplicaciones modernas.

Con la llegada de los microservicios como nueva arquitectura de aplicaciones ha habido un cambio en el uso de los diferentes frameworks. En el contexto cloud, Mobile, IoT, contenedores, programación reactiva, Funcion-as-a-Service (Faas), aplicaciones nativas en la nube, se demanda un menor consumo de memoria y

CPU, así como tiempos de arranque menores si los comparamos con los tiempos de arranque de una aplicación clásica basada en microservicios.

Quarkus https://es.quarkus.io es un framework que ha sido diseñado con un nuevo paradigma donde el modelo de desarrollo se transforma para adaptarse al tipo de aplicación que está desarrollando. La idea consiste en eliminar la parte dinámica de Java relacionada con reflexión e inversión de control por la inyección de dependencias en tiempo de ejecución. Entre las principales **características** podemos destacar:

- Arranque rápido, en algunas decenas de milisegundos, que permite el escalado automático de microservicios en contenedores y Kubernetes, así como la ejecución inmediata de FaaS.
- La utilización mínima de memoria ayuda a optimizar la densidad de contenedores en despliegues de arquitectura de microservicios que quieren múltiples contenedores.
- Dota de un modelo reactivo e imperativo unificado para que los desarrolladores Java se sientan familiarizados.
- Los desarrolladores pueden disponer de una configuración unificada en un solo fichero de propiedades, código simplificado para el 80% de los casos de uso y flexible para el 20%, sin generación de ejecutables nativos.
- Soluciones eficaces para ejecutar Java en microservicios, serverless, nube, contenedores, Kubernetes, FaaS, etc.

Quarkus ofrece dos formas de compilación, dependiendo si queremos generar código binario JVM optimizado o nativo.

- **Código binario JVM optimizado:** modo en el cual el framework compila el código (bytecode), crea un artefacto y es ejecutado (interpretado) a través de la JVM, pero con algunos ajustes por parte de Quarkus. En tiempo de construcción del artefacto se realizan ajustes, como la construcción de entidades de base de datos, el procesado de anotaciones, el análisis y carga de configuraciones; y en tiempo de ejecución se reduce la información que necesita la aplicación, con lo que se consigue que tareas que normalmente son realizadas en fase de ejecución (runtime) de la aplicación, ahora pasen a ser ejecutadas durante la construcción (build) del artefacto. De esta forma, se consigue reducir los tiempos de arranque de la aplicación, factor importante para entornos contenerizados o serverless.

- **Código binario nativo:** el otro modo de Quarkus es native image. Aquí se da un paso más en la optimización de las aplicaciones. El resultado de la construcción del artefacto es un ejecutable (standalone executable) que no necesita una JVM para que lo ejecute, ya que este genera código máquina que es perfectamente legible e interpretado por el hardware en el que se ejecuta, y contiene toda las clases y dependencias (incluidas las de la JDK) que precisa la aplicación para funcionar. El soporte de Quarkus para generar este tipo de artefactos impacta notablemente en la reducción de los consumos de memoria y tiempos de arranque de aplicaciones Java.

El siguiente diagrama compara el tiempo de arranque y el consumo de memoria de un microservicio tradicional, otro en Quarkus y otro en Quarkus con compilación nativa:

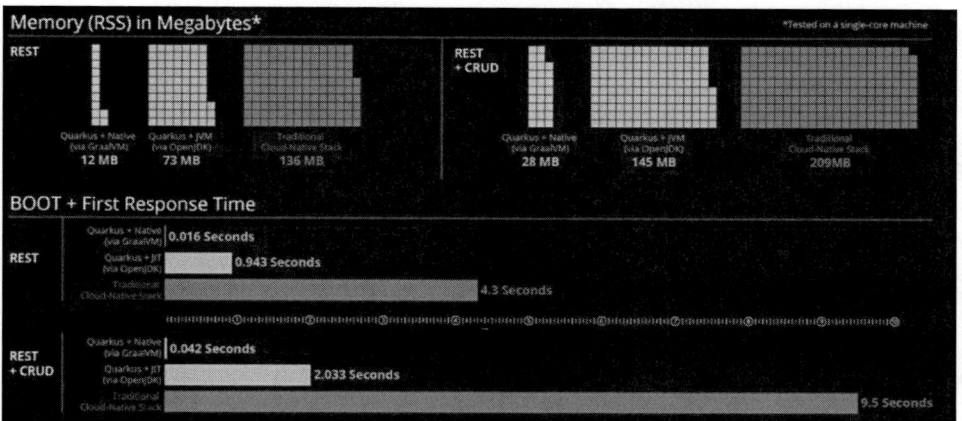

Figura 6.2 Comparativa de tiempos de arranque y consumo de memoria

Entre las principales **ventajas** que ofrece para desarrolladores podemos destacar:

- **Aumento de la productividad:** con Quarkus pueden automatizarse las tareas repetitivas, lo que facilita el trabajo de los desarrolladores. Mediante una configuración unificada y una compilación simplificada del código de Java a lenguaje de máquina; usando un comando o con código optimizado para el 80% de los usos comunes y de código flexible para el 20% restante.

- **Optimizar Java:** utilizando Quarkus tenemos la oportunidad de optimizar Java y convertirlo en una alternativa muy eficaz para los entornos de microservicios, contenedores, cloud y serverless. Todo esto lo conseguimos gracias a la optimización del consumo de memoria y la rapidez para dar la respuesta. Además, Quarkus presenta una curva de aprendizaje baja para los desarrolladores de Java y ofrece un gran soporte para las arquitecturas y el desarrollo de microservicios.

- **Live Reloading (recarga en caliente):** una de las características más interesantes que ofrece es la posibilidad de realizar la recarga en caliente del proyecto, de forma que, cada vez que hagas un cambio en el proyecto, estos cambios se ven reflejados en vivo sin necesidad de volver a compilar.

6.4.1. Creación de recursos y endpoints en Quarkus

Un endpoint describe un punto de nuestra aplicación a la cual se pueden realizar peticiones. Los endpoints se van a agrupar en recursos, que idealmente representan todo un controlador que agrupa los distintos endpoints asociados a una tarea. Por ejemplo, en una API que se ocupe de gestionar libros, un recurso puede ser un libro, y los distintos endpoints de este recurso podrían ser «listar los libros», «obtener un libro por su ID», «buscar libros», «crear un libro» y «actualizar un libro».

Crear un recurso en Quarkus es tan sencillo como añadir una clase a alguno de los paquetes que forman parte del proyecto. A esa clase la tendremos que anotar con la anotación **@Path,** que podemos encontrar en el paquete **jakarta.ws.rs:**

```
package quarkus;

import jakarta.ws.rs.Path;

@Path("/saludar")
public class SaludoResource {
}
```

En este caso, la clase **SaludoResource** define un controlador HTTP que está conectado con la ruta **/saludar**. Los endpoints que definamos dentro de esta clase se visitarán cuando se interactúe con la ruta /saludar a través del servidor HTTP. Para crear un endpoint, todo lo que tenemos que hacer es añadir un método a una clase y anotarlo con alguna de las anotaciones que especifican el verbo HTTP que queremos usar.

SaludoResource.java

```
package quarkus;

import jakarta.ws.rs.GET;

import jakarta.ws.rs.Path;

@Path("/saludar")

public class SaludoResource {

    @GET

    public String saludar() {
```

```
    return "Hola. ¿Cómo estás?";

  }

}
```

La clase **SaludoResource** tiene un método público denominado **saludar()** que devuelve un String. Como le hemos puesto la anotación GET al método, lo que ahora va a pasar es que, si a nuestro servidor le lanzamos una petición de tipo HTTP GET a /saludar, se invocará el código Java de ese método; es decir, los endpoints están conectados con un Path y con un verbo, y lanzan su código cuando se hace una petición sobre esa ruta.

6.4.2. Inyección de dependencias en Quarkus

Al igual que muchos otros frameworks, Quarkus ofrece una solución de inyección de dependencias basada en **CDI (Contexts and Dependency Injection)** para la arquitectura de Quarkus. Más información en la documentación de Quarkus https://quarkus.io/guides/cdi-reference.

Para poder crear un bean vamos a hacer uso de la anotación **@ApplicationScoped,** cuyo funcionamiento sería el mismo que hace Spring con la anotación **@Component.** Una vez hemos creado ese bean, para injectarlo en una clase podremos hacer una inyección por constructor o haciendo uso de la anotación **@Inject**. A continuación, mostramos cómo se realizará la inyección de dependencias en Quarkus. En primer lugar, creamos nuestra clase **HelloWorldService** con la anotación **@ApplicationScoped**.

HelloWorldService.java

```java
package com.proyecto.quarkus;

import javax.enterprise.context.ApplicationScoped;

@ApplicationScoped

public class HelloWorldService {

  public String sayHello(String name) {

    return "hello " + name;

  }

}
```

Posteriormente, podríamos hacer uso del servicio anterior, creando una instancia del servicio utilizando la anotación **@Inject**.

HelloWorldResource.java

```java
package com.proyecto.quarkus;

import javax.inject.Inject;

import javax.ws.rs.GET;

import javax.ws.rs.Path;

import javax.ws.rs.Produces;

import javax.ws.rs.core.MediaType;

import org.jboss.resteasy.annotations.jaxrs.PathParam;

@Path("/helloworld")
```

```java
public class HelloWorldResource {

    @Inject
    HelloWorldService helloWorldService;

    @GET
    @Produces(MediaType.TEXT_PLAIN)
    @Path("/sayHello/{name}")
    public String hello(@PathParam String name) {
        return helloWorldService.sayHello(name);
    }

    @GET
    @Produces(MediaType.TEXT_PLAIN)
    public String hello() {
        return "hello";
    }
}
```

Cuando hemos generado el proyecto, se ha incluido en él por defecto la dependencia RESTEasy JAX-RS. Este framework es una implementación de JAX-RS (Java API for RESTful Web Services). La forma de trabajar no difiere mucho de la que se utiliza con Spring Web. Con la anotación **@Path** indicamos el path relativo de un recurso. Con las anotaciones **@Consumes** y **@Produces** indicamos el media type soportado para las peticiones y las respuestas. Con las anotaciones **@GET, @PUT, @POST, @DELETE** indicamos el tipo de método HTTP del recurso.

6.4.3. Creando nuestro proyecto base en Quarkus

Vamos a empezar con un ejemplo sencillo sobre cómo crear, construir y ejecutar un proyecto con el sitio web https://code.quarkus.io.

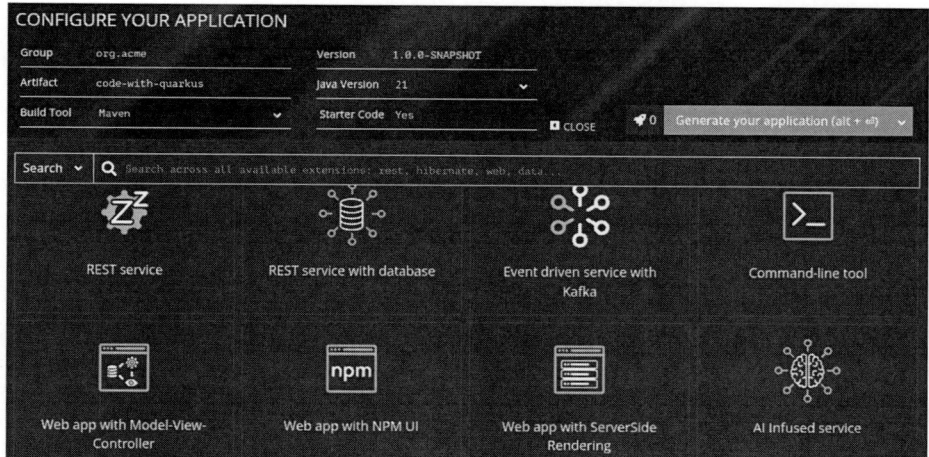

Figura 6.3 Creando proyecto base en Quarkus

En primera instancia seleccionamos el tipo de proyecto que necesitamos y descargamos el proyecto como un zip:

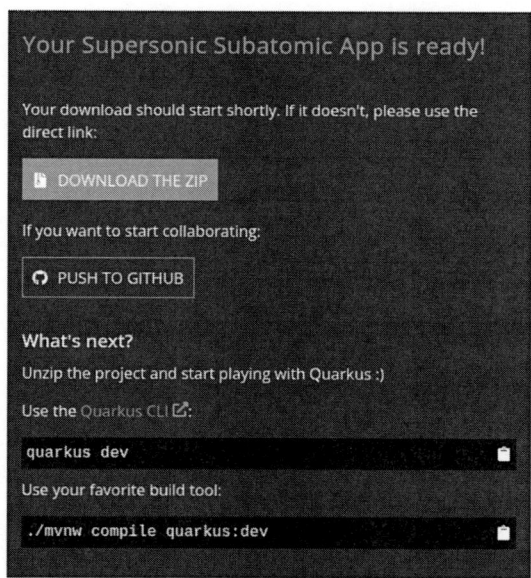

Figura 6.4 Descarga proyecto base en Quarkus

Cuando creamos un proyecto, podemos elegir si usar Maven o Gradle. Al margen de lo que seleccionemos, se instalará el plugin de Quarkus para esa plataforma, lo que nos va a permitir lanzar invocaciones para interactuar con el proyecto de Quarkus. Por ejemplo, si queremos lanzar el servidor HTTP de desarrollo de Quarkus para probar nuestro trabajo en el navegador web, tenemos las tres formas equivalentes:

Para ejecutarlo con Maven:

```
$ mvn quarkus:dev
```

Para ejecutarlo con Gradle:

```
$ gradle quarkus:dev
```

También podríamos detectar de forma automática el tipo de proyecto:

```
$ quarkus dev
```

En el caso de un proyecto Maven, al descomprimir el fichero zip vemos la estructura típica de un proyecto de este tipo y un código base con las dependencias de Quarkus, sobre el cual construiremos nuestra aplicación:

pom.xml

```xml
<?xml version="1.0" encoding="UTF-8"?>
<project xmlns="http://maven.apache.org/POM/4.0.0"
xmlns:xsi="http://www.w3.org/2001/XMLSchema-instance"
xsi:schemaLocation="http://maven.apache.org/POM/4.0.0
https://maven.apache.org/xsd/maven-4.0.0.xsd">
  <modelVersion>4.0.0</modelVersion>
  <groupId>org.acme</groupId>
```

```
<artifactId>code-with-quarkus</artifactId>
<version>1.0.0-SNAPSHOT</version>

<properties>
  <compiler-plugin.version>3.13.0</compiler-plugin.version>
  <maven.compiler.release>21</maven.compiler.release>
  <project.build.sourceEncoding>UTF-8</project.build.sourceEncoding>
  <project.reporting.outputEncoding>UTF-
8</project.reporting.outputEncoding>
  <quarkus.platform.artifact-id>quarkus-
bom</quarkus.platform.artifact-id>
  <quarkus.platform.group-
id>io.quarkus.platform</quarkus.platform.group-id>
  <quarkus.platform.version>3.16.1</quarkus.platform.version>
  <skipITs>true</skipITs>
  <surefire-plugin.version>3.5.0</surefire-plugin.version>
</properties>

<dependencyManagement>
  <dependencies>
    <dependency>
      <groupId>${quarkus.platform.group-id}</groupId>
      <artifactId>${quarkus.platform.artifact-id}</artifactId>
      <version>${quarkus.platform.version}</version>
      <type>pom</type>
      <scope>import</scope>
    </dependency>
  </dependencies>
</dependencyManagement>

<dependencies>
  <dependency>
    <groupId>io.quarkus</groupId>
    <artifactId>quarkus-arc</artifactId>
  </dependency>
  <dependency>
    <groupId>io.quarkus</groupId>
    <artifactId>quarkus-rest</artifactId>
  </dependency>
```

```xml
    <dependency>
      <groupId>io.quarkus</groupId>
      <artifactId>quarkus-junit5</artifactId>
      <scope>test</scope>
    </dependency>
    <dependency>
      <groupId>io.rest-assured</groupId>
      <artifactId>rest-assured</artifactId>
      <scope>test</scope>
    </dependency>
  </dependencies>

  <build>
    <plugins>
      <plugin>
        <groupId>${quarkus.platform.group-id}</groupId>
        <artifactId>quarkus-maven-plugin</artifactId>
        <version>${quarkus.platform.version}</version>
        <extensions>true</extensions>
        <executions>
          <execution>
            <goals>
              <goal>build</goal>
              <goal>generate-code</goal>
              <goal>generate-code-tests</goal>
              <goal>native-image-agent</goal>
            </goals>
          </execution>
        </executions>
      </plugin>
      <plugin>
        <artifactId>maven-compiler-plugin</artifactId>
        <version>${compiler-plugin.version}</version>
        <configuration>
          <parameters>true</parameters>
        </configuration>
      </plugin>
      <plugin>
        <artifactId>maven-surefire-plugin</artifactId>
```

```xml
            <version>${surefire-plugin.version}</version>
            <configuration>
               <systemPropertyVariables>

<java.util.logging.manager>org.jboss.logmanager.LogManager</java.util.lo
gging.manager>
                  <maven.home>${maven.home}</maven.home>
               </systemPropertyVariables>
            </configuration>
         </plugin>
         <plugin>
            <artifactId>maven-failsafe-plugin</artifactId>
            <version>${surefire-plugin.version}</version>
            <executions>
               <execution>
                  <goals>
                     <goal>integration-test</goal>
                     <goal>verify</goal>
                  </goals>
               </execution>
            </executions>
            <configuration>
               <systemPropertyVariables>

<native.image.path>${project.build.directory}/${project.build.finalName}-
runner</native.image.path>

<java.util.logging.manager>org.jboss.logmanager.LogManager</java.util.lo
gging.manager>
                  <maven.home>${maven.home}</maven.home>
               </systemPropertyVariables>
            </configuration>
         </plugin>
      </plugins>
   </build>

   <profiles>
      <profile>
         <id>native</id>
```

```xml
    <activation>
      <property>
        <name>native</name>
      </property>
    </activation>
    <properties>
      <skipITs>false</skipITs>
      <quarkus.native.enabled>true</quarkus.native.enabled>
    </properties>
  </profile>
 </profiles>
</project>
```

GreetingResource.java

```java
package org.acme;

import jakarta.ws.rs.GET;
import jakarta.ws.rs.Path;
import jakarta.ws.rs.Produces;
import jakarta.ws.rs.core.MediaType;

@Path("/hello")
public class GreetingResource {

  @GET
  @Produces(MediaType.TEXT_PLAIN)
  public String hello() {
     return "Hello from Quarkus REST";
  }
}
```

Los siguientes comandos permiten compilar y desplegar la aplicación:

```
# With sdk-man (use or install):
$ sdk use java 11.0.10.hs-adpt
# Build & run with maven
$ ./mvnw compile quarkus:dev
```

6.4.4. Desplegando una aplicación Quarkus en Kubernetes

Desplegar una aplicación Quarkus en Kubernetes es un proceso optimizado gracias a que Quarkus fue diseñado pensando en la nube y los contenedores. Sus características clave, como el arranque ultrarrápido y el bajo consumo de memoria (especialmente con ejecutables nativos de GraalVM), lo hacen ideal para entornos como Kubernetes, donde la eficiencia de recursos y la escalabilidad son primordiales.

El proceso general consta de tres fases principales: contenerizar la aplicación, generar los recursos de Kubernetes y desplegar en el clúster. Quarkus simplifica la creación de imágenes de contenedor y la generación de manifiestos de Kubernetes, lo que acelera significativamente el ciclo de desarrollo y despliegue.

Quarkus proporciona extensiones que facilitan la generación de Dockerfiles y manifiestos de Kubernetes. En un primer paso podríamos añadir la extensión de Kubernetes a su proyecto Quarkus. Esta extensión permite a Quarkus generar automáticamente los archivos YAML para Deployment, Service, etc.

```
# Añade la extensión de Kubernetes
$ quarkus ext add kubernetes
```

El siguiente comando permite compilar la aplicación y generar los archivos **Dockerfile.jvm** y los manifiestos de Kubernetes en el directorio target/kubernetes/ (para Maven) o build/kubernetes/ (para Gradle). Si **quarkus.container-image.build=true** está configurado, también construirá la imagen Docker.

```
# Con Maven:
./mvnw clean package

# Con Gradle:
./gradlew clean build
```

A continuación, aplicamos estos ficheros haciendo uso del comando **kubectl apply** para desplegar el **Deployment** y el **Service** en nuestro clúster. El siguiente comando creará un Deployment que gestiona los pods/instancias de la aplicación y un Service que proporciona una IP estable y balanceo de carga interno para la aplicación.

```
$ kubectl apply -f target/kubernetes/kubernetes.yaml
```

Entre las ventajas de usar Quarkus en Kubernetes podemos destacar:

- **Reducción de costes de infraestructura:** el bajo consumo de memoria y el arranque rápido significan que puedes ejecutar más instancias de aplicación por nodo, con lo que se optimiza el uso de recursos y se reducen los costes de infraestructura.
- **Escalabilidad elástica:** la rapidez con la que las aplicaciones Quarkus arrancan las hace perfectas para escalar rápidamente en respuesta a la demanda, ideal para entornos serverless y autoescalado.
- **Desarrollo eficiente:** las herramientas y extensiones de Quarkus simplifican el proceso de creación de imágenes y la generación de manifiestos, liberando al desarrollador de tareas manuales repetitivas.
- **Integración natural:** Quarkus fue diseñado para el mundo nativo de la nube, por lo que su integración con Kubernetes es fluida y bien pensada.

6.5. GraalVM

GraalVM https://www.graalvm.org es una máquina virtual que es capaz de ejecutar código de diferentes lenguajes de programación, tanto código Java como lenguajes de programación como C++, Python o JavaScript. El hecho de añadir a esta lista de lenguajes la capacidad de ejecutar código de Python o de

C++ la hacen más interesante en proyectos en los que Java no es el lenguaje principal.

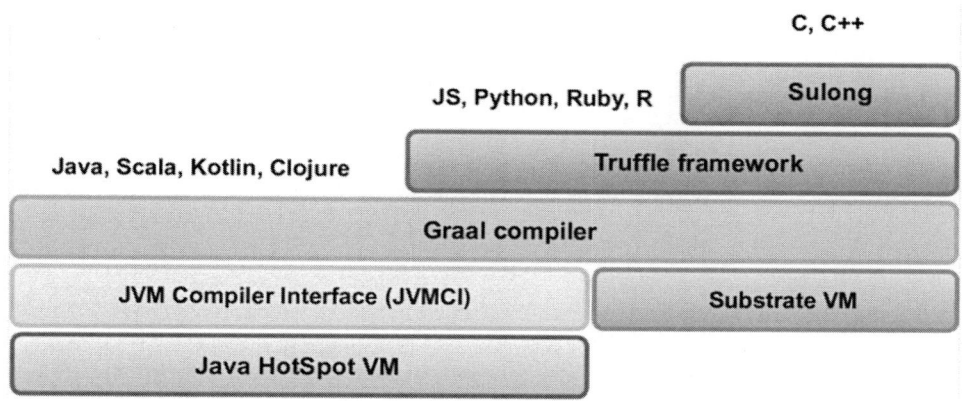

Figura 6.5 Arquitectura de GraalVM

El diagrama anterior representa la arquitectura donde tenemos el compilador de Graal, que se trata de un compilador Just-In-Time (JIT) escrito en Java. Al estar escrito en Java, permite que el equipo de GraalVM tenga mayor control, por ejemplo, para la gestión de errores, y les permite usar herramientas actuales como IDE e independencia del HotSpot de Java. Este compilador lo usaremos para los lenguajes basados en la JVM (Java, Scala, Kotlin, Clojure…). Se comunica con el HotSpot de Java a través del interfaz del compilador de la JVM (JVMCI).

Por encima tenemos el framework **Truffle,** que le permite crear su propio lenguaje a través de un árbol de sintaxis abstracto (AST). En la distribución de GraalVM ya podemos usar las implementaciones de JavaScript, Ruby, Python o R que se han realizado para este framework. A su vez tenemos por encima **Sulong,** un intérprete de bytecode de la máquina virtual de bajo nivel (LLVM) que se usa para ejecutar C/C++ o Fortran. Finalmente, tenemos **SubstrateVM** por debajo del compilador de Graal. Se trata de un framework que permite compilación Ahead-Of-Time (AOT) con el que se crean los ejecutables de forma nativa.

Al trabajar con la máquina virtual de Java, la compilación que se realiza es JIT (just-in-time), es decir, delega la creación de todos los objetos del contexto en el momento de arranque.

GraalVM hace posible la compilación anticipada (AOT) que utilizan otras soluciones como Micronaut y Quarkus, convirtiendo el código de bytes en código de máquina nativo, lo que resulta en un binario que se puede ejecutar de forma nativa.

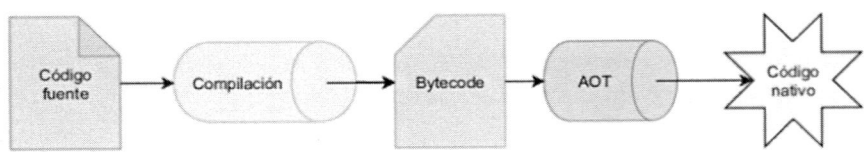

Figura 6.6 Compilación anticipada de GraalVM

Esta forma de compilación consiste en adelantar la creación de objetos antes del arranque de la aplicación. Entre sus principales **características** podemos destacar:

- **Interoperabilidad entre lenguajes en un entorno compartido:** podemos ejecutar Javascript, R, Python sobre la máquina virtual de Java.
- **Soporte a imágenes nativas:** las imágenes nativas compiladas https://www.graalvm.org/docs/reference-manual/native-image con GraalVM reducen el tiempo de arranque y el consumo de memoria de las aplicaciones basadas en JVM. Esto es especialmente interesante en el ámbito de los microservicios, donde muchos frameworks como Micronaut dan soporte a esta tecnología.
- **Soporte de Spring:** en GitHub disponemos de un proyecto https://github.com/spring-projects-experimental/spring-graal-native para ejecutar aplicaciones Spring Boot como imágenes nativas GraalVM.

6.5.1. Imágenes nativas

La ejecución de una aplicación dentro de una máquina virtual Java conlleva costes de arranque y de almacenamiento. GraalVM tiene la capacidad, junto con Substrate VM, de crear imágenes nativas. En el proceso de generación de imágenes nativas emplea un análisis estático para encontrar cualquier código accesible desde el método principal de Java y luego realiza una compilación completa con anticipación (AOT). El binario nativo resultante contiene todo el programa en forma de código máquina para su ejecución inmediata. De esta forma, con Graal podemos crear imágenes nativas para procesos que requieren un startup rápido, además con la mínima necesidad de dependencias, ya que, como hemos dicho, todo se traduce en lenguaje nativo.

Crear imágenes nativas significa crear un ejecutable self-contained, es decir, que contenga todas las herramientas y librerías necesarias para ser ejecutado sin necesidad de nada más. Al generar imágenes nativas no necesitaríamos ningún runtime específico para que un programa pueda ser ejecutado.

La herramienta de Graal que hace uso del compilador Ahead-of-Time y nos permite generar este tipo de ejecutables es **native-images**. Esta se encarga de analizar todas las clases y métodos que serán utilizados durante la ejecución y da como resultado un ejecutable hecho a medida para la arquitectura del sistema operativo que la ha generado.

En primer lugar, podríamos pensar que, al generar una imagen nativa, podemos copiar el ejecutable dentro de una imagen Docker y simplemente ejecutarla, ya que todas las clases y dependencias están autocontenidas en el ejecutable. No obstante, es importante tener en cuenta que, cuando se genera una imagen nativa, esta no es multiplataforma; es decir, si he generado una imagen para una plataforma específica, por ejemplo Windows, cuando intente ejecutar esta imagen dentro de un contenedor Linux, esta no funcionará.

Para ello, la imagen nativa deberá generarse dentro de un contenedor Linux que, por supuesto también tenga instalado **GraalVM** y **native-images.**

Después de generarla, sería tan sencillo como copiar este ejecutable en otro contenedor con la misma arquitectura.

6.5.2. GraalVM vs Micronaut

GraalVM y Micronaut son tecnologías complementarias que pueden utilizarse juntas para crear aplicaciones Java altamente eficientes y optimizadas.

- GraalVM es una plataforma de ejecución de Java que incluye un compilador Just-In-Time (JIT) de alto rendimiento y un compilador Ahead-of-Time (AOT) que puede generar ejecutables nativos a partir de código Java. Esto significa que las aplicaciones compiladas con GraalVM pueden ejecutarse sin necesidad de una máquina virtual Java (JVM), lo que resulta en un arranque más rápido, un menor consumo de memoria y una menor latencia.

- Micronaut se destaca por su enfoque en la compilación anticipada y la reducción de la sobrecarga de la JVM. Esto lo hace altamente compatible con GraalVM, ya que las aplicaciones Micronaut están diseñadas para funcionar de manera eficiente en entornos sin JVM.

En primer lugar, GraalVM y Micronaut se complementan a la perfección para crear aplicaciones Java altamente optimizadas. GraalVM, con su capacidad de compilar aplicaciones en ejecutables nativos, elimina la necesidad de una máquina virtual Java en tiempo de ejecución. Al combinar esta característica con la eficiencia inherente de Micronaut, se obtienen aplicaciones más ligeras y rápidas. Esto significa que las aplicaciones Micronaut compiladas con GraalVM pueden arrancar mucho más rápido y consumir menos recursos de memoria, lo que ofrece ventajas en entornos de producción.

Además, la generación de ejecutables nativos simplifica significativamente el proceso de despliegue. Los ejecutables nativos son autocontenidos y no requieren una JVM específica, lo que facilita su distribución en diferentes entornos. Esto reduce la complejidad operativa y permite un despliegue más ágil de las aplicaciones.

Como hemos analizado, GraalVM y Micronaut, aunque puedan parecer competidores directos, en realidad se complementan entre sí. GraalVM es una máquina virtual (VM) y un kit de desarrollo universal que permite ejecutar aplicaciones escritas en múltiples lenguajes. Su característica más destacada es su capacidad de compilar código Java (y de otros lenguajes JVM) en ejecutables nativos autónomos mediante compilación Ahead-of-Time (AOT).

Micronaut es un framework de desarrollo para aplicaciones basadas en JVM (Java, Kotlin, Groovy), diseñado específicamente para construir microservicios y aplicaciones serverless. Su enfoque principal es realizar el procesamiento y la generación de código en tiempo de compilación, lo que resulta en tiempos de inicio muy rápidos y un bajo consumo de memoria, especialmente cuando se combina con GraalVM Native Image. A continuación, mostramos una tabla comparativa donde destacamos sus roles y cómo se relacionan:

Característica	GraalVM	Micronaut Framework
Naturaleza / Rol	Máquina virtual (VM), compilador AOT, plataforma políglota. Es el runtime y la herramienta de compilación.	Framework de desarrollo para JVM. Proporciona un modelo de programación y abstracciones para construir aplicaciones.
Nivel de abstracción	Plataforma de ejecución / Compilador	Framework de desarrollo de aplicaciones

Función principal	Ejecutar código JVM (JIT o AOT), ejecutar lenguajes políglotas, optimizar rendimiento, generar ejecutables nativos.	Facilitar el desarrollo rápido de aplicaciones de microservicios y serverless, proveer inyección de dependencias, configuración, HTTP server/client, etc.
Compilación AOT (Native Image)	Es la herramienta que realiza la compilación AOT para transformar bytecode JVM en ejecutables nativos.	Su arquitectura genera código en tiempo de compilación para DI, AOP, etc., lo que lo hace ideal para ser compilado con GraalVM Native Image sin problemas de reflexión en runtime.
Tiempo de Inicio (Startup Time)	Reduce drásticamente el tiempo de inicio (a milisegundos) para aplicaciones compiladas a nativo.	Muy rápido tiempo de inicio (incluso en la JVM tradicional), y más rápido cuando se compila con GraalVM Native Image.
Consumo de memoria	Reduce significativamente el consumo de memoria para ejecutables nativos.	Muy bajo consumo de memoria, diseñado para ser eficiente con los recursos, ideal para serverless y microservicios.
Inyección de dependencias (DI)	No es un framework de DI; proporciona el entorno de ejecución para ellos.	DI en tiempo de compilación: Resuelve y genera el código de inyección de dependencias durante la compilación, no en tiempo de ejecución.

Casos de uso	Optimización de rendimiento general de aplicaciones Java, creación de ejecutables nativos de bajo consumo, aplicaciones políglotas, computación de alto rendimiento, funciones serverless ultrarrápidas.	Desarrollo de microservicios, funciones serverless, aplicaciones basadas en eventos, aplicaciones CLI, donde la velocidad de inicio y el bajo consumo de memoria son importantes.

En conclusión, GraalVM proporciona el motor y las herramientas de compilación para crear aplicaciones con un gran rendimiento y un bajo consumo de recursos (especialmente como ejecutables nativos), mientras que Micronaut es un framework que ha sido diseñado para sacar el máximo provecho de esas capacidades de GraalVM, facilitando el desarrollo de aplicaciones que se benefician directamente de estas optimizaciones. De esta forma, ambas soluciones pueden trabajar en conjunto para desarrollar aplicaciones de alto rendimiento y bajo overhead.

6.6. Helidon

Helidon https://helidon.io es un conjunto de frameworks de Java de código abierto, creado por Oracle, diseñado específicamente para el desarrollo de microservicios. Ofrece una plataforma ágil y flexible para construir aplicaciones modernas en la nube. Destaca por su rendimiento, seguridad y facilidad de uso. Entre las principales **características** podemos destacar:

- **Rendimiento:** Helidon está optimizado para ofrecer un alto rendimiento y una baja latencia, lo que lo hace ideal para aplicaciones exigentes.
- **Seguridad:** incluye características de seguridad integradas, como autenticación, autorización y cifrado, para proteger las aplicaciones.

- **Resiliencia:** proporciona mecanismos para manejar errores y fallas, lo que garantiza la continuidad de su servicio.
- **Observabilidad:** ofrece herramientas para monitorear y depurar las aplicaciones de manera efectiva.
- **Extensibilidad:** es altamente extensible, lo que le permite integrarlo con otras tecnologías y frameworks.
- **Enfoque en microservicios:** está diseñado desde cero para construir aplicaciones de microservicios, lo que facilita la modularidad y la escalabilidad.
- **Modelo de programación funcional:** Helidon fomenta un estilo de programación funcional, lo que puede llevar a código más conciso y menos propenso a errores.
- **Programación reactiva:** Helidon admite programación reactiva, lo que permite manejar grandes volúmenes de datos de manera eficiente.
- **Configuración basada en propiedades:** la configuración de las aplicaciones se realiza a través de archivos de propiedades, lo que facilita la gestión del entorno.
- **Cliente HTTP integrado:** incluye un cliente HTTP fácil de usar para realizar llamadas a otros servicios.
- **Soporte para múltiples protocolos:** admite protocolos como HTTP/1.1, HTTP/2 y WebSocket.
- **Integración con contenedores:** se integra fácilmente con contenedores como Docker y Kubernetes.

El siguiente código de ejemplo muestra cómo crear un servidor web que escucha en el puerto 8080 y responde a una solicitud GET en la ruta «/hello». Cuando se recibe una petición en esta ruta, el servidor envía la respuesta "Hello, World!" al cliente. Este ejemplo demuestra la simplicidad de crear un microservicio con Helidon, utilizando su API declarativa para configurar el servidor y definir las rutas de las peticiones.

```
import io.helidon.webserver.Routing;
import io.helidon.webserver.Server;
import io.helidon.webserver.ServerConfiguration;

public class Main {
   public static void main(String[] args) {
      Server server = Server.create(ServerConfiguration.builder()
         .port(8080)
         .build());

      server.routing(Routing.builder()
         .get("/hello", (req, res) -> res.send("Hello, World!"))
         .build());

      server.start();
   }
}
```

Helidon, como framework de Java para microservicios, ofrece una serie de **ventajas** que lo hacen una opción atractiva para los desarrolladores:

- **Optimizado para microservicios:** Helidon está diseñado desde cero para crear aplicaciones de microservicios, lo que se traduce en un rendimiento superior y una menor latencia.
- **Modelo de programación funcional:** al fomentar un estilo de programación funcional, Helidon permite escribir código más conciso y eficiente.
- **Programación reactiva:** su soporte para programación reactiva permite manejar grandes volúmenes de datos de manera asíncrona y no bloqueante.
- **Características de seguridad integradas:** incluye mecanismos de seguridad como la autenticación, la autorización y el cifrado para proteger las aplicaciones.

- **Integración con estándares de seguridad:** cumple con los estándares de seguridad más recientes, lo que garantiza que las aplicaciones estén protegidas.
- **API intuitiva:** la API de Helidon es fácil de aprender y usar, lo que reduce la curva de aprendizaje para los desarrolladores.
- **Modelo de programación modular:** permite crear aplicaciones modulares y escalables.
- **Soporte para múltiples protocolos:** admite protocolos como HTTP/1.1, HTTP/2 y WebSocket.

CAPÍTULO 7
PROGRAMACIÓN REACTIVA

7.1. Introducción

La programación reactiva es un paradigma de programación que se centra en el manejo de flujos de datos asíncronos y la propagación de cambios. En esencia, se trata de reaccionar a los eventos a medida que ocurren, en lugar de esperar a que una operación bloquee el hilo de ejecución.

Si pensamos en una hoja de cálculo de Excel, cuando cambiamos el valor de una celda, todas las celdas que dependen de ella se actualizan automáticamente. Esa es la esencia de la reactividad: cuando algo cambia, otras cosas reaccionan a ese cambio de forma automática y se propagan las actualizaciones.

En un sentido más técnico, la programación reactiva es la programación con flujos de datos asíncronos. Todo (eventos de usuario, respuestas HTTP, cambios en una base de datos, datos de sensores, etc.) puede ser visto como un flujo de eventos o datos que ocurren a lo largo del tiempo.

El patrón central es este: un observador (o suscriptor) reacciona a los elementos emitidos por un observable (o publicador) a medida que estos aparecen. El observable puede emitir cero o más elementos, un error o una señal de completado.

Si comparamos la programación imperativa con la reactiva, en el caso de la imperativa o bloqueante el hilo de ejecución se bloquea en cada instrucción.

```
// 1. Obtener datos
String datos = servicio.obtenerDatosDesdeBD(); // Bloquea hasta tener los
datos
// 2. Procesar datos
String resultado = procesar(datos);
// 3. Devolver resultado
return resultado;
```

En el caso de la programación reactiva, se definen operaciones no bloqueantes utilizando el patrón de diseño Observer. De esta forma, se tiene un Publisher y uno o más Subscribers que reciben notificaciones cuando el Publisher emite nuevos datos. En la programación reactiva, el Publisher es el que se encarga de emitir el flujo de datos y propaga el cambio (notifica) a los Subscribers. Por lo tanto, podemos decir que la programación reactiva se basa en tres conceptos clave:

- **Publishers:** también llamados Observables. Estos objetos son los que emiten el flujo de datos.

- **Subscribers:** también llamados Observers. Estos objetos son a los que se les notifican los cambios en el flujo de datos que emite el Publisher.

- **Schedulers:** es el componente que administra la concurrencia. Se encarga de indicarle a los Publishers y Suscribers en qué thread deben ejecutarse.

```
servicio.obtenerDatosDesdeBDAsincronamente() // No bloquea, devuelve
un 'Publisher'
  .map(datos -> procesar(datos))      // Transforma los datos cuando llegan
  .subscribe(resultado -> {
    // Reaccionar cuando el resultado esté disponible
    enviarResultado(resultado);
  }, error -> {
    // Reaccionar si hay un error
    manejarError(error);
  });
```

7.2. Manifiesto reactivo

La programación reactiva es un paradigma enfocado en el trabajo con flujos de datos de manera asíncrona. Su evolución ha estado ligada a la publicación del manifiesto reactivo http://www.reactivemanifesto.org, que define una serie de características que definen a los sistemas reactivos:

- **Responsivos:** los sistemas responsivos se centran en proporcionar tiempos de respuesta rápidos, con el objetivo de obtener una mejor calidad de servicio. Este comportamiento simplifica el manejo de errores, generando un mejor feedback en el usuario final y fomentando una mayor interacción.

- **Resilientes:** la resiliencia permite a los sistemas que cada componente sea independiente del resto, asegurando de esta forma que partes del sistema pueden fallar y recuperarse sin comprometer al conjunto. El sistema tiene que seguir funcionando en caso de errores, es decir, la aplicación tiene que estar diseñada para tratar con errores y seguir funcionando correctamente, aunque ocurran.

- **Elásticos:** los sistemas reactivos pueden reaccionar a los cambios en la velocidad de entrada aumentando o disminuyendo los recursos asignados al servicio de estas entradas. De esta forma el sistema mantiene la capacidad de respuesta bajo una carga de trabajo variable.

- **Orientados a mensajes:** los sistemas reactivos minimizan el acoplamiento entre componentes al establecer interacciones basadas en el intercambio de mensajes de manera asíncrona. Los componentes de un sistema reactivo tienen que interactuar mediante mensajes asíncronos, tanto entre ellos como entre componentes de terceros.

7.3. Patrón Observer

La programación reactiva sigue el patrón de diseño Observer: cuando hay un cambio de estado en un objeto, los otros objetos son notificados y actualizados de manera acorde. Por lo tanto, en lugar de sondear eventos para los cambios, los eventos se realizan de forma asíncrona para que los observadores puedan procesarlos.

El patrón Observer es muy importante en el concepto de programación reactiva, ya que explica perfectamente cómo funciona. Según este patrón, hay un sujeto que es el productor de la información (stream) y por otro lado hay uno o varios consumidores de esta información.

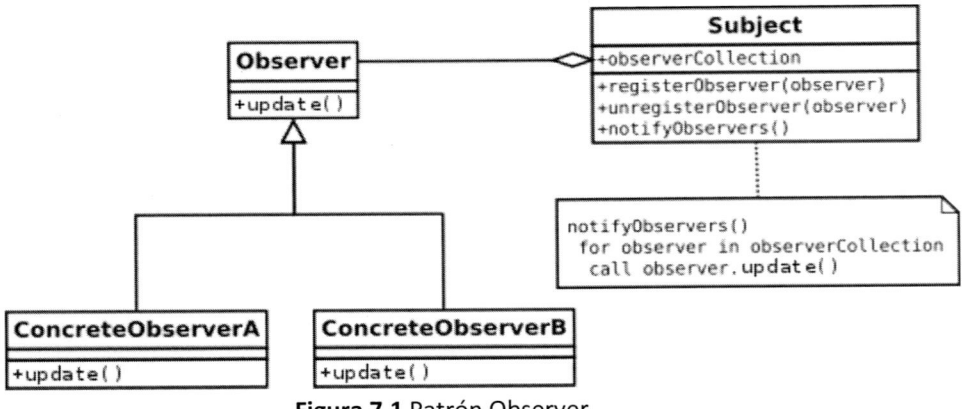

Figura 7.1 Patrón Observer

Como vemos en el diagrama anterior, la filosofía del patrón es sencilla: un objeto llamado sujeto (subject) posee un estado. Si dicho estado cambia, es capaz de notificar a sus suscriptores (observers) este cambio. Gracias a ello, los objetos suscritos al objeto Subject no tienen porqué preocuparse de cuándo se produce un cambio de estado, ya que este se encargará de informar de forma activa a todos aquellos objetos que hayan decidido suscribirse.

El patrón observador define una relación del tipo uno a muchos entre objetos. Cuando el estado de un objeto cambia, este notifica su cambio al resto de objetos dependientes. Este patrón también es conocido como publicador-suscriptor y consiste en que un objeto contiene atributos o métodos observables a los cuales otros objetos se pueden suscribir pasando una referencia a sí mismos. El objeto observable mantiene una lista de referencias a sus observadores y es capaz de notificarles los cambios que sufre. El funcionamiento de este patrón se podría resumir en las siguientes fases:

- El notificador envía eventos de interés a otros objetos. Esos eventos ocurren cuando el notificador cambia su estado o ejecuta algunos comportamientos. Los notificadores contienen una infraestructura de suscripción que permite a nuevos y antiguos suscriptores abandonar la lista.

- Cuando sucede un nuevo evento, el notificador recorre la lista de suscripción e invoca el método de notificación declarado en la interfaz suscriptora en cada objeto suscriptor.

- La interfaz suscriptora declara la interfaz de notificación. En la mayoría de los casos, consiste en un único método para actualizar. El método puede tener varios parámetros, que permitan al notificador pasar algunos detalles del evento junto a la actualización.

- Los suscriptores realizan algunas acciones en respuesta a las notificaciones emitidas por el notificador. Todas estas clases deben implementar la misma interfaz, de forma que el notificador no esté acoplado a clases concretas.

- Normalmente, los suscriptores necesitan cierta información contextual para manejar correctamente la actualización. Por este motivo, los notificadores pasan cierta información de contexto como argumentos del método de notificación. El notificador puede pasarse a sí mismo como argumento, dejando que los suscriptores extraigan la información necesaria directamente.

- El cliente crea objetos tipo notificador y suscriptor por separado. Después registra a los suscriptores para las actualizaciones del notificador.

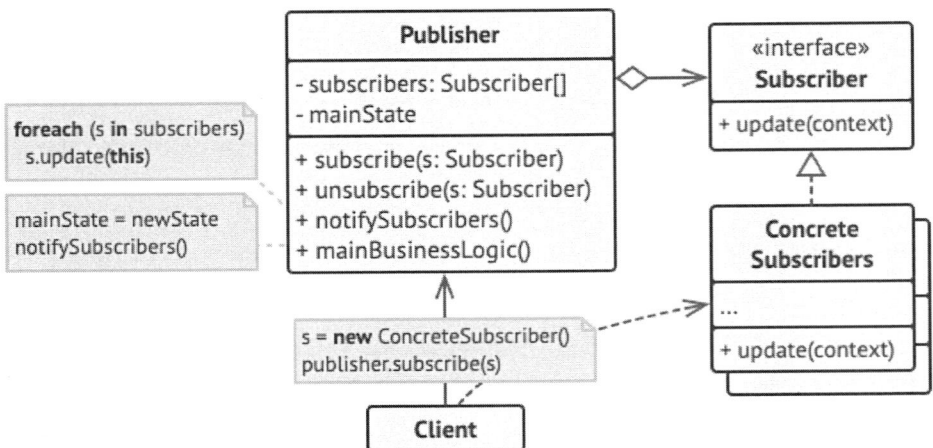

Figura 7.2 Patrón publicador-suscriptor

7.4. Reactive eXtensions (RX)

Reactive eXtensions (RX) http://reactivex.io es un conjunto de librerías para componer aplicaciones asíncronas y basadas en eventos usando secuencias observables. Las extensiones reactivas son multiplataforma y están disponibles en diferentes lenguajes, que podemos consultar en la siguiente url http://reactivex.io/languages.html.

Este tipo de librerías lo que hacen es crear y consumir flujos o streams de datos, de forma que, siguiendo ciertos patrones, podemos construir aplicaciones cuyo objetivo sea emitir un evento y posteriormente desde otra aplicación consumir esa información de forma totalmente asíncrona y sin bloqueos por parte del runtime del lenguaje que estemos utilizando.

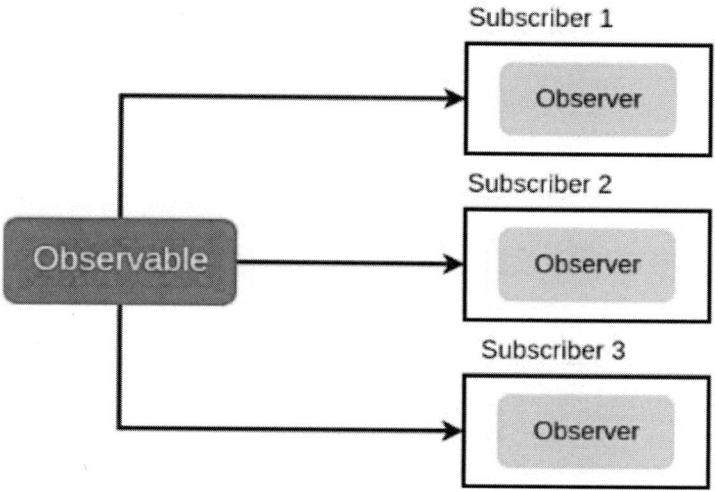

Figura 7.3 Relación entre Observable y Observers

En el contexto de Rx, los flujos de datos se conocen como Observables y quienes están atentos a ellos para ver cuándo se producen cambios son los Observadores (Observers). Además, propone operadores que permiten componer secuencias de forma declarativa, mientras abstrae el subprocesamiento de bajo nivel como el threading, la sincronización, la seguridad de subprocesos, las estructuras de datos concurrentes y el E/S no bloqueante.

En Rx los observables o los flujos de datos tienen como principal objetivo aceptar las suscripciones que reciben. Mientras, los observadores tienen que estar pendientes de reaccionar al siguiente valor provisto por el flujo, reaccionar cuando el flujo le informe que se ha completado, y por último, reaccionar a un error ocurrido dentro del flujo.

7.5. Frameworks de programación reactiva

La mayoría de los frameworks de programación reactiva se basan en **Reactive Extensions,** un conjunto de API para la programación reactiva. En el ecosistema Java existe además la especificación Reactive Streams, que asegura la interoperabilidad entre diferentes librerías reactivas al definir un conjunto mínimo de interfaces (Publisher, Subscriber, Subscription, Processor). A continuación, analizamos una lista de los más destacados, categorizados por lenguaje/ecosistema.

7.5.1. Ecosistema Java / JVM

Las librerías de programación reactiva en Java son muy potentes. Se utilizan ampliamente en el desarrollo de microservicios y sistemas de alto rendimiento.

- **Project Reactor** https://projectreactor.io: es una librería reactiva de cuarta generación para la JVM e implementa la especificación Reactive Streams. Ofrece dos tipos principales de Publisher:
  o Flux<T>: para secuencias de 0 a N elementos (flujos de datos)
  o Mono<T>: para secuencias de 0 a 1 elemento (equivalente a un Optional o una promesa asíncrona)
- **RxJava** https://github.com/ReactiveX/RxJava: una de las implementaciones originales de ReactiveX para la JVM. Ofrece varios tipos de Observable/Publisher (Observable, Flowable, Single, Completable, Maybe) para diferentes escenarios de flujo de datos.
- **Akka Streams** https://akka.io: parte del ecosistema Akka, enfocado en la construcción de sistemas distribuidos y concurrentes en Scala y Java. Proporciona una API para el procesamiento de flujos de datos asíncronos y distribuidos, también implementando Reactive Streams. Se basa en Flows y Graphs para definir pipelines de procesamiento de datos.
- **Vert.x** https://vertx.io: un toolkit políglota para construir aplicaciones reactivas en la JVM. Aunque no es una implementación directa de ReactiveX, adopta el modelo de programación reactiva y orientada a eventos. Utiliza un event loop (similar a Node.js) para manejar la concurrencia.

7.5.2. RxJava

RxJava https://www.rxjava.com es una biblioteca en Java que implementa el paradigma de programación reactiva, el cual facilita la manipulación y el control de flujos de datos asíncronos y concurrentes. La biblioteca forma parte de una familia más amplia llamada ReactiveX, diseñada para facilitar la programación basada en eventos y la gestión de flujos de datos de forma más eficiente y estructurada.

RxJava ofrece una variedad de operadores para manipular los datos que emite un observable. Estos operadores permiten transformar, filtrar, combinar y trabajar con flujos de datos de manera intuitiva. La lista completa de operadores la podemos encontrar en https://reactivex.io/documentation/operators.html. En el siguiente ejemplo se muestra el funcionamiento de diferentes operadores:

EjemploRxJava.java

```java
import io.reactivex.Observable;
import io.reactivex.schedulers.Schedulers;

public class EjemploRxJava {
    public static void main(String[] args) {
        Observable<Integer> observable = Observable.just(1, 2, 3, 4, 5);

        observable
            .subscribeOn(Schedulers.io()) // Se ejecuta en un hilo
            .map(numero -> numero * 2) // Multiplica cada número por 2
            .filter(numero -> numero > 5) // Filtra los números mayores a 5
            .observeOn(Schedulers.single()) // Observa en un solo hilo
            .subscribe(
                numero -> System.out.println("Número recibido: " + numero),
                throwable -> System.err.println("Error: " + throwable),
                () -> System.out.println("Flujo completo")
            );
    }
}
```

Entre las **ventajas** de usar RxJava podemos destacar:

- **Manejo sencillo de operaciones asíncronas:** con RxJava puedes manejar tareas que tardan en completarse (como operaciones de red o consultas de base de datos) de una forma concisa y estructurada.
- **Mejor manejo de errores:** RxJava ofrece operadores y estrategias para manejar errores en diferentes partes del flujo, lo que facilita un manejo robusto de excepciones.
- **Modularidad y reutilización:** los flujos de datos y las transformaciones pueden combinarse, componerse y reutilizarse fácilmente.

En RxJava, los streams se representan mediante objetos del tipo Observable. Los objetos Observer representan los suscriptores a los eventos emitidos por los observables:

ReactiveExample.java

```java
import io.reactivex.rxjava3.core.Observable;

public class ReactiveExample {

  public void executeReactiveStream() {
    Observable.just("Reactividad", "Aplicaciones Web", "Java")
      .map(String::toUpperCase)
      .subscribe(
        item -> System.out.println("Received: " + item),
        error -> System.out.println("Error: " + error.getMessage()),
        () -> System.out.println("Completed!"),
        disposable -> System.out.println("Subscribed!")
      );
  }

  public static void main(String[] args) {
    new ReactiveExample().executeReactiveStream();
  }
}
```

7.5.3. Eclipse Vert.x

Eclipse Vert.x https://vertx.io es un toolkit de código abierto para construir aplicaciones reactivas y de alto rendimiento en la JVM. A diferencia de un framework monolítico, Vert.x es un conjunto de herramientas modular y políglota que permite desarrollar aplicaciones asíncronas y escalables de manera eficiente.

Es conocido por su modelo de programación basado en eventos y no bloqueante, similar al de Node.js, pero ejecutándose sobre la JVM, lo que le permite aprovechar las ventajas de Java (o Kotlin, Groovy, Scala) en cuanto a rendimiento y ecosistema. Entre las principales **características** de Eclipse Vert.x podemos destacar:

- **Orientado a eventos y no bloqueante:** Vert.x utiliza un Event Loop (bucle de eventos) para manejar las operaciones de I/O de forma asíncrona. Esto significa que un solo hilo puede manejar un gran número de solicitudes concurrentes sin bloquearse, liberando recursos del sistema.
- **Políglota:** Vert.x soporta múltiples lenguajes de programación en la JVM (Java, Kotlin, Groovy, Scala) y fuera de ella (JavaScript, Ruby, Ceylon). Puede escribir diferentes partes de su aplicación en distintos lenguajes si lo deseas.
- **Event Bus (bus de eventos):** es el corazón de la comunicación en Vert.x. Permite a las diferentes partes de su aplicación (incluso en diferentes JVM o máquinas en un clúster) comunicarse de forma asíncrona mediante el envío y recepción de mensajes.
- **Verticles:** son las unidades de despliegue y encapsulación de lógica de negocio en Vert.x. Son componentes ligeros que pueden ser desplegados individualmente o en múltiples instancias. Cada Verticle opera en su propio Event Loop (o comparte uno), lo que simplifica la programación concurrente.
- **Modular y extensible:** Vert.x es un conjunto de herramientas con módulos especializados (HTTP, Web, JDBC, MongoDB, Kafka, gRPC, etc.)

que puedes añadir según las necesidades de su proyecto. No tienes que cargar con funcionalidades que no vas a usar.

- **Capacidades de clustering:** puedes unir instancias de Vert.x en un clúster para escalar horizontalmente y habilitar la comunicación del bus de eventos a través de múltiples máquinas.

Vamos a crear una aplicación sencilla que expone una API REST. En primer lugar, configuramos el proyecto añadiendo las dependencias en el fichero **pom.xml**:

```xml
<?xml version="1.0" encoding="UTF-8"?>
<project xmlns="http://maven.apache.org/POM/4.0.0"
    xmlns:xsi="http://www.w3.org/2001/XMLSchema-instance"
    xsi:schemaLocation="http://maven.apache.org/POM/4.0.0
http://maven.apache.org/xsd/maven-4.0.0.xsd">
  <modelVersion>4.0.0</modelVersion>

  <groupId>org.example</groupId>
  <artifactId>com.example.vertxdemo</artifactId>
  <version>1.0-SNAPSHOT</version>

  <properties>
    <maven.compiler.source>24</maven.compiler.source>
    <maven.compiler.target>24</maven.compiler.target>
    <project.build.sourceEncoding>UTF-8</project.build.sourceEncoding>
    <vertx.version>4.5.7</vertx.version>
    <main.verticle>com.example.vertxdemo.MainVerticle</main.verticle>
  </properties>

  <dependencyManagement>
    <dependencies>
      <dependency>
        <groupId>io.vertx</groupId>
        <artifactId>vertx-stack-depchain</artifactId>
        <version>${vertx.version}</version>
        <type>pom</type>
        <scope>import</scope>
      </dependency>
    </dependencies>
```

```xml
    </dependencyManagement>

    <dependencies>
      <dependency>
        <groupId>io.vertx</groupId>
        <artifactId>vertx-core</artifactId>
      </dependency>
      <dependency>
        <groupId>io.vertx</groupId>
        <artifactId>vertx-web</artifactId>
      </dependency>
    </dependencies>

    <build>
      <plugins>
        <plugin>
          <groupId>io.vertx</groupId>
          <artifactId>vertx-maven-plugin</artifactId>
          <version>${vertx.version}</version>
          <executions>
            <execution>
              <goals>
                <goal>package</goal>
              </goals>
            </execution>
          </executions>
          <configuration>
            <redeploy>true</redeploy>
            <launcher>io.vertx.core.Launcher</launcher>
            <mainClass>${main.verticle}</mainClass>
          </configuration>
        </plugin>
      </plugins>
    </build>

    </project>
```

A continuación, creamos un archivo llamado **MyHttpVerticle.java** que expone un API REST. El motivo principal para extender la clase **io.vertx.core.AbstractVerticle** en Vert.x está en la forma en que Vert.x gestiona el ciclo de vida de los componentes y cómo le proporciona acceso al núcleo de la API de Vert.x.

- **AbstractVerticle** le obliga a sobrescribir los métodos start() y stop().
- **start(Promise<Void> startPromise):** este método es invocado por Vert.x cuando el verticle se despliega.
- **stop(Promise<Void> stopPromise):** este método es invocado por Vert.x cuando el verticle se cierra o se redespliega.

MyHttpVerticle.java

```java
package com.example.vertxdemo;

import io.vertx.core.AbstractVerticle;
import io.vertx.core.Promise; // Para manejo asíncrono
import io.vertx.ext.web.Router; // Para manejar rutas web

public class MyHttpVerticle extends AbstractVerticle {

  @Override
  public void start(Promise<Void> startPromise) {
    // 1. Crear un enrutador (Router) para manejar las peticiones HTTP
    Router router = Router.router(vertx);

    // 2. Definir una ruta HTTP GET en /hola
    router.get("/hola").handler(routingContext -> {
      // Cuando se reciba una petición en /hola, responder con texto
      routingContext.response()
        .putHeader("content-type", "text/plain")
        .end("¡Hola desde Vert.x!");
    });

    // 3. Definir una ruta HTTP GET en /api/saludo
    router.get("/api/saludo/:nombre").handler(routingContext -> {
      String nombre = routingContext.pathParam("nombre");
```

```java
        routingContext.response()
          .putHeader("content-type", "application/json")
          .end("{\"mensaje\": \"¡Hola, " + nombre + " desde la API de
Vert.x!\"}");
    });

    // 4. Crear un servidor HTTP
    vertx.createHttpServer()
      // 5. Asignar el enrutador al servidor para que maneje las peticiones
      .requestHandler(router)
      // 6. Escuchar en el puerto 8080
      .listen(8080)
      .onSuccess(server -> {
        // Si el servidor se inicia correctamente
        System.out.println("Servidor HTTP de Vert.x iniciado en
http://localhost:8080");
        startPromise.complete(); // Indica que el Verticle ha arrancado con
éxito
      })
      .onFailure(throwable -> {
        // Si hay un error al iniciar el servidor
        System.err.println("No se pudo iniciar el servidor HTTP de Vert.x: "
+ throwable.getMessage());
        startPromise.fail(throwable); // Indica que el Verticle falló al
arrancar
      });
  }

  @Override
  public void stop(Promise<Void> stopPromise) {
    System.out.println("Deteniendo el Verticle HTTP de Vert.x.");
    // Aquí podrías añadir lógica de limpieza si fuera necesario
    stopPromise.complete();
  }
}
```

Vert.x promueve un modelo de programación basado en verticles como unidades de despliegue y concurrencia. Cada standard verticle (que es lo que

AbstractVerticle representa) se ejecuta en un único hilo de Event Loop. Esto simplifica enormemente la programación concurrente, ya que no tienes que preocuparte por bloqueos o condiciones de carrera dentro del mismo verticle.

En el ejemplo anterior, cuando una petición llega al servidor HTTP de Vert.x, el método **requestHandler** no espera a que se genere la respuesta. En su lugar, el handler es un callback que Vert.x ejecuta cuando la petición está lista. El método **end()** en la respuesta, en lugar de bloquear el hilo principal, pone la respuesta en un buffer y permite que el Event Loop o bucle de eventos pueda seguir manejando otras peticiones.

Para probar la clase MyHttpVerticle, primero necesitas desplegarlo. Un verticle no puede ejecutarse por sí mismo como una clase main tradicional. Vert.x necesita un punto de entrada o launcher que lo despliegue en su entorno de ejecución. La forma más sencilla de ejecutar su MyHttpVerticle es a través de una clase main que utilice el Launcher.

Main.java

```java
package org.example;

import io.vertx.core.Vertx;
import io.vertx.core.DeploymentOptions;

public class Main {
    public static void main(String[] args) {
        Vertx vertx = Vertx.vertx();
        vertx.deployVerticle(new MyHttpVerticle(), new
DeploymentOptions().setInstances(1));
    }
}
```

Al ejecutar la clase Main, tendremos en ejecución el servidor de Vertx:

Servidor HTTP de Vert.x iniciado en http://localhost:8080

Petición:

http://localhost:8080/hola

Respuesta:

¡Hola desde Vert.x!

Petición:

http://localhost:8080/api/saludo/john

Respuesta:

{"mensaje": "¡Hola, john desde la API de Vert.x!"}

CAPÍTULO 8
TECNOLOGÍAS BASADAS EN CONTENEDORES Y ORQUESTADORES

8.1. Introducción

En el panorama actual de desarrollo y despliegue de software, la velocidad, la escalabilidad y la fiabilidad son factores críticos. Las tecnologías basadas en contenedores y las plataformas de orquestación han emergido como los pilares fundamentales para alcanzar estos objetivos, transformando radicalmente la forma en que las aplicaciones son construidas, empaquetadas, distribuidas y ejecutadas.

Siempre el despliegue de aplicaciones ha sido un proceso complejo. Las dependencias de software, las diferencias entre entornos de desarrollo y producción, y los conflictos de librerías, a menudo conducían al temido «funciona en mi máquina». Las máquinas virtuales (VM) ofrecieron una solución al encapsular todo un sistema operativo y sus aplicaciones, pero eran pesadas, lentas de iniciar y consumían muchos recursos.

Aquí es donde entran en juego los contenedores, que ofrecen una solución más ligera y eficiente que las VM. Los contenedores permiten virtualizar el sistema operativo, permitiendo que múltiples contenedores compartan el mismo kernel del sistema operativo del host. Esto los hace increíblemente rápidos de iniciar (segundos o milisegundos), mucho más ligeros en términos de consumo de recursos y altamente portátiles.

Un contenedor empaqueta una aplicación y todas sus dependencias (código, runtime, librerías del sistema, herramientas de sistema, configuraciones) en una unidad aislada y autónoma. Esto asegura que la aplicación se ejecute de manera consistente en cualquier entorno, desde el portátil del desarrollador hasta un servidor de producción en la nube. La principal herramienta que popularizó y estandarizó este concepto es Docker https://www.docker.com.

Sin embargo, a medida que las arquitecturas de microservicios ganaron terreno y las aplicaciones comenzaron a componerse de docenas, cientos o incluso miles de contenedores, la gestión manual de estos se volvió insostenible. Aquí es donde entran en juego los orquestadores de contenedores.

Los orquestadores de contenedores son herramientas que automatizan el despliegue, la gestión, el escalado, la red y la disponibilidad de aplicaciones en contenedores. Se encargan de tareas complejas como:

- **Programación:** decidir dónde ejecutar los contenedores en un clúster de máquinas.
- **Escalado:** aumentar o disminuir el número de instancias de un contenedor según la demanda.
- **Tolerancia a fallos:** reiniciar contenedores fallidos o moverlos a otros nodos del clúster.
- **Balanceo de carga:** distribuir el tráfico entre múltiples instancias de un servicio.
- **Gestión de la configuración y secretos:** proporcionar configuraciones y credenciales de forma segura a los contenedores.
- **Descubrimiento de servicios:** permitir que los contenedores se encuentren y se comuniquen entre sí.

8.2. Introducción a los contenedores

Los contenedores son un tipo de partición aislada dentro de un solo sistema operativo. Ofrecen muchas de las ventajas de las máquinas virtuales, como seguridad, almacenamiento y aislamiento de redes, pero requieren muchos menos recursos de hardware y son más rápidos de iniciar. También aíslan las librerías y el entorno de tiempo de ejecución (como CPU y almacenamiento) utilizados por una aplicación para minimizar el impacto de una actualización del sistema operativo de la máquina host.

En el ámbito del desarrollo de software existe un enfoque o aproximación, que consiste en empaquetar una aplicación o un servicio junto a sus dependencias y configuraciones. Al elemento resultante de este proceso se le denomina imagen.

Posteriormente, para proceder a ejecutar el contenido de esta imagen, esta se coloca en un contenedor. Será posible, por tanto, referirse a ella como a la receta que especificará cómo es la instancia en ejecución, a la que se denominará contenedor. Dependiendo del tipo de imagen que queramos usar, podemos diferenciar entre dos tipos de contenedores:

- **Contenedores de sistemas:** son similares a las máquinas virtuales, comparten el núcleo del anfitrión. Por ejemplo, LXC (Linux containers) https://linuxcontainers.org forma parte del núcleo Linux y nos aporta aislamiento y seguridad usando cgroups y namespaces.

- **Contenedores de aplicaciones:** especializados en la ejecución de aplicaciones, normalmente cada contenedor ejecuta un solo proceso. Contienen todas las librerías necesarias para que esa aplicación pueda funcionar. Ejemplo: Docker https://www.docker.com.

A bajo nivel, un contenedor es un proceso que se ejecuta de forma aislada de otros contenedores, gracias al uso de una estructura del Kernel llamada **Namespaces,** que proporciona esta capacidad. Además, cuando se necesita limitar y controlar el acceso a recursos de cómputo tales como CPU o memoria, el Kernel de Linux proporciona una característica llamada control Groups o **cgroups,** que ofrece esta posibilidad. En su expresión más básica, un contenedor no es más que una combinación de cgroups y namespaces junto con otras herramientas para limitar llamadas al sistema y añadir control de acceso, tales como **SELinux** o **AppArmor** https://apparmor.net.

Gracias al uso de plataformas basadas en contenedores y orquestadores conseguimos alta disponibilidad (al tener varias instancias disponibles en distintas máquinas al mismo tiempo), escalabilidad (pues cada microservicio es capaz de escalar individualmente) y despliegue de nuevas versiones en un tiempo mínimo.

8.2.1. Casos de uso y ventajas de los contenedores

Los contenedores han sido una de las piezas de tecnología más importantes en los últimos tiempos gracias al movimiento DevOps y a las distintas estrategias de arquitectura de software para ensamblar aplicaciones cloud nativas, en gran medida por su versatilidad y practicidad, aunque cualquiera sea la necesidad es posible que podamos emplear contenedores. Entre los casos más destacados, tenemos:

- **Aplicaciones basadas en microservicios:** cada microservicio se ejecuta como una unidad lógica de negocio independiente de otros microservicios. Los contenedores son la mejor pieza de infraestructura para alojar a estos microservicios y lograr esa independencia.

- **Ambientes de desarrollo basados en ciclos de CI/CD:** los ciclos de integración continua y despliegue/delivery continuo son uno de los procesos emblema del movimiento DevOps. El uso de contenedores en este proceso habilita a los equipos DevOps en la creación de ambientes homogéneos y repetibles, a prueba de errores e integrados con herramientas para complementar el ecosistema.

- **Escalabilidad horizontal manual o automática:** una propiedad embebida del software encargado de gestionar contenedores es la posibilidad de crearlos según demanda y con las mismas prestaciones. Esta característica es de las más explotadas en aplicaciones cloud nativas en las que la elasticidad es requerida para aumentar la cantidad de contenedores para soportar los picos de consumo y bajar la cantidad cuando el consumo se estabiliza.

- **Inmutabilidad en la infraestructura desplegada:** los contenedores se crean a partir de unos binarios llamados imágenes. El ensamblado de estos binarios es, probablemente, la tarea más importante del SRE o DevOps. Gracias a cómo están diseñadas las imágenes, los contenedores que se crean son efímeros, es decir, los cambios que hagamos dentro se perderán junto con este, por lo que cualquier cambio que queramos hacer debemos efectuarlo a nivel de la imagen.

- **Ambientes de sandbox y controlados:** los equipos de SRE, DevOps e incluso de desarrollo suelen necesitar desplegar diferentes entornos de forma rápida. Los contenedores habilitan la creación de estos ambientes. Existen repositorios de imágenes oficiales y de terceros con un vasto catálogo de productos y software que podemos usar como base. De ser necesario, también podemos armar nuestro propio binario.

- **Refactorización y/o modernización de las aplicaciones legacy:** ya sea que estemos analizando cómo modernizar una aplicación desarrollada sobre tecnologías obsoletas o iniciando el camino hacia la adopción de tecnologías cloud, los contenedores son una pieza de software que articulan el cambio. Su versatilidad aporta al proceso la posibilidad de dividir en etapas el proyecto. Cada incremento puede ser por componente o funcionalidad. Un ejemplo son las aplicaciones del sector bancario: por un lado tenemos al core desarrollado en lenguajes muy antiguos como Cobol o Fortran y que funciona sobre hardware que ya casi no se fabrica; por el otro, el home banking, desarrollado en tecnologías y frameworks más modernos y que se ejecuta sobre infraestructuras cloud.

- **Automatización de los despliegues de infraestructura:** los contenedores son un componente fundamental en el mundo de la infraestructura como código. En parte esto es porque creamos y desplegamos contenedores de forma automatizada y usando código en distintas herramientas como Terraform o Ansible. Este grado de flexibilidad permite responder rápidamente si hay cambios en el negocio.

.

Por mencionar algunas de las **ventajas,** podemos destacar las siguientes:

- **Son portables entre ambientes:** el código usado para desplegar un contenedor puede ser replicado N veces.
- **Los contenedores son inmutables,** es decir, perderemos todo cambio realizado directamente sobre el contenedor luego de que el proceso finalice abruptamente o por orden del usuario. De esta forma, se mejora notablemente la estabilidad del servicio prestado.
- **Son escalables:** podemos tener N réplicas del mismo servicio creando más contenedores, con muy bajo coste.
- **Son seguros:** si se siguen las buenas prácticas, brindan un entorno de ejecución limitado, por lo que, si la aplicación o servicio que ejecuta ese contenedor se ve comprometido, el sistema subyacente no se vería afectado.

8.2.2. Contenedores vs máquinas virtuales

Las máquinas virtuales y los contenedores difieren en muchos aspectos. El primero y quizás el más notorio es que las máquinas virtuales son creadas con un subconjunto de recursos de cómputo del hardware físico, es decir, por cada máquina virtual obtenemos un pool de recursos como RAM, CPU, disco, etc. El hipervisor es el encargado de gestionar tanto los recursos físicos como los recursos virtuales provistos. Cada máquina virtual se despliega con un sistema operativo con sus librerías y dependencias necesarias, para luego poder instalar las aplicaciones a las que esa máquina va a servir.

Los contenedores, en cambio, están a un nivel de abstracción mucho más alto, por lo que el concepto de hardware virtual es desconocido para estos procesos especiales. Los contenedores pueden correr en servidores virtuales o físicos indistintamente, obteniendo el mismo resultado. Lo único que necesitan es un entorno de ejecución y un Kernel de Linux. Si se siguen buenas prácticas, un contenedor solo debería estar compuesto por el proceso de la aplicación y las dependencias necesarias.

Mientras que el hipervisor es el encargado de gestionar las máquinas virtuales, junto a los contenedores existe un gestor llamado **Container Engine,** que se encarga de dialogar con las estructuras del Kernel correspondientes.

Otra de las grandes diferencias está en que los contenedores usan el concepto de un sistema de capas, similar a los sistemas de versionado de código, para reutilizar capas comunes entre contenedores. De esta forma, cuando necesitemos actualizar una imagen, únicamente tenemos que descargar las diferencias desde la última versión.

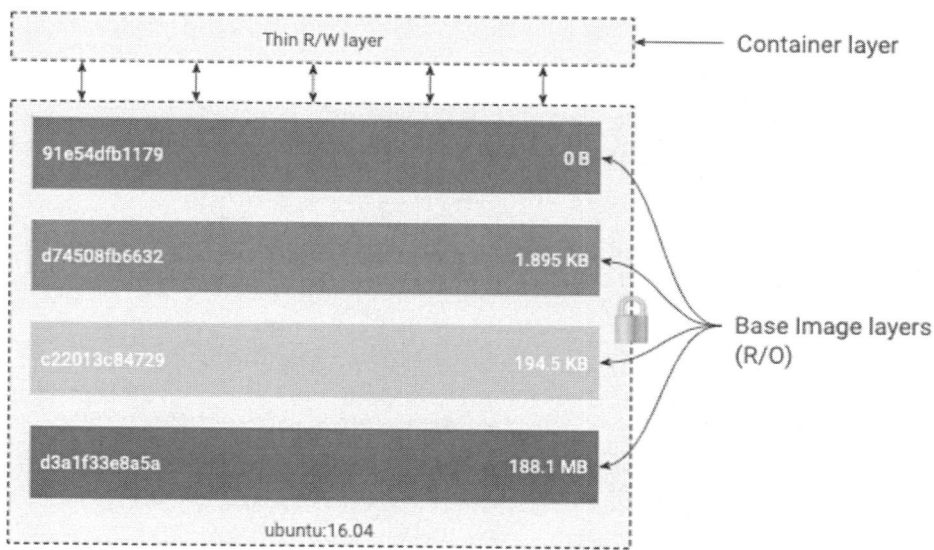

Figura 8.1 Composición de capas en contenedores

8.3. Docker

Docker es una tecnología que permite construir, ejecutar y monitorizar contenedores basados en aplicaciones. Los contenedores de Docker utilizan Containerd https://containerd.io como runtime. Hoy en día es el estándar de la industria como tecnología de contenedores.

Como mencionamos anteriormente, en Docker, las imágenes se forman mediante capas. Las instrucciones que las definen están descritas en un archivo base llamado **Dockerfile.** Cada instrucción presente en este archivo, por lo general, representa una capa adicional para su contenedor. A continuación, mostramos un ejemplo de Dockerfile para una aplicación Python.

 # my-python-app/Dockerfile

 # 1. BASE IMAGE: Indica la imagen base sobre la que se construirá la nuestra.
 #   Usamos una imagen oficial de Python, versión 3.9, con la variante 'slim-buster'.
 #   'slim' es más pequeña que la estándar, y 'buster' se refiere a la distribución Debian.
FROM python:3.9-slim-buster

 # 2. WORKDIR: Establece el directorio de trabajo dentro del contenedor.
 #   Todos los comandos subsiguientes (COPY, RUN, CMD) se ejecutarán en este directorio.
WORKDIR /app

 # 3. COPY requirements.txt: Copia el archivo de dependencias al directorio de trabajo.
 #   Esto se hace primero para aprovechar el caché de Docker. Si requirements.txt no cambia,
 #   Docker no necesita ejecutar de nuevo el comando RUN pip install.
COPY requirements.txt .

 # 4. RUN pip install: Instala las dependencias de Python.
 #   --no-cache-dir: No guarda el caché de los paquetes para reducir el tamaño final de la imagen.
 #   -r requirements.txt: Instala las librerías listadas en requirements.txt.
RUN pip install --no-cache-dir -r requirements.txt

 # 5. COPY application code: Copia el resto del código de la aplicación al directorio de trabajo.
 #   El '.' final indica que copie todo desde el contexto actual del Dockerfile al WORKDIR del contenedor.

```
COPY . .

# 6. EXPOSE: Documenta el puerto en el que la aplicación escucha dentro
del contenedor.
#   Esto es solo documentación, no publica el puerto automáticamente.
EXPOSE 5000

# 7. CMD: Define el comando por defecto a ejecutar cuando el contenedor
se inicia.
#   Este comando puede ser sobrescrito al ejecutar 'docker run'.
#   Usamos la forma exec para un manejo correcto de señales.
CMD ["python", "app.py"]

# --- Recomendaciones Adicionales para producción ---
# USER nobody: Crea un usuario no-root y ejecuta el proceso con él por
seguridad.
#   Necesitarías crear este usuario en una línea RUN anterior.
#   RUN adduser --system --no-create-home --group appuser
#   USER appuser
```

En la siguiente imagen vemos el proceso de construcción de imágenes a partir de un Dockerfile utilizando el comando **docker build** y la ejecución de contenedores a partir de esas imágenes utilizando el comando **docker run.**

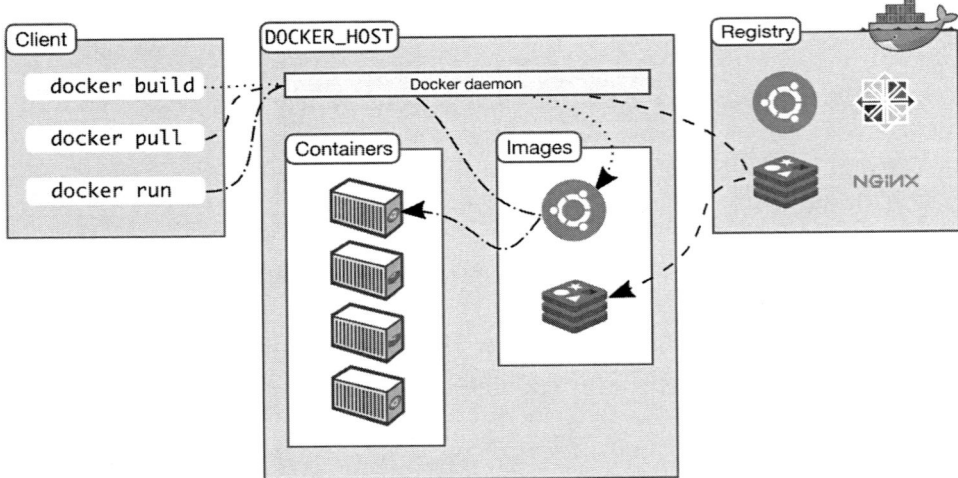

Figura 8.2 Construcción de contenedores a partir de las imágenes

Existen repositorios para que guardes de manera segura y escalable las imágenes de las aplicaciones. Esto le da control para volver a una versión previa en caso de fallo o regresión de alguna funcionalidad. Es muy común que las organizaciones tengan repositorios privados de imágenes donde almacenan tanto las imágenes base que los aplicativos utilizan como las imágenes de cada aplicación desplegada. Por ejemplo, en el servicio de Google Cloud podríamos utilizar Container Registry https://cloud.google.com/container-registry.

8.3.1. Gestión de secretos en Docker

Los secretos son cualquier tipo de dato sensible o privado que otorga a los usuarios autorizados permiso para acceder a infraestructuras críticas de TI (como cuentas, dispositivos, redes, servicios basados en la nube), aplicaciones, almacenamiento, bases de datos y otros tipos de datos críticos para una organización.

Por ejemplo, contraseñas, ID de acceso de AWS, claves de acceso secretas de AWS, claves de Google OAuth, etc., son secretos. Sin embargo, a veces los ciberatacantes pueden acceder a los secretos por políticas de seguridad defectuosas o errores de los desarrolladores.

A veces, los desarrolladores usan secretos predeterminados o dejan secretos codificados (como contraseñas, claves API, claves de cifrado, claves SSH, tokens, etc.) en las imágenes de contenedores, especialmente durante ciclos de desarrollo y despliegue en el pipeline CI/CD. La filtración de secretos a entidades no autorizadas puede poner a su organización e infraestructura en un grave riesgo de seguridad.

SecretScanner https://github.com/deepfence/SecretScanner es una herramienta que recupera y busca en los sistemas de archivos de contenedores y hosts, comparando el contenido con una base de datos de aproximadamente 140 tipos de secretos. Esta herramienta ayuda a los usuarios a escanear sus imágenes de contenedores o directorios locales en hosts y genera un archivo JSON con detalles de todos los secretos encontrados. La documentación oficial se puede consultar en https://community.deepfence.io/docs/secretscanner. Podríamos ejecutar SecretScanner en una imagen de contenedor usando las siguientes instrucciones:

```
$ docker build --rm=true --
tag=quay.io/deepfenceio/deepfence_secret_scanner_ce:2.3.1 -f Dockerfile
.
```

Con el siguiente comando ejecutamos la imagen de nombre deepfence-secretscanner y realizamos el escaneo de la imagen node:8.11.

```
$ docker run -i --rm --name=deepfence-secretscanner -v
/var/run/docker.sock:/var/run/docker.sock
quay.io/deepfenceio/deepfence_secret_scanner_ce:2.3.1 -image-name
node:8.11 --output json > node.json
```

8.3.2. Podman

Podman (abreviatura de Pod Manager) https://podman.io es un motor de contenedores de código abierto desarrollado por Red Hat que se presenta como una alternativa segura a Docker. Es totalmente compatible con la especificación de Open Container Initiative (OCI) para imágenes y tiempos de ejecución de contenedores. Esto significa que puedes usar imágenes de Docker con Podman y viceversa. Entre las principales **características** de Podman podemos destacar:

- **Sin demonio (Daemonless):** a diferencia de Docker, Podman no utiliza un proceso de demonio central en segundo plano. Cada contenedor se ejecuta como un proceso hijo directo del usuario que lo inició.
- **Sin root (Rootless):** una de las características más destacadas de Podman es su capacidad para ejecutar contenedores como un usuario sin privilegios de root, lo que proporciona una mejora significativa a nivel de seguridad. De esta forma, si un contenedor se ve comprometido, el atacante no obtiene automáticamente privilegios de root en el sistema host.
- **Compatible con OCI (Open Container Initiative):** Podman se adhiere a los estándares de OCI para imágenes y tiempos de ejecución, garantizando que las imágenes construidas con Docker funcionen con Podman, y viceversa. Esto facilita la migración entre herramientas.
- **Gestión de pods:** una característica interesante de Podman es la capacidad de gestionar grupos de contenedores como un pod, similar a cómo Kubernetes gestiona los pods. Los contenedores dentro de un pod comparten recursos de red, almacenamiento, etc.
- **Compatibilidad con la CLI de Docker:** la interfaz de línea de comandos de Podman es casi idéntica a la de Docker. La mayoría de los comandos Docker se pueden reemplazar simplemente con Podman. Esto hace que la transición sea muy sencilla para usuarios familiarizados con Docker.

Podman proporciona una sintaxis parecida a Docker para trabajar con contenedores, como vemos en los siguientes comandos:

```
#Descargar una imagen
$ podman pull ubuntu:latest
#Listar imágenes locales
$ podman images
#Ejecutar un contenedor (en modo interactivo)
$ podman run -it ubuntu:latest bash
#Ejecutar un contenedor (en segundo plano, con mapeo de puertos)
$ podman run -d -p 8080:80 nginx:latest
#Listar contenedores en ejecución
$ podman ps
#Ejecutar un comando dentro de un contenedor en ejecución
$ podman exec -it <ID_o_NOMBRE_del_contenedor> bash
#Detener un contenedor:
$ podman stop <ID_o_NOMBRE_del_contenedor>
#Eliminar un contenedor
$ podman rm <ID_o_NOMBRE_del_contenedor>
```

8.4. Orquestadores

Antes de empezar a analizar cómo podemos orquestar contenedores, es interesante exponer qué tareas están involucradas en la gestión de éstos. Normalmente, en las organizaciones que están comenzando a transitar el camino hacia el uso de tecnologías basadas en contenedores el punto de partida es lo que se conoce como un Container Host, que no es más que una máquina virtual o física con el software instalado para trabajar con contenedores.

La gestión de estos está delegada en un componente de software llamado Container Engine, cuya función es la de recibir las peticiones del usuario y delegar a las distintas primitivas las operaciones que se pueden efectuar, tales como crear y detener contenedores, descargar imágenes, pushear imágenes al catálogo, etc. Gracias a este motor, la complejidad que supone trabajar con las estructuras del Kernel pasa a ser una tarea accesible para desarrolladores y equipos DevOps.

El motor de Docker es capaz de manejar las instancias de una imagen en un único host o sistema anfitrión, pero, a la hora de tratar con múltiples contenedores desplegados en múltiples hosts para aplicaciones distribuidas más complejas no es tan eficiente. A medida que las aplicaciones van creciendo y aumenta la adopción de contenedores, se hacen necesarias herramientas para automatizar tareas de mantenimiento, como reemplazo de contenedores fallidos o autorrecuperación de estos, cambios en las configuraciones, updates periódicos, y la gestión del escalado horizontal y vertical bajo demanda.

El objetivo principal de los orquestadores es permitir escalar aplicaciones a lo largo de múltiples hosts de Docker como si fuera uno único, con independencia de la complejidad de la plataforma sobre la que se está ejecutando. Existen diversos **orquestadores,** en el mercado entre los que podemos destacar:

- **Kubernetes** https://kubernetes.io/es
- **Docker Swarm** https://docs.docker.com/engine/swarm
- **Apache Mesos** http://mesos.apache.org

Este tipo de soluciones nos ayudan a administrar los contenedores en los cuales tenemos nuestras aplicaciones alojadas de una forma fácil, rápida y escalable.

8.5. Kubernetes

Kubernetes https://kubernetes.io es una plataforma portable, extensible y de código libre para manejar cargas de trabajo y servicios desplegados en contenedores que facilita establecer su configuración y automatización de una forma declarativa. Es el orquestador más usado actualmente y se está considerando la solución *de facto.* La plataforma Kubernetes, también conocida como K8s, permite gestionar grandes conjuntos de contenedores y facilita el trabajo con numerosos automatismos, con lo que ha revolucionado el mundo del desarrollo de software.

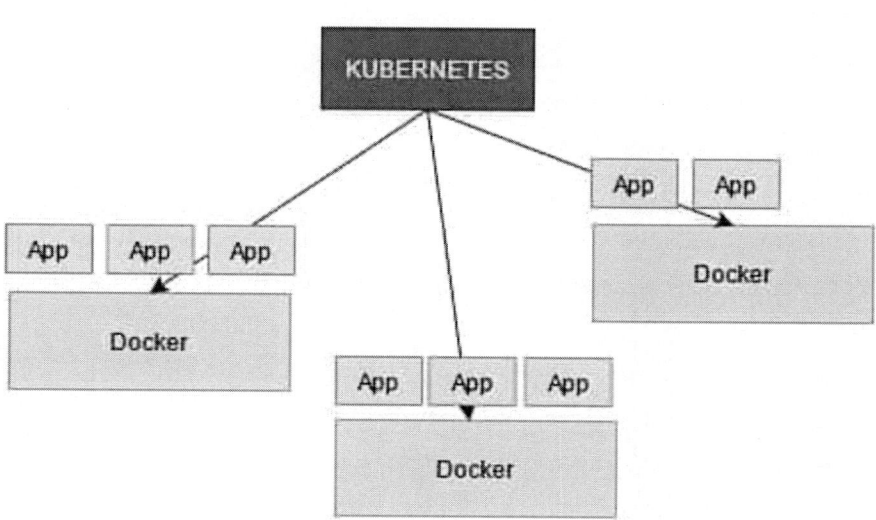

Figura 8.3 Arquitectura de Kubernetes

Kubernetes ofrece un entorno orientado a contenedores que permite configurar un conjunto de componentes y herramientas que facilitan el despliegue, el escalado y la administración de aplicaciones. No limita de ninguna forma el tipo de aplicación que se despliega, pues cualquier aplicación que pueda ejecutarse en un contenedor lo puede hacer en Kubernetes. Tampoco impone herramientas CI/CD concretas, middleware como buses de datos o herramientas de monitorización, pero se integra bien con cualquiera de ellas.

Una de las ventajas de Kubernetes es que expone una API que sirve para configurar el sistema de forma declarativa. También proporciona una herramienta para ejecutar desde la línea de comandos **(kubectl)** que permite crear, actualizar, eliminar y consultar objetos a través de la API. Esta API permite construir otras herramientas que se benefician de la funcionalidad que proporciona Kubernetes. Por ejemplo, **OpenShift** es una plataforma construida a partir del API de Kubernetes. La mejor forma de entender por qué se está popularizando tanto esta tecnología es viendo cuales son las principales **ventajas** que nos aporta:

- **Balanceo de carga:** los contenedores reciben sus propias direcciones IP de Kubernetes, mientras que asigna un solo nombre de sistema de nombres de dominio (DNS) a un conjunto de contenedores para ayudar en las solicitudes de equilibrio de carga en los contenedores del conjunto. Al indicarle a Kubernetes los requisitos, recursos y demás restricciones de cada contenedor, este se encargará de colocarlos automáticamente, sin preocuparse por la disponibilidad.

- **Autorecuperación:** Kubernetes reemplaza y reprograma automáticamente los contenedores de los nodos fallidos. Mata y reinicia los contenedores que no responden a las comprobaciones de estado, según las reglas/políticas existentes. También evita que el tráfico se enrute a contenedores que no responden. Kubernetes se encarga de reiniciar los contenedores que fallan, los reemplaza y los reprograma cuando los nodos mueren. Además, en caso de ser necesario, se encargará de matar o parar los contenedores que no respondan a un health check definido por el usuario.

- **Escalado horizontal:** en Kubernetes las aplicaciones son escaladas de manera manual o automática basado en CPU o métricas customizadas. Este modelo implica tener varios servidores (conocidos como nodos) trabajando como un todo. Se crea una red de servidores conocida como clúster, con la finalidad de repartirse el trabajo entre todos los nodos del clúster. Cuando el performance del clúster se ve afectada con el incremento de usuarios, se añaden nuevos nodos al clúster. De esta forma, a medida que son requeridos, se van añadiendo más.

- **Escalabilidad vertical:** también nos permite escalar nuestras aplicaciones hacia arriba y hacia abajo con un simple comando o automáticamente según el uso de CPU.

- **Descubrimiento de servicios:** al utilizar Kubernetes no necesitamos modificar nuestras aplicaciones para usar un mecanismo de descubrimiento de servicios. Él mismo se encarga de que los contenedores tengan sus propias direcciones IP y nombre DNS únicos para un conjunto de contenedores. Tiene la capacidad de equilibrar la carga entre ellos.

- **Despliegues automáticos:** Kubernetes se encarga de implementar progresivamente los cambios en las aplicaciones o configuraciones. A la vez supervisa el estado de estas, para asegurarse de no matar todas las instancias al mismo tiempo.

- **Secretos y gestión de la configuración:** Kubernetes gestiona los secretos y los detalles de configuración de una aplicación por separado de la imagen del contenedor, para evitar una reconstrucción de la imagen respectiva. Los secretos consisten en información confidencial que se pasa a la aplicación sin revelar el contenido sensible a la configuración de la pila, como en GitHub. La información sensible, como las passwords o las claves ssh que almacenamos, se ocultan en objetos llamados secretos, que se despliegan y se actualizan sin tener que volver a construir la imagen o exponer información confidencial.

- **Rollout y rollbacks automáticos:** Kubernetes implementa y revierte las actualizaciones de los cambios y de configuración, además de monitorizar el estado de la aplicación, para evitar cualquier caída del sistema.

- **Orquestación del almacenamiento:** Kubernetes monta automáticamente soluciones de almacenamiento definido por software (SDS) en contenedores de almacenamiento local, proveedores externos de la nube o sistemas de almacenamiento en red.

- **Ejecución por lotes (batch):** Kubernetes admite la ejecución por lotes (batch), trabajos de larga duración y reemplaza los contenedores fallidos.

8.5.1. Arquitectura de Kubernetes

Kubernetes trabaja con una gran variedad de servidores, llamados maestros (master) y nodos (nodes), que pueden estar ubicados en los mismos servidores físicos o en diferentes.

Desde el punto de vista de infraestructura, Kubernetes tiene dos elementos clave: el máster y los nodos worker. El nodo máster es el responsable de mantener el estado del clúster, es el encargado de administrarlo y gestionarlo. Los nodos máster proporcionan un entorno de ejecución para el plano de control (Control Plane), el cual se encargará de gestionar el estado del clúster de Kubernetes. Será el cerebro de todas las operaciones dentro del clúster. Los componentes del Control Plane son agentes con distintos roles dentro de la gestión del clúster. La comunicación con el clúster se podrá hacer a través de línea de comandos, una interfaz de usuario o un API. Para garantizar la tolerancia a fallos en el Control Plane, se añaden réplicas de nodo maestro al clúster, configuradas en modo de alta disponibilidad (HA).

Si bien sólo una de las réplicas del nodo maestro administra activamente el clúster, los componentes del Control Plane permanecen sincronizados a través de las réplicas del nodo maestro. Este tipo de configuración añade resistencia al Control Plane del clúster, en caso de que falle la réplica del nodo maestro activo. Los nodos en un clúster son las máquinas (físicas o virtuales) donde se ejecutan las aplicaciones (contenedores). Los procesos que se ejecutan en cada nodo worker son:

- **kubelet:** es un agente que se encuentra en ejecución en cada nodo. Se comunica con los componentes del Control Plane del nodo máster. También monitoriza la salud de los contenedores que se ejecutan en los Pods.
- **kube-proxy:** componente que se encarga de gestionar la red en cada nodo para reflejar la configuración especificada. El kube-proxy es el agente de red que se ejecuta en cada nodo responsable de las

actualizaciones y el mantenimiento de la configuración de red en el nodo. También es el encargado de reenvíar las solicitudes de conexión a los Pods.

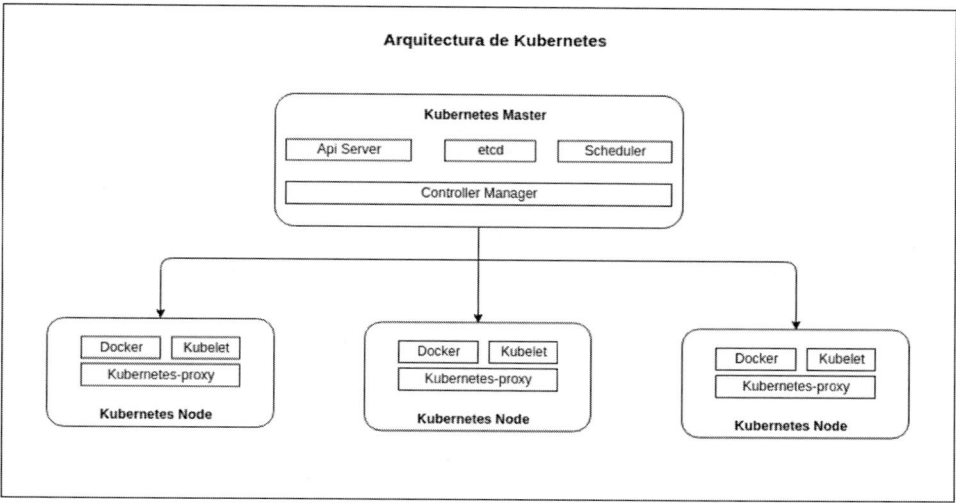

Figura 8.4 Arquitectura de Kubernetes

Con respecto a los componentes que se encuentran en el nodo máster del diagrama anterior, destacamos los siguientes:

- **Etcd:** es un almacén de datos clave valor distribuido utilizado por el clúster de Kubernetes para persistir el estado en el que se encuentra. Etcd únicamente es accesible a través del API Server.

- **API Server:** es quien sirve a la API de Kubernetes, enviando los datos en formato JSON a través del protocolo HTTP. Es quien valida y recibe todas las peticiones y actualiza los objetos que se encuentran en el almacén de datos de etcd. Toda la gestión de tareas se coordina por el Kube-apiserver, el cual es un componente del Control Plane, que se ejecuta en el nodo máster. El API Server intercepta las llamadas al API de los usuarios, operadores y agentes externos, las valida y procesa.

- **Scheduler:** es quien se responsabiliza de distribuir la carga, de verificar los recursos utilizados por los nodos y ajustar el uso con los recursos que tenga disponible.

- **Controller Manager:** se puede considerar como un proceso o demonio que se encarga de recolectar la información y enviarla a la API Server. Este en un proceso que se ejecuta en bucle, comparando el estado que existe con el estado deseado. Estos controladores incluyen a su vez los siguientes componentes:
  - **Controlador de nodos:** es el responsable de detectar y responder cuándo un nodo deja de funcionar.
  - **Controlador de replicación**: es el responsable de mantener el número correcto de pods para cada controlador de replicación del sistema.
  - **Controlador de endpoints**: construye el objeto Endpoints, es decir, hace una unión entre los Services y los Pods.
  - **Controladores de tokens y cuentas de servicio:** crean cuentas y tokens de acceso a la API por defecto para los nuevos Namespaces.

8.5.2. Componentes de Kubernetes

Kubernetes, en lugar de ejecutar los contenedores de forma directa, crea un nivel de abstracción superior llamado **pod,** sobre el que se pueden ejecutar uno o más contenedores.

Un pod encapsula uno o varios contenedores, así como recursos de almacenamiento, dirección IP y opciones que determinan cómo el contenedor debería ejecutarse. Si se necesitan más instancias de un pod, se puede configurar Kubernetes para desplegar nuevas réplicas. Lo normal es desplegar varias copias de este pod para asegurar balanceo de carga y alta disponibilidad ante fallos de algunos de los pods. De esta forma, si un pod muere, Kubernetes se encargará de volver a levantarlo.

Los principales componentes se pueden resumir en los siguientes puntos:

- **Cluster:** conjunto de máquinas físicas o virtuales y otros recursos utilizados por Kubernetes.

- **Nodo:** una máquina física o virtual ejecutándose en Kubernetes, donde los Pods pueden ser programados.

- **Pods:** la unidad mínima de computación. Permite ejecutar contenedores. Representa un conjunto de contenedores y almacenamiento compartido que comparte una única IP. Son la unidad más pequeña desplegable que puede ser creada, programada y manejada por Kubernetes.

- **ReplicaSet:** asegura que siempre se pueda ejecutar un número de réplicas de un pod determinado. Nos proporciona como principales características la escalabilidad, la tolerancia a fallos y la alta disponibilidad.

- **Replication Controller:** se asegura de que el número especificado de réplicas del pod estén ejecutándose. Permite escalar de forma fácil los sistemas y maneja la recreación de un pod cuando ocurre un fallo. Es un gestor de Pods que asegura que están levantadas las réplicas. Permite escalar de forma fácil.

- **Deployment:** este componente se encarga del despliegue de los Pods, es decir, los crea con las características asignadas. Es un tipo de replicación para Pods Stateless, o que no requieren ser consistentes con los datos.

- **Service:** es una abstracción que define un conjunto de Pods y la lógica para acceder a ellos. Normalmente una aplicación no interactúa directamente con un pod, debido a que estos pueden ser destruidos en cualquier momento. Por otro lado, un servicio es estable y se mantiene ante fallos.

- **Ingress:** nos permite implementar un proxy inverso para el acceso a los distintos servicios establecidos. Los elementos de Service e Ingress nos proporcionan como principal característica el balanceo de carga.

- **Persistent Volume:** es un componente que permite guardar la información, para posteriormente recuperarla. Debido a que los Pods son mortales, cuando desaparecen y vuelven a ser desplegados, la información anterior ya no está. Este componente permite recuperar la información evitando pérdidas de información.

- **Persistent Volume Claim:** es el componente que permite encontrar las características adecuadas de almacenamiento y seleccionarlo. Dado que pueden haber muchos Persistent Volume definidos en un nodo, este componente permite encontrar el adecuado para cada aplicación.

- **Stateful Set:** este componente es similar al Deployment, pero para Pods que son Stateful o requieren ser consistentes con los datos, como lo son las bases de datos. Por lo tanto, cuando se realiza el despliegue de Pods, se asegura que la información sea recuperable.

- **Config Map:** contiene la información de la url de la base de datos. De esta manera un servicio sabe a qué base de datos debe consultar.

- **Secret:** contiene la información de autenticación de una base de datos, como el nombre de usuario y la contraseña. Ambos datos deben ser encriptados en Base64 para mantener segura la información.

- **Namespace:** todos estos componentes anteriormente descritos son archivos configurables de extensión .yml. Estos archivos se pueden agrupar dentro de otro archivo llamado namespace. Esto permite organizar mejor los componentes que constituyen la aplicación.

Aunque los Pods son la unidad básica, normalmente no son ejecutados directamente en un clúster; en vez de eso, normalmente, son gestionados en un nivel de abstracción superior denominado **deployment** (despliegue). El objetivo principal de un deployment es especificar cuántas réplicas de un pod deberían estar ejecutándose a la vez. Cuando se añade un deployment al clúster, este levantará automáticamente el número de Pods especificados y los monitorizará.

En Kubernetes, la configuración de un deployment se define en ficheros con extensión .yaml. Un ejemplo de fichero **deployment.yaml** correspondiente una aplicación web podría ser el siguiente:

```
apiVersion: apps/v1
kind: Deployment
metadata:
 name: web-site
 labels:
   app: web-site
   tier: frontend
spec:
 replicas: 2
 selector:
   matchLabels:
     app: web-site
     tier: frontend
 template:
   metadata:
     labels:
       app: web-site
       tier: frontend
   spec:
     containers:
     - name: website
       image: localhost:5000/web-site:v1
       ports:
       - containerPort: 80
```

Los elementos más importantes que tener en cuenta son que estamos solicitando dos copias (réplicas) de nuestra aplicación web. Además, en la parte inferior estamos definiendo la imagen que queremos usar y la obtenemos de nuestro registro de imágenes local. Cabe destacar también que especificamos un puerto donde esperamos que nuestro contenedor reciba las peticiones. Para desplegar la aplicación en Kubernetes usaremos el comando **kubectl,** pasándole como parámetro el fichero de **deployment:**

```
$ kubectl apply -f deployment.yaml
```

8.5.3. Trabajar con Kubernetes

Kubernetes se puede desplegar en nuestra máquina local utilizando **Minikube** https://kubernetes.io/es/docs/tasks/tools/install-minikube. Puesto que Minikube crea una máquina virtual, el programa necesita la instalación de un hipervisor como VirtualBox, así como la herramienta **kubectl** https://kubernetes.io/docs/tasks/tools.

Una vez iniciado Minikube, el programa creará automáticamente un clúster con un único nodo. Puedes comprobarlo introduciendo el siguiente comando de kubectl, que permite obtener los nodos desplegados:

```
$ kubectl get nodes
```

Una opción para crear despliegues es a través de la terminal. Para ello la aplicación se tiene que encontrar en una imagen Docker guardada en un repositorio.

```
$ kubectl create deployment --image=[Ruta a la imagen]
```

Con los siguientes comandos podemos obtener los deployments, pods, servicios y nodos activos:

```
$ kubectl get deployments
$ kubectl get pods
$ kubectl get services
$ kubectl get nodes
```

Una vez tenemos instalado Minikube, podríamos ejecutar el siguiente comando para iniciar los componentes del clúster y descargar la CLI de Kubectl. Posteriormente ejecutamos el comando de kubectl para obtener los nodos del clúster.

```
$ minikube start --wait=false
```

Para ejecutar un deployment utilizamos el comando run, que crea una implementación basada en los parámetros especificados, como la imagen o las réplicas. Este despliegue se emite al nodo maestro que lanza los Pods y los contenedores necesarios. Este comando es similar al comando **docker run,** pero a nivel del clúster de Kubernetes.

```
$ kubectl run http --image=katacoda/docker-http-server:latest --replicas=1
```

Para ver el estado del deployment podríamos ejecutar el siguiente comando:

```
$ kubectl get deployments
```

Para averiguar qué creó Kubernetes, puede describir el proceso de implementación. La descripción incluye cuántas réplicas están disponibles, las etiquetas especificadas y los eventos asociados con la implementación. Estos eventos mostrarán por consola cualquier problema y error que pueda haber ocurrido.

```
$ kubectl describe deployment http
```

Con la implementación creada, podemos usar kubectl para crear un servicio que exponga los Pods en un puerto en particular. Podríamos usar el siguiente comando para exponer el servicio en el puerto 80 del contenedor a la dirección IP externa del host.

```
$ kubectl expose deployment http --external-ip="172.17.0.33" --port=8000 -
-target-port=80
```

Con nuestro deployment en ejecución, podríamos usar kubectl para escalar el número de réplicas. Esto haría que el deployment solicite a Kubernetes que arranque más Pods adicionales. El siguiente comando nos permite ajustar la cantidad de Pods que se ejecutan para un deployment en particular, además de que los Pods se equilibran automáticamente con el servicio expuesto.

```
$ kubectl scale --replicas=3 deployment http
$ kubectl get pods
```

8.5.4. Micro8ks

MicroK8s https://microk8s.io es una distribución de Kubernetes de código abierto, diseñada para ser ligera y fácil de usar. Es ideal para desarrolladores, entornos de borde e IoT, ya que proporciona una forma rápida y sencilla de poner en marcha un clúster de Kubernetes en prácticamente cualquier sistema operativo. Entre las principales características de MicroK8s podemos destacar:

- **Instalación sencilla:** se instala con un solo comando en Linux, Windows y macOS, lo que lo convierte en una opción muy accesible para cualquier usuario.
- **Ligero y eficiente:** su diseño minimalista lo hace muy ligero en recursos, perfecto para entornos con recursos limitados, como dispositivos de borde.
- **Kubernetes puro:** MicroK8s es una distribución conforme a Kubernetes, lo que significa que puedes utilizar todas las herramientas y conocimientos que ya tienes de Kubernetes.
- **Alta disponibilidad:** ofrece características de alta disponibilidad, como clústeres autónomos y almacenamiento distribuido, lo que garantiza la continuidad de las aplicaciones.

- **Actualizaciones automáticas:** se actualiza automáticamente, lo que le asegura que siempre está utilizando la última versión y beneficiándose de las últimas mejoras.

Entre los casos de uso típicos tenemos los siguientes:

- **Desarrollo local de aplicaciones Kubernetes:** crea entornos de desarrollo aislados y reproducibles.
- **Pruebas de aplicaciones:** realiza pruebas exhaustivas de las aplicaciones en un entorno similar a la producción.
- **Despliegue de aplicaciones en la nube:** podríamos utilizar microK8s como base para desplegar aplicaciones en diferentes proveedores de nube.
- **Automatización de tareas:** podríamos utilizar microK8s para automatizar tareas repetitivas, como la implementación de aplicaciones y la gestión de la configuración.

8.5.5. Otras soluciones para trabajar con Kubernetes en local

Además de Minikube y MicroK8s, existen otras herramientas para configurar un entorno de Kubernetes en su máquina local. Cada una tiene sus propias características, ventajas y desventajas, lo que las hace adecuadas para diferentes escenarios y preferencias de desarrollo. A continuación, analizamos algunas de las alternativas más destacadas:

- **Kind (Kubernetes in Docker)** https://kind.sigs.k8s.io: Kind es una herramienta de código abierto diseñada para ejecutar clústeres de Kubernetes de forma local utilizando contenedores Docker como nodos del clúster. Es ideal para probar Kubernetes en diferentes escenarios y para entornos de integración continua (CI). Algunas ventajas de esta solución son:

o **Ligero y rápido:** al usar contenedores Docker, Kind es muy rápido para arrancar un clúster y consume menos recursos que las soluciones basadas en VM completas.

o **Multinodo**: soporta la creación de clústeres de Kubernetes multinodo, lo que permite simular entornos más cercanos a la producción.

o **Ideal para CI/CD:** su velocidad y la capacidad de crear clústeres efímeros lo hacen perfecto para pipelines de CI/CD para probar despliegues de Kubernetes.

o **Personalizable:** permite personalizar la configuración del clúster de Kubernetes.

• **K3s** https://k3s.io: es la distribución de Kubernetes más ligera, lo que significa un consumo mínimo de CPU y RAM, optimizada para entornos Edge, IoT y ARM. Elimina componentes no esenciales para reducir su tamaño y requisitos de recursos.

• **K3d** https://k3d.io/stable: es una utilidad de línea de comandos que simplifica la ejecución de clústeres de K3s dentro de contenedores Docker. Combina la ligereza de K3s con la facilidad de gestión y portabilidad de Docker.

8.5.6. Patrones de diseño en Kubernetes

Los patrones de diseño en Kubernetes son enfoques y prácticas recomendadas para gestionar y desplegar aplicaciones en clústeres de Kubernetes, maximizando así la eficiencia, resiliencia y escalabilidad de las aplicaciones. Estos patrones son útiles al abordar problemas comunes en la gestión de contenedores y microservicios en entornos distribuidos.

Empezamos analizando los **patrones de diseño de infraestructura,** que son la base para operar aplicaciones en Kubernetes y se centran en cómo estructurar y configurar los recursos fundamentales.

- **Patrón Sidecar:** un contenedor adicional en un pod que proporciona funcionalidades auxiliares, como proxy de red o logger, para mejorar la funcionalidad del contenedor principal. Un contenedor de aplicación que se despliega con un contenedor sidecar que aporta funcionalidades adicionales (logs, https, backend de configuración...). Los dos contenedores se agrupan en el mismo pod y se ejecutan en el mismo nodo, compartiendo recursos (red, volumen...). El contenedor sidecar debe aportar una funcionalidad modular, que puede ser reusada en otras aplicaciones, lo que se consigue parametrizando el contenedor sidecar.

- **Patrón Ambassador:** es un contenedor que hace de broker/proxy de un servicio que usa la aplicación, sin necesidad de conocer el origen del servicio real.

- **Patrón Adapter:** es un contenedor que ofrece una interfaz sobre el contenedor de la aplicación. Modifica o transforma el comportamiento de una aplicación sin cambiar su código, utilizando contenedores adicionales en el mismo pod. Puede ser útil para añadir métricas o modificar datos de entrada/salida.

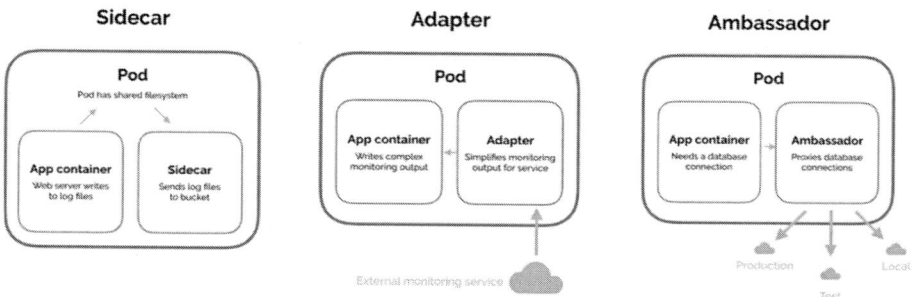

Figura 8.5 Patrones de diseño de infraestructura en Kubernetes

En cuanto a los **patrones de comportamiento,** estos ayudan a manejar el comportamiento de las aplicaciones en respuesta a eventos y cambios en el entorno de Kubernetes.

- **Patrón de Configuración:** utiliza Config Maps y Secretos para mantener configuraciones externas, lo cual facilita la actualización de configuraciones sin reconstruir ni redesplegar imágenes.

- **Patrón de Supervisor:** involucra contenedores que monitorizan y reinician otros procesos. Es útil para implementar políticas de recuperación y garantizar que los servicios críticos se mantengan activos.

- **Patrón de Job:** ejecuta tareas de duración determinada o programadas, como la limpieza de datos o backups, y asegura que se completan con éxito mediante el uso de Jobs y CronJobs.

- **Patrón de Replicación:** utiliza Deployments y Replica Sets para crear y mantener múltiples instancias de un servicio, permitiendo la escalabilidad y tolerancia a fallos.

- **Patrón de Sharding:** divide los datos o la carga de trabajo en diferentes nodos o Pods para mejorar el rendimiento y la disponibilidad. Este patrón es útil para bases de datos distribuidas o aplicaciones que manejan grandes volúmenes de datos.

- **Patrón de Circuit Breaker:** implementa mecanismos de protección ante fallos en un servicio. Si un servicio no responde, evita que otros servicios lo sigan llamando, lo cual ayuda a prevenir caídas en cascada.

- **Patrón de Autoescalado:** utiliza el escalado automático horizontal (HPA, Horizontal Pod Autoscaler) y vertical para ajustar la cantidad de réplicas o la capacidad de los Pods según la carga, garantizando así el uso óptimo de los recursos.

- **Patrón de Service Discovery:** Kubernetes utiliza servicios para facilitar la comunicación entre Pods. Los servicios crean un punto de acceso estable (un nombre de DNS) que ayuda a descubrir y conectar aplicaciones sin tener que gestionar direcciones IP dinámicas.

- **Patrón de Ambassador:** utiliza un contenedor en el mismo pod que actúa como intermediario o proxy para otros servicios, como bases de datos externas, facilitando así la comunicación sin exponer detalles de la red directamente.

- **Patrón de Gateway API:** implementa una API de puerta de enlace (gateway) en la capa de red para centralizar el control de acceso y el balanceo de carga en el tráfico que entra en el clúster.

8.6. Plataformas de contenedores

Probablemente un orquestador y un motor de contenedores es todo lo que necesitemos en un entorno de desarrollo; sin embargo, en un entorno productivo esto podría no ser suficiente y necesitamos complementar el orquestador con herramientas de gestión avanzadas, escalabilidad automática en entornos de cloud o sistemas de virtualización on-premises. Aquí es donde entran en juego las plataformas de contenedores, entre las que podemos destacar:

- **Portainer** https://portainer.io
- **OpenShift** https://www.openshift.com
- **Rancher** https://rancher.com

8.6.1. Portainer

Para las tareas de administración de contenedores Docker, a veces la línea de comandos puede hacerse algo difícil para realizar ciertas acciones. Portainer permite a los equipos de DevOps gestionar, configurar y asegurar de forma centralizada los entornos multi-cluster, facilitando el despliegue, la gestión y la resolución de problemas de las aplicaciones desplegadas en entornos de contenedores.

El requisito previo para instalar Portainer es disponer del motor de docker previamente instalado. Posteriormente podríamos realizar la instalación siguiendo los siguientes pasos:

1. Crear un volumen para la persistencia de los datos:

```
$ sudo docker volume create portainer_data
```

2. Ejecutar el comando que descarga y pone en ejecución Portainer:

```
$ docker run -d -p 9000:9000 -p 8000:8000 --name portainer --restart always -v /var/run/docker.sock:/var/run/docker.sock -v portainer_data:/data portainer/portainer
```

En el comando anterior, las opciones tienen el siguiente significado:

- -d: para que se ejecute en modo daemon.
- -p: para mapear el puerto y que esté disponible desde el puerto 9000 la interfaz web de portainer.
- —name: para asignar un nombre al contenedor.
- —restart always: indica que, cada vez que el docker engine se reinicie, entonces se inicie portainer de forma automática.
- -v: para mapear a volúmenes externos los datos del socket de ejecución y la persistencia de datos de imágenes.

Una vez desplegado, si ejecutamos el comando **docker run** tendríamos que ver en ejecución la aplicación portainer en los puertos 8000 y 9000:

```
root@server:~# docker ps
CONTAINER ID   IMAGE                      COMMAND
CREATED      STATUS      PORTS
NAMES
f4ab79732007   portainer/portainer-ce:sts            "/portainer"
2 weeks ago    Up 29 hours   0.0.0.0:8000->8000/tcp, :::8000->8000/tcp,
0.0.0.0:9443->9000/tcp, :::9443->9443/tcp   portainer
```

Portainer también se podría desplegar utilizando **docker-compose,** que simplifica el proceso de configuración. Para ello, creamos el archivo **docker-compose.yml** con el siguiente contenido:

```
version: '3.7'
services:
 portainer:
  image: portainer/portainer
  container_name: portainer
  ports:
   - '9000:9000'
  volumes:
   - './data:/data'
  restart: unless-stopped
```

Las opciones de este fichero son:

- **version**: especifica la versión de la sintaxis de Docker Compose.
- **services**: define los servicios que queremos desplegar.
- **image**: específica la imagen de Docker que se utilizará.
- **container_name:** asigna un nombre al contenedor.
- **ports:** mapea el puerto 9000 del contenedor al puerto 9000 de la máquina host.
- **volumes:** crea un volumen persistente con los datos del contenedor en el directorio ./data del host.
- **restart:** configura el contenedor para que se reinicie automáticamente a menos que se detenga manualmente.

A continuación, iniciamos el contenedor Portainer en segundo plano con la opción -d:

$ docker-compose up -d

Para mostrar información sobre los contenedores (imágenes, volúmenes, etc.) en Docker, Portainer necesita conectarse vía API al host en el que se ejecuta Docker. Tenemos dos opciones: un endpoint remoto (opción por defecto) o conectar con el host donde se ejecuta Portainer:

Figura 8.6 Opciones de ejecución de Portainer

La aplicación permite que cada contenedor, volumen o segmento de red (network) pueda establecer un control de acceso, de la siguiente manera:

- **Sin control de acceso:** cualquier usuario logueado en portainer podrá manipular ese recurso.

- **Control de acceso privado:** solo el usuario que haya creado el recurso podrá manipularlo. Por ejemplo, parar/arrancar un contenedor, borrar una imagen, un volumen, etcétera.
- **Control de acceso restringido:** solo los usuarios pertenecientes al grupo (Team) podrán manipular el recurso.

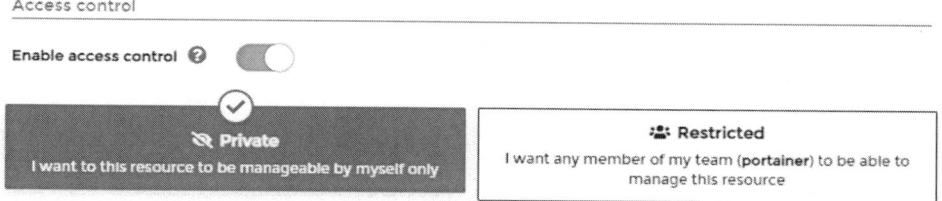

Figura 8.7 Opciones de control de acceso de Portainer

Una vez hemos accedido, tenemos acceso al dashboard principal de la aplicación, donde podemos ver, en la parte de la izquierda, las diferentes secciones:

- **App Templates:** lista de aplicaciones que serán desplegadas, desde el registry de Docker Hub.
- **Stacks:** aquí podremos escribir los ficheros con sintaxis de docker-compose.
- **Containers:** contenedores que existen en ese endpoint. Podremos arrancar nuevos, pararlos, etc.
- **Images:** imágenes que existen en ese endpoint.
- **Networks:** segmentos de red en ese endpoint.
- **Volumes:** volúmenes creados en ese endpoint. Podremos crear nuevos, borrar, etc.
- **Host:** información del host donde corre este endpoint de Docker.

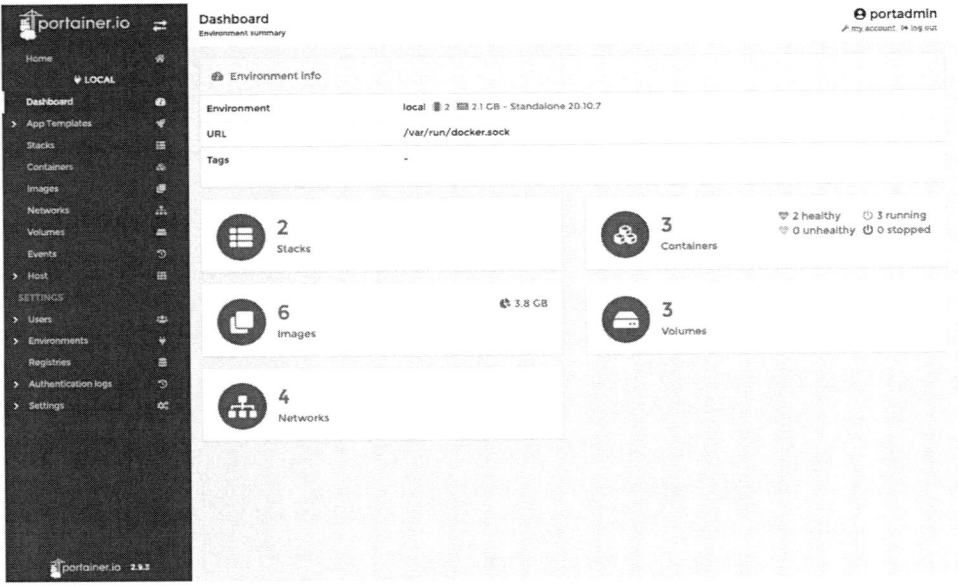

Figura 8.8 Dashboard principal de Portainer

Como se puede ver en la interfaz, existe una amplia variedad de opciones, como iniciar, detener, eliminar y realizar diversas operaciones sobre los contenedores. También es posible visualizar detalles de los contenedores, conectarse a ellos y visualizar logs.

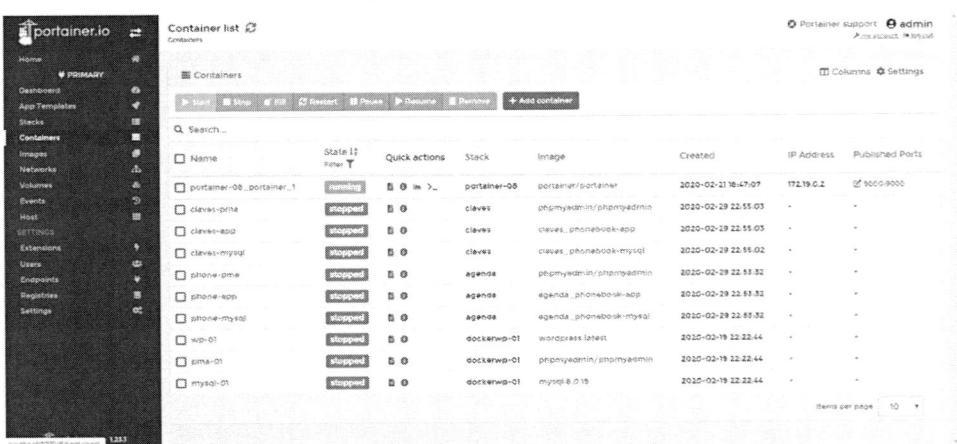

Figura 8.9 Dashboard de lista de contenedores de Portainer

En la pantalla de **Networks** tenemos la posibilidad de ver las redes que ya tenemos creadas, gestionarlas, eliminarlas o añadir una nueva.

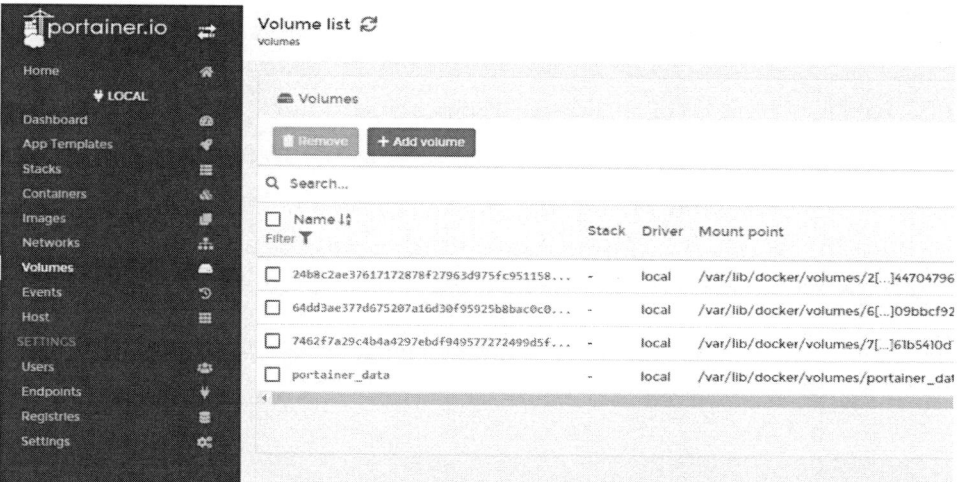

Figura 8.10 Gestión de redes en Portainer

En la pantalla de **Volumes** tenemos la posibilidad de ver los volúmenes que ya tenemos creados, eliminarlos o añadir uno nuevo a través de la interfaz:

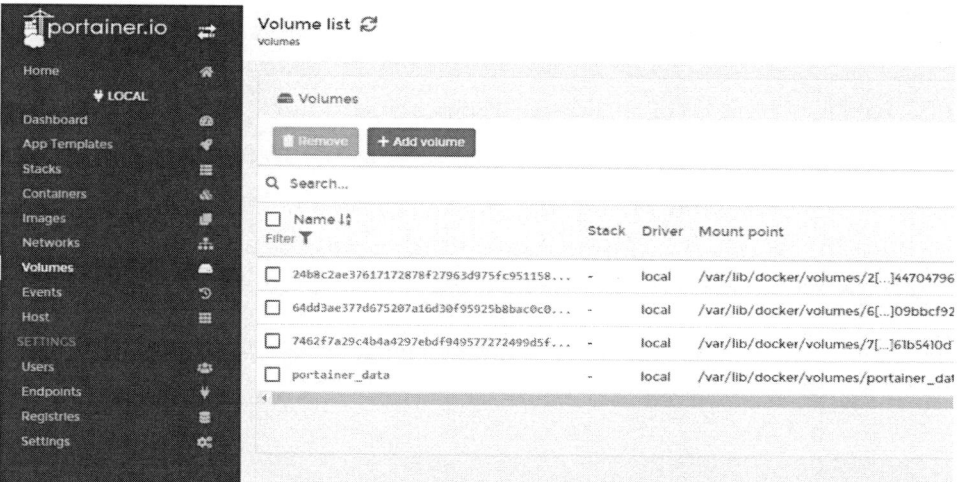

Figura 8.11 Gestión de volúmenes en Portainer

Portainer también ofrece la posibilidad de visualizar las **estadísticas** del uso de CPU, memoria y red.

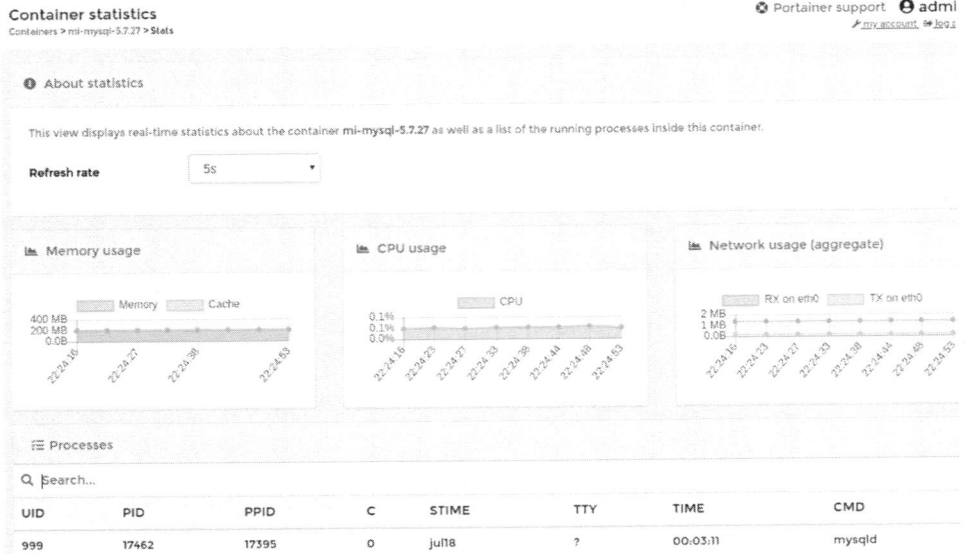

Figura 8.12 Estadísticas en Portainer

8.6.2. OpenShift

Para gestionar eficazmente una infraestructura de TI utilizando Kubernetes, se requiere un fuerte enfoque en tres áreas centrales en la gestión de operaciones como son monitorización y registro, seguridad y control de acceso, escalabilidad y autoescalado.

OpenShift es un orquestador de aplicaciones contenerizadas basado en Kubernetes, del cual hereda algunas características, a la vez que extiende otras:

- **Alta disponibilidad,** que se obtiene gracias a Etcd, una base de datos distribuida que guarda el estado del clúster, con lo que se asegura en todo momento el estado de ejecución de las aplicaciones.
- **Balanceo de carga,** que, además de permitir un mayor volumen de peticiones, proporciona acceso a las aplicaciones desde el exterior del clúster.
- **Automatización de escalado de aplicaciones bajo demanda,** para una adaptación a un mayor o menor volumen de peticiones.

Openshift dispone de los mismos recursos que tenemos en Kubernetes, que pueden crearse y configurarse con herramientas de administración que ofrece la plataforma:

- **Pods:** representan una colección de contenedores que comparten recursos, como direcciones IP y volúmenes de almacenamiento persistente. Un pod puede contener uno o varios contenedores que comparten los mismos recursos y la misma dirección IP.
- **Servicios**: Definen una combinación de IP/puerto que proporciona acceso a un conjunto de pods. De forma predeterminada, los servicios conectan clientes con pods utilizando una política de acceso Round-Robin.
- **Controlador:** Es un proceso que vigila y mantiene el clúster para que permanezca en un estado en concreto. Un ejemplo es el llamado controlador de replicación, que es el encargado de mantener constante el número de réplicas de pods distribuidos en el clúster.
- **Controladores de replicación:** un controlador de replicación incluye una definición de pods que se debe replicar. Los pods creados a partir de esta pueden programarse a diferentes nodos.
- **Volúmenes persistentes:** proveen almacenamiento en red de forma persistente a aquellos pods pertenecientes a un contenedor.

En el siguiente diagrama se muestra la arquitectura típica de una instalación de OpenShift:

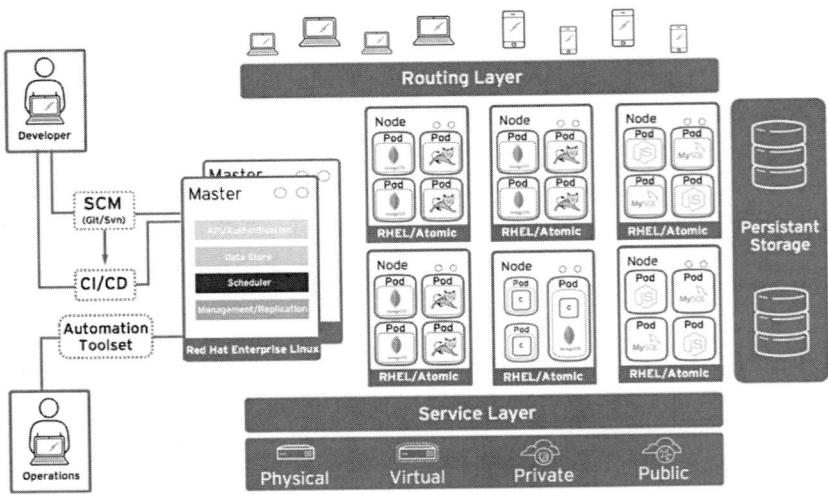

Figura 8.13 Arquitectura de OpenShift

En la siguiente figura se muestra la infraestructura de contenedores básica, integrada y mejorada por Red Hat:

- El sistema operativo base es Red Hat Enterprise Linux (RHEL).
- Docker proporciona la API de administración de contenedores básica y el formato de archivo de imágenes de contenedores.
- Kubernetes administra un clúster de hosts (físicos o virtuales) que ejecutan contenedores. Si Docker es el núcleo de OCP, Kubernetes es el corazón que lo mantiene en funcionamiento.
- Etcd es un almacén de claves-valores distribuido, utilizado por Kubernetes para almacenar información de estado y configuración acerca de los contenedores y otros recursos dentro del clúster de Kubernetes.

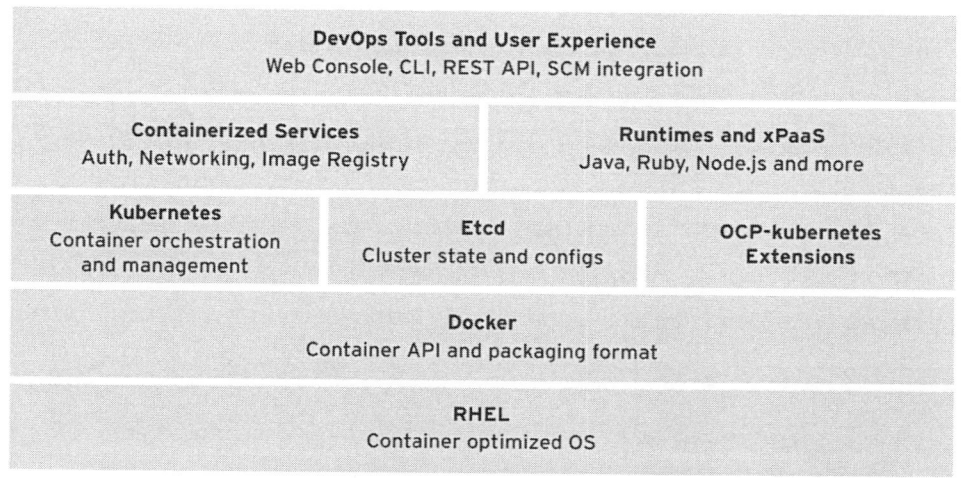

Figura 8.14 Componentes de OpenShift

Para utilizar OpenShift tenemos distintas versiones:

- **OKD (Origin)** https://okd.io: podemos utilizar esta versión, que es la distribución de la comunidad de software libre. La podemos descargar y montar nuestro clúster de OpenShift en nuestros servidores.

- **OpenShift Online** https://manage.openshift.com: Red Hat nos ofrece un clúster para trabajar directamente con él. Para ello podemos usar esta versión, que se ejecuta en el cloud público. Para utilizarla hay que darse de alta en Red Hat. Tenemos dos planes para elegir, uno gratuito y otro profesional, que nos ofrece todas las funcionalidades para trabajar y para poner nuestras aplicaciones en producción.

- **OpenShift Dedicated** https://www.redhat.com/en/technologies/cloud-computing/openshift/dedicated: esta es la versión que tenemos que usar si necesitamos un clúster de OpenShift para nuestra empresa o para nuestro uso privado.

- **OpenShift   Container   Platform** https://www.openshift.com/products/container-platform: es la versión que se utiliza en caso de necesitar que Red Hat nos proporcione asesoramiento para construir un clúster en nuestras instalaciones.

La tecnología de OpenShift funciona sobre una plataforma con Docker y Kubernetes, optimizando el tiempo de ejecución para los pods de Kubernetes, conexiones de red, autenticación, autorización, registro y supervisión. Nos ayuda con la automatización del ciclo de vida, con el objetivo de aumentar la seguridad. Crea soluciones mucho más personalizadas y con capacidad para realizar operaciones de clúster más sencillas, con posibilidad de potabilización de aplicaciones, de forma sencilla y rápida.

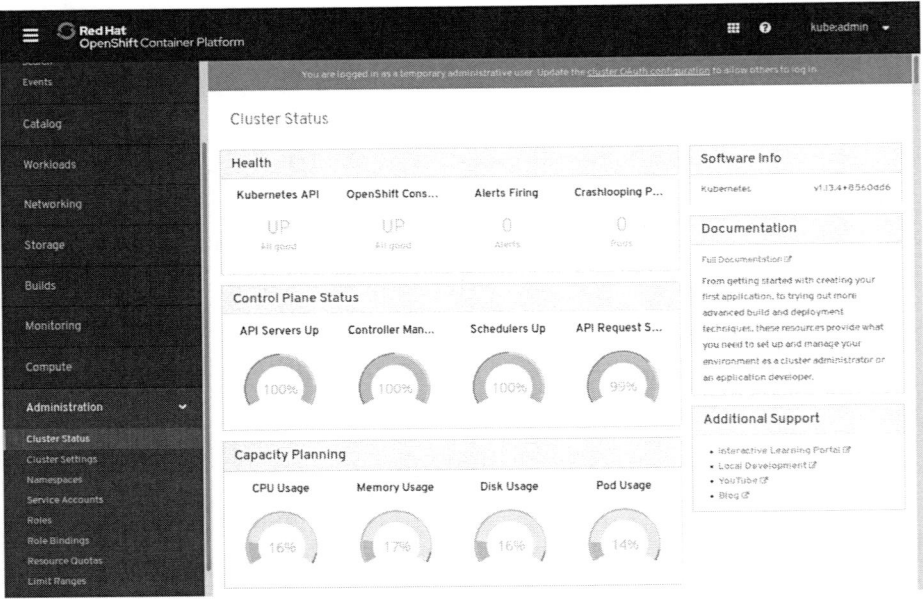

Figura 8.15 Interfaz de OpenShift

OpenShift, además, añade las capacidades para proporcionar una plataforma para gestionar la infraestructura de contenedores. Por ejemplo, se proporcionan herramientas de administración web y de CLI para administrar aplicaciones del usuario y servicios de OCP (Open Compute Proyect). Las herramientas web y de CLI de OpenShift están desarrolladas a partir de las API REST, que pueden aprovechar las herramientas externas, como IDE y plataformas de integración continua como Jenkins.

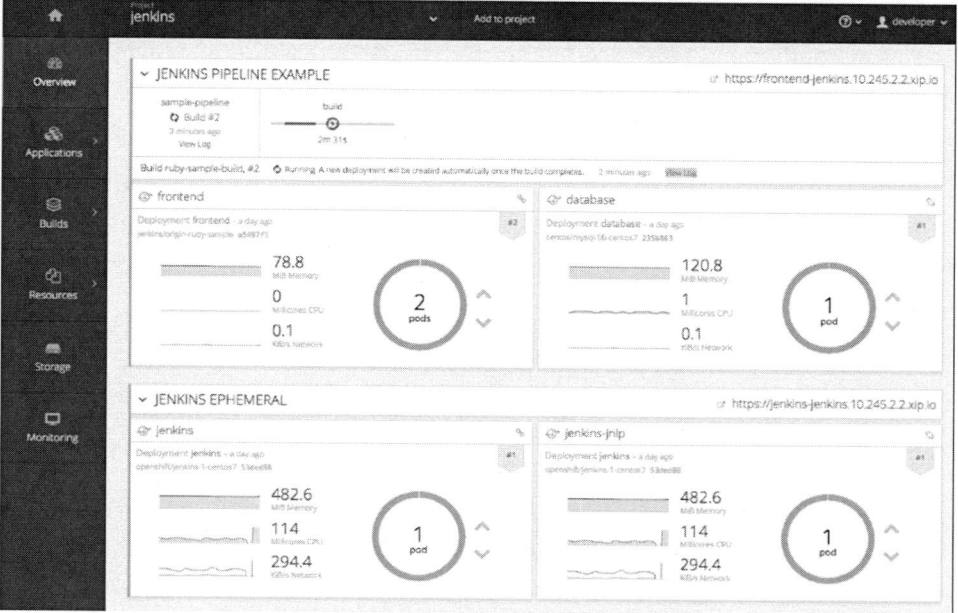

Figura 8.16 Integración de OpenShift con Jenkins Pipeline

OpenShift lo que nos ofrece es una infraestructura, una plataforma, donde los desarrolladores de aplicaciones web, trabajando en distintos lenguajes de programación, pueden, de una manera muy sencilla, implantar sus aplicaciones, todo con características de Cloud Computing, por ejemplo:

- **La elasticidad:** OpenShift permite al desarrollador tener su aplicación. Si esa aplicación web tiene mucha demanda, de forma sencilla podemos escalarla para levantar distintos contenedores que sirvan la aplicación.

- **El pago por uso:** OpenShift es un producto de Red Hat que podemos contratar, pero el pago va a ser en función de los recursos que necesitemos. Si nuestra aplicación tiene muchas peticiones y necesitamos escalarla, durante el tiempo que esté utilizando más recursos pagaremos más, y en el momento en que creamos oportuno reducir los recursos que estamos utilizando, pagaremos menos.

- **OpenShift trabaja en un clúster de servidores:** este conjunto de servidores pueden estar realmente en un servicio externo en la nube o lo podemos tener instalado en nuestros servidores de nuestra infraestructura.

- **Facilita el trabajo al desarrollador:** el desarrollador no necesita conocer en profundidad las tecnologías que utiliza OpenShift. OpenShift internamente utiliza Docker como gestor de contenedores y Kubernetes para controlar la ejecución de esos contenedores en los distintos nodos del clúster. El desarrollador no necesita conocer esas tecnologías, sino que de una manera muy sencilla va a poder poner, con características de Cloud Computing, su aplicación en el clúster.

- **Permite desplegar aplicaciones en diferentes entornos:** con OpenShift podemos tener diferentes entornos. Se puede tener un clúster para desarrollo, donde el desarrollador pruebe su aplicación. Incluso, dentro del flujo de integración continua, podemos hacer que este flujo acabe trabajando con OpenShift para generar la aplicación implantada.

8.6.3. Rancher

Una de las innovaciones que se han producido en la computación en la nube es el uso de contenedores para ejecutar aplicaciones y servicios. Plataformas como Kubernetes han facilitado la gestión de cargas de trabajo y servicios en contenedores en plataformas en la nube. Kubernetes, al ser de código abierto, tiene varias distribuciones, entre las que puedes elegir si pretendes desplegar cargas de trabajo en la nube. Una de esas distribuciones es Rancher.

Rancher https://www.rancher.com es una plataforma diseñada para equipos que adoptan tecnologías contenerizadas. Aborda los desafíos operativos y de seguridad para la administración de múltiples clústeres de Kubernetes a través de cualquier tipo de infraestructura (Cloud y On-Premise). Proporciona herramientas integradas de manera simultánea a los equipos de DevOps para ejecutar cargas de trabajo en contenedores. En resumen, se trata de un software para administrar clusters de Kubernetes, que incluye no solo la gestión de clústeres existentes, sino también la posibilidad de crear otros nuevos.

De esta forma, sea de donde sea que se ejecuten los recursos, esta hace posible integrar clústeres fácilmente en cada tipo de proveedor y migrar recursos entre ellos. En lugar de tener clústeres de Kubernetes aislados, Rancher los unifica como un solo cloud de Kubernetes administrado. Entre las principales **características** podemos destacar:

- Rancher facilita el aprovisionamiento y la administración de clústeres de Kubernetes. Se pueden importar clústeres existentes, personalizados o administrados, como EKS y GKE, o bien definir e implementar los tuyos propios con Rancher Kubernetes Engine https://github.com/rancher/rke, distribución de Kubernetes certificada por la CNCF que se ejecuta con contenedores de Docker, lo que facilita la preparación de un host y la instalación o K3s https://k3s.io, distribución ligera certificada de Kubernetes que, en un único binario de menos de 40 MB, contiene todo lo necesario para ejecutar un clúster de Kubernetes.

- Rancher le permite administrar la seguridad de los clústeres e implementar métodos de autenticación externos como LDAP, asignar permisos a los usuarios y asignarlos a recursos en cualquier clúster administrado por Rancher.

- Con Rancher podemos administrar un clúster de Kubernetes directamente desde la consola, lo que incluye la realización de copias de seguridad, la actualización de las versiones de Kubernetes, la recuperación de clústeres degradados e incluso añadir o reemplazar nodos.

- Facilita a los usuarios la actualización de los servicios de contenedores existentes. Permite también la clonación de servicios y la redirección de las solicitudes de servicio.

Rancher ofrece una consola web sobre Kubernetes que permite gestionar los recursos desplegados, por ejemplo, a la hora de desplegar un nuevo Deployment. De manera visual se puede ir configurando desde variables de entorno hasta conceptos más complejos, como la política de upgrade, health-checks, límites de recursos y aspectos de configuración de la red.

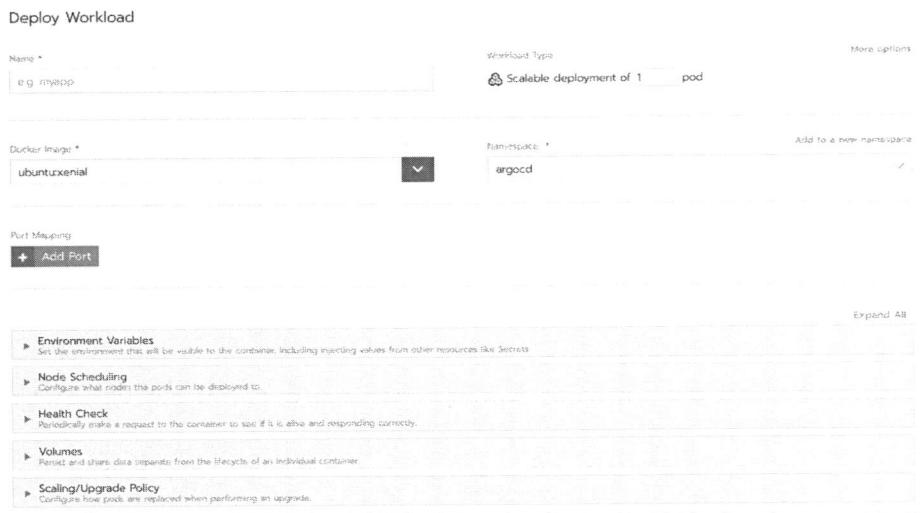

Figura 8.17 Gestión de configuración de un deployment en Rancher

A través de una interfaz de usuario, los usuarios pueden administrar secretos, gestionar funciones y permisos de forma segura, escalar nodos y pods, y configurar balanceadores de carga y volúmenes. En la vista «Cluster explorer» se podrá ver una vista mucho más detallada y técnica de los aspectos tanto del clúster como de los trabajos de carga (workloads), así como de los charts disponibles en el marketplace de Rancher.

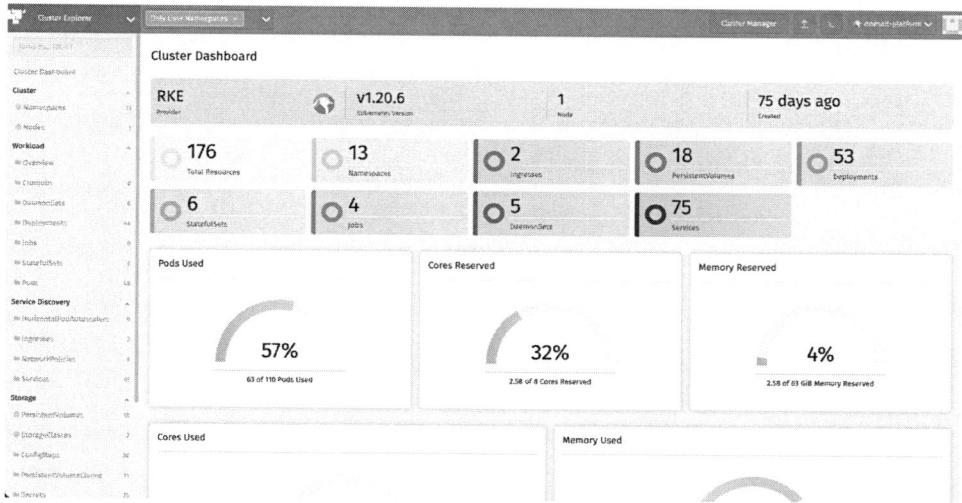

Figura 8.18 Cluster Dashboard en Rancher

A continuación, analizamos algunas de las principales ventajas que plantea el uso de Rancher:

- **Se puede desplegar fácilmente en cualquier infraestructura de nube:** una ventaja que tiene Rancher sobre otras plataformas es su compatibilidad con diferentes plataformas en la nube. Ofrece soporte para diferentes proveedores de nube pública (AWS/GCP/Azure), on-premise, clústeres gestionados EKS/AKS/GKE y nube privada. Permite añadir al control de Rancher, clústeres de Kubernetes que estén alojados en diferentes plataformas.
- **Simplifica la gestión de los clústeres:** Rancher es probablemente la mejor opción para gestionar varios clústeres de Kubernetes desde una sola interfaz. Esta capacidad es uno de los puntos fuertes que se construyeron en el núcleo de Rancher. Dispone de una API que podemos utilizar para automatizar nuestras operaciones e integrarlas con nuestros propios desarrollos.
- **Incluye balanceo de recursos y monitorización automáticas:** esta es característica es muy útil si se tiene la intención de desplegar un sistema que tenga que soportar una gran cantidad de tráfico.

- **Control de acceso centralizado:** permite el control de acceso centralizado a todos los clústeres administrados, sin olvidar que también tendremos acceso directo a cada clúster administrado sin pasar por Rancher. Centralizamos las auditorías, actualizaciones, observabilidad, alertas, catálogo de aplicaciones, lo que permite reducir los tiempos de gestión de nuestro clúster de kubernetes.

- **Ejecución de software centralizada:** especialmente destacable bajo el ámbito de la seguridad, podemos ejecutar análisis de seguridad automatizados para verificar si todos nuestros clústeres administrados cumplen con las best practices definidas en el **CIS Kubernetes Benchmark** https://www.cisecurity.org/benchmark/kubernetes.

Una característica importante de Rancher es la monitorización que ofrece a través de las métricas de Prometheus y los dashboards de Grafana, además de una consola de operaciones más enfocada a administradores de sistemas. Una vez se active la monitorización, podremos acceder a ella de manera integrada en la vista del clúster. También en los distintos pods desplegados se ofrece una vista de las métricas más relevantes (CPU, Memoria, Disco, Red, etc.).

Figura 8.19 Métricas del clúster en Rancher

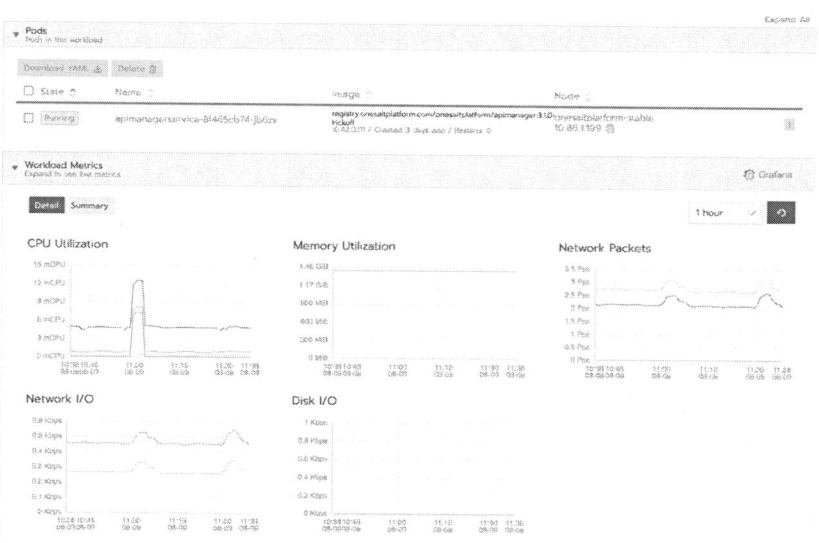

Figura 8.20 Uso de recursos en los diferentes pods desplegados

A continuación, analizamos algunos **casos de uso** para Rancher:

- **Administración centralizada de clústeres de Kubernetes:** Rancher permite gestionar múltiples clústeres de Kubernetes desde una sola interfaz, simplificando la administración en entornos multinube o híbridos. Eso facilita el control de acceso, la monitorización y el mantenimiento de clústeres distribuidos en varios entornos, y reduce la complejidad y el tiempo de administración.

- **Estandarización en entornos de desarrollo y producción:** Rancher permite estandarizar configuraciones, políticas de seguridad y flujos de trabajo entre distintos entornos de desarrollo, prueba y producción. Esto asegura la consistencia en los despliegues, reduce el riesgo de errores de configuración y facilita la colaboración entre equipos.

- **Gestión de políticas de acceso y seguridad:** Rancher ofrece un sistema de control de acceso basado en roles (RBAC) y políticas para garantizar la seguridad y el cumplimiento normativo. Esta característica permite a las organizaciones establecer permisos a nivel de usuario, equipo o clúster, lo cual mejora la seguridad y facilita el cumplimiento de estándares de gobernanza.

- **Implementación y escalabilidad de aplicaciones en entornos multinube:** Con Rancher es posible implementar y gestionar clústeres de Kubernetes en diferentes proveedores de nube (AWS, Google Cloud, Azure) o en entornos locales, lo que permite la portabilidad de aplicaciones. Ayuda a evitar la dependencia de un único proveedor de nube y facilita el escalado de aplicaciones según la demanda o el costo en distintos entornos.

- **Optimización de recursos y reducción de costes:** Rancher permite monitorizar y gestionar los recursos utilizados por los clústeres, ofreciendo estadísticas y visibilidad en tiempo real. Ayuda a las empresas a optimizar el uso de recursos, lo que puede reducir significativamente los costes de infraestructura al identificar y ajustar clústeres sobredimensionados o subutilizados.

- **Integración con CI/CD y automatización:** Rancher se integra con herramientas de CI/CD como Jenkins, GitLab CI/CD y GitHub Actions, lo que facilita la automatización de procesos de despliegue. Permite a los equipos de DevOps automatizar flujos de trabajo y eso acelera el ciclo de vida de las aplicaciones y mejora la eficiencia.

- **Gestión centralizada de clústeres Kubernetes:** Rancher permite gestionar múltiples clústeres Kubernetes, tanto alojados en la nube como en entornos híbridos. Esto simplifica la tarea de los administradores de sistemas y de los equipos de DevOps centralizando el control. Rancher también se dirige a aquellas empresas que utilizan varios orquestadores de contenedores.

- **Despliegue y gestión simplificados:** gracias a su intuitiva interfaz gráfica de usuario, Rancher simplifica la implementación, el escalado y la gestión de las aplicaciones contenerizadas. Además, con un catálogo de modelos preconfigurados y de herramientas intuitivas, permite acelerar el despliegue de aplicaciones.

8.7. Comunicaciones y enrutado con Traefik

Entornos como Docker pueden ser una alternativa eficaz para ejecutar aplicaciones web en producción, pero es posible que nos interese ejecutar varias aplicaciones en el mismo host de Docker. En esta situación, tendremos que configurar un proxy inverso, para exponer los puertos que solo nos interese con el objetivo de tener sus contenedores accesibles desde internet.

Traefik https://traefik.io es un proxy inverso y balanceador de carga HTTP que destaca por su capacidad de integración dinámica con los orquestadores de contenedores y los entornos de microservicios. Sus principales **características** son:

- **Descubrimiento automático de servicios:** Traefik se integra con orquestadores de contenedores como Docker, Kubernetes, Docker Swarm, Rancher, Mesos, entre otros. Detecta automáticamente los servicios (contenedores) a medida que se despliegan o se escalan, eliminando la necesidad de configuración manual.
- **Configuración dinámica:** a diferencia de los proxies inversos tradicionales, que requieren reinicios para aplicar cambios de configuración, Traefik actualiza su configuración en tiempo real a medida que detecta cambios en los servicios, sin interrupciones.
- **Gestión automática de SSL/TLS:** soporta la adquisición y renovación automática de certificados SSL/TLS con Let's Encrypt https://letsencrypt.org, lo que simplifica enormemente la gestión de la seguridad HTTPS para las aplicaciones.
- **Balanceo de carga:** distribuye eficientemente el tráfico de entrada entre múltiples instancias de un servicio, con lo que mejora la disponibilidad y el rendimiento de las aplicaciones.
- **Middlewares:** permite insertar funcionalidades adicionales en la cadena de procesamiento de solicitudes HTTP/S. Puedes usar middlewares para autenticación, limitación de tasa, reescritura de url, manipulación de encabezados, compresión, etc.

- **Alta disponibilidad:** puede desplegarse en modo clúster para asegurar la redundancia y evitar un único punto de fallo, lo que es importante para entornos de producción.
- **Observabilidad:** ofrece un dashboard web intuitivo que muestra el estado de los servicios, rutas y configuraciones en tiempo real. Además, proporciona métricas (compatibles con Prometheus y Datadog), acceso a logs y trazabilidad (OpenTracing).
- **Enrutamiento inteligente:** permite definir reglas de enrutamiento basadas en rutas url, encabezados HTTP, nombres de host, métodos HTTP y otras condiciones, y así dirigir las peticiones al contenedor correcto.
- **Basado en etiquetas/anotaciones:** en entornos como Docker y Kubernetes, puedes configurar el enrutamiento de Traefik simplemente añadiendo etiquetas (labels) a los contenedores o anotaciones a los objetos de Kubernetes, lo que lo hace muy declarativo.
-

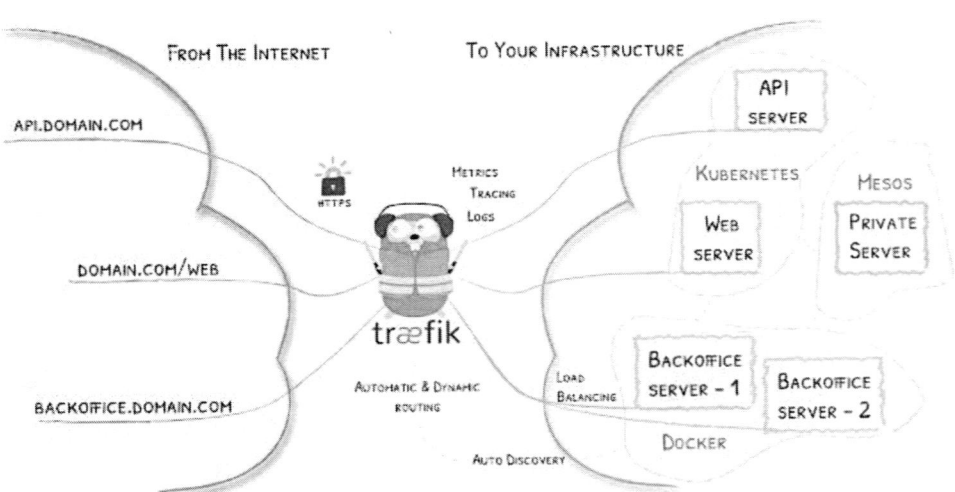

Figura 8.21 Arquitectura de Traefik

Traefik se puede considerar un Edge Router que se encarga de interceptar cada petición que se realiza y enrutarla al servicio correcto. Traefik define las reglas que determinan qué servicio es el encargado de gestionar cada petición.

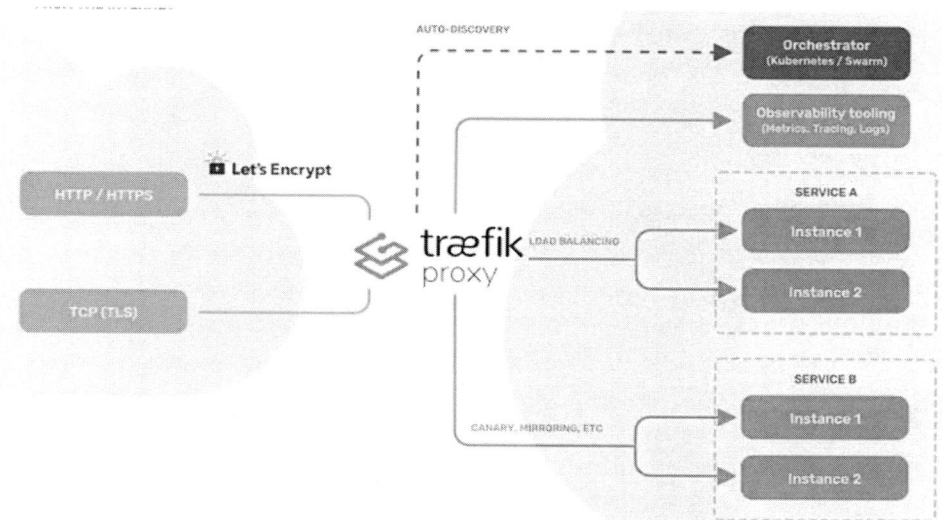

Figura 8.22 Uso de Traefik como proxy inverso

Con un proxy reverso lo que conseguimos es que todas las peticiones que vamos a realizar a los servicios que tenemos instalados, las maneje el proxy, que sea el que reciba y envíe la información necesaria. Traefix usa los siguientes elementos para definir su arquitectura:

- **Proveedores (providers):** los proveedores permiten descubrir los servicios disponibles al proporcionar su ubicación y al mismo tiempo realizar la configuración de Traefik de forma dinámica.
- **Entrypoints:** son los puertos por los que entra el tráfico de red y el protocolo usado HTTP, TCP o UDP.
- **Servicios:** son las aplicaciones de su red interna que quieres comunicar con el exterior.
- **Enrutadores (routers):** es el mecanismo por el que se conectan los servicios con el exterior a través del puerto del entrypoint.

Para determinar qué ruta está asociada a qué servicio, Traefik utiliza reglas, que pueden ser desde palabras o expresiones regulares en el encabezado de la petición, o en la propia ruta. Pero no solo esto, sino que además podrás combinar diferentes reglas.

● **Middleware:** son componentes que alteran el comportamiento por defecto de un router. Existen diferentes tipos de middleware como autenticación y redireccionamiento. Traefik es capaz de modificar o incluso enriquecer una determinada petición antes de que llegue al servicio destino. Por ejemplo, podemos añadir un mecanismo de autenticación adicional, limitar el número de peticiones o reintentar la petición en caso de que se produzca un error.

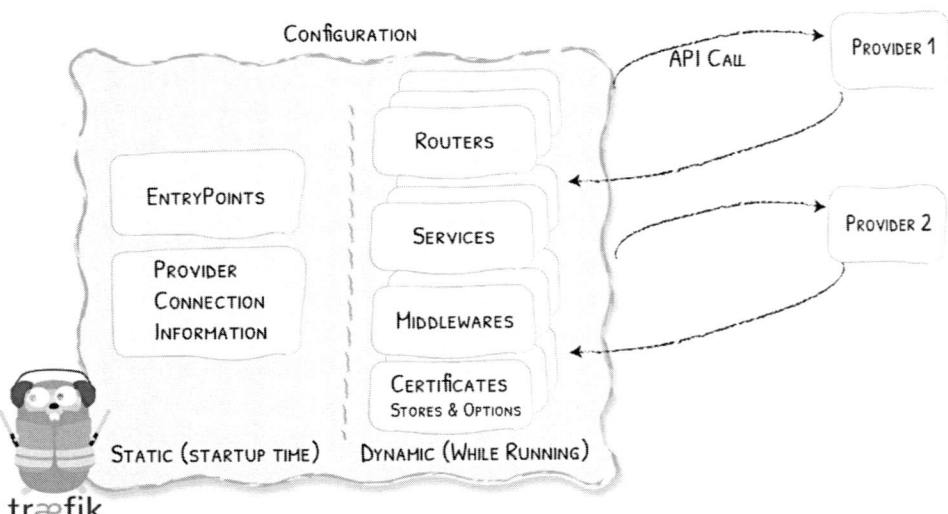

Figura 8.23 Elementos de configuración en Traefik

Trafik funciona con autodescubrimiento de servicios, o lo que es lo mismo, utiliza el patrón de Service Discovery. De esta manera, cuando desplegamos un nuevo contenedor, Traefik se encarga de detenerlo y enrutarlo. De la misma forma, cuando se para un contenedor, Traefik se encarga de eliminar ese enrutamiento. A diferencia de los proxies tradicionales, que necesitan una configuración concreta que contiene las rutas a cada uno de los servicios, en el caso de Traefik estas son extraídas directamente de los propios servicios. De esta manera, cuando usted levanta y despliega un nuevo servicio, indica la información que Traefik necesita para gestionar el enrutamiento hacia él.

La configuración declarativa de Traefik en el nivel de contenedor de la aplicación hace que sea fácil de configurar más servicios y no será necesario reiniciar el contenedor Traefik cuando añada nuevas aplicaciones para aplicar proxy al tráfico, ya que Traefik advierte los cambios de inmediato a través del socket de Docker que controla. Entre las principales **ventajas** que ofrece Traefik podemos destacar:

- **Soporte SSL:** podemos utilizar Traefik como proxy reverso para mantener una conexión segura (SSL o TLS) en su servidor NGINX o Apache.
- **Integración con Docker:** Traefik se puede integrar con Docker, por lo cual puedes desplegar réplicas de los servicios y automáticamente quedan configurados como backends en Traefik. Con esto puedes escalar los servicios cómodamente sin tener que reconfigurar Traefik.
- **Integración continua con el patrón Blue Green Deployment:** con traefik podemos desplegar a un entorno de producción una versión nueva automáticamente, de forma que, una vez desplegada, podamos activar la nueva versión y desactivar la versión anterior.

8.7.1. Despliegue de Traefik

Una de las formas más rápidas de desplegar traefik es haciendo uso de docker compose, creando un archivo **docker-compose.yml** con la siguiente configuración:

```
version: '3.7'

services:
 traefik:
  image: traefik:latest
  ports:
   - "80:80"
   - "443:443"
  volumes:
   - "/var/run/docker.sock:/var/run/docker.sock"
  command: --providers.docker=true

 my-service:
  image: my-service:latest
  ports:
   - "8080:8080"
  labels:
    - "traefik.http.routers.api.service=api@internal"
    - "traefik.http.routers.api.middlewares=auth"
    - "traefik.http.middlewares.auth.basicauth.users=admin:admin"
    - "traefik.enable=true"
    - "traefik.port=8080"
    - "traefik.backend=traefik"
    - "traefik.frontend.rule=Host:traefik.lan"
    - "traefik.docker.network=traefik_net"
    - "traefik.http.routers.api.entrypoints=lan"
    - "traefik.http.routers.api.rule=Host(`traefik.lan`)"
```

Tras exponer los comandos, definimos los puertos que queremos exponer a nuestro sistema, en nuestro caso los puertos 443 para atender las peticiones HTTPS y el 80 para las comunicaciones por HTTP. La idea es que este último puerto no esté accesible desde Internet, pues, aunque podría redirigir las conexiones HTTP a HTTPS, es mejor caparlo directamente y usar ese puerto para las que no precisen de HTTPS dentro de mi red local. El puerto 8080 es en el que Traefik expone su dashboard para poder acceder a él. El siguiente comando permite realizar el despliegue a partir del fichero docker-compose.yml y acceder a http://localhost:8080, donde podríamos ver el dashboard funcionando.

```
$ docker-compose up -d
```

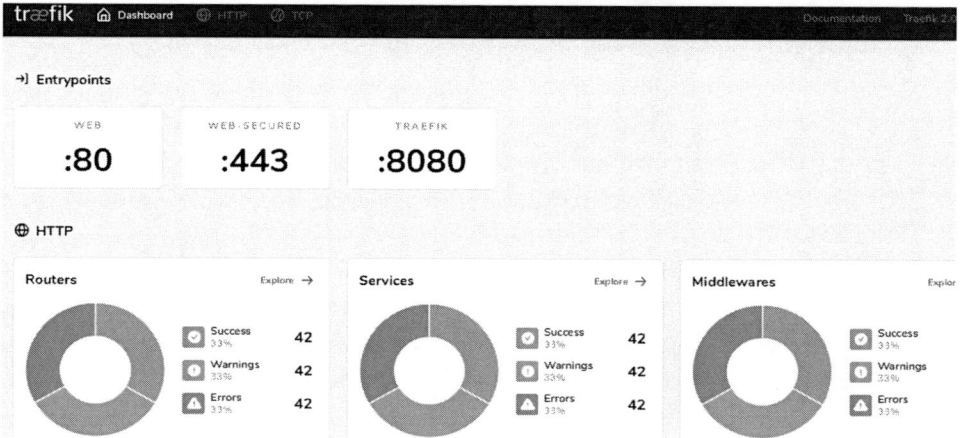

Figura 8.24 Dashboard de Traefik

Traefik Dashboard le permitirá visualizar de forma centralizada los componentes de cada servicio definido en el fichero docker-compose. Entrypoints, Routers, Middlewares y Services son algunos de los principales elementos que podrá identificar en el dashboard. Para obtener más información, consultar la documentación oficial de Traefik https://docs.traefik.io/basics.

8.7.2. Traefik middlewares

Los middlewares de Traefik https://doc.traefik.io/traefik/middlewares/overview son componentes que permiten insertar funciones adicionales en la cadena de procesamiento de las solicitudes HTTP/S antes de que lleguen a los servicios de destino y después de que los servicios envíen sus respuestas.

Podemos pensar en ellos como capas de funcionalidad que puede usted aplicar a sus rutas. Cada middleware realiza una tarea específica (autenticación, limitación de velocidad, modificación de encabezados, etc.) y puede encadenarse con otros middlewares para crear un comportamiento más complejo.

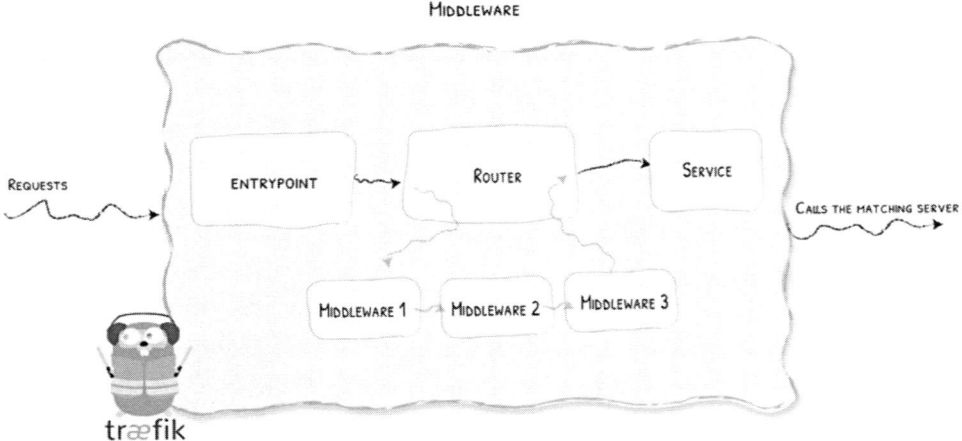

Figura 8.25 Middlewares en Traefik

Traefik ofrece una amplia variedad de middlewares integrados, cada uno con una función específica:

- **Middlewares de autenticación:**
    - **digestAuth:** Autenticación HTTP Digest.
    - **forwardAuth:** reenvía la autenticación a un servicio de autenticación externo (ej. un servicio OAuth/OIDC).
    - **basicAuth:** añade autenticación HTTP Basic. Ideal para proteger servicios de desarrollo o API internas.

```
# En Docker Compose (como label del servicio)
- "traefik.http.routers.my-app.middlewares=my-auth@docker"
- "traefik.http.middlewares.my-
auth.basicauth.users=testuser:$$apr1$$H6usw/B4$$r7B8tN7/J0/Y/P8oQ/U
31" # testuser:testpassword
```

- **Middlewares de manipulación de encabezados (headers):**
    - **headers:** permite añadir, eliminar o establecer encabezados en las solicitudes o respuestas. Muy útil para seguridad (CORS, HSTS) o para añadir información a los servicios.

```
# Ejemplo para añadir encabezados CORS
- "traefik.http.routers.my-app.middlewares=my-cors-headers@docker"
- "traefik.http.middlewares.my-cors-
headers.headers.accesscontrolalloworigin=*"
- "traefik.http.middlewares.my-cors-
headers.headers.accesscontrolallowmethods=GET,POST,PUT,DELETE,OPTIO
NS"
```

- **Middlewares de reescritura/redirección de url:**
  - **addPrefix:** añade un prefijo a la ruta de la solicitud antes de enviarla al servicio.
  - **stripPrefix:** elimina un prefijo de la ruta de la solicitud antes de enviarla al servicio. Es muy común si el servicio no espera el prefijo de la url externa.

```
# Ejemplo: /api/v1/users -> /users (en el servicio interno)
- "traefik.http.routers.my-api.rule=Host(`api.example.com`) &&
PathPrefix(`/api/v1`)"
- "traefik.http.routers.my-api.middlewares=strip-v1@docker"
- "traefik.http.middlewares.strip-v1.stripprefix.prefixes=/api/v1"
```

- **Middlewares de control de tráfico:**
  - **retry:** reintenta las solicitudes fallidas a un servicio backend.
  - **compress:** habilita la compresión Gzip/Deflate para las respuestas.
  - **rateLimit:** limita el número de solicitudes por unidad de tiempo para proteger los servicios de sobrecargas o ataques.

```
# Ejemplo: 100 peticiones por segundo
- "traefik.http.routers.my-app.middlewares=rate-limit@docker"
- "traefik.http.middlewares.rate-limit.ratelimit.average=100"
- "traefik.http.middlewares.rate-limit.ratelimit.burst=200" # Permite picos
```

Para incluir un middleware en un servicio de Docker Compose será necesario definirlo y luego asignarlo. Es importante destacar que una definición puede ser asignada a múltiples servicios. La definición y asignación de middlewares se realiza a través de labels (etiquetas) en el fichero **docker-compose.yml**, donde cada etiqueta corresponde con un middleware existente en Traefik. En este ejemplo, estamos definiendo un middleware de redirección **my-redirect-http-to-https** que fuerza el uso de HTTPS y lo aplicamos a la ruta **my-web-app-https**.

```yaml
version: '3.8'

services:
  traefik:
    image: traefik:v2.10
    command:
      - --api.insecure=true # Solo para desarrollo, no usar en producción
      - --providers.docker=true
      - --providers.docker.exposedbydefault=false # Traefik solo enrutará si hay labels explícitas
      - --entrypoints.web.address=:80
    ports:
      - "80:80"
      - "8080:8080" # Para el dashboard de Traefik (solo en desarrollo)
    volumes:
      - /var/run/docker.sock:/var/run/docker.sock:ro # Acceso al socket de Docker

  my-web-app:
    image: nginx:latest # O su imagen de Python/Flask
    labels:
      - "traefik.enable=true" # Habilitar Traefik para este servicio
      - "traefik.http.routers.my-web-app.entrypoints=web"
      - "traefik.http.routers.my-web-app.rule=Host(`mi-app.localhost`)"
      - "traefik.http.routers.my-web-app.service=my-web-app"
      - "traefik.http.services.my-web-app.loadbalancer.server.port=80"

      # --- APLICAR MIDDLEWARE DE REDIRECCIÓN HTTP a HTTPS ---
      - "traefik.http.routers.my-web-app-https.entrypoints=websecure" # Asume que tienes un entrypoint HTTPS configurado
```

```
    - "traefik.http.routers.my-web-app-https.rule=Host(`mi-app.localhost`)"
    - "traefik.http.routers.my-web-app-https.tls=true"
    - "traefik.http.routers.my-web-app-https.middlewares=my-redirect-
http-to-https@docker" # Nombre del middleware

    # Definición del middleware de redirección (si se define a nivel de
servicio)
    - "traefik.http.middlewares.my-redirect-http-to-
https.redirectscheme.scheme=https"
    - "traefik.http.middlewares.my-redirect-http-to-
https.redirectscheme.permanent=true"

    # --- APLICAR MIDDLEWARE DE AUTENTICACIÓN BÁSICA ---
    # También puedes adjuntar múltiples middlewares encadenándolos con
@docker
    #- "traefik.http.routers.my-web-app.middlewares=my-
auth@docker,my-redirect-http-to-https@docker" # Ejemplo de
encadenamiento
    #- "traefik.http.middlewares.my-
auth.basicauth.users=admin:$$apr1$$H6usw/B4$$r7B8tN7/J0/Y/P8oQ/U3
1" # user:password
```

CAPÍTULO 9
SERVICE MESH

9.1 Introducción

En la actualidad es más común ver cómo las empresas de desarrollo de software optan por arquitecturas basadas en microservicios para dotar a sus aplicaciones de todas las ventajas que pueden llegar a proporcionar este tipo de modelos, entre las que podemos destacar la modularidad, la escalabilidad y la resiliencia.

Gracias a esta creciente demanda, es cada vez más amplia la gama de frameworks orientados al desarrollo de microservicios (Spring Boot, VertX) y herramientas basadas en contenedores (Docker, Docker Swarm, Kubernetes, Openshift) que buscan resolver muchos de los problemas derivados de la construcción y despliegue de este tipo de soluciones.

Con el objetivo de pasar de una aplicación monolítica a una basada en microservicios, a medida que un clúster va creciendo podríamos llegar a tener múltiples servicios con diferentes versiones, en diferentes entornos, etc. Esto hace que sea muy difícil mantener el clúster y monitorizar cada uno de los microservicios. En este punto son muchos los retos que quedan por resolver, sobre todo los relacionados con la implementación de mecanismos de comunicación entre los diversos componentes que se encuentran en servicios separados.

En este sentido, es muy habitual que se establezcan comunicaciones punto a punto, proveyendo a cada microservicio de la lógica adicional necesaria para controlar los aspectos más importantes, como el enrutamiento, la tolerancia a fallos, la latencia, el descubrimiento de servicios, la trazabilidad distribuida y la seguridad de estos. De este tipo de soluciones, el principal inconveniente es la complejidad y el esfuerzo añadido a la propia solución de negocio a la que se le busca dar respuesta. En este punto, una service mesh (malla de servicios) trata de ofrecer un nuevo paradigma para la gestión de las comunicaciones entre componentes en las arquitecturas orientadas a microservicios.

En resumen, el concepto de service mesh nace como un mecanismo para solucionar este conjunto de características. Pretende definir una tipología de patrones de arquitectura sobre la infraestructura en lugar de hacerlo sobre el propio código, es decir, el código base de la aplicación se centrará en la lógica de negocio y la service mesh se ocupará de la gestión del tráfico de red.

9.2. Definición de service mesh

Un service mesh o malla de servicios es una capa de infraestructura configurable para una arquitectura basada en microservicios. Permite que la comunicación entre instancias de diferentes servicios sea flexible, confiable y rápida. La propia infraestructura también tiene la capacidad de proporcionar la detección de servicios, el balanceo de carga, el cifrado, la autenticación y la autorización, así como el soporte para el patrón de circuit break y otras capacidades.

Esta malla de servicios se implementa al proporcionar una instancia de proxy, llamada **sidecar,** para cada instancia de servicio. Los sidecars tienen como objetivo manejar las comunicaciones entre servicios, la monitorización de los mismos y en general cualquier característica que se pueda abstraer de los servicios de forma individual.

De esta manera, los desarrolladores pueden centrarse en el desarrollo, el soporte y el mantenimiento del código de la aplicación y de los diferentes microservicios. El equipo de DevOps puede mantener el service mesh con el objetivo de monitorizar dichos microservicios.

La responsabilidad principal del service mesh es resolver las peticiones desde un microservicio A hacia un microservicio B de una manera confiable y segura. Desde el punto de vista funcional, esto es algo similar a la función de un ESB (Enterprise Service Bus), donde se interconectan sistemas heterogéneos para la comunicación de mensajes. La principal diferencia es que en una malla de servicios tenemos una red distribuida de componentes en lugar de un componente centralizado.

Esto hace que sea más fácil para los desarrolladores crear aplicaciones políglotas y desacoplar la lógica de negocio y las tareas de instrumentación típicas de las arquitecturas distribuidas. Algunas de las **funcionalidades** que se esperan de una buena implementación de service mesh son:

- Soluciones básicas de alta disponibilidad basadas en el patrón circuit-breaker
- Descubrimiento de servicios a través de un registro de servicio dedicado
- Capacidades de enrutamiento de peticiones a diferentes versiones de microservicios, así como la generación y almacenamiento de métricas
- Seguridad a nivel de transporte (TLS) y gestión de claves
- Mecanismos de autenticación/autorización
- Soporte para despliegue de contenedores
- Soporte a la comunicación entre servicios a través de diferentes protocolos (HTTP/1.1, HTTP/2, gRPC)

9.3. Arquitectura de un service mesh

Para poder llevar a cabo toda la funcionalidad que pretende aportar un Service Mesh, sería necesario implementar algunos de los patrones de diseño y de aplicaciones distribuidas ya analizados. Además, introduciremos otro patrón llamado **sidecar**, donde un servicio principal se ve ampliado mediante uno paralelo (como un sidecar unido a su motocicleta) sin acoplamiento, incluso a veces sin conocimiento de su existencia.

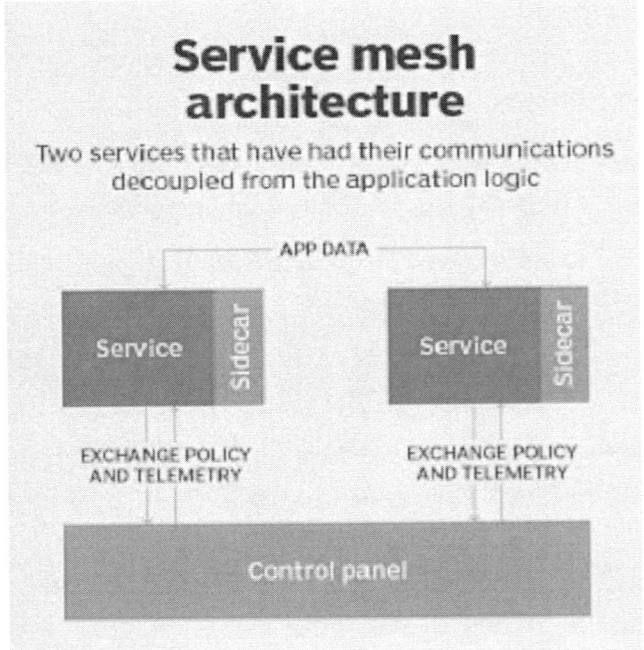

Figura 9.1 Arquitectura de Service mesh

De esta forma, usando un service mesh, los microservicios no se comunicarán directamente con otros microservicios, sino que todas las comunicaciones de servicio a servicio se realizarán en el service mesh. Esto sucede regularmente con la implementación de una instancia de proxy, implementada como sidecar para cada instancia de servicio. Esto significa que este proxy se implementa junto a la aplicación en una relación de uno a uno. Además, todos los proxies (sidecars) del service mesh son administrados centralmente por una capa de control.

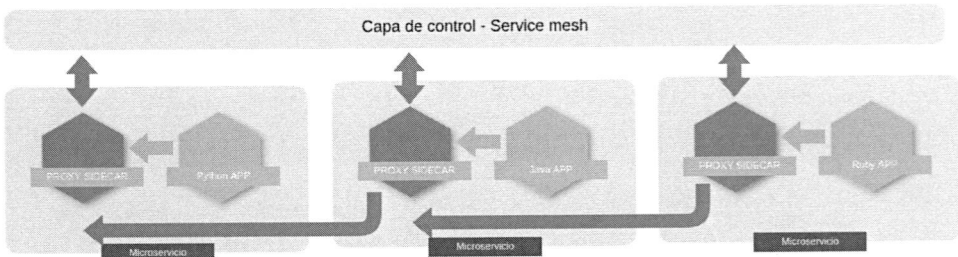

Figura 9.2 Capa de control de una service mesh

Lo importante de un service mesh es que otorga valor y reconoce la importancia de la propia interconexión de la infraestructura, más allá de considerar a los proxies sidecar de forma individual. Si cada servicio de negocio acaba comunicándose con su proxy sidecar, estos terminan siendo los responsables de la entrega fiable de las peticiones a través de una topología o arquitectura, que puede ser todo lo compleja que necesitemos.

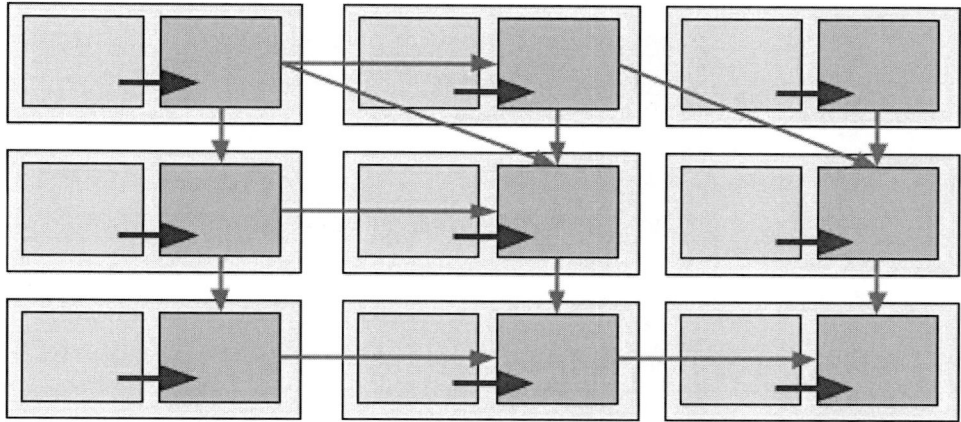

Figura 9.3 Modelo de comunicaciones utilizando proxies basados en el patrón sidecar

9.3.1. Data plane

En la arquitectura de un service mesh, el data plane (plano de datos) es uno de los dos componentes principales. El otro es el plano control plane (plano de control).

El plano de datos es la parte del service mesh que intercepta, dirige y gestiona todo el tráfico de red entre los servicios dentro de la malla. Es donde se ejecuta el trabajo real de la comunicación de servicio a servicio.

El plano de datos está compuesto por una serie de proxies de sidecar. Estos proxies se despliegan junto a cada instancia de servicio de su aplicación (normalmente como un contenedor separado en el mismo pod en Kubernetes).

Cada proxy de sidecar es responsable de interceptar todo el tráfico entrante y saliente del servicio de la aplicación al que está asociado. La aplicación no necesita ser consciente de la existencia del proxy. El proxy maneja la complejidad de la red de forma transparente.

El modelo más común para el plano de datos es el sidecar proxy donde:

- Cada servicio de aplicación se empaqueta en un pod (en Kubernetes).
- Junto al contenedor de la aplicación, se despliega un segundo contenedor en el mismo pod: el proxy de sidecar.
- Debido a que ambos contenedores están en el mismo pod, comparten la misma red (localhost) y el mismo ciclo de vida.
- Todo el tráfico de red destinado a la aplicación (entrante) o saliente de la aplicación (saliente) es interceptado automáticamente por el proxy de sidecar, generalmente a través de reglas de iptables configuradas en el pod.
- El proxy aplica las políticas y funcionalidades configuradas por el plano de control antes de reenviar el tráfico al servicio de la aplicación (o al exterior).

Respecto a a interacción con el plano de control, ambos trabajan en conjunto:

- **Plano de control → plano de datos:** el plano de control (ej., Istiod en Istio) es el cerebro que orquesta y configura los proxies del plano de datos. Envía las reglas de enrutamiento, las políticas de seguridad, las configuraciones de balanceo de carga, etc., a cada proxy de sidecar.
- **Plano de datos → plano de control:** los proxies del plano de datos envían métricas, logs y trazas al plano de control (o a los servicios de observabilidad conectados al plano de control) para que puedan ser agregados y presentados para su análisis.

Los proxies más utilizados como componentes del plano de datos son:

- **Envoy Proxy** https://www.envoyproxy.io: es el proxy de sidecar más común, utilizado por Istio, AWS App Mesh y Linkerd 2.x. Es un proxy de borde y de servicio de alto rendimiento, escrito en C++.

- **Linkerd Proxy** https://github.com/linkerd/linkerd2-proxy: en versiones recientes, Linkerd utiliza un proxy de sidecar escrito en Rust, optimizado para el rendimiento y la seguridad.

9.3.2. Control plane

A pesar de que son los propios sidecars los que proporcionan las funcionalidades mencionadas anteriormente, es dentro del plano de control donde se realiza la configuración global de estas funcionalidades y quien permite configurar los sidecars para convertirlos en un sistema distribuido.

En un service mesh, el plano de control es el responsable de configurar la red de sidecars para dotar al mismo de las características relacionadas con enrutamiento, descubrimiento de servicios y balanceo de carga.

9.3.3. Casos de uso de service mesh

En gran medida, la solución a los problemas de los microservicios en un service mesh es implementada estableciendo un intermediario proxy en la comunicación entre los servicios. Este intermediario denominado sidecar proxy, es el que implementa la solución. Se denomina sidecar proxy ya que, al mismo tiempo que se despliega el servicio, se despliega el intermediario para la comunicación entre los diferentes servicios.

El service mesh, a través del proxy sidecar, permite delegar en la infraestructura varios aspectos que son necesarios resolver en un sistema basado en microservicios, todo ello de forma transparente y sin tener que hacer modificaciones en los microservicios más allá de la configuración de puertos. Los service meshes ofrecen una amplia gama de casos de uso que los hacen indispensables en arquitecturas de microservicios modernas. Entre los principales **casos de uso** podemos destacar:

- **Balanceo de carga:** distribuye el tráfico de forma equitativa entre múltiples instancias de un servicio.
- **Enrutamiento inteligente:** permite enrutar el tráfico hacia diferentes versiones de un servicio (canary releases, blue/green deployments).
- **Circuit breaker:** protege los servicios de fallos y evita la propagación de errores.
- **Monitorización:** generación y almacenamiento de métricas de ratios de éxito y errores, latencias, nivel de servicio...
- **Métricas:** proporciona métricas detalladas sobre el rendimiento de los servicios (latencia, tasa de errores, etc.).
- **Autenticación y autorización:** implementa mecanismos de seguridad para controlar el acceso a los servicios.
- **Cifrado:** protege la comunicación entre servicios mediante el cifrado de datos.
- **Descubrimiento de servicios:** permite a los servicios descubrirse automáticamente entre sí.

9.3.4. Implementaciones de un service mesh

Las implementaciones de un service mesh son las herramientas de software que traen a la vida los conceptos del plano de control y el plano de datos, permitiendo a los desarrolladores y operadores gestionar la comunicación de microservicios de manera eficiente.

A continuación, analizamos las implementaciones de un service mesh más utilizadas en la actualidad:

- **Istio https://istio.io:** desarrollado por Google, IBM y Lyft, ahora es un proyecto de código abierto muy activo y parte de la CNCF (Cloud Native Computing Foundation). Ofrece un conjunto muy rico de características para gestión de tráfico (enrutamiento, balanceo de carga avanzado, inyección de fallos, reintentos), seguridad (mTLS automático, políticas de autorización, autenticación), y observabilidad (telemetría, logs, trazas distribuidas).

- **Linkerd** https://linkerd.io: creado por Buoyant, también es un proyecto de la CNCF. Su principal enfoque es la simplicidad, la ligereza y la facilidad de uso. Se enfoca en las funcionalidades core de un service mesh como mTLS automático, telemetría automática (latencia, éxito/fallo), reintentos, timeouts y balanceo de carga.

- **AWS App Mesh** https://aws.amazon.com/es/app-mesh: servicio gestionado por Amazon Web Services (AWS) que elimina la carga operativa de desplegar y mantener el plano de control. AWS se encarga de la infraestructura del service mesh. Se integra de forma nativa con otros servicios de AWS como Amazon ECS, Amazon EKS (Kubernetes), AWS Fargate y AWS EC2.

- **Consul Connect** https://developer.hashicorp.com/consul: desarrollado por HashiCorp. Se integra con el resto de las herramientas de HashiCorp como Consul (para descubrimiento de servicios y KV store), Vault (para gestión de secretos) y Nomad (para orquestación). Se centra mucho en la conectividad segura y la autenticación de servicios a través de mTLS, aprovechando el catálogo de servicios de Consul.

9.4. Istio

Istio es una solución open source que implementa un service mesh que permite controlar el intercambio de datos entre diferentes microservicios. Incluye una API que le permite integrarse en cualquier plataforma de registro, telemetría o sistema de políticas. El diseño de esta plataforma facilita su ejecución en distintos entornos: on-premise, alojados en la nube, en contenedores de Kubernetes o incluso en servicios que se ejecutan en máquinas virtuales.

Istio proporciona funciones de gestión de tráfico, como el enrutamiento y el balanceo de carga, la aplicación de políticas de cumplimiento y la recolección de métricas. Para ello, utiliza proxies basados en Envoy, que se añaden a los pods como sidecars y controlan el flujo del tráfico hacia los servicios correspondientes. Estos proxies permiten que los servicios se comuniquen a través de ellos, lo que mejora la seguridad y la observabilidad en el clúster. Istio proporciona las siguientes **características:**

- Proporciona equilibrio de carga de forma automática para tráfico HTTP, gRPC, WebSockets y TCP.
- Ofrece un control detallado del comportamiento del tráfico con reglas de enrutamiento, reintentos, failovers e inyección de fallos.
- Una API de configuración que admite controles de acceso, límites de velocidad y cuotas.
- Proporciona métricas y registros para todo el tráfico dentro de un clúster, incluido el de entrada y salida del clúster.
- Asegura la autenticación de servicio a servicio con la gestión de identidad entre los servicios en un clúster.

9.4.1. Ventajas de Istio

Istio ofrece varias ventajas en comparación con otras soluciones para la gestión del tráfico en un clúster. A continuación, se mencionan algunas de ellas:

- **Flexibilidad en el enrutamiento del tráfico:** con Istio, es posible definir subservicios y balancear la carga entre los backends correspondientes. Esto proporciona una mayor flexibilidad en el enrutamiento del tráfico y facilita la implementación de estrategias, como el enrutamiento basado en canarios o la prueba A/B, donde se envía una fracción del tráfico a nuevas versiones de la aplicación para validar su funcionamiento antes de dirigir todo el tráfico hacia ellas.
- **Mayor seguridad:** Istio mejora la seguridad en el clúster, al proporcionar funciones como el control de acceso basado en políticas (RBAC), autenticación y autorización entre servicios. También ofrece

capacidades de cifrado de extremo a extremo mediante el uso de certificados y reglas de cifrado configurables.

- **Observabilidad mejorada:** Istio facilita la recolección de métricas, el monitoreo y la generación de registros en el clúster. Proporciona herramientas y servicios integrados, como Prometheus, Grafana y Jaeger, que permiten visualizar y analizar el rendimiento de los servicios, identificar cuellos de botella y solucionar problemas de manera más eficiente.

- **Separación de responsabilidades:** al utilizar Istio, se puede separar la lógica de gestión del tráfico y la seguridad del código de las aplicaciones individuales. Esto permite a los desarrolladores centrarse en la funcionalidad principal de sus servicios, mientras que los administradores de plataforma pueden encargarse de la gestión global del tráfico y las políticas de cumplimiento.

9.4.2. Arquitectura de Istio

La arquitectura de Istio se divide en dos partes diferenciadas: el plano de datos y el plano de control.

- **Plano de datos:** es la parte que corresponde a los sidecar-proxies que se ejecutarán en conjunto con cada servicio de la aplicación, interceptando su tráfico de entrada y salida.
- **Plano de control:** es la parte encargada de gestionar y configurar en los proxies de cada servicio, las reglas de enrutado y las políticas de seguridad. En esta parte podemos encontrar componentes como Pilot, Mixer e istio-Auth.

La siguiente imagen muestra la arquitectura general de Istio con sus diferentes piezas. En ella podemos ver cómo para cada servicio tenemos un **proxy Envoy.** Estos proxies son los que realizan las comunicaciones entre los servicios a través del componente **Mixer** que se encuentra en el plano de control.

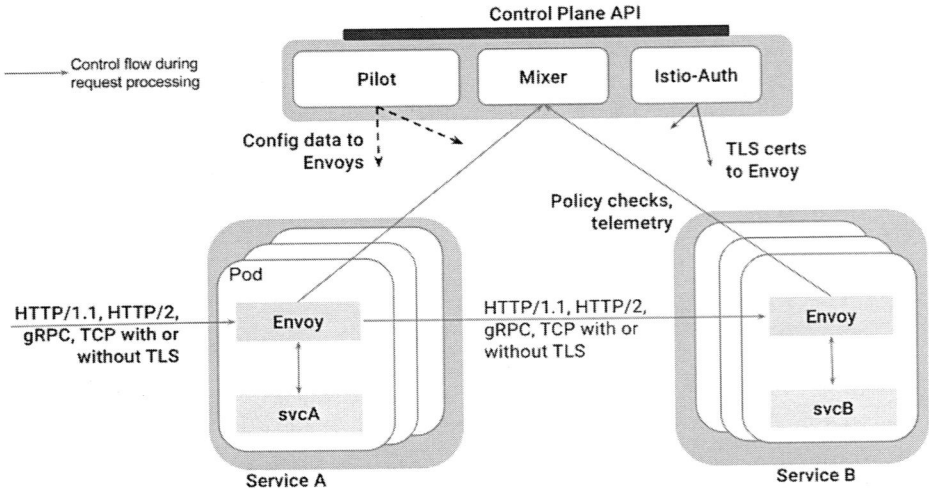

Figura 9.4 Arquitectura de Istio

En la imagen anterior vemos cómo los proxies Envoy se comunican con el Mixer para la gestión de métricas. Pilot nutre de información a los proxies Envoy sobre el registro y configuraciones. Para cada uno de nuestros servicios, Istio crea un proxy Envoy, que es el encargado de realizar las comunicaciones entre los diferentes servicios. Istio tiene elementos como Pilot, Mixer y Citadel, que son los responsables de poder configurar, generar los certificados y recoger toda la telemetría de las comunicaciones. A continuación, vamos a ver las diferentes piezas que componen la arquitectura en mayor detalle:

● **Proxy Envoy** https://www.envoyproxy.io: Es la pieza encargada de interceptar todo el tráfico de entrada y salida al contenedor de la aplicación. Se comunica con el resto de las piezas para llevar a cabo funcionalidades como son el balanceo, el circuit breaking y la gestión de timeouts.

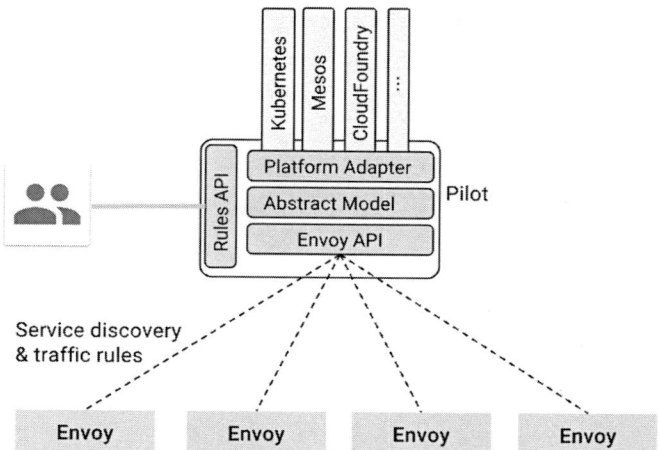

Figura 9.5 Componente Proxy Envoy

- **Mixer:** se encarga del control de acceso y de recibir las métricas generadas por las llamadas en los proxys Envoy. Para ello, Mixer actuará como intermediario, de forma que, si un servicio A se quiere comunicar con un servicio B, el servicio A interactúa con él antes de llamar al servicio B. Las funcionalidades principales proporcionadas por Mixer se podrían agrupar como:

  o **Verificación de precondiciones:** se comprueba que se pueden realizar las llamadas. Estas precondiciones pueden incluir autenticación, por ejemplo, comprobar que el servicio que realiza la petición no esté en una lista negra.

  o **Gestión de cuotas:** administración para que, cuando un servicio disponga de recursos limitados, se pueda garantizar una distribución justa entre las peticiones de llamadas por parte de otros servicios.

  o **Informe de telemetría:** permite la centralización de logs y monitorización.

- **Pilot:** es la pieza encargada de gestionar todo lo referente a registro de servicios, enrutado y resiliencia (circuit breaking, timeouts, reintentos...). Es el punto central donde registramos estas configuraciones, que serán trasladadas en tiempo real a los diferentes proxies Envoy. Además, proporciona abstracción sobre la infraestructura existente, de forma que los proxies Envoy no necesitan conocer la plataforma sobre la que se están ejecutando.

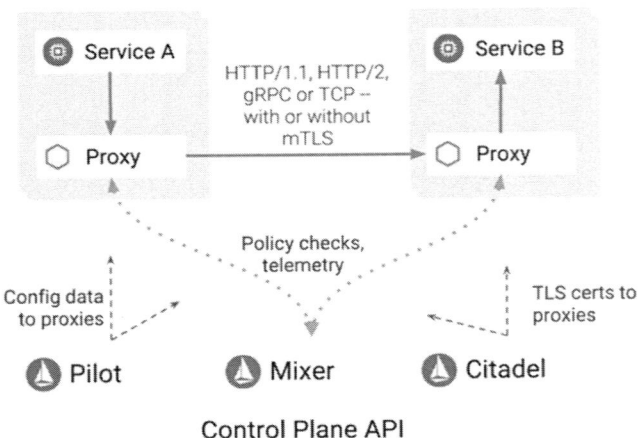

Figura 9.6 Plano de control dentro de la arquitectura de Istio

9.4.3. Gestión del tráfico en Istio

La principal ventaja de Istio es que está implementado como una extensión de Kubernetes, lo que hace que los objetos estén integrados dentro del API de k8s. Desde la perspectiva del tráfico, Istio habilita el uso de objetos específicos de Kubernetes que, en conjunto, pueden suplantar al Ingress Controller que Kubernetes trae por defecto.

En Istio, la gestión del tráfico se realiza mediante la configuración de objetos como Gateway, VirtualService y DestinationRule. Estos objetos permiten una gestión más granular y flexible del tráfico en el clúster de Istio, reemplazando o complementando al Ingress Controller predeterminado de Kubernetes.

- **Gateway:** el objeto Gateway describe cómo debe ingresar el tráfico al clúster de Istio. Aquí se especifican detalles como el puerto, el protocolo, el host y la información del certificado y la clave TLS. El tráfico debe cumplir con los requisitos definidos en el Gateway para poder ingresar al clúster de Istio. En este objeto se definiría el puerto, el protocolo, el host y la información sobre el certificado TLS.

- **VirtualService:** un VirtualService está vinculado a un Gateway. Se utiliza para definir reglas de enrutamiento en Istio. Estas reglas se aplican a todas las solicitudes que cumplen con los requisitos del Gateway al que están vinculadas. Con un VirtualService, es posible distribuir el tráfico entre varios backends, según el path de la solicitud.

- **DestinationRule:** el DestinationRule se utiliza para definir las reglas que se aplican a una petición una vez que ha sido enrutada hacia un servicio en particular. Esto es útil cuando hay varias versiones de una aplicación y se desea enviar el tráfico a una específica según ciertos parámetros.

- **ServiceEntry:** el objeto ServiceEntry permite añadir servicios externos al clúster; es decir, si quisiéramos acceder a google.com, por ejemplo, desde un pod que se encuentra dentro de la service mesh, no podríamos a menos que añadamos un ServiceEntry que permite el acceso a esa url.

La gestión del tráfico nos permite desviar un porcentaje del tráfico (5% en el ejemplo) y así probar una versión futura. También podemos discriminar el tráfico según el tipo de cliente que realiza la llamada mediante la comprobación del agente de usuario (user agent). En la siguiente imagen se presentan ambos ejemplos:

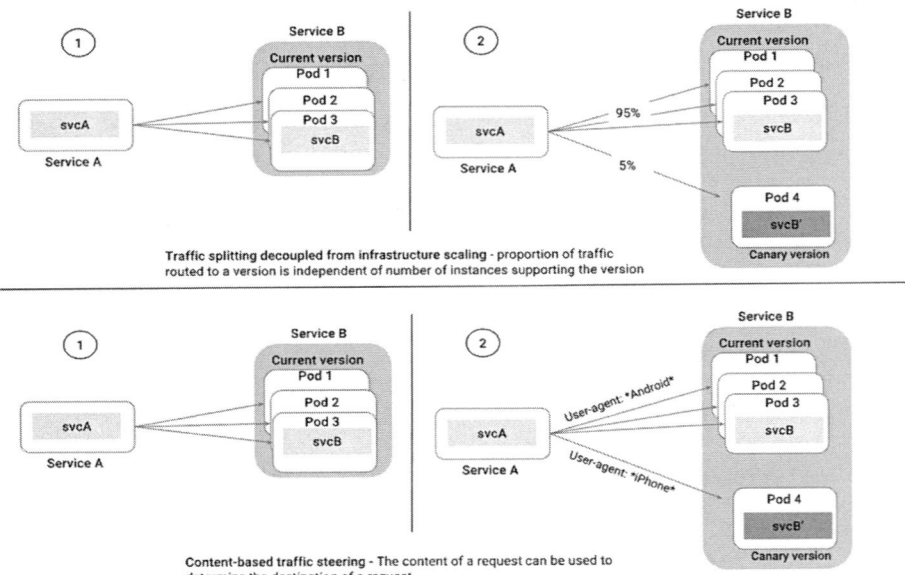

Figura 9.7 Gestión del tráfico en Istio

9.4.4. Seguridad en Istio

A nivel de seguridad, Istio provee un componente llamado **Istio-Auth,** que es el encargado de la generación de certificados para las peticiones con autenticación TLS, para poder comunicar servicio a servicio de forma segura. La siguiente imagen muestra la gestión de certificados para una comunicación entre dos servicios, uno desplegado en Kubernetes y el otro en máquinas virtuales/físicas.

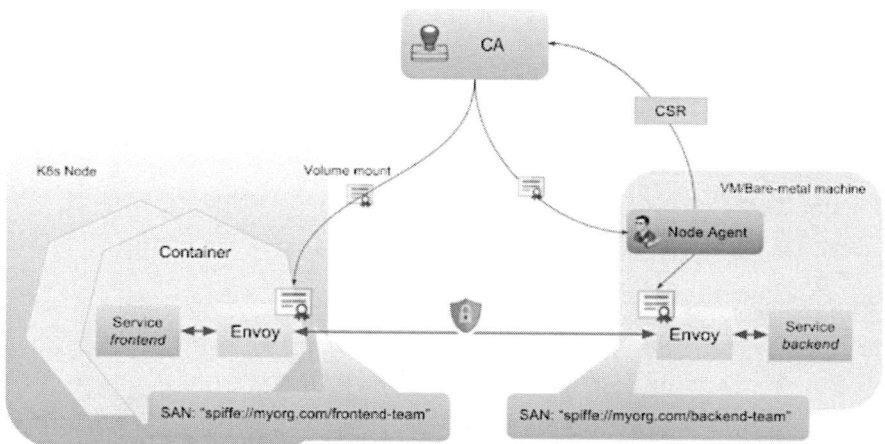

Figura 9.8 Gestión de la seguridad en Istio

Con Istio las comunicaciones entre servicios están protegidas de manera predeterminada, por lo que los cambios que hay que introducir en la aplicación son mínimos. Además, podemos aplicar políticas de red de Kubernetes que se encuentran ya definidas. Entre las principales **características** de seguridad que ofrece el componente podemos destacar:

- **Autenticación de servicios robusta:** Istio permite el acceso a servicios que dispongan de información sensible mediante clientes autorizados y con funciones de autenticación robustas.
- **Control de acceso basado en roles:** el control de acceso basado en roles (RBAC) de Istio ofrece funciones de control de acceso a nivel de espacio de nombres y de servicio.
- **Autenticación TLS mutua:** Istio mejora la seguridad de los microservicios y su comunicación, tanto entre servicios como con el usuario, sin necesidad de hacer cambios en el código del microservicio.
- **Gestión de claves y certificados:** el sistema de gestión de claves de Istio automatiza la generación, distribución, rotación y revocación de claves y certificados.

- **Identidad:** Istio utiliza las service accounts de Kubernetes para identificar quién ejecuta un servicio. El uso de service accounts nos da mucha potencia por su gran flexibilidad para identificar máquinas, usuarios, procesamientos o grupos de procesamiento.
- **Comunicación segura:** la securización a nivel de comunicaciones se realiza en los proxies Envoy según tres características:
  - Los servicios solo se comunican con su proxy Envoy a través de conexiones locales TCP.
  - Los proxies se comunican de forma segura utilizando TLS mutuo.
  - Durante el proceso de handshake, se comprueba que la cuenta de servicio identificada en el certificado del servidor tiene permisos para ejecutar el servicio.

Las ventajas de usar Istio junto con políticas de red de Kubernetes incluyen la capacidad para proteger la comunicación de pod a pod o de servicio a servicio en las capas de la aplicación y la red. También podríamos usar Istio en Google Cloud, con el objetivo de desplegar en la infraestructura de Google de una forma más segura.

9.5. Linkerd

Linkerd https://linkerd.io es un proxy de red open source, desarrollado en Scala y ejecutado sobre la máquina virtual de Java. Su principal objetivo es hacer de enlace entre las diferentes piezas de una aplicación diseñada con una arquitectura basada en microservicios, controlando y monitorizando la comunicación entre los distintos componentes de una aplicación distribuida.

Linkerd es un service mesh ligero y transparente diseñado para añadir confiabilidad, seguridad y observabilidad a las aplicaciones de microservicios, especialmente aquellas que se ejecutan en Kubernetes. Es un proyecto de código abierto graduado de la Cloud Native Computing Foundation (CNCF), lo que subraya su madurez y la confianza de la comunidad.

A diferencia de los proxies inversos tradicionales, que se centran en el tráfico de entrada (norte-sur), Linkerd se especializa en la gestión del tráfico de servicio a servicio (este-oeste) dentro del clúster, inyectando un proxy de sidecar en cada pod de la aplicación. Entre las principales **características** podemos destacar:

- **Proxy basado en Rust:** su componente central, el proxy de sidecar, está escrito en Rust. Esto le confiere una gran eficiencia en el uso de recursos (CPU y memoria), baja latencia y alta seguridad. Es uno de los proxies de service mesh más ligeros.

- **TLS mutuo (mTLS) automático y transparente:** Linkerd inyecta y configura automáticamente mTLS para todo el tráfico de servicio a servicio dentro de la malla. Esto significa que toda la comunicación entre los microservicios está cifrada y autenticada sin que tenga usted que modificar una sola línea de código en las aplicaciones o gestionar certificados manualmente.

- **Gestión de tráfico:** Linkerd permite la división de tráfico para escenarios clave como despliegues canary y pruebas A/B, dirigiendo un porcentaje del tráfico a nuevas versiones de un servicio.

Un punto fuerte de LInkerd es la capacidad de integrarse con otras plataformas, entre las que podemos destacar **Prometheus** para métricas/monitorización, **Zipkin** como sistema de trazabilidad distribuida, y **Zookeeper** para descubrimiento de servicios. Linkerd se puede desplegar en modo proxy por host o en modo sidecar:

- En la instalación proxy por host, una instancia de Linkerd se despliega para todas las instancias de servicios de nuestra arquitectura. Esto quiere decir que hay una relación 1.n entre el proxy y las instancias de los servicios. Este despliegue es menos exigente a nivel de recursos, ya que solo tendremos una instancia de proxy por nodo.

- En la instalación en modo sidecar tenemos un proxy por cada instancia de servicio. En este caso tenemos una relación 1..1 entre proxy y las instancias. Esta solución es mucho más versátil, pero es más exigente con los recursos de la máquina.

9.5.1. Funcionamiento de Linkerd

Para entender el funcionamiento de Linkerd, es importante comprender cómo sus dos componentes principales, el plano de datos (data plane) y el plano de control (control plane), interactúan para gestionar el tráfico de microservicios de manera transparente.

El corazón del plano de datos de Linkerd son sus proxies de sidecar, que son contenedores ligeros escritos en Rust que se inyectan automáticamente en cada pod de su aplicación en Kubernetes. Una vez inyectado, el proxy de sidecar intercepta todo el tráfico de red (tanto entrante como saliente) del contenedor de la aplicación al que está asociado. Esto se logra mediante reglas de iptables (o equivalentes) en el sistema operativo del pod, que redirigen el tráfico de red a través del proxy. La aplicación no necesita ninguna modificación para usar Linkerd. Las funciones del proxy de sidecar son:

- **mTLS automático:** el proxy inicia y finaliza conexiones TLS mutuas (mTLS) con otros proxies, cifrando y autenticando automáticamente todo el tráfico entre servicios.
- **Recolección de telemetría:** recopila métricas de rendimiento (latencia, tasas de éxito/error, solicitudes por segundo) para cada solicitud y las envía al plano de control.
- **Balanceo de carga:** el proxy mantiene un registro de las latencias de las diferentes instancias de un servicio y dirige el tráfico hacia las instancias más rápidas.
- **Reintentos y tiempos de espera:** aplica políticas de reintento y tiempo de espera para mejorar la resiliencia de las comunicaciones.
- **Gestión de conexiones:** mantiene pools de conexiones para reducir la sobrecarga de establecer nuevas conexiones.

El plano de control es el conjunto de servicios que se ejecutan en su clúster de Kubernetes, y que gestionan y configuran los proxies del plano de datos. Los principales **componentes** del plano de control son:

- **Proxy Injector:** un Admission Controller de Kubernetes que observa la creación de nuevos pods. Cuando detecta un pod con la anotación linkerd.io/inject: enabled, modifica la especificación del pod para inyectar automáticamente el contenedor del proxy de sidecar y configurar las reglas de iptables.

- **Identity:** un servicio que actúa como una autoridad de certificación (CA) para el service mesh. Emite y gestiona los certificados de identidad de corta duración para cada proxy de sidecar, permitiendo el mTLS automático y seguro.

- **Destination:** un servicio que proporciona a los proxies información sobre dónde enviar el tráfico. Actúa como un servidor de descubrimiento de servicios, informando a los proxies sobre las direcciones IP y puertos de las instancias de servicio disponibles y las políticas de enrutamiento.

- **Collector / Telemetry:** agrega y almacena las métricas y los eventos de telemetría recopilados por los proxies de sidecar.

- **Conduit / API Server:** proporciona la API para la CLI de Linkerd y el dashboard, permitiendo a los usuarios interactuar con el service mesh y ver los datos de telemetría.

- **linkerd-proxy:** el proceso que se ejecuta dentro de los proxies sidecar, que es el que hace el trabajo pesado.

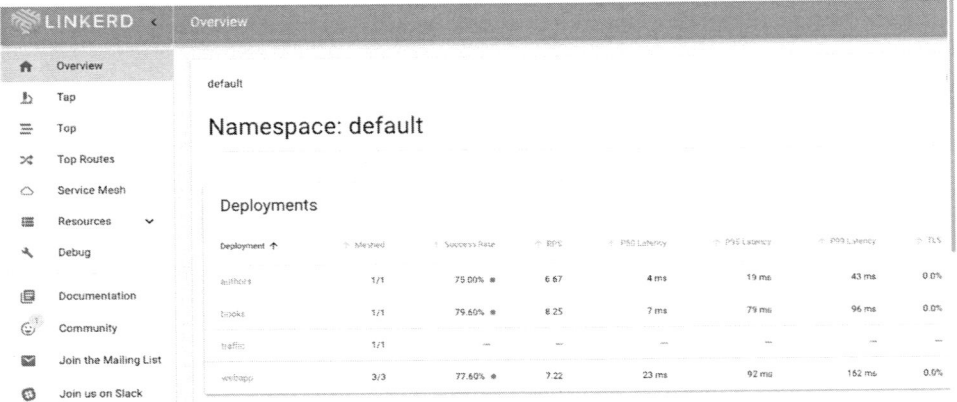

Figura 9.9 Interfaz de LInkerd

9.5.2. Casos de uso de Linkerd

Linkerd es una malla de servicios robusta y madura que ofrece un conjunto potente de funcionalidades esenciales con un énfasis en la simplicidad, el rendimiento y la facilidad de operación. Linkerd es una excelente opción para varios escenarios, especialmente cuando la simplicidad y la eficiencia son prioritarias:

- **Seguridad de servicio a servicio (mTLS automático):** para cualquier aplicación de microservicios en los que la seguridad de las comunicaciones entre servicios sea crítica. Linkerd automatiza el mTLS, lo que reduce la superficie de ataque y cumple con requisitos de cumplimiento.

- **Observabilidad:** cuando necesitamos obtener métricas de rendimiento y visibilidad sobre el comportamiento de los microservicios de forma inmediata y sin instrumentación de código. Linkerd proporciona las golden metrics de forma predeterminada.

- **Mejora de la resiliencia de la aplicación:** para hacer que los microservicios sean más robustos frente a fallos de red o de servicio mediante la aplicación automática de reintentos y tiempos de espera.

- **Despliegues canary y pruebas A/B:** Linkerd permite dividir el tráfico y realizar despliegues graduales de nuevas versiones de servicios.
- **Aplicaciones con restricciones de recursos:** su proxy ligero basado en Rust lo hace adecuado para entornos donde el consumo de recursos es crítico.
- **Ecosistemas basados en Kubernetes:** Linkerd está integrado con Kubernetes y es muy eficaz para gestionar servicios dentro de este orquestador.

9.5.3. Linkerd vs Istio

Linkerd e Istio son las dos mallas de servicios más populares y maduras en el ecosistema de Kubernetes. Ambas tienen como objetivo añadir confiabilidad, seguridad y observabilidad a las aplicaciones de microservicios sin modificar el código. Sin embargo, ambas soluciones adoptan filosofías y enfoques diferentes, lo que las hace adecuadas para diferentes casos de uso.

Linkerd se enfoca en la simplicidad, la ligereza y el just works, priorizando las características esenciales de un service mesh y minimizando la complejidad operativa. Istio apunta a ser el más completo y potente, ofrece un conjunto de características muy extenso y granular para el control total del tráfico, la seguridad y la observabilidad. Esto viene a costa de una mayor complejidad de configuración y operativa.

En cuanto al uso de un proxy para el plano de datos, Linkerd utiliza un proxy de sidecar propio, altamente optimizado, escrito en Rust. Este proxy es conocido por su eficiencia en el uso de recursos (CPU y memoria) y su bajo impacto en la latencia. Istio utiliza Envoy Proxy como su proxy de sidecar.

En cuanto al consumo de recursos y rendimiento, Linkerd generalmente tiene un menor consumo de CPU y memoria en el plano de control y en los proxies, lo que resulta en un impacto mínimo en el rendimiento de la aplicación. Debido a su vasta funcionalidad, el plano de control y los proxies de Istio tienden a tener un mayor consumo de recursos. Esto no significa que sea lento, sino que requiere una planificación más cuidadosa de los recursos.

En la siguiente tabla comparamos algunas características entre ambos:

Característica	Linkerd	Istio
Filosofía principal	Simplicidad, ligereza, fácil de usar, just works	Funcionalidad completa, extensibilidad, control granular
Proxy de plano de datos	Proxy personalizado basado en Rust	Envoy Proxy
Consumo de recursos	Bajo (plano de control y proxies)	Moderado a alto (plano de control y proxies)
Observabilidad	Excelente: "Golden Metrics" (RED) automáticas, dashboard Viz, tracing	Muy completa: Integración con Prometheus, Grafana, Jaeger, Kiali, configurable
Gestión de tráfico	Básico: Reintentos, Timeouts, Balanceo de Carga Consciente de Latencia, Traffic Split (Canary)	Muy avanzado: Enrutamiento por reglas (basado en headers, pesos), inyección de fallos, mirroring, gateways
Políticas de seguridad	mTLS automático, validación de certificados, autenticación de identidad	mTLS granular, Autorización (RBAC, JWT), integración con OPA (Open Policy Agent)

CAPÍTULO 10
ARQUITECTURAS SERVERLESS

10.1. Introducción

La tecnología serverless es un nuevo concepto que se está expandiendo con fuerza por las ventajas que ofrece. El término serverless implica que dejas de usar un servidor físico o uno en la nube claramente identificados, y en su lugar pasas a usar unos contenedores temporales y sin estado donde se ejecutan los códigos de las aplicaciones. Estos contenedores se crean en el momento que ejecutas la aplicación y luego desaparecen.

Esta tecnología se asocia con **Function as a Service (FaaS)** que es un tipo de servicio proporcionado por un proveedor cloud (Azure, AWS, Google) donde se facilita un servidor (físicos o cloud), la asignación dinámica de sus recursos, una configuración concreta para diferentes lenguajes de programación que podríamos utilizar y una función de entrada como contrato que contenga la lógica de nuestra aplicación en alguno de los lenguajes soportados por cada plataforma. En los últimos años se han ido desarrollando diferentes proyectos que han ido surgiendo en las diferentes **plataformas** cloud, entre las que podemos destacar:

- AWS Lambda
  - https://aws.amazon.com/es/lambda
- Microsoft Azure Functions
  - https://azure.microsoft.com/es-es/services/functions
- OpenFass (open source)
  - https://www.openfaas.com

- Google Cloud Functions
  - https://cloud.google.com/functions

La mayor ventaja del uso de estas plataformas se produce a nivel de costes ya que solo necesitas preocuparte por el código de su aplicación y toda la parte de infraestructura a nivel de gestión de recursos tales como memoria y CPU son administrados por el proveedor.

10.2. Ventajas de las arquitecturas serverless

La principal ventaja de una arquitectura serverless es la posibilidad de que el desarrollador no se preocupe de la gestión de la infraestructura sobre la que se ejecuta su servicio o función serverless, que solo se tenga que centrar en la funcionalidad. También proporciona un nivel elevado de desacoplamiento entre los diferentes servicios, lo que favorece el desarrollo de arquitecturas basadas en microservicios. Esto facilita mucho el ciclo de vida y los despliegues continuos, además de simplificar los rollbacks si fueran necesarios. Por último, una arquitectura serverless nos posibilita reducir el gasto en infraestructura, pues genera costes únicamente cuando se realiza una petición, y por tanto, cuando la función se ejecuta. Entre las principales **ventajas** de trabajar con serverless podemos destacar:

- En este tipo de arquitecturas la principal ventaja es que desde el punto de vista del desarrollador no tenemos que preocuparnos por la infraestructura, ya que está gestionada por el proveedor en la nube. Ya no es necesario realizar mantenimiento de los servidores donde se encuentran desplegadas las aplicaciones. El código se ejecuta en un contenedor temporal, que no vamos a necesitar de gestionar.
- El sistema puede escalar de manera horizontal todo lo que lo necesites. Es posible añadir máquinas en cuanto a clustering y balanceo de carga conforme la aplicación lo vaya necesitando.

- Las funciones que utiliza su aplicación las puedes integrar con el resto de los servicios que ofrece la plataforma, como son logging, virtualización o creación de endpoints.

En este tipo de arquitecturas se ejecuta el código que hayamos creado basado en distintos eventos. De esta forma, no es necesario tener una máquina con nuestro código y un servidor de aplicaciones que lo ejecute, pues simplemente cuando ocurra un evento que definamos se ejecutará el código que hayamos configurado.

Las funciones serverless son más pequeñas que los microservicios y tratan de ser desacopladas. Si las comparamos con los microservicios, conceptualmente son similares, pero presentan diferencias en los casos de uso que abordan. Un microservicio divide la aplicación grande en aplicaciones pequeñas que están desacopladas y que son independientes, pero que se conectan entre sí o interaccionan para que la aplicación funcione. Las funciones serverless se ejecutan de forma más esporádica que un microservicio, además de que consumen menos recursos.

10.3. Manifiesto Twelve-Factor App

El manifesto Twelve-Factor App https://12factor.net/es nos ofrece un conjunto de buenas prácticas para el desarrollo de aplicaciones en la nube y poder desplegarlas de forma serverless. Este manifiesto es de 2012. Fue creado por desarrolladores experimentados en la creación y despliegue de aplicaciones en la nube. Recoge los doce puntos claves que ellos consideraron que se deberían cumplir para el desarrollo y despliegue de este tipo de aplicaciones de forma nativa. Entre los principales **objetivos** del manifiesto podemos destacar:

- Es importante usar configuraciones que se puedan automatizar.
- Despliegue continuo, por tanto, requiere coordinación de entornos.
- Permite la creación de aplicaciones teniendo en mente la escalabilidad de esta.

A continuación, vamos a analizar como mayor detalle cada una de las reglas:

- **Uso de repositorios para el código:** debemos tener un código base y usar un sistema de control de versiones para manejar los cambios. El código debe estar en repositorios y es desde ahí desde donde se harán los despliegues a los entornos.

- **Dependencias y librerías:** las dependencias y librerías que use nuestro proyecto deberían estar declaradas en un fichero de forma unificada, por ejemplo usando un package.json para las dependencias de un proyecto javascript o un pom.xml para un proyecto basado en maven con las librerías de java. Todas las dependencias de la aplicación deben ser explícitas y ha de existir un sistema automático que las instale si no existen. Por ejemplo, en un proyecto Java podríamos utilizar Maven o Gradle como sistemas para gestionar e instalar las dependencias en los diferentes entornos en los que se vaya a desplegar la aplicación.

- **Configuraciones:** si cogemos nuestra aplicación y la desplegamos en otros entornos como preproducción, QA o producción, posiblemente existan cambios, pues todos estos cambios tienen que ir dentro de un fichero de configuración. El código no puede tener configuraciones, sino que deben ser separadas en otros recursos dependientes del entorno, por ejemplo haciendo uso de variables de entorno o ficheros de propiedades. De esta forma, el código debe hacer referencia a las variables de configuración, lo que permite instalar el mismo código en diferentes entornos.

- **Backing services:** cuando estamos trabajando con backing services, por ejemplo una base de datos, nuestra aplicación debería abstraerse de donde tenemos desplegados estos servicios en los diferentes entornos. Por ejemplo, si estamos trabajando con una base datos en nuestra máquina de desarrollo, en otros entornos estará ejecutándose en otro host, pero cuando consumimos este servicio no deberíamos tener que ir modificando ningún parámetro dependiendo desde donde se encuentre el mismo. Si la aplicación necesita una base de datos, será tratada como un recurso independiente, con su url y su instalación, que deben ser proporcionados a la aplicación. Si un servidor de base de datos proporciona dos esquemas diferentes, serán tratados como si estuvieran en servidores diferentes, aunque posteriormente sus url y credenciales pueden coincidir.

- **Construir, desplegar, ejecutar:** nuestra aplicación debe seguir estas fases. Ha de existir un pipeline que permite desplegarla en los diferentes entornos. Cada una de las etapas del pipeline deben ser tratadas de forma independiente y con un control de las versiones que se va distribuyendo acorde a un sistema preestablecido.

- **Persistencia:** los diferentes servicios se tienen que ejecutar como uno o más procesos sin estado. En este sentido lo que se hace es crear un backing service con un memory data grid o con sistemas de caché distribuidos, para tener almacenado el estado de los diferentes servicios. Para almacenar la información que sea necesaria podríamos utilizar a nivel de backing service soluciones como Redis-Memcache.

- **Asignación de puertos:** el código de la aplicación no debería considerar a priori la asignación de los puertos, ya que debe ser la configuración la que establezca los puertos de cada servicio o componente. Esto es similar a lo que sucede con los microservicios con Docker, donde en una misma máquina hay diferentes procesos escuchando en puertos configurados —podemos tener incluso procesos que actúan como Backing services de otros—.

- **Concurrencia:** al desarrollar y desplegar nuestra aplicación tendríamos que pensar en cómo manejar la concurrencia a la hora de recibir peticiones de forma simultánea de diferentes clientes. Por ejemplo, podríamos tener más instancias o bien manejar varios hilos de ejecución para el mismo servicio. La razón principal es la naturaleza distribuida y la capacidad para escalar levantando nuevas máquinas. Los procesos nunca deberían ser de tipo demonio, sino delegar en el sistema operativo y los mecanismos de que dispone.

- **Tiempos de arranque y parada:** las aplicaciones deberían ser capaces de arrancar sus procesos de la forma más rápida posible y responder de forma controlada cuando sea necesario pararla por un reinicio del servidor. Reducir estos tiempos también nos ofrece la posibilidad de escalar tanto de forma vertical como horizontal de una forma más eficiente.

- **Entornos de desarrollo y producción:** los entornos tienen que ser bastante similares en los diferentes entornos, en desarrollo, preproducción y producción. Esto se hace con despliegues continuos, lo que implica automatizar los despliegues lo máximo posible, que el personal de desarrollo sea mucho más consciente del entorno de producción y que incluso se compartan modos de trabajo entre entornos. En este punto encontramos diferentes herramientas que nos pueden ayudar, como puppet, chef y ansible.

- **Logs:** Lo ideal sería tener un buen sistema de logs y monitorización de estos en los diferentes entornos. Actualmente es posible disponer de sistemas de procesamiento en tiempo real, como Splunk o ELK https://www.elastic.co/es/elastic-stack, que permiten monitorizar de una manera más sencilla y eficiente el comportamiento de la aplicación.

- **Administración de procesos:** lo ideal sería que la creación o actualización de la base de datos esté contenida dentro de la propia aplicación. Además de los procesos propios de la ejecución de la aplicación, existirán procesos de tareas de administración y mantenimiento que suelen ejecutarse una única vez. Estos procesos, aunque puedan parecer secundarios, se ejecutarán con igual importancia que el resto de los procesos de la aplicación.

10.4. Estrategias de despliegue en aplicaciones serverless

Las aplicaciones serverless, a pesar de abstraer la gestión de la infraestructura subyacente (servidores), aún requieren estrategias de despliegue robustas. Esto se debe a la necesidad de minimizar el riesgo, garantizar la disponibilidad, validar nuevas funcionalidades en entornos de producción y facilitar la reversión si surgen problemas.

Las características inherentes de las funciones serverless (como ser efímeras, con versionado explícito y ejecutadas en entornos gestionados) influyen en cómo se aplican y se benefician de estas estrategias.

Las principales estrategias de despliegue utilizadas en el mundo serverless son adaptaciones de las metodologías tradicionales, pero optimizadas para las plataformas FaaS (Function as a Service). A continuación, analizamos algunas de las estrategias más comunes:

- **Despliegue continuo:** cada cambio de código que pasa con éxito las pruebas automatizadas se despliega automáticamente a producción sin intervención manual. Esto permite una entrega de software más rápida y frecuente, lo que a su vez acelera el tiempo de llegada al mercado y reduce el riesgo de errores. Plataformas como AWS CodePipeline https://aws.amazon.com/es/codepipeline, GitHub Actions https://github.com/features/actions y GitLab CI/CD https://docs.gitlab.com/ci/ son ideales para implementar este enfoque, ya que automatizan todo el proceso desde la integración hasta el despliegue.

- **Despliegue canary:** el despliegue canary consiste en liberar gradualmente una nueva versión de la aplicación a un pequeño subconjunto de usuarios. De esta manera se puede evaluar el comportamiento de la nueva versión en un entorno de producción real antes de realizar un despliegue completo. Si se detectan problemas, se puede detener el despliegue y realizar los ajustes necesarios.

Esta estrategia reduce significativamente el riesgo de incidentes y permite identificar problemas de forma temprana.

- **Despliegue blue-green:** en este enfoque se mantienen dos entornos de producción idénticos: uno activo (blue) y otro inactivo (green). Cuando se quiere desplegar una nueva versión, se actualiza el entorno green y se redirige todo el tráfico hacia él. Si algo sale mal, se puede revertir el tráfico al entorno blue de forma rápida y sencilla. Esta estrategia proporciona una alta disponibilidad y permite realizar rollback de forma segura.

- **Feature flags:** los feature flags permiten activar o desactivar funcionalidades específicas de la aplicación sin necesidad de realizar un nuevo despliegue. Esto es especialmente útil para realizar pruebas A/B, lanzar nuevas características de forma gradual y gestionar la configuración de la aplicación de forma dinámica. Las feature flags también permiten realizar rollbacks parciales en caso de detectar problemas en el despliegue.

- **Módulos de función:** en arquitecturas serverless, las aplicaciones se descomponen en pequeñas unidades independientes llamadas funciones. Cada función puede ser desplegada y actualizada de forma independiente, lo que facilita la gestión y el mantenimiento de la aplicación. Además, las funciones se escalan automáticamente según la demanda, lo que optimiza el uso de los recursos.

10.5. AWS Lambda

AWS Lambda https://aws.amazon.com/es/lambda es una plataforma de computación serverless, dirigida por eventos y provista por AWS, que permite ejecutar código en tiempo real. Si estás ejecutando su aplicación las 24 horas del día y los 7 días de la semana, se cobrará por el tiempo durante el que se ejecutan las funciones en el servidor del proveedor.

Con AWS Lambda podemos ejecutar código para prácticamente cualquier tipo de aplicación o servicio de backend. Esta plataforma es compatible con diferentes lenguajes de programación como Java, Go, PowerShell, Node.js, C#, Python y Ruby.

AWS Lambda permite añadir diferentes tipos de eventos en el código, como eventos de buckets de S3, el servicio de almacenamiento de AWSM. Este podríamos usarlo para gestionar las subidas de archivos en una plataforma de gestión documental donde los usuarios suben un archivo y este se almacena en un bucket S3. El evento es recogido por un código, que se podría encargar posteriormente de actualizar los datos en una base de datos alojada en Amazon a través del servicio Dynamo DB https://aws.amazon.com/es/dynamodb.

10.5.1. AWS API Gateway

Para la mayoría de las aplicaciones basadas en microservicios tiene sentido implementar una API que actúe como único punto de entrada en un sistema, asumiendo la responsabilidad del enrutamiento de las peticiones. En el caso de AWS Lambda, podemos destacar que todas las peticiones se centralizan en un componente llamado Amazon API Gateway https://aws.amazon.com/api-gateway.

Este servicio de Amazon nos permite crear, implementar y administrar una interfaz de programación de aplicaciones (API) REST para exponer los endpoints HTTP del backend, funciones AWS Lambda u otros servicios de AWS. Basándonos en estos endpoints podríamos configurar qué código del que tenemos en AWS Lambda se ejecutará en cada uno de ellos. De esta forma, no debemos tener ningún servidor donde resida nuestro código, solo lo subimos y configuramos la API para que lo ejecute.

Gracias a las políticas de autoescalado que es posible configurar en AWS, podemos hacer servicios que siempre respondan, sea cual sea la carga que tengan. Entre las principales **características** de este servicio podemos destacar:

- **Múltiples versiones y simplicidad en el despliegue:** permite ejecutar varias versiones de la misma API simultáneamente, lo que facilita la iteración y publicación de otras nuevas de una forma más ágil. Por ejemplo, es posible definir diferentes fases de publicación (también llamados entornos integración, preproducción y producción).

- **Autoescalado:** dispone de un sistema de escalado automático con el fin de administrar y gestionar la cantidad de tráfico recibido. Por ejemplo, mediante el manejo de un alto número de peticiones concurrentes.

- **Control de las peticiones:** como un complemento al autoescalado, también provee un sistema de limitación controlada, lo que permite la gestión del tráfico de peticiones simultáneas; es decir, si dicha característica está activada, todas las peticiones excedentes al umbral definido serían descartadas y así, en cierta manera, podríamos evitar que se desborde la infraestructura backend durante picos de tráfico que podría tener la aplicación.

- **Caché de peticiones:** con el objetivo de mejorar el rendimiento, evitando las llamadas innecesarias al backend, sería posible activar el sistema de caché.

- **Gestión de la seguridad:** la seguridad puede gestionarse a través de un conjunto de herramientas que provee AWS, que permiten controlar la autenticación y el acceso a las diferentes operaciones de una API. Estas herramientas permiten la identificación, definición de políticas de acceso y la verificación de tokens de autenticación. Entre las herramientas de seguridad podemos destacar IAM (Identity Access Management) https://aws.amazon.com/iam y Cognito https://aws.amazon.com/cognito.

- **Comunicaciones cifradas:** otro punto importante con respecto a la seguridad es que todos los recursos y servicios son expuestos a través del protocolo HTTPS, es decir, el API Gateway solo admite comunicaciones cifradas.

- **Monitorización:** provee un conjunto de métricas sobre la cantidad de llamadas, latencia, tasa de errores sobre las API, así como también logs para facilitar las tareas de debugging.

En las aplicaciones orientadas a microservicios, uno de los ámbitos más interesantes que provee el API Gateway es la sencilla integración con el servicio Lambda AWS, que permite ejecutar su propio código para responder a diferentes tipos de eventos, sin la necesidad de provisionar y/o administrar servidores, además de que las funcionalidades pueden ser desarrolladas en diferentes lenguajes de programación.

Nuestro backend podría estar compuesto por diferentes servicios y tecnologías, además de estar alojados en diferentes localizaciones. Con la ayuda del API Gateway podemos hacer que esto sea totalmente transparente para quienes van a hacer uso de nuestra API. De esta forma podríamos realizar una integración mixta donde cada método de nuestra API (POST, GET, PUT) esté asociado a distintos tipos de servicios y tecnologías.

En la siguiente imagen vemos que el API Gateway se encontraría en el centro de nuestra arquitectura, desde donde nos permite gestionar los diferentes tipos de peticiones, de tal forma que por cada tipo de petición llamaría a un servicio diferente. De este modo, Amazon API Gateway le permite crear y testear una API REST, con la integración de HTTP para un sitio web.

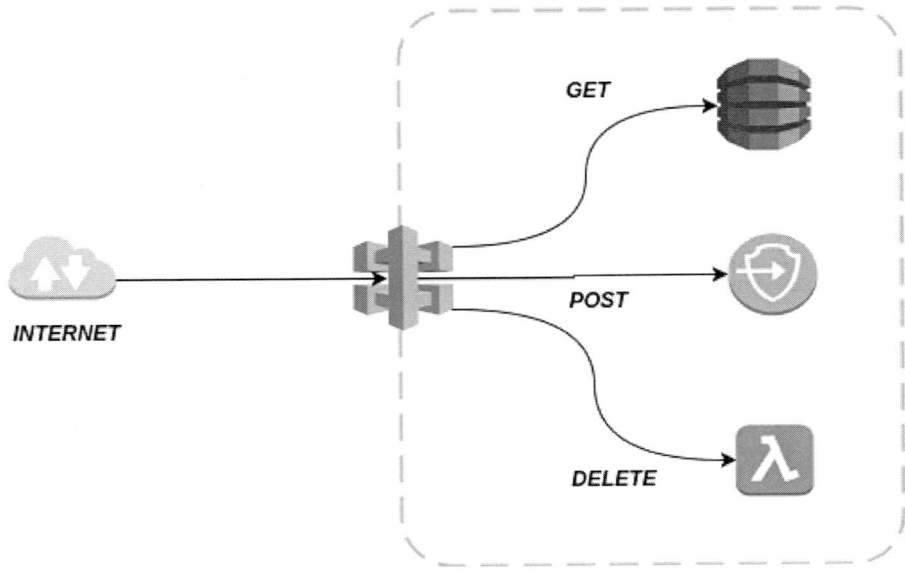

Figura 10.1 Ejemplo de aplicación con API Gateway

10.5.2. Funciones lambda

Las funciones lambda se empaquetan y se envían a AWS, en un proceso que comprime la función y todas sus dependencias, y se cargan en un contenedor de forma temporal. Para ayudarnos con este proceso podemos usar la herramienta **Serverless Framework** https://serverless.com. Se trata de una herramienta de línea de comandos open source que proporciona diferentes comandos para facilitar ciertas operativas a la hora de realizar la construcción, configuración, implementación y despliegue de funciones serverless en los diferentes proveedores cloud.

Serverless Framework se podría considerar como una herramienta, con unos comandos que nos permiten realizar ciertas operativas con independencia de la tipología del proyecto. Se podría comparar con Maven como herramienta de construcción, empaquetado y despliegue de aplicaciones Java.

Cada una de las funciones se declara en el fichero de configuración **serverless.yml,** dentro de la sección **functions.** Este archivo define qué funciones tiene usted, cómo se activan y qué recursos de la nube necesita usted para ejecutarlo.

my-serverless-python-app/serverless.yml

```
# 1. Definición del Servicio
# El nombre de su servicio. Será parte del nombre de los recursos en la
nube.
service: my-python-api

# 2. Configuración del Proveedor Cloud
# Define el proveedor cloud (AWS, Azure, GCP, etc.), el runtime y la región.
provider:
  name: aws              # Usamos AWS como proveedor cloud
  runtime: python3.9        # El entorno de ejecución para nuestras
funciones lambda
  region: eu-west-1         # La región de AWS donde se desplegará el
servicio (ej. Irlanda)
  stage: dev             # La etapa del despliegue (ej. desarrollo, staging,
producción)
  # Un rol de IAM que sus funciones Lambda asumirán.
  # El Serverless Framework creará un rol predeterminado con permisos
básicos de CloudWatch Logs.
  # Puedes especificar un rol existente o añadir permisos adicionales aquí si
lo necesitas.
  iam:
    role:
      statements:
        - Effect: "Allow"
          Action:
            - "s3:GetObject"
          Resource: "arn:aws:s3:::my-bucket-name/*" # Ejemplo: permite leer
de un bucket S3

# 3. Definición de funciones lambda
# Una lista de las funciones lambda que componen su servicio.
functions:
  # Definición de la primera función: 'hello'
  hello:
```

```
   handler: handler.hello     # Ruta al archivo (handler.py) y nombre de la
función (hello) dentro de ese archivo
   # Eventos que disparan esta función
   events:
    - http:              # Un evento HTTP (API Gateway)
       path: hello       # La ruta de la URL (ej. /hello)
       method: get        # El método HTTP (GET, POST, etc.)
       cors: true         # Habilita CORS para esta ruta (útil para API web)

  # Definición de la segunda función: 'goodbye'
  goodbye:
    handler: handler.goodbye
    events:
     - http:
        path: goodbye
        method: get
        cors: true


# 4. Plugins (opcional)
# Los plugins extienden la funcionalidad del Serverless Framework.
# Por ejemplo, 'serverless-python-requirements' para manejar las
dependencias de Python.
plugins:
  - serverless-python-requirements # Asegúrate de instalarlo con 'npm
install --save-dev serverless-python-requirements'


# 5. Configuración del Paquete (opcional)
# Controla cómo se empaqueta su código.
package:
  individually: true # Empaqueta cada función Lambda por separado para
reducir el tamaño de los despliegues.


# 6. Recursos (opcional)
# Si necesitas crear recursos adicionales de AWS que no son funciones
Lambda o API Gateway directamente,
# puedes definirlos aquí usando la sintaxis de CloudFormation.
# resources:
#   Resources:
#     MyS3Bucket:
```

```
#     Type: AWS::S3::Bucket
#     Properties:
#       BucketName: my-unique-app-bucket-123
#   Outputs: # Exportar valores para ser usados en otras stacks o para
referencia
#     MyBucketName:
#       Description: "Name of my S3 bucket"
#       Value: !Ref MyS3Bucket
#       Export:
#         Name: "MyS3BucketName"
```

Entre las principales **características** de una función podemos destacar:

- Una función se considera la unidad mínima de despliegue.
- Una función es invocada a partir de un evento que la ejecuta según demanda. Cuando se define un evento para una función, el framework toma la responsabilidad de crear automáticamente cualquier infraestructura necesaria que necesite para dar solución a ese evento, así como las configuraciones necesarias.

El siguiente código podría ser un ejemplo de función lambda desarrollada en **Python** que crea una API REST en AWS Lambda y API Gateway que responderá a una solicitud HTTP GET.

my-serverless-python-app/handler.py

```python
import json
import logging

# Configura el logger
logger = logging.getLogger()
logger.setLevel(logging.INFO)

def hello(event, context):
    """
    Función lambda que responde a una solicitud HTTP GET.
```

```
    Parameters:
    - event: Un diccionario que contiene los datos de la invocación (ej. de API
Gateway).
    - context: Un objeto que proporciona métodos y propiedades sobre el
contexto de invocación, la función y el entorno de ejecución.
    """

    logger.info(f"Evento recibido: {json.dumps(event)}")

    # Intenta obtener el nombre del parámetro de consulta 'name', si no, usa
'Mundo'
    name = "Mundo"
    if event and 'queryStringParameters' in event and
event['queryStringParameters']:
        name = event['queryStringParameters'].get('name', 'Mundo')

    # Cuerpo de la respuesta
    body = {
        "message": f"¡Hola, {name}!",
        "input": event
    }

    # Estructura de respuesta para API Gateway
    response = {
        "statusCode": 200,
        "headers": {
            "Content-Type": "application/json"
        },
        "body": json.dumps(body)
    }

    logger.info(f"Respuesta enviada: {json.dumps(response)}")
    return response
```

En el código anterior podemos destacar los siguientes **parámetros de la función
lambda:**

- **event:** es un diccionario de Python que contiene los datos de la petición o evento que activó la función. Por ejemplo, detalles de la petición HTTP de API Gateway, el contenido de un mensaje de SQS o un evento de S3.
- **context:** es un objeto que proporciona información sobre el contexto de la invocación, la función y el entorno de ejecución. Por ejemplo, nombre de la función, tiempo restante de ejecución, información de credenciales.

En el formato de respuesta, la función debe devolver un diccionario con al menos statusCode, headers y body, que debe ser una cadena en formato JSON.

10.5.3. Casos de uso en AWS Lambda

AWS Lambda es un servicio que puede resultar idóneo para muchas situaciones. Veamos algunos ejemplos de cómo podemos utilizar este servicio para simplificar y automatizar su infraestructura Cloud:

- **Procesamiento de archivos en tiempo real:** podemos usar Amazon S3 para activar una función AWS Lambda y procesar los datos después de cargarlos. Por ejemplo, podemos usar Lambda para crear imágenes en miniatura, transcodificar vídeos, indexar archivos, procesar registros, validar contenido, añadir y filtrar datos en tiempo real.
- **Almacenamiento de ficheros:** podríamos configurar una función lambda que permita copiar los ficheros en S3 y verificar el tamaño del archivo antes de almacenarlo.
- **Backups automáticos:** se podría escribir una función lambda que automatice el proceso de creación de copias de seguridad. Se podría programar la copia de seguridad para que se realice al final de cada día.
- **Personalización, integración y envío de alertas:** se podría crear una función lambda para verificar los logs desde Cloudwatch. Esta función podría buscar en los logs, eventos específicos o entradas de registro, y

enviar notificaciones a través del servicio AWS SNS https://aws.amazon.com/es/sns.

10.6. Serverless DevOps

Como hemos analizado previamente, DevOps se refiere a una cultura y conjunto de prácticas que fomentan la colaboración entre equipos de desarrollo y operaciones. Serverless DevOps es una técnica que combina los principios de la computación serverless con las prácticas de DevOps.

La computación serverless implica que los desarrolladores no tienen que preocuparse por la administración de servidores subyacentes, ya que los proveedores de servicios en la nube se encargan de la infraestructura. Esto permite un escalado automático y una facturación basada en el uso real. En resumen, Serverless DevOps combina estos dos conceptos para acelerar el ciclo de desarrollo y entrega de aplicaciones sin servidor. Al implementar soluciones con Serverless, podemos obtener varios beneficios, entre los cuales destacan algunas ventajas significativas.

- **Escalabilidad:** las aplicaciones sin servidor escalan automáticamente según la demanda, lo que garantiza un rendimiento consistente y una mejor experiencia para el usuario.
- **Reducción de costes:** al pagar sólo por los recursos utilizados, las empresas pueden reducir significativamente sus costes operativos.
- **Entrega rápida:** Serverless DevOps permite a los equipos de desarrollo implementar cambios más rápido, lo que mejora la agilidad empresarial.
- **Mayor tiempo de actividad:** la infraestructura sin servidor a menudo es altamente disponible, lo que minimiza el tiempo de inactividad.
- **Mayor colaboración:** la cultura DevOps fomenta la colaboración entre los equipos de desarrollo y operaciones, lo que mejora la comunicación y la eficiencia.

A continuación, analizamos los pasos que constituyen el núcleo de una metodología eficiente que combina la escalabilidad y la agilidad de la computación serverless con la colaboración y la automatización de DevOps. Desglosamos las etapas que permiten la construcción de aplicaciones sin servidor en el ecosistema de Serverless DevOps.

- **Planificación:** define los requisitos y objetivos de su aplicación sin servidor. Esto incluye identificar las funciones, API, bases de datos y otros servicios necesarios.
- **Desarrollo:** Escribe el código de las funciones serverless. Utiliza frameworks como AWS Lambda, Azure Functions o Google Cloud Functions, según su plataforma en la nube.
- **Pruebas automatizadas**: Implementa pruebas automatizadas para garantizar la calidad del código y la funcionalidad de las funciones serverless.
- **Entrega continua:** configura un pipeline de entrega continua (CI/CD) para automatizar la implementación de las funciones en la nube.
- **Monitoreo y optimización:** utiliza herramientas de monitoreo para rastrear el rendimiento y la salud de las aplicaciones serverless.

Serverless DevOps representa una evolución en la forma de desarrollar y desplegar aplicaciones, ofreciendo una serie de ventajas innegables. Al abstraer la gestión de la infraestructura, los desarrolladores pueden centrarse en la lógica de negocio, lo que acelera el tiempo de desarrollo y reduce costes. La escalabilidad automática garantiza que las aplicaciones se adapten a las demandas cambiantes, mientras que el modelo de pago por uso optimiza los gastos operativos. Además, la integración continua y la entrega continua (CI/CD) se ven altamente potenciadas, y eso permite un despliegue más frecuente y seguro de las aplicaciones.

Sin embargo, el Serverless DevOps también presenta algunos problemas. La falta de control sobre la infraestructura puede limitar la personalización en ciertos escenarios. Asimismo, la depuración de problemas puede ser más compleja, debido a la naturaleza de las funciones sin servidor. En este aspecto, es fundamental diseñar las aplicaciones de manera cuidadosa, para evitar llamadas excesivas a las funciones, lo que podría incrementar los costes. Por último, la elección de la plataforma serverless adecuada y la gestión de las dependencias son aspectos que requieren una planificación detallada. A pesar de estos contras, las ventajas de Serverless DevOps son significativas y la convierten en una opción atractiva para muchos proyectos de desarrollo de software.

10.6.1. Herramientas y plataformas serverless DevOps

El auge del desarrollo serverless ha revolucionado la forma en que construimos y desplegamos aplicaciones. Al eliminar la necesidad de gestionar la infraestructura subyacente, los desarrolladores pueden concentrarse en el código de su aplicación. Para aprovechar al máximo este paradigma, es fundamental conocer las herramientas y plataformas que facilitan el proceso de desarrollo y despliegue serverless. Las plataformas líderes del mercado actualmente son:

- **AWS Lambda:** es un servicio serverless de AWS que permite ejecutar el backend de aplicaciones sin la necesidad de administrar servidores. Ofrece soporte para varios lenguajes de programación y es ideal para responder a eventos o interactuar con otros servicios en la nube.
- **Google Cloud Functions:** la oferta de Google Cloud proporciona una experiencia similar a AWS Lambda, con una integración profunda en el ecosistema de Google Cloud.
- **Azure Functions:** Microsoft Azure ofrece Azure Functions, que se integra estrechamente con otros servicios de Azure y permite ejecutar código en respuesta a una amplia variedad de desencadenadores.

En cuanto a las herramientas DevOps para entornos serverless, podemos destacar las siguientes:

- **Serverless Framework** https://www.serverless.com: una herramienta de código abierto que permite definir, desplegar y gestionar aplicaciones serverless en múltiples proveedores de cloud. Ofrece una interfaz de línea de comandos y un modelo de configuración declarativa.

- **AWS SAM** https://aws.amazon.com/es/serverless/sam: AWS Serverless Application Model es una herramienta de desarrollo y despliegue de aplicaciones serverless específicamente diseñada para AWS. Permite definir aplicaciones serverless utilizando un formato de plantilla YAML.

- **Google Cloud Deployment Manager** https://cloud.google.com/deployment-manager: se trata de una herramienta que permite definir, desplegar y administrar recursos en Google Cloud, incluyendo funciones serverless.

- **Azure Resource Manager** https://azure.microsoft.com/es-es/get-started/azure-portal/resource-manager: similar a la solución Deployment Manager de Google, Azure Resource Manager permite definir y desplegar recursos en Azure, incluyendo funciones serverless.

En cuanto a las herramientas de integración continua y entrega continua (CI/CD) podemos destacar las siguientes:

- **GitHub Actions** https://github.com/features/actions: una plataforma de CI/CD integrada en GitHub que permite automatizar los flujos de trabajo de desarrollo, incluyendo la construcción, prueba y despliegue de aplicaciones serverless.

- **GitLab CI/CD** https://docs.gitlab.com/ee/ci: una solución de CI/CD completa integrada en GitLab que ofrece una amplia gama de características para automatizar el proceso de desarrollo.

- **Jenkins** https://www.jenkins.io: una herramienta de CI/CD de código abierto altamente personalizable que puede ser configurada para trabajar con cualquier plataforma cloud y cualquier lenguaje de programación.

- **CircleCI** https://circleci.com: una plataforma de CI/CD en la nube que ofrece una interfaz de usuario intuitiva y una integración sencilla con GitHub.

Al seleccionar las herramientas y plataformas serverless DevOps adecuadas, es fundamental considerar la integración del ecosistema existente, la facilidad de uso, la escalabilidad y los costes. La elección de la plataforma serverless adecuada (AWS Lambda, Google Cloud Functions, Azure Functions, etc.) dependerá de sus necesidades específicas y de los servicios que ya utiliza en la nube.

Asimismo, es importante contar con herramientas de CI/CD que se integren de forma fluida con su plataforma serverless, como GitHub Actions, GitLab CI/CD o Jenkins. Además, la automatización de los procesos de desarrollo y despliegue es esencial para aprovechar al máximo los beneficios del serverless. Por último, el monitoreo y la observabilidad son fundamentales para garantizar el rendimiento y la estabilidad de sus aplicaciones serverless.

CAPÍTULO 11
ARQUITECTURAS ORIENTADAS A EVENTOS

11.1. Introducción

Cuando nos encontramos en una arquitectura de microservicios, buscamos que los que hemos desarrollado puedan funcionar de una manera totalmente independiente, lo más desacoplados posible, que puedan ser fácilmente escalables y que además tengan una alta tolerancia a fallos.

La tendencia en las aplicaciones que se suelen desarrollar hoy es a acortar los tiempos de que se dispone para manejar la información. Se requiere cada vez más de la inmediatez en recibir y procesar esa información. El objetivo final es tomar decisiones o acciones lo más rápidas posible en el tiempo de acuerdo a un evento que se acaba de producir.

Para acercarnos a ese tiempo real a la hora de responder a eventos existen muchas tecnologías que nos ofrecen posibilidades muy interesantes. Una de ellas son los protocolos que se basan en el paso de mensajes entre diferentes aplicaciones que se encuentran escuchando en un determinado canal. Las arquitecturas basadas en eventos proporcionan una forma de diseñar aplicaciones y servicios que respondan en tiempo real a información basada en enviar y recibir notificaciones de cambios individuales en el sistema, donde un componente de software se ejecuta en respuesta a una o más notificaciones de eventos.

Podríamos definir un evento en una arquitectura orientada a eventos como cualquier ocurrencia significativa o cualquier cambio de estado en nuestro sistema. No debemos confundir un evento con una notificación, que puede ser enviada para informar de algún suceso. Un evento puede ser generado por un usuario que realiza un clic en el ratón, un sensor para abrir una puerta o un cambio en el carrito de una aplicación e-commerce. Cuando un cambio es detectado, un evento es generado para ser enviado desde el productor al consumidor. Estos eventos serán enviados a través de unos canales de manera asíncrona. De esta manera, el consumidor será consciente de que un evento ha sido procesado. Una vez recibido, este evento será tratado y procesado convenientemente.

Para poder realizar estos envíos de mensajes o eventos entre servicios (productor y consumidor), se hará uso de un broker, el cual los dirigirá a los consumidores adecuados. En una arquitectura basada en eventos podemos destacar los siguientes elementos:

- **Evento (event):** entidad que se corresponde con la unidad de trabajo.
- **Publicador de eventos (event publisher):** entidad que crea y publica el evento. En muchos casos genera los datos del evento o bien transforma la información que tiene en un formato adecuado.
- **Canal (channel):** medio donde se publican y son consumidos los eventos.
- **Consumidor de eventos (event consumer):** entidad que recibe y consume el evento, y que por tanto ejecuta/interpreta la lógica de negocio asociada a él. El consumidor se subscribe al canal de eventos. La comunicación se suele realizar de forma asíncrona.

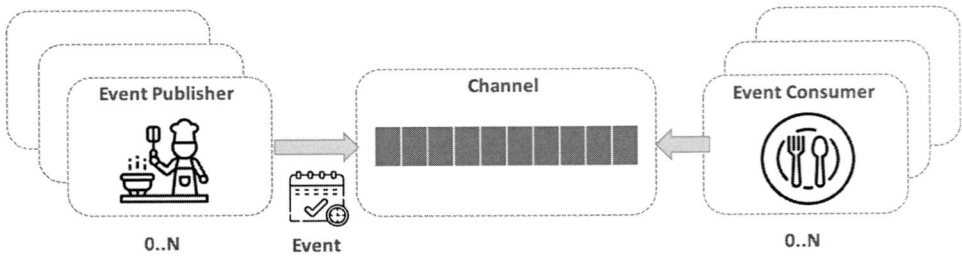

Figura 11.1 Elementos de una arquitectura orientada a eventos

Entre las principales **ventajas** que aporta este tipo de arquitecturas se encuentran:

- **Desacoplamiento:** va a permitir desacoplar diferentes componentes y aislarlos para mantener su independencia.
- **Inversión de dependencias:** el principio de inversión de dependencias, es una manera específica de evitar el acoplamiento entre módulos.
- **Escalado:** al tener los servicios desacoplados y comunicados a través de eventos podemos realizar escalado de aquellos que lo necesiten.
- **Tolerancia a fallos:** un sistema más robusto a los fallos hace que uno en uno de los componentes no tenga que afectar a toda la aplicación.
- **Flexibilidad:** nos permitirá aumentar nuestra arquitectura sin tener que realizar grandes modificaciones en nuestros servicios.

Las colas de mensajes (message queue) solucionan estas necesidades, actuando de intermediario entre emisores y destinatarios, o en un contexto más definido, entre productores y consumidores de mensajes. Se pueden usar para reducir las cargas y los tiempos de entrega por parte de los servidores de aplicaciones web, ya que las tareas, que normalmente tardarían bastante tiempo en procesarse, se pueden delegar a un tercero, cuyo único trabajo es realizarlas.

El uso de colas de mensajes también se puede dar cuando se desea distribuir un mensaje a múltiples destinatarios para su consumo o para realizar balanceo de carga entre nodos workers. Además, aportan otras ventajas, entre las que podemos destacar:

- **Garantía de entrega y orden:** los mensajes se consumen en el mismo orden que se llegaron a la cola y son consumidos una única vez.
- **Redundancia:** las colas persisten los mensajes hasta que son procesados por completo.
- **Desacoplamiento:** siendo capas intermedias de comunicación entre procesos, aportan la flexibilidad en la definición de arquitectura de cada uno de ellos de manera separada, siempre que se mantenga una interfaz común.

- **Escalabilidad:** con más unidades de procesamiento, las colas balancean su respectiva carga.

11.2. Introducción a los brokers de mensajería

Un broker de mensajería es un sistema de almacenamiento muy rápido tanto en escrituras como en lecturas. Permite la comunicación entre diferentes sistemas y aplicaciones manteniendo un flujo de datos continuo en el tiempo entre los sistemas. Estos sistemas se dividen en aquellos que envían mensajes al canal de comunicación (publicadores) y aquellos que leen y procesan esos datos (subscriptores).

Los brokers de mensajería han sido tradicionalmente una pieza importante dentro de las arquitecturas de las organizaciones, pero, con el incremento de usuarios que ingresan por diferentes canales a los sistemas de las empresas, se hace necesarios productos que permitan ser escalados horizontalmente a un bajo costo. Esto permite el procesamiento de una gran cantidad de mensajes por segundo.

Una nueva generación de brokers están tomando mayor relevancia en las aplicaciones modernas, que buscan ofrecer altos niveles de disponibilidad, confiabilidad, interoperabilidad y rendimiento en las aplicaciones con arquitecturas orientadas a eventos.

La mensajería distribuida se basa en el concepto de colas de mensajes confiables, donde los mensajes se ponen en cola de forma asíncrona entre las aplicaciones cliente y el sistema de mensajería. Hay dos tipos de patrones de mensajería disponibles que se analizan con mayor detalle:

- Punto a punto
- Publicación-suscripción (publish-subscribe)

11.2.1. Sistema de mensajería punto a punto

En un sistema punto a punto, los mensajes persisten en una cola. Uno o más consumidores pueden consumir los mensajes de la cola, pero un mensaje en particular solo puede ser consumido como máximo por un consumidor. Una vez que un consumidor lee un mensaje en la cola, desaparece de ahí.

11.2.2. Sistema de mensajería de publicación y suscripción

En el sistema de publicación-suscripción los mensajes persisten en un tópico. A diferencia del sistema punto a punto, los consumidores pueden suscribirse a uno o más tópicos y consumir todos los mensajes en ese tópico. Un ejemplo de este patrón podría ser una plataforma de TV, que publica diferentes canales como deportes, películas, música, etc., y los clientes se van suscribiendo a ellos.

Entre las principales soluciones que encontramos en el mercado cuando hablamos de este tipo de tecnologías podemos destacar:

- **Amazon Simple Queue Service** https://aws.amazon.com/es/sqs: servicio de colas de mensajes administrado por Amazon que le permite trabajar con microservicios, sistemas distribuidos y aplicaciones serverless. Este servicio elimina la complejidad y los costes asociados con la gestión y el funcionamiento del middleware orientado a mensajes. Con SQS se pueden enviar, almacenar y recibir mensajes entre diferentes componentes y microservicios.

- **Apache Kafka** https://kafka.apache.org: un broker de mensajería distribuido y de alto rendimiento que le permite construir pipelines de datos en tiempo real y aplicaciones de streaming. Diseñado para manejar flujos de datos a gran escala y con alta throughput, Kafka facilita la publicación, suscripción, almacenamiento y procesamiento de flujos de registros de manera duradera y tolerante a fallos. Es ideal para arquitecturas de microservicios, ingesta de datos de logs, seguimiento de actividad web y sistemas de monitorización en tiempo real.

- **Apache Pulsar** https://pulsar.apache.org: plataforma de mensajería distribuida en la nube y de publish/subscribe en tiempo real que ofrece persistencia duradera, baja latencia y alta escalabilidad. Diseñado para casos de uso de mensajería y streaming, Pulsar desacopla el almacenamiento del cómputo, lo que permite escalar de forma independiente. Soporta múltiples protocolos de mensajería (incluyendo Kafka y JMS a través de adaptadores) y facilita la comunicación asíncrona y confiable entre microservicios y sistemas distribuidos.

- **RabbitMQ** https://www.rabbitmq.com: broker de mensajería de código abierto que implementa el protocolo Advanced Message Queuing Protocol (AMQP). Proporciona un sistema de mensajería robusto y flexible que permite a los servicios comunicarse de manera asíncrona y desacoplada. Es compatible con múltiples lenguajes de programación y ofrece características como enrutamiento flexible, fiabilidad de mensajes, tolerancia a fallos y soporte para varios patrones de mensajería. Es adecuado para tareas en segundo plano, comunicación entre microservicios y sistemas distribuidos empresariales.

- **ActiveMQ** http://activemq.apache.org: broker de mensajería de código abierto desarrollado por Apache que soporta una amplia gama de protocolos de mensajería como AMQP, STOMP, MQTT y OpenWire. Actúa como un intermediario que permite a las aplicaciones enviar, almacenar y recibir mensajes de forma asíncrona, facilitando la integración entre diferentes sistemas y aplicaciones. Ofrece características como persistencia de mensajes, transacciones, colas punto a punto y publicación/suscripción. Es una opción versátil para aplicaciones empresariales y sistemas distribuidos.

- **Chronicle Queue** https://github.com/OpenHFT/Chronicle-Queue: implementación de cola persistente de alta performance y baja latencia escrita en Java, diseñada para escenarios en que la velocidad y la durabilidad son críticas. A diferencia de los brokers de mensajería tradicionales que actúan como intermediarios, Chronicle Queue opera como una cola de datos en disco que se comparte entre procesos, permitiendo el envío y la recepción de mensajes con latencias por debajo del microsegundo.

Las plataformas mencionadas son sistemas de colas y tienen un funcionamiento similar, aunque internamente cada una utiliza protocolos distintos. Por ejemplo, Kafka proporciona mejores capacidades para el enrutamiento de los mensajes y permite la transmisión de eventos/mensajes en tiempo real con almacenamiento duradero con la capacidad de manejar tolerancia a fallos, alta disponibilidad y escalabilidad.

11.3. Protocolos de mensajería

Las soluciones mencionadas utilizan a bajo nivel una serie de protocolos de mensajería. Esta sección tratará de dar una una visión general de los diferentes protocolos de mensajería que nos permita conocer en mayor detalle cómo funcionan estas soluciones:

- Advanced Message Queuing Protocol (AMQP)
- Message Queue Telemetry Transport (MQTT)

11.3.1. Advanced Message Queuing Protocol (AMQP)

El protocolo AMQP resuelve varios problemas al mismo tiempo. Por un lado, se encarga de la transmisión de datos y por otro permite almacenar mensajes en una cola. Esto establece una comunicación asíncrona entre emisor (productor) y receptor (consumidor), ya que no es necesario que trabajen al mismo ritmo.

De esta forma, el receptor del mensaje no tiene por qué procesar la información directamente y confirmar la recepción al emisor. En su lugar, recuperará el mensaje de la cola cuando esté disponible para ello. Esto ofrece al productor, entre otras cosas, la posibilidad de seguir trabajando y se evitan los tiempos de inactividad. A nivel de arquitectura podemos diferenciar los siguientes componentes:

- El mensaje es el elemento central de toda la comunicación.
- El productor (producer) crea un mensaje y lo envía.
- El broker de mensajería distribuye el mensaje de acuerdo con reglas definidas en diferentes colas (queue).
- El consumidor (consumer) recupera el mensaje de la cola.

Entre las principales **características** de este protocolo podemos destacar:

- En esta arquitectura el elemento clave es el broker de mensajería que hace de intermediario entre productor y consumidor.
- Ofrece un conjunto de funcionalidades relacionadas con la gestión de colas basadas en mensajería Publish/Subscribe.
- Los principales objetivos que cubre son la fiabilidad y la interoperabilidad.
- Está basado en tópicos (topics) y cabeceras (headers) para el envío y recepción de mensajes.

Por ejemplo, si trabajamos con Spring framework, podríamos utilizar este protocolo a través del proyecto **Spring AMQP** https://spring.io/projects/spring-amqp, que aplica los conceptos básicos de Spring al desarrollo de soluciones de mensajería basadas en este protocolo. El proyecto consta de dos partes: spring-amqp es la abstracción base y spring-rabbit es la implementación de RabbitMQ. En el siguiente repositorio https://github.com/spring-projects/spring-amqp-samples encontramos ejemplos de aplicación utilizando este framework.

Este proyecto proporciona una plantilla como una abstracción de alto nivel para enviar y recibir mensajes, además de proporcionar soporte para clases POJO orientadas al envío de mensajes basados en eventos. Estas bibliotecas facilitan la gestión de los recursos de AMQP, al tiempo que promueven el uso de la inyección de dependencias.

11.3.2. Message Queue Telemetry Transport (MQTT)

Tras las MQTT se encuentra un protocolo creado por IBM y liberado como proyecto open source para poder usarlo en proyectos orientados a la conectividad machine-to-machine (M2M). Se trata de un protocolo enfocado al envío de datos entre aplicaciones que requiere muy poco ancho de banda. También hay unos requerimientos relativos a un bajo consumo de los recursos. A nivel de comunicaciones está basado en la pila TCP/IP, donde cada conexión se mantiene abierta y se reutiliza en cada comunicación.

El protocolo MQTT se puede considerar uno de los estándares para aplicaciones IoT. Son varias las ventajas del protocolo MQTT como sistema de comunicación M2M. Por un lado, tenemos todas las ventajas del patrón publish/subscribe, como son escalabilidad, asincronismo y desacoplamiento entre clientes. Además, los brokers MQTT soportan varios miles de conexiones concurrentes de dispositivos.

Estas características han hecho que se convierta en un protocolo muy utilizado en proyectos relacionados con las plataformas Arduino y Raspberry Pi, dispositivos que utilizan tecnología IoT y aplicaciones móviles con la necesidad de optimizar el ancho de banda. Podemos ver algunos proyectos en la web oficial de MQTT https://mqtt.org/use-cases.

En cuanto a la seguridad del protocolo, dispone de distintas medidas de seguridad que podemos adoptar para proteger las comunicaciones. Esto incluye cifrado SSL/TLS y autenticación por usuario y contraseña o mediante certificado. Hay que tener en cuenta que muchos de los dispositivos IoT disponen de escasa capacidad, por lo que el uso de SSL/TLS puede suponer una carga de proceso importante.

En cuanto a su arquitectura, sigue una topología en estrella: existe un nodo central o broker con capacidad para trabajar con un gran número de clientes. Es precisamente el broker el elemento encargado de gestionar la red y transmitir los mensajes.

MQTT es un servicio de mensajería push que sigue el patrón publicador/suscriptor (publish-subscribe). En este tipo de infraestructuras los clientes se conectan con un servidor central denominado broker. Para filtrar los mensajes que son enviados a cada cliente, los mensajes se disponen en tópicos organizados de forma jerárquica. Un cliente puede publicar un mensaje en un determinado topic. Otros clientes pueden suscribirse a este topic y el broker le hará llegar los mensajes suscritos. Los clientes inician una conexión TCP/IP con el broker, el cual mantiene un registro de los clientes conectados. Esta conexión se mantiene abierta, hasta que el cliente la finaliza. Por defecto, MQTT emplea el puerto 1883 y el 8883 cuando funciona sobre SSL/TLS.

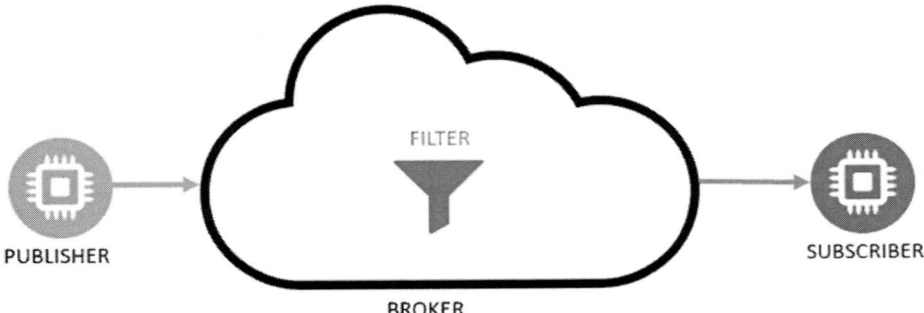

Figura 11.2 Componentes de MQTT

A continuación, analizamos los componentes de MQTT:

- **Cliente:** un dispositivo que puede publicar mensajes, suscribirse para recibir mensajes.
- **Broker:** es el servidor que acepta mensajes publicados por clientes y los difunde entre los clientes suscritos.
- **Publisher:** cuando un cliente envía un mensaje al broker.
- **Subscriber:** cuando un cliente recibe un mensaje del broker.
- **Tópico:** los mensajes deben estar etiquetados con algún tópico o tema. Los clientes se suscriben a tópicos específicos, de manera que solo reciben los mensajes publicados con esos tópicos. Un tópico puede a su vez contener subtópicos.

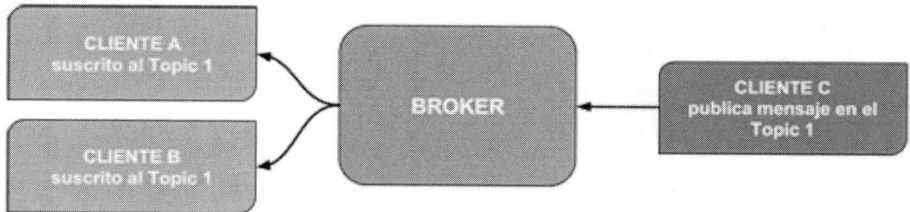

Figura 11.3 Comunicación clientes-broker

Dentro de la arquitectura de MQTT es muy importante el concepto de tópico, ya que a través de estos se articula la comunicación, puesto que emisores y receptores deben estar suscritos a un tópico común para poder establecer la comunicación. Este concepto es prácticamente el mismo que se emplea en las colas de mensajería, donde existen publicadores (que publican o emiten información) y suscriptores (que reciben la información), siempre que ambas partes estén suscritas a la misma cola.

Este tipo de arquitecturas lleva asociada otra interesante característica: la comunicación puede ser de uno a uno o de uno a muchos. Los tópicos tienen una estructura jerárquica gracias a la cual podemos establecer relaciones padre-hijo. Al suscribirnos a un tópico padre, recibiremos también la información de sus hijos.

Para que el protocolo MQTT esté en constante disponibilidad, es recomendable instalar el broker en un servidor que esté siempre activo. Tenemos diferentes opciones, pero la más interesante es Raspberry Pi por su bajo coste y consumo. Elegir el broker más adecuado para un proyecto IOT condiciona su buen funcionamiento y éxito. Entre los principales **brokers MQTT** disponibles para este tipo de proyectos podemos destacar:

- **Mosquitto** http://mosquitto.org: es un broker open source programado en C y es multiplataforma. A través de su página oficial podemos descargar y seguir los pasos de instalación según cuál sea su sistema operativo. Una vez que tenemos instalado Mosquito, podemos proceder a crear nuestro primer emisor y subscriptor, siguiendo para ello una jerarquía que podría asemejarse a la empleada en una aplicación real.

- **Mosca** http://www.mosca.io: es un broker MQTT Open Source para Node.js, desarrollado en Javascript. Puede ser empleado como aplicación independiente o embebido en cualquier proyecto de Node.js.

- **Aedes** https://github.com/moscajs/aedes: del mismo autor que Mosca, Aedes es un servidor broker MQTT open source para Node.js diseñado para ser un reemplazo de Mosca.

- **HBMQTT** https://pypi.org/project/hbmqtt: es un broker MQTT open source escrito en Python que funciona sobre asyncio, introducido en Python 3.4.

- **EMQTT** https://emqtt.io: Erlang MQTT broker es open source, desarrollado en Erlang/OTP. Está diseñado para aplicaciones con grandes exigencias en escalabilidad.

- **RabbitMQ** https://www.rabbitmq.com: es un popular broker de mensajería AMQP Open Source que también permite emplear el protocolo MQTT a través de un adaptador.

- **ActiveMQ** http://activemq.apache.org: Es un broker de mensajería JMS (Java Message Script) open source desarrollado por Apache, que también admite protocolo MQTT.

- **MQTTnet** https://github.com/chkr1011/MQTTnet: un broker Open Source para .NET.

El éxito de un sistema de IoT depende de la arquitectura que diseñemos para la mensajería. En el caso de MQTT es importante organizar los tópicos que vamos a emplear en el proyecto. Hay varios consejos que podemos seguir.

- Diseñar el sistema de tópicos para que sea escalable y mantenible.

- Mantener los tópicos lo más pequeños e independientes del resto. Es recomendable usar tópicos lo más específicos posible, evitando enviar mensajes a varios dispositivos y discriminar por el contenido del mensaje.

11.4. Apache Kafka

Uno de los brokers más recomendados actualmente para utilizar en una arquitectura orientada a eventos es Apache Kafka, plataforma que funciona en sistemas distribuidos y nos permite la transmisión streaming de datos. Básicamente, funciona como un broker de mensajes, encargado de enrutar los mensajes entre los clientes de un modo muy rápido.

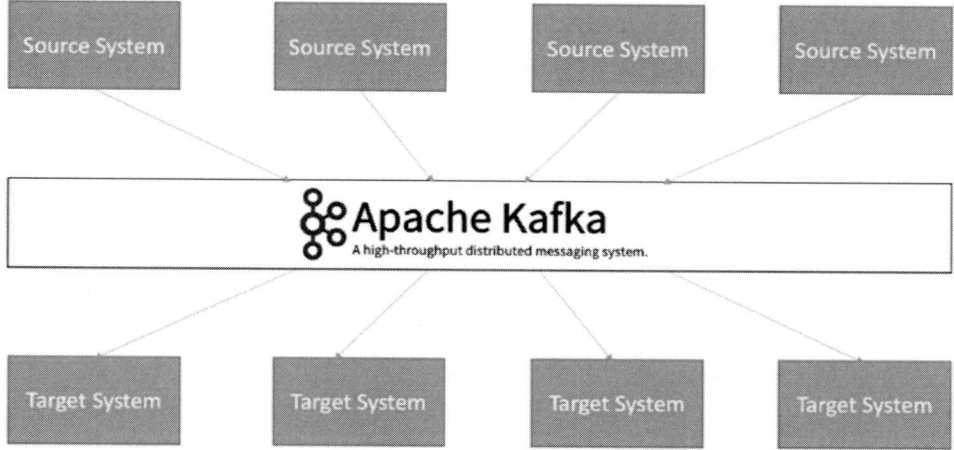

Figura 11.4 Apache Kafka middleware

Apache Kafka https://kafka.apache.org es un sistema de almacenamiento que sigue el patrón publicador/subscriptor, desarrollado inicialmente por LinkedIn y posteriormente liberado a la comunidad convirtiéndose en open source. La principal característica que ofrece Kafka a las empresas que trabajan con big data es la escalabilidad y el procesamiento de datos en tiempo real.

En comparación con otros sistemas de mensajería, Kafka tiene un mejor rendimiento, particionamiento integrado, replicación y tolerancia a fallos, lo que lo hace una buena opción para aplicaciones de procesamiento de mensajes a gran escala. Kafka está construido sobre el servicio de sincronización ZooKeeper y se integra con otras plataformas de procesamiento de datos en tiempo real como Apache Storm y Apache Spark. Entre las principales **características** podemos destacar:

- Utiliza un protocolo propio basado en TCP y hace uso de Apache Zookeeper para almacenar el estado de los brokers. Cada broker mantiene un conjunto de particiones (primaria y secundaria) de cada tópico.
- Se pueden programar productores/consumidores en diferentes lenguajes como Java, Scala, Python, Ruby, C++.
- Alternativa a JMS, AMQP y RabbitMQ cuando se manejan volúmenes importantes de datos y se requiere una gran capacidad de respuesta.
- Facilita el trabajo con otras tecnologías como Flume, Spark Streaming, Storm, HBase, Flink y Spark para ingerir, analizar y procesar datos en tiempo real.

Kafka, para permitirte gestionar sus funcionalidades dispone de cuatro API:

- **Producer API:** facilita que una aplicación publique una secuencia de mensajes en uno o más tópicos de diferentes formas.
- **Consumer API:** permite que una aplicación se suscriba a uno o más tópicos y procese la secuencia de mensajes disponibles.
- **Streams API:** permite que una aplicación actúe como un procesador de flujo de datos. Consume un flujo de entrada de uno o más tópicos y produce un flujo de salida a uno o más tópicos de salida, lo que transforma los flujos de entrada en flujos de salida.
- **Connect API:** facilita implementar/ejecutar productores o consumidores reutilizables con el objetivo de conectar tópicos con aplicaciones o sistemas de datos existentes.

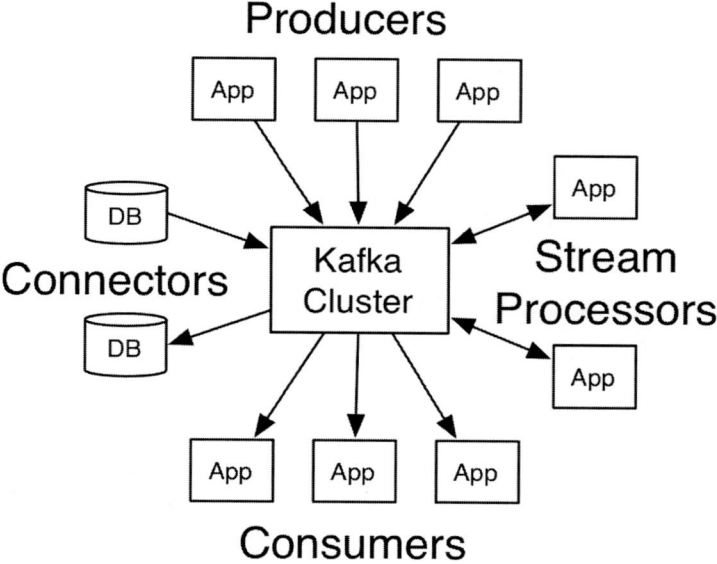

Figura 11.5 Apache Kafka API

11.4.1. Componentes de Apache Kafka

Apache Kafka es una plataforma de streaming distribuida que permite a las aplicaciones publicar, suscribirse, almacenar y procesar flujos de registros de manera duradera y tolerante a fallos. Su arquitectura se compone de varios elementos clave que trabajan juntos para lograr su alta escalabilidad, rendimiento y fiabilidad. A continuación, se analizan sus componentes principales:

- **Productores (producers):** son aplicaciones cliente que escriben (publican) datos o mensajes en los temas (tópicos) de Kafka. Los productores eligen a qué tópico y, opcionalmente, a qué partición específica enviar un registro. Si no se especifica la partición, Kafka la asignará usando un algoritmo (comúnmente un hash de la clave del mensaje), para distribuir la carga equitativamente entre las particiones del tema. Los mensajes se envían de forma asíncrona y los productores pueden agrupar (batch) mensajes para mejorar el rendimiento.

- **Consumidores (consumers):** son aplicaciones cliente que leen (se suscriben) datos o mensajes de uno o más temas de Kafka. Los consumidores leen mensajes de las particiones de un tema de forma ordenada (según el offset o posición del mensaje dentro de la partición). Pueden agruparse en grupos de consumidores (consumer groups), donde cada grupo consume un tema de forma cooperativa y cada partición es consumida por un único miembro dentro de un grupo, lo que permite escalar el consumo horizontalmente. Los consumidores gestionan su propio offset para saber dónde reanudar la lectura.

- **Brokers:** son los servidores que forman el clúster de Kafka. Cada broker es una instancia de Kafka en ejecución. Los brokers almacenan los mensajes publicados por los productores en sus particiones, que residen en el disco. Cada broker puede contener varias particiones de diferentes temas. Los brokers también replican las particiones (copias idénticas de las particiones) a otros brokers para asegurar la tolerancia a fallos. Si un broker falla, los datos aún están disponibles en sus réplicas en otros brokers. Dentro de cada conjunto de réplicas de una partición, hay un líder, que es quien maneja todas las operaciones de lectura y escritura, y varios seguidores, que replican los datos del líder.

- **Temas (topics):** son categorías o feeds lógicos en los que los productores publican mensajes y de los que los consumidores se suscriben. Los temas son la forma en que Kafka organiza los mensajes. Son conceptualmente similares a las tablas en una base de datos o a las carpetas en un sistema de archivos, pero para flujos de datos. Cada tema se divide en una o más particiones.

- **Particiones (partitions):** una partición es una secuencia ordenada e inmutable de registros. Los temas se dividen en una o más particiones. Son la unidad fundamental de concurrencia y escalabilidad en Kafka. Los mensajes se añaden a una partición de forma secuencial. Cada mensaje dentro de una partición tiene un offset único que lo identifica. Las particiones se distribuyen entre los brokers del clúster, lo cual permite que un tema pueda ser servido por múltiples brokers simultáneamente. Esto es clave para la alta throughput y la paralelización. La replicación de particiones garantiza la durabilidad y la alta disponibilidad.

- **ZooKeeper:** servicio distribuido de coordinación utilizado por Kafka para gestionar y coordinar los brokers del clúster. Almacena metadatos críticos del clúster (como la lista de brokers, los líderes de particiones, los ACL, las configuraciones de temas). Ayuda en la elección del controlador del clúster (un broker que gestiona el estado y las transiciones de los líderes de particiones).
- **Conectores (Kafka connect):** un framework para conectar Kafka con sistemas de datos externos, como bases de datos, sistemas de archivos, almacenes de claves-valor, etc. Permite importar datos de fuentes externas a los temas de Kafka (conectores source) o exportar datos de los temas de Kafka a sistemas externos (conectores sink) de forma escalable y fiable, sin necesidad de escribir código personalizado.

El sistema de encolado y procesado de mensajes es distribuido y particionado en diferentes instancias denominadas brokers, que conforman el clúster de Kafka. Dentro del clúster, en cada broker cada tópico está dividido en particiones, en las que los mensajes se almacenan de manera secuencial. Las particiones de un topic permiten:

- Distribuir la carga de trabajo entre diferentes brokers y consumidores.
- Tener tolerancia a errores de los brokers, al poder tener replicadas la misma partición.

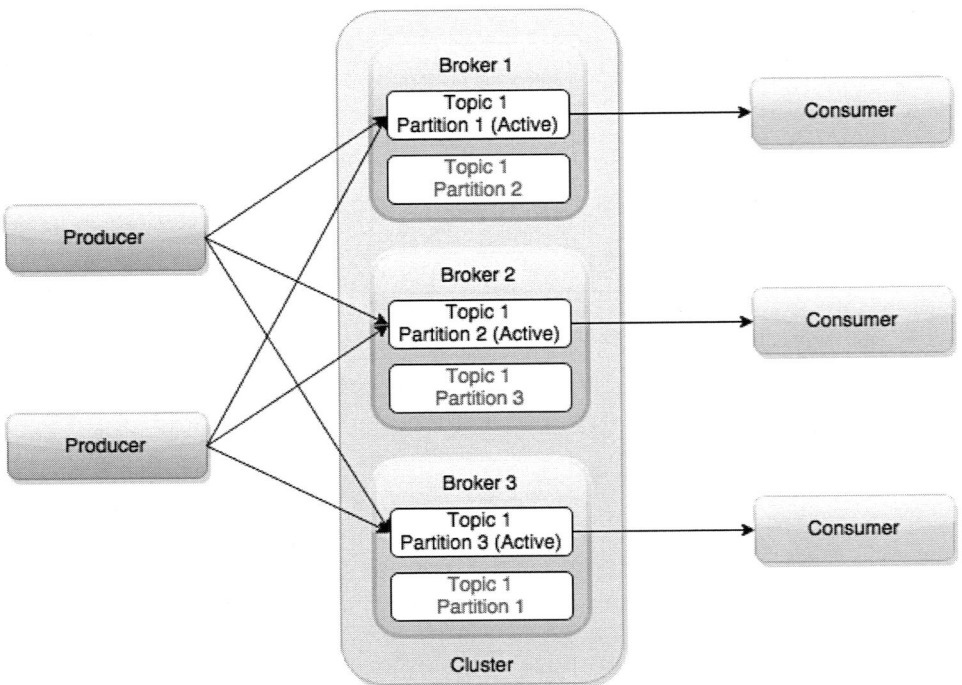

Figura 11.6 Cluster de Apache Kafka

11.4.2. Plataforma de Apache Kafka

Los **componentes** principales de esta plataforma son:

- **Kafka Connect** https://docs.confluent.io/current/connect/index.html:
  Kafka Connect es un módulo que nos permite enviar datos desde Kafka
  a otros sistemas. Funciona utilizando workers, que ejecutan los distintos
  conectores y nos permite conectarnos a fuentes de datos relacionales y
  no relacionales, para posteriormente convertirlas en mensajes.
  Actualmente existe una gran variedad de conectores desarrollados, la
  mayoría de ellos por la comunidad, entre los que podemos destacar
  HDFS, JDBC, Elastic Search, Cassandra, DynamoDB, MongoDB, S3. Los
  workers proporcionan escalabilidad, ya que distribuyen los conectores
  en distintas máquinas y tolerancia a fallos, de tal forma que, si un nodo
  worker falla, los conectores son ejecutados en otro worker.

- **Kafka Streams** https://kafka.apache.org/documentation/streams: Kafka Streams es un software para procesamiento de eventos en streaming. Lo podemos comparar con otras soluciones como Apache Samza, Storm, Spark Streaming o Flink, que son frameworks orientados al procesamiento distribuido de flujos de datos.

Por ejemplo, Kafka Connect permite importar/exportar datos desde/hacia Kafka, lo que facilita la integración en sistemas existentes mediante alguno de los conectores disponibles.

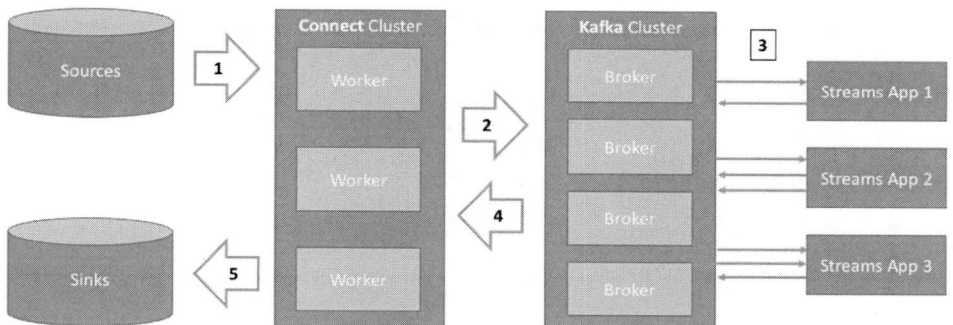

Figura 11.7 Uso de Kafka Connect

Los elementos que forman Kafka Connect son:

- Conectores fuente (source), para obtener datos desde las fuentes de datos.
- Conectores destino (sink) para publicar los datos en los almacenes de datos.

Estos conectores facilitan que los desarrolladores no expertos puedan trabajar con sus datos en Kafka de forma rápida y fiable, de manera que podamos introducir Kafka dentro de nuestros procesos ETL.

11.4.3. Requisitos para utilizar Apache Kafka

Kafka está optimizado para que se pueda ejecutar en sistemas operativos basados en Linux. Esto se debe a que Kafka depende en gran medida de las capacidades del sistema de archivos de Linux para su rendimiento, donde la caché de páginas del kernel se emplea como mecanismo de gestión de memoria que guarda en la memoria RAM (memoria principal) las páginas de datos de archivos a los que se ha accedido recientemente.

Para versiones de Kafka 3.x en adelante, se recomienda utilizar el modo KRaft, que elimina la dependencia de ZooKeeper, lo que simplifica la arquitectura y la operación del clúster de Kafka.

Para un entorno de producción, se requiere un mínimo de 3 brokers para garantizar la tolerancia a fallos y la replicación de datos. Un clúster con un número impar de nodos (3, 5, 7) es mejor para los mecanismos de consenso.

A continuación, analizamos los requisitos principales en cuanto a software y hardware:

- **Java Runtime Environment (JRE) o Java Development Kit (JDK):** Kafka está escrito en Scala y Java, y se ejecuta en la JVM. Necesitas tener una versión compatible de Java instalada en los servidores donde planees ejecutar los brokers de Kafka y ZooKeeper (o los nodos KRaft). Generalmente, las versiones LTS (long-term support) como Java 8, 11 o 17 son las preferidas y más estables.

- **Apache ZooKeeper (para versiones antiguas de Kafka):** hasta la versión de Kafka 2.x, ZooKeeper era un requisito obligatorio para la coordinación del clúster (gestión de metadatos, elección del controlador, etc.). Si usas versiones antiguas de Kafka, necesitarás un clúster de ZooKeeper (generalmente 3 o 5 nodos para un quorum).

- **Binarios de Apache Kafka** https://kafka.apache.org/downloads: los archivos binarios de Kafka descargados desde el sitio oficial de Apache.

Estos incluyen los scripts para iniciar brokers, herramientas de línea de comandos, etc.

Los requisitos de hardware son muy variables y dependen del volumen de datos, la throughput deseada, la retención de datos y la cantidad de temas/particiones.

- **CPU:** los brokers de Kafka son generalmente limitados por el I/O y la red, pero se benefician de múltiples núcleos para manejar la compresión, la encriptación/desencriptación y las operaciones internas. Se recomiendan CPU multi-núcleo (4-8 núcleos o más).

- **Memoria (RAM):** Kafka utiliza la caché de página del sistema operativo para almacenar mensajes en memoria antes de escribirlos en el disco. Cuanta más RAM tengas, más tiempo podrán permanecer los datos en caché y obtendremos más rendimiento en operaciones de lectura y escritura. Se recomiendan al menos 16 GB, 32 GB.

- **Almacenamiento:** se recomienda el uso de discos SSD para que las operaciones I/O rindan de manera óptima, especialmente para la escritura secuencial que caracteriza a Kafka. Los discos duros tradicionales (HDD) pueden ser aceptables para cargas de trabajo de menor throughput o si tienes una retención de datos muy larga.

11.4.4. Iniciando Apache Kafka con Docker

La instalación de Kafka con Docker la podemos realizar usando docker-compose. Para la instalación, creamos un fichero **docker-compose.yml** con el siguiente contenido.

```yaml
version: '2'
services:
  zookeeper:
    image: confluentinc/cp-zookeeper:latest
    environment:
      ZOOKEEPER_CLIENT_PORT: 2181
      ZOOKEEPER_TICK_TIME: 2000
```

```
 ports:
  - 22181:2181

kafka:
  image: confluentinc/cp-kafka:latest
  depends_on:
   - zookeeper
  ports:
   - 29092:29092
  environment:
   KAFKA_BROKER_ID: 1
   KAFKA_ZOOKEEPER_CONNECT: zookeeper:2181
   KAFKA_ADVERTISED_LISTENERS:
PLAINTEXT://kafka:9092,PLAINTEXT_HOST://localhost:29092
   KAFKA_LISTENER_SECURITY_PROTOCOL_MAP:
PLAINTEXT:PLAINTEXT,PLAINTEXT_HOST:PLAINTEXT
   KAFKA_INTER_BROKER_LISTENER_NAME: PLAINTEXT
   KAFKA_OFFSETS_TOPIC_REPLICATION_FACTOR: 1
```

Podemos crear la imagen y desplegar los contenedores en los puertos y servicios indicados con el siguiente comando:

```
$ docker-compose up -d
Creating network "kafka-net" with driver "bridge"
Creating zookeeper ... done
Creating kafka    ... done
```

Si todo se ejecuta correctamente, deberíamos tener en ejecución un contenedor por cada uno de los servicios declarado en el fichero docker-compose.yml.

```
$ docker ps | grep kafka
3b46d7f2d0ef  confluentinc/cp-kafka:latest    "/etc/confluent/dock…"  2
weeks ago   Up 9 seconds      9092/tcp, 0.0.0.0:29092->29092/tcp, :::29092-
>29092/tcp                    kafka_kafka_1
e3818f131189  confluentinc/cp-zookeeper:latest  "/etc/confluent/dock…"
2 weeks ago   Up About a minute  2888/tcp, 3888/tcp, 0.0.0.0:22181-
>2181/tcp, :::22181->2181/tcp
```

Básicamente, tenemos dos servicios Kafka y Zookeeper que son accesibles desde localhost. Para comprobar la conexión usaremos netcat en los puertos 29092 y 22181, que son los que hemos definido en el docker-compose.

```
$ nc -zv localhost 29092
Connection to localhost (::1) 29092 port [tcp/*] succeeded!

$ nc -zv localhost 22181
Connection to localhost (::1) 22181 port [tcp/*] succeeded!
```

A continuación, podríamos ejecutar el comando que nos permite obtener una shell bash dentro del contenedor Kafka.

```
$ docker exec -it kafka bash
root@d4b7296b1fc4:/#
```

Después, creamos el topic **my_fist_topic,** indicando que queremos una réplica y una partición. Las réplicas aportan tolerancia a fallos. En entornos reales es típico configurar valores superiores a uno, para que, si un broker se cae, otro pueda servir los datos. Las particiones permiten añadir más consumidores que lean el tópico, añadiendo mayor capacidad de procesado concurrente. Cada mensaje creado por un productor se asigna automáticamente a una partición. Es inmutable y puede ser consumido por uno o varios procesos en esa partición.

```
root@d4b7296b1fc4:/# kafka-topics.sh --bootstrap-server localhost:9092 --create --topic my_first_topic --partitions 1 --replication-factor 1
Created topic my_first_topic.
```

Para obtener la lista de tópicos creados utilizamos la opción –list. Con la opción –describe podemos ver las características detalladas de un tópico a partir de su nombre.

```
root@d4b7296b1fc4:/# kafka-topics.sh --bootstrap-server localhost:9092 --
list
my_first_topic
root@d4b7296b1fc4:/# kafka-topics.sh --bootstrap-server localhost:9092 --
describe --topic my_first_topic
Topic: my_first_topic   TopicId: IWQ5TsElTaarFgUTcm0PWQ PartitionCount:
1     ReplicationFactor: 1   Configs: segment.bytes=1073741824
    Topic: my_first_topic  Partition: 0  Leader: 1    Replicas: 1    Isr: 1
```

Una vez creado el tópico, podemos crear y consumir eventos sobre él. La instalación de Kafka nos proporciona un productor y un consumidor que podemos invocar por línea de comandos.

```
root@0aa7930e1daa:/# kafka-console-producer.sh --topic my_first_topic --
bootstrap-server localhost:9092
>Mi primer evento
>Mi segundo evento
```

11.4.5. Implementar productor y consumidor en Python

Kafka dispone de un API en Python para construir productores y consumidores de mensajes. Para ello podemos utilizar la biblioteca Kafka-python https://kafka-python.readthedocs.io.

```
$ pip install kafka-python
```

Un productor en Kafka es responsable de enviar mensajes a un tópico específico. A continuación, se muestra un ejemplo de cómo crear un productor en Python usando kafka-python. En el siguiente ejemplo, **bootstrap_servers** especifica la lista de servidores Kafka a los que se conectará el productor y **send(topic, value)** es el método que permite enviar un mensaje al tópico especificado.

En el siguiente ejemplo levantamos el **producer** con el mensaje enviado para el tópico «my_topic». Lo que vamos viendo por el log es el mensaje que nos llega por estar suscritos al tópico.

kafka_producer.py

```
from kafka import KafkaProducer

# Crear un productor
producer = KafkaProducer(bootstrap_servers=['localhost:9092'])

# Enviar un mensaje
producer.send('my-topic', b'Hola desde Python')
producer.flush()  # Asegurarse de que todos los mensajes se envíen

# Cerrar el productor
producer.close()
```

Un consumidor en Kafka se suscribe a uno o más tópicos y consume los mensajes publicados en ellos. Creamos el consumer indicando el host y el puerto donde está arrancado el broker. La gran velocidad en lectura que tiene Kafka se debe a que los tópicos se leen a partir de un puntero que marca el offset donde empiezan los mensajes. Es responsabilidad del consumer el mantenimiento de este offset.

kafka_consumer.py

```
from kafka import KafkaConsumer

# Crear un consumidor
consumer = KafkaConsumer('my-topic',
bootstrap_servers=['localhost:9092'])

# Consumir mensajes
for message in consumer:
    print(message.value.decode('utf-8'))
```

```
# Cerrar el consumidor
consumer.close()
```

El siguiente código Python ilustra un ejemplo de cómo producir y consumir mensajes utilizando el control de errores. En primer lugar, se crea un productor de Kafka, que se conecta a un broker local en el puerto 9092. Este productor envía un mensaje en formato JSON a un tópico denominado my-topic. El mensaje contiene un campo mensaje con el valor «Hola» y un campo timestamp con una marca de tiempo.

kafka_consumer_producer.py

```python
from kafka import KafkaProducer, KafkaConsumer
import json

# Configuración del productor
producer = KafkaProducer(bootstrap_servers=['localhost:9092'],
            value_serializer=lambda x: json.dumps(x).encode('utf-8'))

# Enviar un mensaje en formato JSON
producer.send('my-topic', {'mensaje': 'Hola', 'timestamp': '2023-11-23'})
producer.flush()

# Configuración del consumidor
consumer = KafkaConsumer('my-topic',
            bootstrap_servers=['localhost:9092'],
            auto_offset_reset='earliest',
            value_deserializer=lambda x: json.loads(x.decode('utf-8')))

# Consumir mensajes y manejar errores
for message in consumer:
    try:
        print(message.value)
    except Exception as e:
        print(f"Error al procesar el mensaje: {e}")
```

```
# Cerrar el consumidor
consumer.close()
```

El código anterior crea un consumidor de Kafka que se suscribe al mismo tópico. El consumidor lee los mensajes del tópico, los imprime en la consola y maneja cualquier excepción que pueda ocurrir durante el procesamiento. La configuración del consumidor incluye el reinicio automático de los offsets al principio del tópico, lo que garantiza que no se pierdan mensajes. Los serializadores y deserializadores personalizados permiten convertir los datos de Python en formato JSON y viceversa, lo que facilita el intercambio de datos entre el productor y el consumidor.

11.4.6. Herramientas para monitorizar Apache Kafka

Apache Kafka cuenta con una variedad de herramientas para su monitoreo, ya que es fundamental asegurar su correcto rendimiento y detectar problemas en tiempo real. A continuación, analizamos algunas de las herramientas más populares para monitorizarlo:

- **JMX (Java Management Extensions) con Kafka Exporter:** Kafka expone métricas a través de JMX. Puedes configurar un exportador como Kafka Exporter para transformarlas a un formato compatible con sistemas de monitorización, como Prometheus. Las métricas de JMX incluyen latencias, errores y métricas de replicación, entre otras. Puedes usar el JMX Exporter de Prometheus para recolectarlas y luego visualizarlas en Grafana.
- **Prometheus y Grafana:** Prometheus es un sistema de monitorización y alertas, mientras que Grafana proporciona un entorno visual para explorar las métricas. Podríamos configurar Prometheus con Kafka Exporter https://github.com/danielqsj/kafka_exporter y usar dashboards predefinidos de Grafana para monitorizar Kafka.

- **Confluent Control Center** es una herramienta de monitoreo https://docs.confluent.io/platform/current/control-center/index.html que forma parte de la plataforma Confluent. Ofrece dashboards que incluyen métricas de rendimiento, tráfico y latencia, entre otras. También proporciona capacidades de alerta y administración de clústeres.

- **Burrow** https://github.com/linkedin/Burrow es una herramienta específica para el monitoreo de consumidores en Kafka. Esta herramienta se centra en detectar lags (retrasos) en los consumidores, lo que es uno de los principales indicadores de problemas en la plataforma. Burrow no solo ofrece alertas cuando un consumidor no puede seguir el ritmo de un productor, sino que proporciona reportes sobre su salud.

- **Kafka Manager** https://github.com/zheolong/kafka-manager permite monitorear y administrar clústeres de Kafka. Ofrece una interfaz web para ver detalles como particiones y el estado de los brokers.

- **DataDog** https://www.datadoghq.com proporciona monitoreo en la nube para Kafka, con una integración preconfigurada que permite recolectar métricas clave de brokers, productores y consumidores. DataDog es especialmente útil en entornos de múltiples nubes o híbridos, pues centraliza métricas de diferentes servicios y aplicaciones.

- **Elastic Stack (ELK)** https://www.elastic.co/es/elastic-stack. Con el stack de Elasticsearch, Logstash y Kibana podemos capturar, almacenar y visualizar métricas de Kafka, especialmente si estamos recolectando logs del sistema.

- **Instana** https://www.ibm.com/products/instana ofrece monitoreo automático para Kafka, con detección automática de métricas de rendimiento, latencia, errores, etc. Es especialmente útil para arquitecturas de microservicios y puede identificar la causa raíz de problemas relacionados con Kafka dentro de una infraestructura de gran escala.

- **Cruise Control** https://github.com/linkedin/cruise-control es una herramienta de LinkedIn para el balanceo de carga y optimización de clústeres de Kafka. Aunque no es de monitoreo como tal, ayuda a detectar y resolver problemas de balanceo en el clúster, lo que mejora el rendimiento de Kafka.
- **Zookeeper Exporter (para Prometheus)** https://github.com/dabealu/zookeeper-exporter: podemos utilizar el Zookeeper Exporter para Prometheus, lo que permite visualizar su estado y rendimiento en Grafana junto con las métricas de Kafka.

11.5. Apache Pulsar

Apache Pulsar https://pulsar.apache.org es una plataforma de mensajería y streaming de eventos distribuida de código abierto, diseñada para el rendimiento, la escalabilidad masiva y la durabilidad.

Pulsar proporciona funciones que permiten implementar la lógica de procesamiento en lenguajes de programación como Java, Python y Go, sin necesidad de depender de otras tecnologías como Spark o Storm. Entre las principales **características** podemos destacar:

- **Rendimiento:** Apache Pulsar consigue latencias muy bajas y un rendimiento de hasta un millón de mensajes por segundo. Además, garantiza que se cumple la entrega y el orden de los mensajes.
- **Escalabilidad:** es un sistema fácilmente escalable en el que, para aumentar la capacidad, basta con añadir más nodos al clúster, que se usarán para distribuir los datos. En este aspecto proporciona la capacidad para distribuir el sistema en varios datacenters y así replicar sus datos.

- **Multi-tenancy:** esto implica que varios servicios y clientes pueden compartir el mismo sistema. Para ello, Pulsar también ofrece mecanismos de autenticación y autorización para proteger la seguridad y el acceso a los datos.

Una de sus características distintivas es la separación de su arquitectura en capas de servicio y almacenamiento, lo que permite escalar cada componente de forma independiente. A continuación, analizamos los componentes principales de Apache Pulsar:

- **Productores (producers):** son aplicaciones cliente que publican mensajes en temas (tópicos) de Pulsar. Un productor se conecta a un broker de Pulsar y envía mensajes a un tema específico. Los productores pueden enviar mensajes de forma asíncrona, agrupar mensajes en lotes para mejorar la eficiencia y controlar el enrutamiento de los mensajes a particiones específicas del tema.

- **Consumidores (consumers):** son aplicaciones cliente que se suscriben a temas de Pulsar para leer mensajes. Un consumidor se conecta a un broker y se suscribe a un tema utilizando uno de los modelos de suscripción de Pulsar (exclusiva, compartida, de conmutación por error o con clave compartida). Los consumidores mantienen un cursor que rastrea el último mensaje consumido en cada partición, lo que les permite reanudar la lectura desde donde la dejaron, incluso si el consumidor falla.

- **Brokers (servidores Pulsar):** son los componentes que se encargan del servicio de mensajes. Reciben mensajes de los productores y los envían a los consumidores. Los brokers no almacenan los datos de los mensajes ellos mismos, sino que actúan como un punto de acceso, para que productores y consumidores interactúen con la capa de almacenamiento (Apache BookKeeper). Esto permite que los brokers puedan escalar de forma horizontal de forma independiente a la capacidad de almacenamiento. También manejan la autenticación, autorización y enrutamiento de mensajes.

- **Apache BookKeeper (bookies):** es el sistema de almacenamiento distribuido y persistente subyacente para los mensajes de Pulsar. Los servidores que ejecutan BookKeeper se llaman bookies. Los bookies almacenan los mensajes en ledgers (libros de contabilidad), que son secuencias de entradas inmutables y solo de añadir. Proporciona una alta durabilidad (los datos se replican en múltiples bookies), baja latencia y alta disponibilidad para las operaciones de lectura y escritura. La separación de la capa de almacenamiento del servicio permite escalar la capacidad de almacenamiento y la capacidad de procesamiento de forma independiente.

- **ZooKeeper:** un servicio distribuido para la coordinación del clúster y el almacenamiento de metadatos.

- **Temas (tópicos):** son los canales de mensajería nombrados a los que los productores publican y de los que los consumidores se suscriben. Pueden ser persistentes (almacenados en BookKeeper) o no persistentes (sólo en memoria). Los temas pueden dividirse en particiones para lograr paralelismo y escalabilidad, similar a Kafka. Pulsar ofrece diferentes tipos de temas (compartidos, sin particiones, con particiones).

- **Namespaces (espacios de nombres):** una agrupación lógica de tópicos dentro de un tenant. Los namespaces se utilizan para aplicar políticas comunes (como la retención de mensajes, las cuotas de almacenamiento, la autenticación y autorización) a un conjunto de temas, simplificando la gestión a gran escala.

- **Tenants:** el nivel más alto de organización en un clúster de Pulsar, que representa a una organización o equipo.

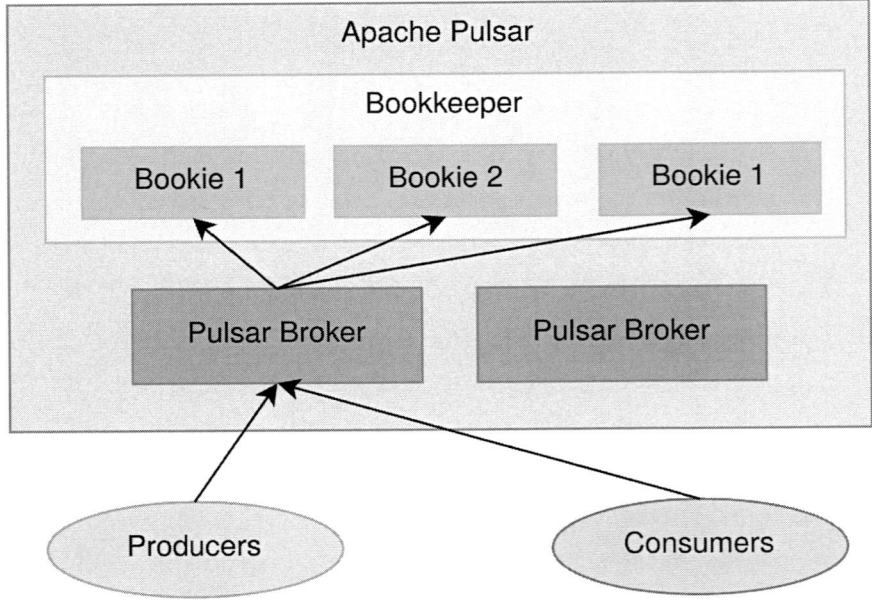

Figura 11.8 Componentes de Apache Pulsar

En un clúster de Apache Pulsar tendremos:

- Múltiples brokers para manejar los mensajes entrantes y gestionar los mensajes hacia los consumidores.
- Apache BookKeeper para la persistencia de los mensajes.
- Apache Zookeeper para la configuración del clúster.

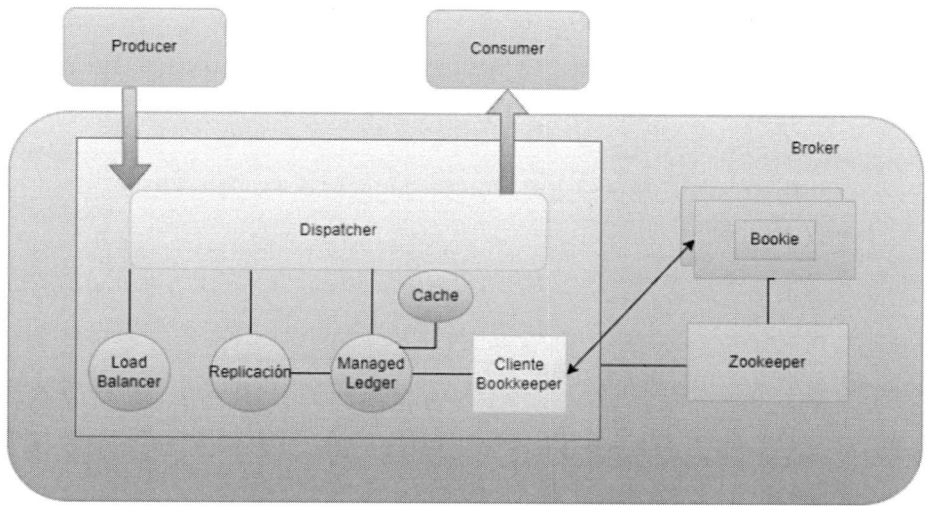

Figura 11.9 Arquitectura de Apache Pulsar

11.5.1. Apache Pulsar con Python

Para utilizar Apache Pulsar con Python podríamos utilizar la librería cliente oficial de Python de Apache Pulsar https://pypi.org/project/pulsar-client, que permite a las aplicaciones Python conectarse a un clúster de Pulsar y enviar o recibir mensajes.

```
$ pip install pulsar-client
```

La interacción con Pulsar en Python se basa en los siguientes objetos principales:

- **pulsar.Client:** la forma de establecer una conexión con el clúster de Pulsar. Es el punto de entrada para interactuar con el broker.
- **pulsar.Producer:** se utiliza para enviar mensajes a un tema específico.
- **pulsar.Consumer:** se utiliza para suscribirse a un tema y recibir mensajes.
- **pulsar.Message:** representa un mensaje individual recibido por un consumidor. Incluye el contenido (payload) y los metadatos.

Para ejecutar los siguientes ejemplos, necesitaremos un clúster de Pulsar en funcionamiento. Podemos usar una instancia local de Pulsar usando Docker con el siguiente comando:

```
$ docker run -it -p 6650:6650 -p 8080:8080 apachepulsar/pulsar:latest bin/pulsar standalone
```

Una vez el contenedor está en ejecución, tendríamos acceso al broker en la dirección **pulsar://localhost:6650.**

A continuación, analizamos un ejemplo de código en Python que muestra cómo utilizar Apache Pulsar para crear un productor y consumidor de mensajes. El siguiente código lo que hace es enviar una serie de mensajes a un tópico de nombre «my-topic».

En este ejemplo se importa la biblioteca de cliente Python de Apache Pulsar y se crea una conexión al broker. Posteriormente, se crea un productor que envía mensajes al tópico definido.

producer_pulsar.py

```
import pulsar
import time

# URL del servicio Pulsar (ajusta si es necesario)
SERVICE_URL = 'pulsar://localhost:6650'
TOPIC_NAME = 'persistent://public/default/my-topic' # Formato:
persistent://tenant/namespace/topic

def run_producer():
    client = None
    try:
        # 1. Crear un cliente Pulsar
        print(f"Conectando al clúster Pulsar en: {SERVICE_URL}")
        client = pulsar.Client(SERVICE_URL)

        # 2. Crear un productor
```

```
print(f"Creando productor para el tema: {TOPIC_NAME}")
producer = client.create_producer(TOPIC_NAME)

# 3. Enviar mensajes
for i in range(10):
    message_data = f"Hola desde Python - Mensaje {i}"
    producer.send(message_data.encode('utf-8')) # Los mensajes deben
ser bytes
    print(f"Mensaje enviado: '{message_data}'")
    time.sleep(0.1) # Pequeña pausa

print("Todos los mensajes han sido enviados.")

    except Exception as e:
        print(f"Error al ejecutar el productor: {e}")
    finally:
        # 4. Cerrar el cliente (y con ello el productor)
        if client:
            print("Cerrando el cliente Pulsar.")
            client.close()

if __name__ == '__main__':
    run_producer()
```

En el siguiente código se crea un consumidor, que recibe mensajes del tópico definido anteriormente. Se recibe un mensaje, se imprime y se confirma su recepción. Finalmente, se cierran las conexiones con el productor y el consumidor.

consumer_pulsar.py

```
import pulsar
import time

# URL del servicio Pulsar (ajusta si es necesario)
SERVICE_URL = 'pulsar://localhost:6650'
TOPIC_NAME = 'persistent://public/default/my-topic'
```

```python
SUBSCRIPTION_NAME = 'my-python-subscription' # Nombre de la
suscripción para el consumidor

def run_consumer():
    client = None
    consumer = None
    try:
        # 1. Crear un cliente Pulsar
        print(f"Conectando al clúster Pulsar en: {SERVICE_URL}")
        client = pulsar.Client(SERVICE_URL)

        # 2. Crear un consumidor
        # Tipo de suscripción 'Shared': múltiples consumidores pueden leer del
mismo tema/suscripción
        # y los mensajes se distribuyen entre ellos.
        print(f"Creando consumidor para el tema: {TOPIC_NAME} con
suscripción: {SUBSCRIPTION_NAME}")
        consumer = client.subscribe(TOPIC_NAME,
                        SUBSCRIPTION_NAME,
                        consumer_type=pulsar.ConsumerType.Shared) # O
Exclusive, Failover, KeyShared

        print("Consumidor iniciado. Esperando mensajes (Ctrl+C para salir)...")

        # 3. Recibir mensajes en un bucle
        while True:
            try:
                msg = consumer.receive() # Bloquea hasta que haya un mensaje

                # Decodificar el payload del mensaje
                message_data = msg.data().decode('utf-8')
                print(f"Mensaje recibido: '{message_data}' (ID:
{msg.message_id()})")

                # 4. Reconocer el mensaje
                # Esto le dice a Pulsar que el mensaje ha sido procesado con éxito y
puede ser eliminado de la suscripción.
                consumer.acknowledge(msg)
```

```
        except pulsar.Timeout:
            print("No se recibieron mensajes en el tiempo de espera
(timeout).")
        except Exception as e:
            print(f"Error al recibir mensaje: {e}")
            # Si hay un error, puedes nack() el mensaje para que sea re-
entregado
            consumer.negative_acknowledge(msg)
            time.sleep(1) # Pequeña pausa antes de reintentar

    except KeyboardInterrupt:
        print("\nConsumidor detenido por el usuario.")
    except Exception as e:
        print(f"Error al ejecutar el consumidor: {e}")
    finally:
        # 5. Cerrar el consumidor y el cliente
        if consumer:
            print("Cerrando el consumidor.")
            consumer.unsubscribe() # Opcional: eliminar la suscripción si no se
va a usar más
            consumer.close()
        if client:
            print("Cerrando el cliente Pulsar.")
            client.close()

if __name__ == '__main__':
    run_consumer()
```

11.5.2. Apache Pulsar vs Apache Kafka

Las diferencias principales entre estos dos sistemas de mensajería es la forma que tienen de distribuir los datos: Pulsar los mantiene más balanceados en sus brokers que Apache Kafka; en Kafka, todos los datos de una partición se encuentran en un bróker y, por tanto, su capacidad está limitada por el propio broker en el que se encuentra.

Cuando se intenta escalar en Apache Kafka, muchas veces es necesario realizar una operación de rebalanceo. Si esta operación no se realiza, los datos podrían quedar distribuidos de una manera desbalanceada y, por tanto, no mantener todas las ventajas del sistema.

Pulsar divide los datos de cada partición también en segmentos. Estas unidades son más pequeñas y se distribuyen de manera balanceada entre los brokers. Con esto Pulsar consigue hacer innecesarias las operaciones de rebalanceo de datos y también que la capacidad no esté limitada por el broker, con lo que se ahorra en mantenimiento y carga adicional.

A continuación, se muestra una tabla comparativa entre Apache Pulsar y Apache Kafka. Se destacan las diferencias más relevantes, especialmente en la forma en que distribuyen y gestionan los datos.

Característica	Apache Kafka	Apache Pulsar
Tipo de plataforma	Plataforma de streaming distribuida, almacenamiento de logs	Plataforma de mensajería y streaming distribuida, arquitectura desacoplada
Arquitectura	Acoplada (Brokers Stateful): Los brokers almacenan y sirven los mensajes.	Desacoplada (Brokers Stateless): Los brokers sirven, el almacenamiento es gestionado por Apache BookKeeper.
Componentes	Productores, Consumidores, Brokers, Temas (Particiones), ZooKeeper (o KRaft)	Productores, Consumidores, Brokers, Apache BookKeeper (Bookies), ZooKeeper (para metadatos), Temas (Particiones, Segmentos)

Unidad de escalado	Partición: Todos los datos de una partición residen en un único broker.	Segmento: Los datos de cada partición se dividen en segmentos más pequeños.
Distribución de datos	Datos de una partición limitados a la capacidad del broker que la aloja.	Los segmentos de una partición se distribuyen y balancean entre múltiples Bookies, haciendo que la capacidad no esté limitada por un solo broker.
Balanceo de carga	Rebalanceo en ocasiones necesario: Para escalar o equilibrar datos, en ocasiones se requieren operaciones manuales o automatizadas de rebalanceo de particiones.	Rebalanceo menos necesario/automático: La distribución por segmentos entre Bookies hace que las operaciones de rebalanceo de datos sean innecesarias o se realicen de forma más automática, ahorrando mantenimiento y carga adicional.
Persistencia de datos	Basada en archivos de logs en los brokers.	Basada en ledgers (libros de contabilidad) persistentes en Bookies.
Modelos de suscripción	Grupos de Consumidores (un offset por grupo).	Múltiples tipos (Exclusiva, Compartida, Failover, Key_Shared) que ofrecen mayor flexibilidad en el consumo.

Soporte multiprotocolo	Principalmente protocolo nativo de Kafka (se requieren adaptadores o Kafka Connect para otros).	Soporte nativo y flexible para múltiples protocolos (AMQP, MQTT, STOMP, y protocolo Kafka vía Pulsar Proxy/Broker).
Complejidad operacional	Generalmente más compleja en operaciones de rebalanceo y gestión de clústeres a gran escala.	Menos complejidad en el rebalanceo de datos y mayor elasticidad en el escalado de almacenamiento/servicio.
Casos de uso	Ingesta masiva de logs, seguimiento de eventos, procesamiento de datos en tiempo real, backbone de microservicios.	Mensajería de alto rendimiento, streaming de eventos, función como servicio (Pulsar Functions), multi-tenancy, georeplicación.

11.6. RabbitMQ

RabbitMQ http://www.rabbitmq.com es un proyecto de código abierto escrito en Erlang https://www.erlang.org que ofrece la posibilidad de trabajar con múltiples clientes desarrollados en diferentes lenguajes de programación, como Java, Ruby, PHP. Se trata de un middleware de mensajería de código abierto, distribuido y escalable, que sirve como intermediario para la comunicación eficiente entre productores y consumidores, además de ofrecer una buena combinación entre rendimiento y latencia.

Para ello, RabbitMQ implementa el protocolo mensajería de capa de aplicación AMQP (Advanced Message Queueing Protocol), el cual está enfocado en la comunicación de mensajes asíncronos con garantía de entrega, a través de confirmaciones de recepción de mensajes desde el broker al productor y desde los consumidores al broker.

- Garantiza la entrega y el orden de los mensajes que se consumen, respetando el orden de llegada. Solo se consumen una vez.
- Provoca redundancia de mensajes en diferentes colas. Permite alta disponibilidad y tolerancia a fallos.
- El enrutamiento es flexible.
- Hay desacoplamiento, gracias a las capas intermedias de comunicación entre procesos.

En una forma simplificada, en RabbitMQ se definen colas que van a almacenar los mensajes que envían los productores, hasta que las aplicaciones consumidoras obtienen el mensaje y lo procesan. Esto nos permite diseñar e implementar sistemas distribuidos, en los cuales un sistema se divide en módulos independientes que se comunican entre sí a través de mensajes. Esta plataforma de mensajería está compuesta por diferentes módulos:

- Un servidor de intercambio de mensajes, que implementa las colas.
- Interfaces para la comunicación entre sistemas basadas en los protocolos HTTP, XMPP y STOMP.

Dentro de su categoría, es importante señalar que es una aplicación ampliamente usada en la industria; de hecho, se considera el software de mensajería open source más utilizado, con funcionalidades para atender todo tipo de proyectos. Gracias a sus múltiples protocolos de comunicación, es capaz de adaptarse a empresas pequeñas y startups, hasta a las organizaciones más exigentes, independientemente del stack de tecnologías que estén usando.

La principal ventaja de un sistema de mensajería basado en colas de mensajes o topics está en que, una vez el emisor del mensaje lo envía a la cola, es el broker de mensajería el que se encarga de él, mientras el emisor puede dedicarse a una nueva tarea sin tener que esperar a que el mensaje llegue al receptor. Con este sistema, el mensaje permanece en la cola y el receptor puede recogerlo más tarde. Para entonces, es posible que el emisor ya se esté dedicando a una nueva tarea. Se trata pues de una comunicación asíncrona: los emisores y los destinatarios no tienen por qué ir al mismo ritmo.

11.6.1. Componentes de RabbitMQ

RabbitMQ es un popular broker de mensajes de código abierto que implementa el protocolo Advanced Message Queuing Protocol (AMQP), aunque también soporta otros protocolos como STOMP, MQTT, etc. Su arquitectura se basa en un conjunto de componentes que trabajan juntos para permitir la comunicación asíncrona y desacoplada entre aplicaciones. A continuación, analizamos los componentes principales de RabbitMQ:

- **Productor (producer):** una aplicación o un proceso que crea y envía mensajes al broker de RabbitMQ. El productor se conecta con el broker, abre un canal y publica un mensaje a un Exchange (intercambio), no directamente a una cola. El mensaje contiene un payload (los datos) y propiedades (metadatos, como la routing key).

- **Consumidor (consumer):** una aplicación o un proceso que recibe y procesa mensajes del broker de RabbitMQ. El consumidor se conecta con el broker, abre un canal y se suscribe a una cola. Una vez que un mensaje es entregado por la cola, el consumidor lo procesa y, opcionalmente, envía un acuse de recibo (acknowledgment) al broker, para confirmar que el mensaje fue procesado correctamente y puede ser eliminado de la cola.

- **Broker (servidor RabbitMQ):** es el servidor RabbitMQ en sí mismo. Actúa como el intermediario central que recibe mensajes de los productores y los entrega a los consumidores. Gestiona los exchanges, las colas, los bindings, las conexiones y los canales. Es responsable de enrutar los mensajes según las reglas definidas y de asegurar la persistencia y fiabilidad de estos.

- **Conexión (connection):** una conexión TCP entre una aplicación cliente (productor o consumidor) y el broker de RabbitMQ. Las aplicaciones establecen una conexión TCP de larga duración con el broker. Una vez establecida, esta conexión puede ser utilizada por múltiples canales.

- **Canal (channel):** una conexión virtual o lógica que se multiplexa sobre una única conexión TCP. Todas las operaciones de mensajería (publicar, consumir, declarar intercambios/colas) se realizan a través de un canal. Los canales son ligeros y permiten que una sola conexión TCP maneje múltiples flujos de trabajo concurrentes de manera eficiente, lo que reduce la sobrecarga de mantener múltiples conexiones TCP.
- **Mensaje (message):** la unidad de datos que se transmite a través de RabbitMQ. Contiene el payload (los datos que se desean enviar, como JSON, texto, binario, etc.) y un conjunto de propiedades o metadatos (como la clave de enrutamiento, las cabeceras, si el mensaje es persistente, etc.).
- **Intercambiador de mensajes (exchange):** es el primer punto al que llegan los mensajes cuando son enviados por un productor. El intercambio no almacena mensajes, su única función es recibirlos y entregarlos a una o más colas.

11.6.2. Arquitectura de RabbitMQ

La arquitectura de RabbitMQ corresponde a un modelo basado en la implementación de una cola de mensajes donde tenemos aplicaciones clientes, llamadas productores, que crean mensajes y los entregan al intermediario (la cola de mensajes). Otras aplicaciones, llamadas consumidores, se conectan a la cola y se suscriben a los mensajes que se procesarán.

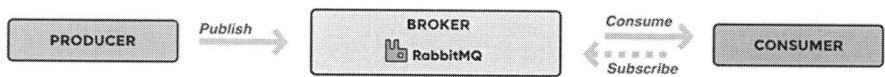

Figura 11.10 Arquitectura de RabbitMQ

RabbitMQ puede actuar como productor de mensajes, consumidor o, simultáneamente, como productor y consumidor. Los mensajes colocados en la cola se almacenan hasta que el consumidor los recupera y los procesa. Los mensajes no se publican directamente en una cola; en lugar de eso, el productor envía mensajes a un exchange. Los exchanges son agentes de enrutamiento de mensajes definidos por virtual host dentro de RabbitMQ.

Un exchange es responsable del enrutamiento de los mensajes a las diferentes colas: acepta mensajes del productor y los dirige a colas de mensajes, con ayuda de atributos de cabeceras, bindings y routing keys.

- Un binding es un enlace que se configura para vincular una cola a un exchange.
- La routing key es un atributo del mensaje. El exchange podría usar esta clave para decidir cómo enrutar el mensaje a las colas (según el tipo de exchange).

Los exchanges, las conexiones y las colas pueden configurarse con parámetros tales como durable, temporary y auto delete en el momento de su creación. Los exchanges declarados como durables sobrevivirán a los reinicios del servidor y durarán hasta que se eliminen explícitamente. Aquellos de tipo temporal existen hasta que RabbitMQ se cierre. Por último, los exchanges configurados como auto delete se eliminan una vez que el último objeto vinculado se ha liberado del exchange. En el siguiente diagrama podemos ver el flujo de mensajes de RabbitMQ:

1. El productor publica un mensaje en el exchange.
2. El exchange recibe el mensaje y pasa a ser el responsable del enrutamiento del mensaje.
3. Se debe establecer un binding entre la cola y el exchange. En el ejemplo, tenemos enlaces a dos colas diferentes desde el exchange. El exchange enruta el mensaje a las colas.
4. Los mensajes permanecen en la cola hasta que sean manejados por un consumidor.
5. El consumidor procesa el mensaje.

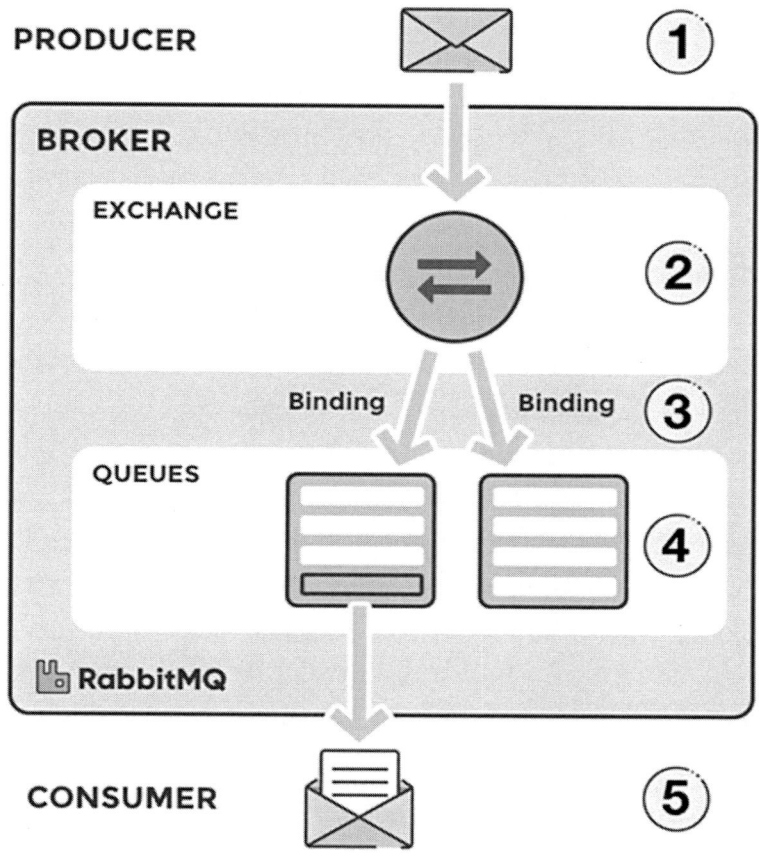

Figura 11.11 Flujo de mensajes de RabbitMQ

El principal elemento de RabbitMQ son las colas, donde llegan y se almacenan (en memoria o en disco) los mensajes hasta que se consumen. Por otro lado, los intercambiadores (exchanges) son los encargados de distribuir los mensajes a las colas, ya sea de forma directa o a través de una subscripción.

11.6.3. Ventajas de RabbitMQ

Además de permitir la integración de diferentes aplicaciones a través de mensajes de forma asíncrona y desde diversas ubicaciones, RabbitMQ nos ofrece otras ventajas que lo han hecho muy popular dentro del mundo de los brokers de mensajería:

- **Confiabilidad:** RabbitMQ incorpora varias características que le permiten garantizar la entrega de los mensajes. Entre ellas: proporciona almacenamiento cuando no hay consumidores disponibles para recibir el mensaje; brinda la posibilidad de que el consumidor acepte la entrega del mensaje para asegurarse de que lo procesó correctamente; y, en caso de que haya fallado su procesamiento, permite que el mensaje se pueda reencolar para que una instancia diferente del consumidor lo consuma o que sea procesado de nuevo por el mismo consumidor que inicialmente falló, cuando este se recupere. RabbitMQ también garantiza el orden de entrega de los mensajes, es decir, estos se van consumiendo en el mismo orden en que han estado llegando a las colas de RabbitMQ.

- **Creación de clústeres:** si bien RabbitMQ proporciona gran rendimiento —procesa miles de mensajes por segundo—, en ocasiones debe ser capaz de procesar una mayor cantidad de mensajes sin impactar el rendimiento de las aplicaciones. Para esto RabbitMQ permite la creación de clústeres para escalar horizontalmente la solución, lo cual es transparente tanto para los productores como para los consumidores.

- **Colas altamente disponibles:** en RabbitMQ las colas pueden ser replicadas en diversos nodos de un clúster, proporcionando la seguridad de que, en caso de una falla o indisposición de un nodo, el broker puede seguir recibiendo mensajes de los productores y entregándolos a los consumidores adecuados.

- **Permite la escalabilidad de las aplicaciones:** cuando un consumidor se suscribe a una cola, y existen mensajes para este consumidor, RabbitMQ le va entregando mensajes para su procesamiento. Si la velocidad de producción de mensajes es mayor a la capacidad que el consumidor puede procesarlos, se pueden crear nuevas instancias de ese consumidor para hacer frente al mayor flujo de mensajes.

- **Balanceo de entrega de mensajes:** cuando RabbitMQ identifica que existen varias instancias de un mismo consumidor suscritas a una misma cola, balancea la entrega de mensajes a cada una de las instancias. Esta característica no solo nos posibilita la distribución de carga en las aplicaciones consumidoras, también nos permite incrementar la disponibilidad de estas.

- **Enrutamiento flexible:** en RabbitMQ se pueden definir reglas de enrutamiento flexible, incluso que cumplan un determinado patrón, para enrutar los mensajes entre los exchanges y las colas, a través de los bindings.

- **Soporte a múltiples protocolos:** además de soportar el protocolo AMQP, RabbitMQ también permite otros, como STOMP, MQTT y HTTP a través de plugins.

- **Mecanismos de autenticación:** incorpora mecanismos de autenticación y control de acceso a cada uno de los componentes del broker.

- **Soporte de lenguajes:** RabbitMQ soporta una gran cantidad de lenguajes de programación, con los que es posible construir productores y consumidores de mensajes. Entre estos tenemos Java, Scala, PHP, Python, Ruby, entre otros.

CAPÍTULO 12
ARQUITECTURAS BIG DATA

12.1. Introducción

Las arquitecturas Big Data modernas se han vuelto esenciales para procesar y analizar volúmenes masivos de información generada a velocidades sin precedentes. En este panorama, hay herramientas como Apache Spark y Apache Flink, que emergen como pilares fundamentales, cada una con sus ventajas para abordar los desafíos del procesamiento de datos en tiempo real y por lotes. Estas plataformas distribuidas permiten a las organizaciones extraer valor de sus datos, transformando la información cruda en insights accionables para la toma de decisiones.

Apache Spark, con su capacidad para el procesamiento en memoria, ha revolucionado el análisis de datos por lotes y el streaming, ofreciendo una API unificada para diversas cargas de trabajo, desde SQL hasta machine learning. Por otro lado, Apache Flink se especializa en el procesamiento de flujos de datos en tiempo real con baja latencia, garantizando la consistencia y la tolerancia a fallos, lo que lo hace ideal para aplicaciones que requieren respuestas inmediatas y un manejo preciso del estado. Juntos, Spark y Flink forman un dúo potente para construir arquitecturas big data híbridas y robustas, capaces de manejar cualquier escala y complejidad de datos.

12.2. Apache Spark

Apache Spark https://spark.apache.org es un framework open source que permite el análisis de datos de forma distribuida y en memoria. La llegada de Apache Spark aporta al ecosistema big data capacidades de procesamiento de datos que hasta ese momento se podían conseguir combinando diferentes componentes.

12.2.1. Ecosistema de Apache Spark

Apache Spark es un motor de propósito general para procesamiento de conjuntos de datos masivos sobre el cual se han desarrollado algunas API de alto nivel. El núcleo de Spark (Spark Core) es el responsable de planificar la ejecución, distribución y monitorización de aplicaciones, que consisten en varias tareas de computación distribuidas en varias máquinas denominadas workers (clúster de computación).

- **Spark Core:** contiene la funcionalidad básica de Spark, incluyendo componentes para la planificación de tareas, la gestión de la memoria, la recuperación ante fallos, la interacción con los sistemas de almacenamiento, etc. Es también el API que define RDD (Resilient Distributed Datasets). Son la principal abstracción en Spark y representan colecciones de objetos distribuidos a través de muchos nodos de cómputo que pueden ser manipulados de forma paralela.

- **Spark SQL** http://spark.apache.org/sql: es el paquete de Spark para trabajar con datos estructurados. Permite la consulta de datos a través de HQL. Es compatible con muchas fuentes de datos, incluyendo tablas Hive, Parquet y JSON. Nos permite entremezclar consultas SQL con las manipulaciones de datos de forma programática permitidas sobre los RDDs en Python, Java y Scala, combinando así SQL con analíticas complejas.

- **Spark Streaming** http://spark.apache.org/streaming: es un componente que permite el procesamiento de secuencias de datos en tiempo real. Mientras MapReduce solo procesa datos en lotes, Spark tiene la posibilidad de gestionar grandes datos en tiempo real. Esto facilita que los datos se analicen según van entrando, sin tiempo de latencia y a través de un proceso de gestión en continuo movimiento.
- **MLlib** http://spark.apache.org/mllib: es la librería que viene con Spark y que contiene funcionalidad de machine learning. Ofrece varios tipos de algoritmos de aprendizaje automático, clasificación, regresión, clustering y el filtrado colaborativo, así como funcionalidad para la evaluación de modelo y de importación de datos.
- **GraphX** http://spark.apache.org/graphx: es una librería que nos proporciona un API para la manipulación de grafos (por ejemplo, una red social de amigos) y realizar cálculos de grafos en paralelo con buen rendimiento. Extiende el Spark RDD API, permitiéndonos crear grafos con propiedades arbitrarias anexas a cada vértice y enlace.

12.2.2. Ventajas de Apache Spark

La principal ventaja de Apache Spark es que ofrece una velocidad de procesamiento de hasta 100 veces mayor a Hadoop para procesos ejecutados completamente en memoria, y 10 veces en aquellos que necesitan el uso de disco. Además, el hecho de poseer componentes dedicados a tareas específicas hace que desarrollar con Spark sea más ventajoso que utilizar otras tecnologías. Finalmente, su arquitectura clusterizada lo convierte en un sistema escalable, de forma que se pueden ir añadiendo más recursos a medida que se van necesitando.

Apache Spark aporta velocidad en el procesamiento de datos con respecto al framework MapReduce de Apache Hadoop. Los jobs basados en MapReduce, que podían durar horas o incluso días (dependiendo del volumen de datos a tratar y de la complejidad de los algoritmos), ven reducido drásticamente su tiempo de ejecución al utilizar Spark.

Además de la velocidad, Apache Spark aporta una ventaja muy importante desde el punto de vista de un desarrollador de software. Cualquier desarrollador que haya trabajado con el framework MapReduce de Hadoop sabe que es complejo. La llegada de Apache Spark aporta mayor facilidad en el desarrollo de aplicaciones de este tipo. Esta facilidad viene dada del hecho de que Spark provee diferentes API para Scala, Java y Python que abstraen al desarrollador de la complejidad a la que estaban acostumbrados al trabajar con el framework MapReduce. Esto se traduce también en velocidad a la hora de construir aplicaciones.

Otro de los puntos fuertes de Spark es su librería de streaming o real time. Hay que puntualizar que Apache Spark no proporciona verdadero tiempo real, debido a la forma de gestionar la consumición de eventos o información en tiempo real, ya que realmente lo que hace es la ejecución de procesos denominados micro batches, que están constantemente en ejecución y van leyendo la información cada cierto periodo de tiempo establecido.

12.2.3. Arquitectura de Apache Spark

Una aplicación en Spark está compuesta por un programa llamado Driver —que es el encargado de arrancar varias operaciones en paralelo sobre un clúster— y un conjunto de nodos —que serán los encargados de llevar a cabo las distintas tareas y que son conocidos como workers—.

El Driver contiene la aplicación que hemos codificado en Spark para realizar distintas operaciones sobre un conjunto de datos (dataset), y dos subcomponentes, el Scheduler y el SparkContext, que son los encargados de solicitar recursos al clúster (memoria y cores), dividir la lógica de la aplicación en distintas fases y tareas, enviar las tareas a los executors que se encuentran en los nodos workers, y recolectar todos los resultados cuando queramos que los datos de un RDD (Resilient Distributed Dataset) dejen de estar distribuidos y pasen a estar en una sóla máquina (en este caso sería en el Driver), lo cual puede ser hecho mediante el comando collect.

El objeto **SparkContext** se usa para construir RDD (Resilient Distributed Dataset) a partir de los datos de entrada y nos permite ejecutar operaciones en paralelo, como por ejemplo contar el número de veces que aparece la palabra «Exception» en un fichero de log de 500 Gb que ha sido previamente leído y transformado en un RDD de Strings. Para llevar a cabo este tipo de operaciones en paralelo, el Driver solicita a los nodos de nuestro clúster, conocidos como workers, que ejecuten su tarea en algunos de sus ejecutores (Executors).

Un nodo de tipo worker puede tener varios ejecutores, cada uno de ellos con un número de cores y de memoria RAM determinada (que puede configurarse previamente a la ejecución de un programa de Spark). A su vez cada ejecutor puede tener espacio para ejecutar varias tareas.

Por otra parte, un clúster de Spark puede ejecutar distintos trabajos independientes uno del otro. A cada job se le asignan un conjunto de recursos (principalmente cores y memoria), o se mantendrá en espera hasta que se liberen suficientes recursos del clúster de Spark para poder ejecutarse. Todo esto queda reflejado en la siguiente imagen:

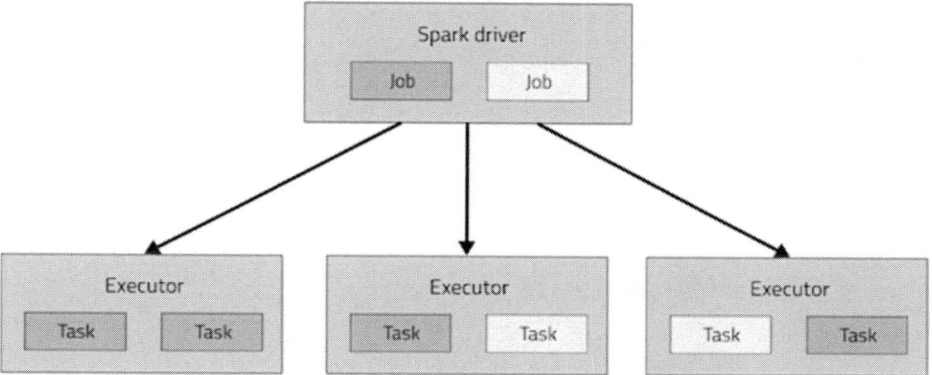

Figura 12.1 Ejecución de tareas en Spark

Dos de las características más relevantes para entender por qué Spark ofrece un mejor rendimiento son las siguientes:

- **DAG (Directed Acyclic Graph):** debido a su característica lazy, es decir, que no ejecuta ningún trabajo hasta que deba entregar el resultado final, Spark crea una lista de tareas que no se ejecutarán hasta que se envíe una orden de ejecución. Esta lista se conoce como Grafo Acíclico Dirigido (DAG). Antes de llevar a cabo una acción, Spark optimiza todas las tareas que debe hacer para de esta forma determinar cuál es el modo óptimo de llevarlas a cabo. Además, esta forma de trabajar permite a Spark que, si tiene que realizar varias tareas distintas, pueda aprovechar la salida de una tarea que se encuentra en memoria, para directamente pasarle la referencia a la siguiente tarea, y de esta forma evitar tener que escribir los datos de salida a disco, con el gasto en tiempo que genera la escritura y posterior lectura de esos datos. En la siguiente imagen podemos ver que cada job se divide en etapas y cada una de estas en tareas.

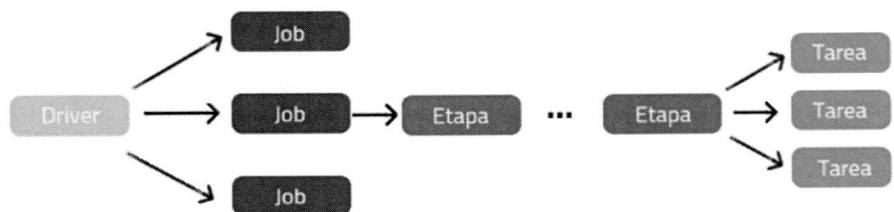

Figura 12.2 Grafo acíclico dirigido para la ejecución de tareas en Spark

- **Procesamiento de datos en memoria:** Spark intenta trabajar con los datos en memoria, siempre que los recursos de los workers lo permitan. De esta forma, el rendimiento mejora ostensiblemente con respecto a Hadoop, donde cada operación MapReduce acaba volcando su salida al HDFS. Esta diferencia puede no tener un impacto demasiado grande para determinadas tareas donde solo sea necesario pasar una vez a través de todos los datos, pero, en determinadas tareas que requieren pasar múltiples veces por los mismos datos, como por ejemplo al usar algoritmos de aprendizaje automático, el procesamiento en memoria RAM que realiza Apache Spark hace que el rendimiento de este sea muy elevado respecto al modelo de ejecución clásico de MapReduce.

Un cluster de Spark se compone de los siguientes elementos:

- **Driver Spark:** es el programa que contiene el método principal, que es el punto de partida del programa.
- **Sesión Spark:** Es el punto de entrada (entry point) a Spark.
- **Controlador del clúster:** es el responsable de asignar recursos a través de la aplicación Spark.
- **Ejecutor Spark:** es la parte de la RAM en el nodo esclavo (nodo worker) donde reside el bloque de datos y la tarea o el código que se implementará.
- **Nodo worker:** los workers son las instancias donde los ejecutores se alojan para ejecutar el código de aplicación escrito por el usuario en el clúster.

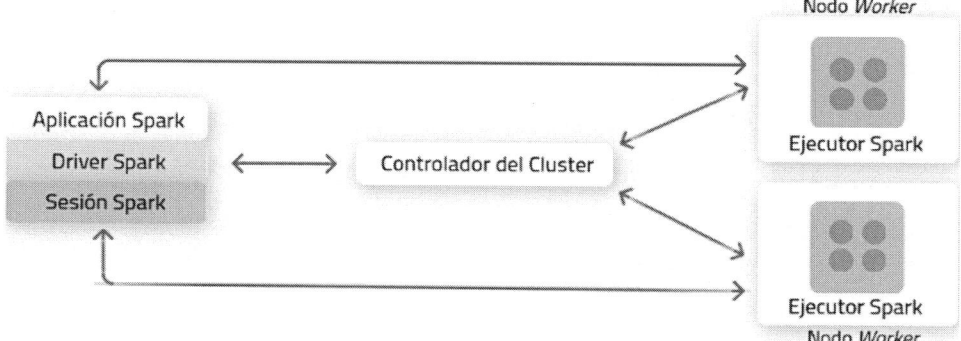

Figura 12.3 Componentes de un clúster de Spark

12.3. Procesamiento de datos en tiempo real

Históricamente, la mayoría de las empresas que generaban muchos datos tenían que descartarlos, debido al coste de almacenamiento y procesamiento.

Esta situación cambió con la aparición de las primeras tecnologías de almacenamiento big data como Apache Hadoop.

Con el objetivo de poder procesar mayor volumen de datos, empezaron a surgir otras tecnologías del ecosistema que ayudaban en esta labor: Pig, Hive y Spark. Por ejemplo, Apache Spark encontró una forma inteligente de hacer procesamiento en tiempo real usando una aproximación mediante micro-batching.

Una vez resuelto el problema del procesamiento, las empresas se dieron cuenta de que almacenar tanta cantidad de datos era debido a que los recibían continuamente en flujos y que el dato iba perdiendo valor según iba pasando el tiempo, por lo que surgieron las soluciones streaming, principalmente Spark Streaming, Apache Storm y Apache Flink.

La característica principal que aportan estos motores de procesamiento en streaming es que son capaces de analizar esta información conforme va llegando a través del flujo de datos. Consideramos tiempo real al procesamiento en streaming de datos en el mínimo tiempo posible para hacer una analitica de la información procesada. Estos frameworks para el procesamiento de streams debían dar respuesta a nuevos problemas que surgían:

- Las transformaciones y el procesamiento de los datos cuando se encadenan tienen que tener en cuenta que estos pueden llegar de forma continua en un flujo de datos.

- En caso de indisponibilidad de nuestro servicio, tenemos que disponer de mecanismos para no perder ningún dato de ese flujo continuo. En este punto es necesario separar la parte de adquisición de la de procesamiento de los datos, y es importante dedicarle una fase de análisis atención durante el diseño de la plataforma.

- Con respecto a los requerimientos de tiempo de procesamiento, sería importante determinar el tiempo máximo en el que se va a devolver un dato.

- En caso de fallo en alguno de los nodos, el framework tiene que asegurarnos de que cada evento se procese siempre y solo una vez. Este requisito implica habitualmente costosos mecanismos de sincronización y control de errores.

Entre estas nuevas herramientas que han surgido para el procesamiento en tiempo real podemos destacar Apache Storm y Apache Flink, con el objetivo de dar solución a estos problemas.

- **Apache Storm** http://storm.apache.org fue uno de los primeros proyectos para el procesamiento en tiempo real utilizando los procesos como streaming puro, que mejoraron de esta forma la solución ofrecida por Hadoop con el procesamiento por lotes.
- **Apache Flink** http://flink.apache.org/downloads.html consigue alcanzar streaming puro implementando características como procesamiento en memoria, soporte nativo para iteraciones, optimización automática de procesos y uso avanzado de ventanas temporales de datos.

De entre todas plataformas mencionadas anteriormente, Apache Flink ha sido la que mejor ha resuelto estos problemas, aumentando las capacidades y velocidad de procesamiento.

12.4. Apache Flink

Apache Flink es un framework de código abierto orientado al procesamiento de flujos de datos en streaming de forma distribuida y con alta disponibilidad. El proyecto comenzó como una colaboración de varias universidades europeas en un proyecto de investigación llamado *Stratosphere: Information Management on the Cloud.* Las características más importantes de Apache Flink son las siguientes:

- **Procesamiento de flujos de datos:** permite obtener resultados en tiempo real a partir de flujos de datos.
- **Procesamiento batch:** procesamiento de datos históricos y estáticos.

- **Aplicaciones orientadas a eventos:** se pueden realizar acciones y dar servicios a partir de los datos procesados en tiempo real.

Apache Flink es una plataforma de código abierto para el procesamiento en streaming de datos escalables y procesamiento por lotes. Se trata de un motor de procesamiento de streams o flujos de datos que proporciona capacidades de distribución de datos, comunicaciones y tolerancia a fallos. El ecosistema de Flink tiene como base el núcleo de Flink, o Flink Core, sobre el cual se encuentran todas las API y librerías de utilidades básicas. Entre las principales librerías y componentes de Flink podemos destacar:

- **DataStream API:** esta API se utiliza para el procesamiento de datos en tiempo real. Permite a los desarrolladores crear aplicaciones que procesan flujos de datos de forma continua, como información de sensores, eventos y datos de transmisión en tiempo real. La API ofrece operadores de transformación y ventana para el procesamiento de flujos de datos y es adecuada para aplicaciones de procesamiento de eventos en tiempo real.
- **DataSet API:** esta API se utiliza para el procesamiento de datos por lotes y permite a los desarrolladores trabajar con conjuntos de datos estáticos o históricos. La API ofrece operaciones de transformación y agregación en lotes de datos, lo que la hace adecuada para tareas de análisis de datos por lotes.
- **Table API:** permite a los usuarios expresar operaciones SQL-like en conjuntos de datos y flujos. Esta API es útil para aquellos que prefieren una forma más intuitiva de definir sus operaciones de procesamiento de datos.
- **SQL API:** Apache Flink soporta el lenguaje de consultas SQL sobre datos y flujos. Los usuarios pueden ejecutar consultas SQL estándar en sus datos, lo que facilita la integración con otras herramientas que también admiten SQL.

- **CEP (Complex Event Processing) API:** esta API se utiliza para el procesamiento de eventos complejos. Permite la detección de patrones en flujos de datos en tiempo real. Su principal utilidad está en aplicaciones de detección de fraudes, monitoreo de sistemas y otros casos en los que es necesario identificar eventos en tiempo real.
- **Gelly:** es una biblioteca que se integra con Flink. Proporciona operaciones que realizar sobre los grafos. Es útil para resolver problemas relacionados con grafos, como análisis de redes sociales, obtención de rutas y otros algoritmos orientados a las operaciones con grafos.
- **ML (machine learning) API:** aunque Flink no es un framework de aprendizaje automático como TensorFlow o PyTorch, admite la integración con bibliotecas de ML para el procesamiento de datos de aprendizaje automático en flujos y lotes.

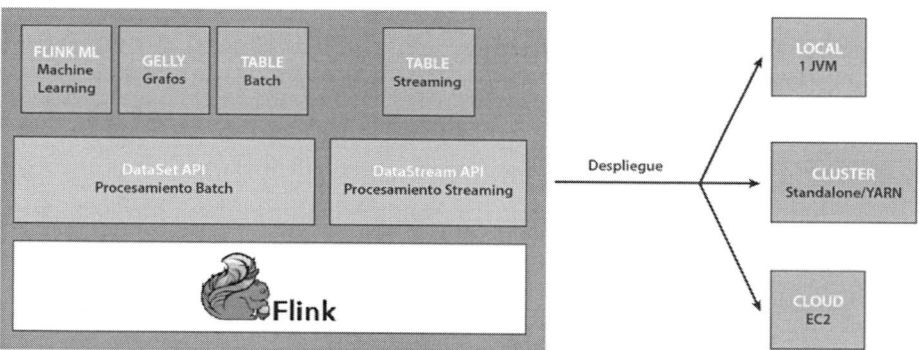

Figura 12.4 Componentes de Apache Flink

Apache Flink es un motor nativo de procesamiento de flujos de datos de baja latencia que proporciona capacidades de distribución de datos, comunicación y tolerancia a fallos. Las aplicaciones que obtienen mejores rendimientos de Flink son:

- Sistemas distribuidos que den respuesta rápidamente a preguntas computacionalmente complejas utilizando algoritmos de machine learning.

- Procesos de limpieza y filtrado sobre grandes cantidades de datos.
- Sistemas de monitorización en tiempo real.

12.4.1. Arquitectura de Apache Flink

Apache Flink tiene dos componentes principales: el task manager (administrador de tareas), que es el encargado de ejecutar los trabajos de Flink, y el job manager (administrador de trabajos), que se encarga de distribuir estos trabajos en los task managers.

En Apache Flink, el **job manager** es uno de los componentes centrales de la arquitectura del sistema. Su función principal es coordinar y administrar los trabajos de procesamiento de datos que se ejecutan en un clúster de Flink. Entre las principales responsabilidades y funciones de este componente podemos destacar:

- **Planificación y administración de trabajos:** el Job Manager es responsable de recibir y planificar trabajos de procesamiento de datos que se envían al clúster de Flink. Esto implica distribuir tareas y recursos entre los nodos del clúster para garantizar un procesamiento eficiente y paralelo de los datos.
- **Supervisión del estado del trabajo:** el job manager supervisa continuamente el estado de los trabajos que se están ejecutando en el clúster. Esto incluye el seguimiento de métricas, estadísticas y progreso del trabajo, y la detección y gestión de errores o excepciones.
- **Tolerancia a fallos:** en caso de que ocurra un fallo en una parte del trabajo, el job manager puede coordinar la ejecución de tareas específicas o del trabajo completo, lo que garantiza la tolerancia a fallos y la recuperación ante estos.
- **Gestión de recursos:** el job manager asigna y administra los recursos disponibles en el clúster, como CPU y memoria, para garantizar que las

tareas de procesamiento de datos se ejecuten de manera eficiente y sin sobrecarga.

- **Escalado dinámico:** puede realizar el escalado dinámico del clúster, aumentando o reduciendo la cantidad de recursos asignados a un trabajo en función de la carga y los requisitos del trabajo.

- **Interacción con el cliente:** el job manager proporciona una interfaz para que los usuarios interactúen con el sistema. Los usuarios pueden enviar trabajos, consultar el estado de ejecución y obtener resultados a través de esta interfaz.

- **Control de acceso y seguridad:** el job manager también juega un papel en la seguridad y la autenticación, asegurando que solo usuarios autorizados puedan enviar y monitorear trabajos en el clúster.

Respecto al **task manager,** es uno de los componentes fundamentales del sistema. Se encarga de ejecutar tareas de procesamiento de datos en paralelo. Estos task managers se ejecutan en los nodos del clúster de Flink y son responsables de ejecutar las operaciones definidas en las aplicaciones de Flink. Entre las principales caractersíticas de un task manager podemos destacar:

- **Ejecución de tareas:** un task manager ejecuta las tareas de procesamiento que componen una aplicación de Flink. Cada tarea es una unidad de trabajo que procesa un subconjunto de los datos de entrada. Los task managers pueden ejecutar múltiples tareas en paralelo para aprovechar al máximo la capacidad de procesamiento del clúster.

- **Gestión de recursos:** los task managers administran los recursos de hardware disponibles en un nodo del clúster, como CPU y memoria. Se aseguran de que las tareas se ejecuten de manera eficiente y sin conflictos con otros procesos en el mismo nodo.

- **Planificación y ejecución de flujos de datos:** los task managers son responsables de ejecutar el plan de ejecución de la aplicación de Flink. Esto incluye la planificación de operaciones de transformación, el manejo de ventanas de tiempo y la gestión de la comunicación entre tareas.

- **Gestión de estado:** los task managers pueden mantener y administrar el estado de las tareas, lo que permite que las aplicaciones de Flink sean resistentes a fallos y puedan recuperarse en caso de que un nodo falle.

- **Comunicación interproceso:** los task managers se comunican entre sí y con otros componentes de Flink, como el job manager, para coordinar la ejecución de tareas y el flujo de datos a través del clúster.

A la hora de ejecutar un proceso, Apache Flink levanta un job manager, que hace las veces de coordinador de todo el sistema, y uno o más task managers, encargados de ejecutar partes del proceso en paralelo.

De esta forma, cuando se envía un job para su ejecución, es el optimizador el encargado de transformarlo en un data flow, ejecutable de forma paralela por los task managers y coordinados por el job manager. El siguiente esquema muestra esta arquitectura básica:

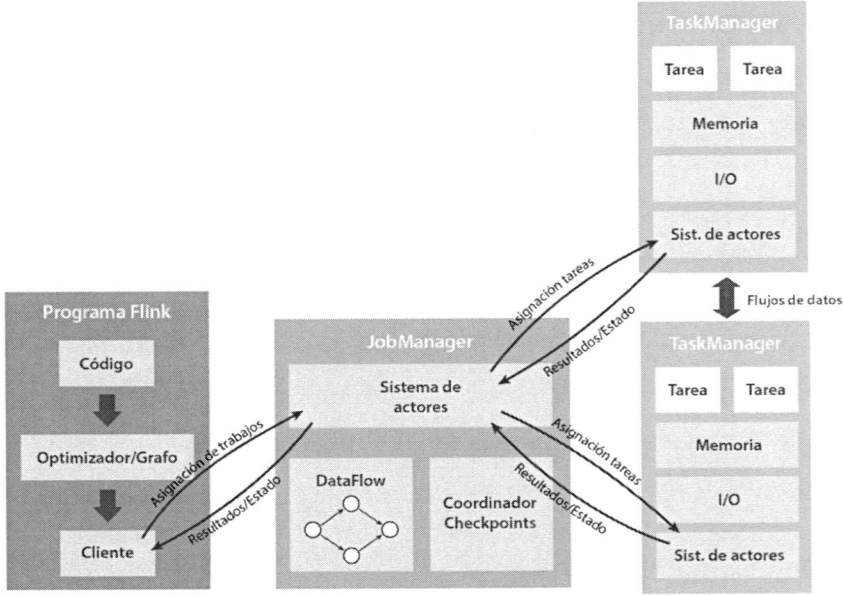

Figura 12.5 Arquitectura de Apache Flink

Apache Flink se basa en una arquitectura cliente servidor en la que el sistema levanta un job manager, que hace de coordinador de todo el sistema, y uno o más task managers, encargados de ejecutar partes del código en paralelo. Por otro lado, cabe destacar que es el optimizer/graph builder el que se encarga de transformar el código a un data flow para que sea ejecutable de forma paralela por los task managers.

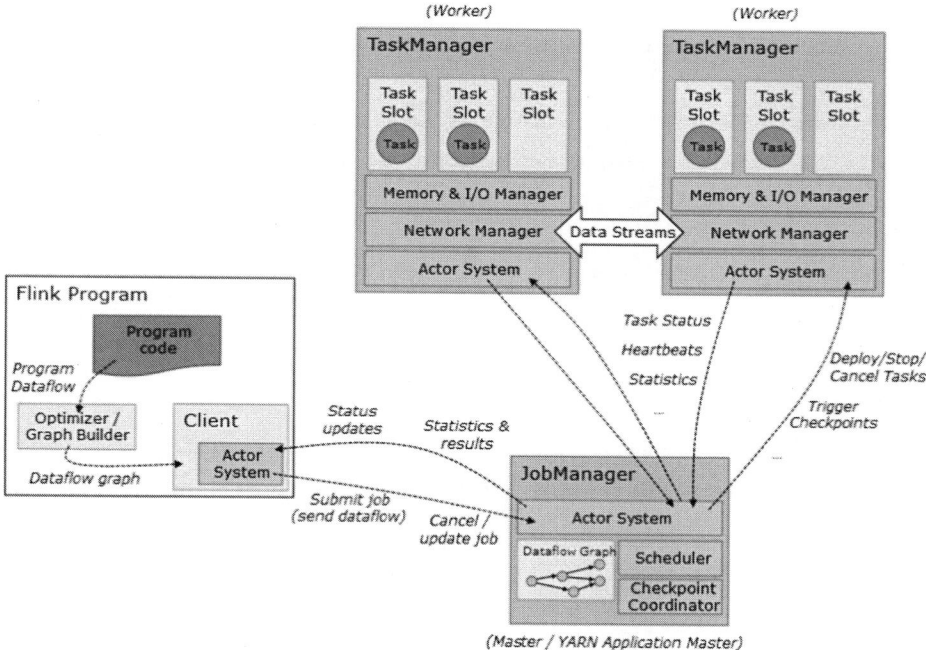

Figura 12.6 Flujo de ejecución de un job en Apache Flink

El diseño original de Flink se basa en conceptos de MapReduce, MPP Database (Massively Parallel Processing) y sistemas de flujo de datos. El modelo seguido por Apache Flink fue pensado como alternativa al paradigma MapReduce, haciendo uso tanto de HDFS (Hadoop Distributed File System) como de YARN (MapReduce v2).

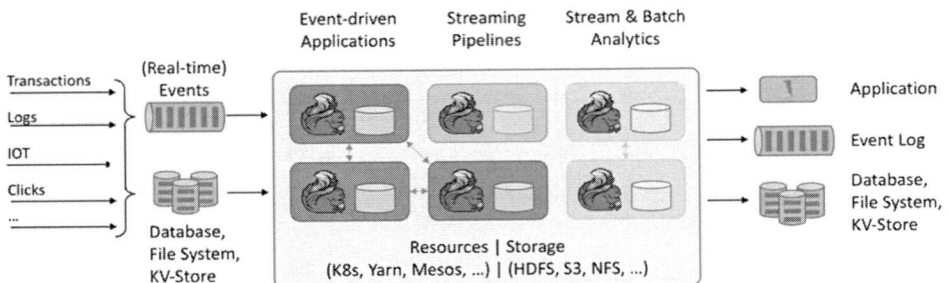

Figura 12.7 Modelo de procesamiento en Apache Flink

Flink tiene dos mecanismos para asegurar su tolerancia a fallos: los puntos de control o checkpoints y los puntos de salvaguardado o savepoints.

- Los checkpoints se crean de forma transparente en el sistema y son gestionados por Flink. Se usan para recuperar el estado de forma automática cuando ocurren fallos no esperados. Cuando termina el trabajo, los checkpoints también se eliminan.
- Los savepoints contienen más datos acerca del estado, los gestiona el usuario y no se eliminan con la terminación del trabajo asociado. Se usan generalmente para controlar las actualizaciones, los cambios de paralelismo y las ventanas de mantenimiento.

12.4.2. Control de eventos en Apache Flink

Un stream o flujo de eventos se refiere a una secuencia continua de eventos o mensajes que se generan y transmiten de manera constante, y en tiempo real. Estos eventos pueden representar diferentes tipos de información, como registros de actividad, transacciones, lecturas de sensores, clics de usuarios, tuits y mucho más.

Los eventos se generan y transmiten de manera continua, sin interrupciones. El flujo puede ser constante o variar en su ritmo, pero siempre está en movimiento. Comparado al procesamiento batch, en el que se opera sobre un conjunto de datos limitado por intervalos de tiempo, en los streams de eventos nos encontramos con dataset sin límites. Existen tres controles importantes en Flink para manejar el flujo de eventos:

- **Event time:** momento en el que se creó un evento. Por lo general, se describe mediante una marca de tiempo generada por el sensor o el productor del dato.
- **Ingestion time:** momento en el que un evento ingresa en el flujo de datos de Flink en el origen.
- **Processing time:** tiempo local de cada operador que realiza una operación basada en tiempo.

Desde el punto de vista de la gestión del flujo de eventos:

- Es capaz de procesar datos de entrada fuera de orden o que llegan con retraso (datos tardíos).
- Mantiene el estado de la aplicación, pudiendo gestionar decenas de terabytes de estado (agregación y resumen de datos).
- La garantía de entrega (processing semantics) es de exactamente una vez (exactly once).
- Las ventanas temporales permiten tratar las secuencias infinitas con unos recursos limitados (memoria) dividiendo los datos de entrada en partes finitas. Se basan en la idea de que solo los datos más recientes son relevantes.

De esa forma, el procesamiento en streaming permite simplificar la infraestructura, minimizando el número de componentes que deben ser mantenidos y orquestados en nuestra arquitectura.

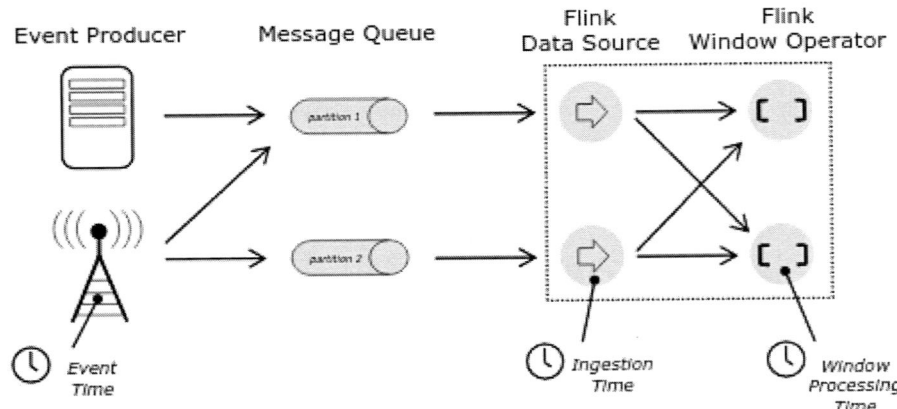

Event Producer   Message Queue   Flink Data Source   Flink Window Operator

Figura 12.8 Procesamiento en streaming en Apache Flink

En el ejemplo anterior vemos que Apache Flink es capaz de recoger los diferentes eventos que se producen desde una cola de mensajes e ir procesándolos a través de ventanas temporales de datos, con el objetivo de ir haciéndolo con los datos más recientes.

Las ventanas temporales permiten tratar las secuencias infinitas con unos recursos limitados en memoria, dividiendo los datos de entrada en partes finitas. El procesamiento mediante ventanas temporales permite tener dos niveles de paralelismo:

- Paralelismo entre consultas (escalable por consultas).
- Paralelismo dentro de consultas (escalable por volumen de eventos).

Las ventanas se crean cuando el primer evento que pertenece a la ventana llega al sistema. La ventana vence cuando el tiempo (de evento o de procesamiento) termina y además pasa el tiempo de retraso máximo definido por el usuario. Además, cada ventana tiene un trigger, que especifica las condiciones para que se aplique la función de procesamiento.

A la hora de trabajar con Flink podemos diferenciar los siguientes bloques de construcción: fuentes de datos, transformaciones y sumideros de datos. Las fuentes y los sumideros pueden ser archivos locales / HDFS, bases de datos, colas de mensajes, etc.

Figura 12.9 Procesamiento de datos en Apache Flink

En el nivel más básico, un programa Flink se compone de:

- **Fuente de datos:** datos entrantes que Flink procesa. Son el punto de entrada para los streams que ingresan al sistema.

- **Transformaciones:** el paso de procesamiento, cuando Flink modifica los datos entrantes.
  - Streams son los conjuntos de datos inmutables e ilimitados que fluyen a través del sistema.
  - Operators son funciones que operan en flujos de datos para producir otros streams.

- **Sumideros de datos:** ahí Flink envía datos después del procesamiento. Son el lugar donde fluyen los streams del sistema. Pueden representar una base de datos o un conector a otro sistema.

12.4.3. Tipos de ventanas de procesamiento en Apache Flink

En Apache Flink, las ventanas de procesamiento son un componente fundamental para el procesamiento de flujos de datos en tiempo real, ya que permiten a los desarrolladores agruparlos y analizarlos en ventanas de tiempo específicas. Entre los tipos principales de ventanas de procesamiento en Apache Flink podemos destacar:

- **Ventana de tiempo fijo (tumbling windows):** en una ventana de tamaño fijo en el tiempo, los datos se agrupan en ventanas de tiempo de igual duración y se procesan por separado. Cada ventana tiene un comienzo y un final definidos. Por ejemplo, puedes crear ventanas de 5 segundos, y todos los datos que lleguen en ese período se agruparán en una ventana y se procesarán juntos.

- **Ventana de tiempo deslizante (sliding windows):** en una ventana de tiempo deslizante, los datos se agrupan en ventanas que se superponen. Esto permite que algunos datos estén presentes en varias ventanas y se puedan procesar múltiples veces. Por ejemplo, podríamos tener ventanas de 5 segundos que se deslizan cada 2 segundos.

- **Ventana de tiempo de sesión (session windows):** permiten agrupar los elementos recibidos por claves o sesiones de actividad. Cada ventana vence cuando no recibe eventos que pertenezcan a ella durante un período de tiempo fijo llamado session gap (período de inactividad). Por ejemplo, podríamos definir una ventana de sesión de 30 minutos y todos los eventos de un usuario dentro de ese período se agruparán en una ventana.

- **Ventana global (global window):** en este caso, no se utilizan ventanas de tiempo específicas. Todos los datos se agrupan en una sola ventana global y se procesan juntos, sin importar cuándo llegaron. Es útil cuando no se necesita la agrupación basada en tiempo.

- **Ventana Delta (delta window):** este es un tipo de ventana personalizado en el que se definen reglas específicas para agrupar datos en ventanas en función de cambios en los datos o algún otro criterio. Las ventanas delta pueden ser útiles cuando se necesita una lógica de agrupación personalizada.

- **Ventana procesamiento continuo (continuous processing windows):** este es un enfoque de procesamiento continuo que consiste en que los datos se procesan a medida que llegan, y no se agrupan en ventanas fijas. Este tipo podría ser más adecuado para aplicaciones que requieren un procesamiento continuo sin interrupciones.

CAPÍTULO 13
OBSERVABILIDAD Y MONITORIZACIÓN EN MICROSERVICIOS

13.1. Introducción

La mayoría de las organizaciones en los últimos años han tenido que enfrentarse a múltiples retos, como la adopción de infraestructura IT y soluciones en cloud con microservicios, contenedores, funciones serverless, etc. También el trabajo remoto, el incremento en la interacción y uso de internet y de aplicaciones web y móviles. Todo esto ha traído consigo que la experiencia y las expectativas de los usuarios sean más exigentes.

Con el objetivo de asegurar una experiencia de usuario satisfactoria, la continuidad de servicios críticos y el cumplimiento de los KPI (Key Performance Indicator) del negocio, la observabilidad se puede definir como una tendencia en el uso de herramientas con la capacidad para dar una visibilidad transversal de la operación en tiempo real, centralizando y correlacionando información del negocio, de herramientas, infraestructura y aplicaciones, más allá del monitoreo tradicional.

En términos generales, la observabilidad es una práctica fundamental y eficiente para manejar sistemas distribuidos, cada vez más dinámicos y complejos. Esto se debe a que es capaz de brindar una visión de 360 grados de un sistema y permitir la identificación de comportamientos inusuales, así como determinar cuándo, por qué y cómo ocurrieron; además, facilita la prevención de incidentes. La observabilidad en sistemas de software se da gracias a tres grandes pilares: las métricas, los logs y las trazas.

- Las **métricas** son medidas, representaciones numéricas de algo medido en intervalos de tiempo cuya característica fundamental es que es información agregable. Generalmente indican qué y cuándo ha pasado algo, pero no exponen información detallada de por qué.

- Los **logs** suelen llevar una información más detallada sobre qué y cuándo ha ocurrido algo. El logging es uno de los factores importantes en observabilidad en una arquitectura de microservicios. Cualquier lenguaje de programación nos va a permitir escribir logging para conocer por dónde pasa nuestra aplicación. Por lo general, además, estas librerías permiten escribir diferentes niveles de log. Por ejemplo: WARN, INFO, DEBUG, ERROR. Estos diferentes niveles nos van a permitir diferente granularidad a la hora de trazar cualquier error en nuestro sistema. Si tenemos activado el nivel de traza a error, solo nos sacará aquellos mensajes en los que se haya podido producir algún error en nuestro sistema. Por ejemplo, en aquellos puntos en los que se devuelva una excepción.

- Las **trazas** son logs estructurados con un contexto. Las trazas se generan a partir del seguimiento de una petición desde su inicio hasta su final, lo que nos permite saber qué componentes y servicios se están utilizando en nuestra aplicación. Con una arquitectura orientada a microservicios va a ser muy importante tener un seguimiento de las llamadas entre nuestros servicios, y poder saber quién y desde dónde ha podido ser invocado. Para ello se suele añadir un Correlation ID, un identificador que nos permitirá obtener todos los mensajes relacionados de una invocación a nuestro servicio.

Los tres pilares de la observabilidad ayudan a integrar fuentes de datos de las que, de otro modo, sería difícil extraer conclusiones por separado. Esto se debe a que, en esencia, la observabilidad depende de dos factores:

- Datos de telemetría altamente contextualizados con una gran cantidad de contexto de tiempo de ejecución.

- La capacidad de interactuar reiteradamente con los datos para obtener nueva información sin desplegar el código.

13.2. Observabilidad vs monitorización

Generalmente, cuanto más potente y capaz es un sistema, más complejo se vuelve. Lamentablemente, este aumento de la complejidad conlleva mayor incertidumbre: se producen fallos, cuellos de botella en el rendimiento, errores, etc. Determinar la causa raíz de estos incidentes no siempre es tarea fácil. Con los complejos sistemas modernos no solo aumenta la probabilidad de fallos inesperados, sino también el número de posibles modos de fallo. Para contrarrestar esta tendencia, los equipos de TI, desarrollo y operaciones comenzaron a implementar herramientas de monitorización capaces de ver dentro de los propios sistemas.

La diferencia entre observabilidad y monitorización es sutil, pero importante. Revisar las capacidades y los objetivos de ambas puede ayudar a los equipos a comprender mejor esta diferencia y a sacar mayor partido de sus estrategias de observabilidad.

La monitorización permite a los usuarios ver e interpretar el estado de un sistema mediante una serie prefijada de métricas y registros. En otras palabras, le permite detectar conjuntos conocidos de modos de fallo. La monitorización resulta fundamental para analizar tendencias, crear tableros de instrumentos y alertar a los equipos de respuesta sobre las cuestiones que vayan surgiendo. Proporciona información sobre cómo están funcionando, creciendo y utilizándose las aplicaciones, y requiere una comprensión clara de los posibles modos de fallo.

En un escenario de monitorización, normalmente se configuran cuadros de mando destinados a alertar de los problemas de rendimiento que se espera ver más adelante. Sin embargo, estos cuadros de mando se basan en la suposición de que el usuario es capaz de predecir qué tipo de problemas encontrará antes de que ocurran. Los entornos nativos de la nube no se prestan a este tipo de supervisión porque son dinámicos y complejos, lo que significa que no hay forma de saber de antemano qué tipo de problemas pueden surgir.

A diferencia de la monitorización, la observabilidad es la capacidad de medir el estado actual de un sistema basándose en los datos que genera, como registros, métricas y trazas. La observabilidad se basa en la telemetría derivada de la instrumentación que proviene de los puntos finales y los servicios en sus entornos en la nube. En estos entornos modernos, cada componente de hardware, software e infraestructura de la nube, y cada contenedor, herramienta de código abierto y microservicio, genera registros de cada actividad. El objetivo de la observabilidad es entender lo que está ocurriendo en todos estos entornos y entre las tecnologías, para poder detectar y resolver los problemas y mantener sus sistemas eficientes y fiables.

En un escenario de observabilidad, en el que un entorno ha sido totalmente instrumentado para proporcionar datos completos de observabilidad, se puede explorar con flexibilidad lo que está sucediendo y averiguar rápidamente la causa de los problemas que no se han podido anticipar.

13.3. Ventajas de la observabilidad

La observabilidad ofrece potentes ventajas a los equipos de IT, las organizaciones y los usuarios finales. Estos son algunos de los casos de uso que facilita:

- **Supervisión del rendimiento de las aplicaciones:** la observabilidad 360 permite a las organizaciones llegar al fondo de los problemas de rendimiento de las aplicaciones mucho más rápido, incluyendo los que surjan de los entornos nativos en la nube y los microservicios. Una solución de observabilidad avanzada también puede utilizarse para automatizar más procesos, lo que aumenta la eficiencia y la innovación entre los equipos de Ops y Apps.

- **Apoyo para los equipos DevOps:** los equipos de DevOps pueden aprovechar la capacidad de observación para obtener más información sobre las aplicaciones que desarrollan, y automatizar las pruebas y los procesos de integración continua y entrega continua (CI/CD) para poder publicar código de mejor calidad más rápidamente. Esto no solo es un beneficio desde el punto de vista de la productividad, sino que también fortalece las relaciones de trabajo positivas, las cuales son esenciales para una colaboración eficaz.

- **Monitorización de la infraestructura, la nube:** los equipos de infraestructura y operaciones pueden aprovechar el contexto que ofrece una solución de observabilidad para mejorar el tiempo de actividad y el rendimiento de las aplicaciones, reducir el tiempo necesario para localizar y resolver los problemas, detectar los problemas de latencia en la nube y optimizar la utilización de los recursos en la nube.

- **Experiencia de usuario:** una buena experiencia de usuario puede mejorar la reputación de una empresa y aumentar los ingresos, lo cual proporciona una ventaja sobre la competencia. Al detectar y resolver los problemas mucho antes de que el usuario final se dé cuenta y realizar mejoras incluso antes de que se soliciten, una organización puede aumentar la satisfacción y la retención de los clientes. También es posible optimizar la experiencia del usuario, a través de la reproducción en tiempo real, con lo que se obtiene una ventana directa a la experiencia del usuario final tal y cómo la ve, para que todos puedan acordar rápidamente dónde hacer mejoras.

- **Análisis de negocio:** las organizaciones pueden combinar el contexto empresarial con la analítica y el rendimiento de la aplicación completa, para comprender el impacto empresarial en tiempo real, mejorar la optimización de la conversión, garantizar que los lanzamientos de software cumplan con los objetivos empresariales previstos y confirmar que la organización se adhiere a los SLA internos y externos.

La observabilidad debe permitir a los equipos con recursos limitados actuar sobre la miríada de datos de telemetría recogidos en tiempo real, para evitar que los problemas que afectan a la empresa se propaguen o incluso se produzcan en primer lugar. He aquí algunas formas de hacer que la observabilidad sea procesable y escalable:

- **Implementar la automatización continua:** el descubrimiento automático, la instrumentación y la creación de líneas de base de cada componente del sistema de forma continua desplaza el esfuerzo de IT del trabajo de configuración manual a proyectos de innovación de valor añadido que pueden dar prioridad a la comprensión de las cosas que importan. La observabilidad se convierte en algo siempre activo y escalable, por lo que los equipos pueden hacer más con menos.

- **Soluciones impulsadas por la IA:** un enfoque basado en una solución impulsada por IA hace que la observabilidad sea realmente procesable, al resolver los retos asociados con la complejidad de la nube. Una solución de observabilidad facilita la interpretación de los flujos de datos de telemetría que surgen de múltiples fuentes a velocidades cada vez mayores. Con una única fuente de información, los equipos pueden identificar con rapidez y precisión las causas de los problemas antes de que se produzca una degradación del rendimiento de la aplicación o, en caso de que ya se haya producido un fallo, acelerar el tiempo de recuperación.

- **Fomentar un ecosistema abierto:** esto amplía la observabilidad para incluir fuentes de datos externas, como Open Telemetry https://opentelemetry.io, un proyecto de código abierto que amplía la recopilación e ingestión de telemetría para las plataformas que proporcionan el mapeo de la topología, el descubrimiento y la instrumentación automatizados, y las respuestas procesables necesarias para la observabilidad a escala.

13.4. Métricas de rendimiento en aplicaciones

La distribución de los microservicios en diferentes nodos, y la necesidad de poder contar con información que permita conocer el estado de estos para poder tomar decisiones y verificar métricas específicas del negocio, da lugar a la obtención de métricas de rendimiento. A la aplicación de esta práctica la documentación se refiere como APM (Application Performance Monitoring) o monitorización del rendimiento de las aplicaciones. La recopilación de métricas puede hacerse siguiendo dos principios:

- **Pull:** en esta variante el agente que recolecta las métricas solicita la información que necesita recuperar y la inserta en el sistema de almacenamiento.
- **Push:** el servicio (o agente encargado de su monitoreo) envía hacia un destino la información usando la tecnología que esté usando el receptor (cola de mensajes, llamada a un API, tcp). Para el monitoreo de nodos y contenedores, normalmente se usa un agente que recolecta las métricas.

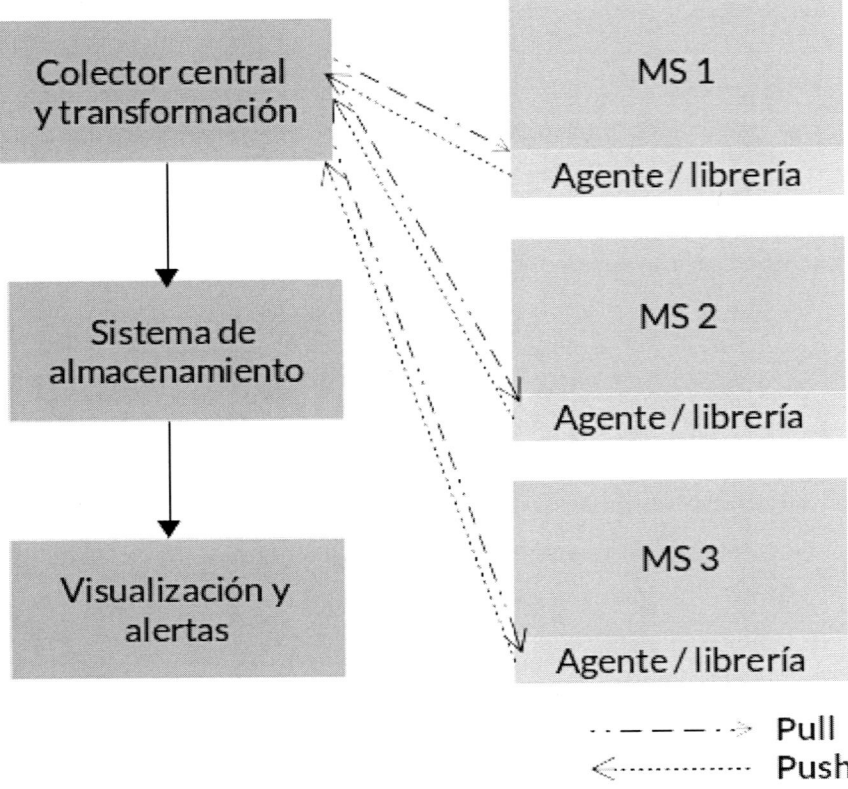

Figura 13.1 Formas de recolección de métricas

Las métricas permiten ver el rendimiento de determinados aspectos de las aplicaciones. Generalmente, en las aplicaciones se evalúan dos grupos de métricas:

- **Desempeño del software (APM):** nos permiten monitorear y dar seguimiento a indicadores asociados al rendimiento de los microservicios. Vale la pena monitorear elementos como consumo de CPU, memoria RAM, espacio en disco, parámetros de uso de la red, tiempos de escritura/lectura, cantidad de operaciones procesadas (conocido como throughput) y muchos otros indicadores.

- **KPI:** este grupo de métricas están centradas en el negocio y permiten conocer los indicadores claves de desempeño. Por ejemplo, en una aplicación orientada al e-commerce, la cantidad de pedidos por unidad de tiempo, grado de satisfacción de los usuarios, ratio de conversión y todos aquellos que se definan y se implementen los mecanismos para medirlos.

Los parámetros más comunes que se monitorean en APM son:

- Errores de aplicación.
- Tiempos de respuesta.
- Consultas a bases de datos.
- Estado del pool de conexiones a las bases de datos.

En cuanto a la infraestructura, al poder tener diferentes grados de segregación, se recomienda monitorizar a tres niveles:

- **Nodos:** es el entorno en el que se ejecutan los contenedores y aplicaciones desplegadas. Aquí podríamos monitorizar el uso de CPU, memoria, red, disco y sistema de archivos. Las métricas del sistema ayudan a comprender la asignación de recursos para cada nodo y a solucionar problemas ante valores atípicos.
- **Contenedor:** se podrían recopilar las métricas a nivel de contenedor y de la máquina virtual.
- **Servicio:** se podría recopilar información del rendimiento de la aplicación, en dependencia de la tecnología varían los datos (y su nivel de detalle). La información asociada a los KPI, bien puede ser obtenida por análisis de datos de la(s) persistencia(s) del sistema, bien implementando ciertos medidores que, al pasar ciertos puntos de la aplicación, notifiquen el cumplimiento del KPI e ir emitiendo en tiempo real al sistema de métricas.

13.5. Herramientas DevOps para observabilidad

En el ecosistema de DevOps, la observabilidad es un pilar fundamental para garantizar el rendimiento, la disponibilidad y la resiliencia de las aplicaciones.

OpenTelemetry se ha consolidado como un estándar abierto para la recolección unificada de métricas, logs y trazas, permitiendo a los equipos monitorizar sistemas distribuidos de manera eficiente.

13.5.1. OpenTelemetry

OpenTelemetry https://opentelemetry.io es un proyecto de código abierto que busca estandarizar la recopilación y el envío de datos de telemetría para aplicaciones distribuidas. Al proporcionar una API y SDK unificados, OpenTelemetry facilita la instrumentación de aplicaciones en diversos lenguajes de programación, lo que a su vez simplifica la integración con diferentes backends de observabilidad. Entre las principales **características** de OpenTelemetry podemos destacar:

- **Estandarización:** define un conjunto común de API y SDK para recopilar datos de rastreo, métricas y registros.
- **Agnóstico del proveedor:** los datos recopilados pueden ser enviados a múltiples backends de observabilidad (por ejemplo, Jaeger, Prometheus, Azure Monitor, etc.).
- **Múltiples lenguajes soportados:** ofrece soporte para una amplia gama de lenguajes de programación, incluyendo Python, Java, Go, Node.js, y más.
- **Extensibilidad:** permite crear extensiones personalizadas para adaptarse a necesidades específicas.

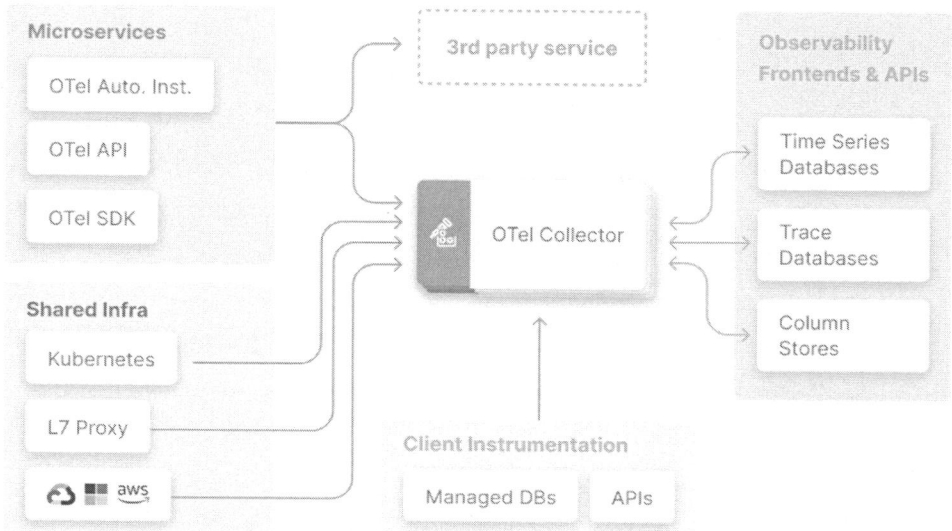

Figura 13.2 Arquitectura de Open Telemetry

OpenTelemetry proporciona una capa de abstracción que permite a las aplicaciones generar y exportar datos de telemetría de forma estándar. La **arquitectura** de OpenTelemetry se basa en tres componentes principales:

- **Instrumentación:** el código de la aplicación se instrumenta con las API de OpenTelemetry para generar datos de telemetría. A nivel de instrumentación se definen los siguientes elementos:
  - **API:** define un conjunto de interfaces comunes para la creación y anotación de spans (unidades de trabajo) y la generación de métricas. Estas interfaces son consistentes a través de todos los lenguajes soportados.
  - **SDK:** implementa las API y proporciona bibliotecas específicas para cada lenguaje de programación. Los desarrolladores utilizan estas bibliotecas para instrumentar sus aplicaciones y generar datos de telemetría.
    - **Procesadores (processors):** filtran, transforman o bajan el muestreo de datos.

■ **Exportadores (exporters):** envían datos a backends como Jaeger, Prometheus, etc.

● **Colector:** los datos de telemetría se envían a un colector, que se encarga de procesarlos y exportarlos a los backends de observabilidad. El colector actúa como intermediario entre sus aplicaciones y las herramientas de observabilidad, asegurando que los datos sean procesados y almacenados de manera eficiente y efectiva. Una vez que los datos llegan al colector, este los procesa, los transforma y los envía a los sistemas de almacenamiento y visualización adecuados. Por ejemplo, puede filtrar datos innecesarios, agregar contexto adicional o cambiar el formato para que sea compatible con diferentes backends.

  o **Agente:** se despliega junto a la aplicación para recibir datos.

  o **Gateway:** centraliza datos de múltiples fuentes antes de enviarlos al backend.

● **Backend:** los datos procesados se almacenan y se visualizan en un backend de observabilidad, como Jaeger, Prometheus o Grafana.

Al integrarse con herramientas como Prometheus, Grafana y Jaeger, OpenTelemetry facilita la correlación de datos con diferentes fuentes de datos. El siguiente fichero **docker-compose.yml** permite desplegar los servicios de colector y Jaeger.

```
# docker-compose.yml
version: "3"
services:
  otel-collector:
    image: otel/opentelemetry-collector
    command: ["--config=/etc/otel-config.yaml"]
    volumes:
     - ./otel-config.yaml:/etc/otel-config.yaml
    ports:
     - "4317:4317"  # OTLP gRPC
     - "4318:4318"  # OTLP HTTP
     - "8888:8888"  # Métricas (Prometheus)
```

```
jaeger:
 image: jaegertracing/all-in-one
 ports:
  - "16686:16686"  # UI
```

El archivo de configuración del OpenTelemetry Collector (**otel-config.yaml**) define cómo se reciben, procesan y exportan los datos de telemetría (trazas, métricas y logs). Los receivers especifican de dónde y en qué formato el collector recibe datos y los exporters definen a qué sistemas se envían los datos procesados.

```
receivers:
 otlp:
  protocols:
   grpc:
   http:

exporters:
 logging:
  loglevel: debug
 jaeger:
  endpoint: "jaeger:14250"
  insecure: true

service:
 pipelines:
  traces:
   receivers: [otlp]
   exporters: [jaeger, logging]
  metrics:
   receivers: [otlp]
   exporters: [logging]
```

13.6. Herramientas de monitorización

Con su rápida velocidad de implementación y cambio constante, DevOps siempre exige herramientas de alto rendimiento para el seguimiento, la identificación y el análisis constante de métricas clave. La herramienta de monitoreo es un paso importante en la pipeline de DevOps y necesita precisión en la selección. A continuación, analizamos una lista de las herramientas más relevantes en cuanto a monitorización se refiere.

- **Prometheus** https://prometheus.io: Prometheus es una herramienta de monitoreo y alerta de código abierto muy popular en el ámbito de DevOps. Se destaca por su capacidad para recopilar, almacenar y visualizar métricas de rendimiento de sistemas y aplicaciones, lo que permite a los equipos de desarrollo y operaciones identificar y resolver problemas de manera proactiva.

- **DataDog** https://www.datadoghq.com: es un servicio de monitoreo de infraestructura basado en SaaS con cientos de integraciones. Permite a los equipos de DevOps controlar los entornos dinámicos de nube. Esto facilita la visualización del estado de su infraestructura a un alto nivel por ubicación, aplicación o servicio. Facilita la supervisión de infraestructuras híbridas y en la nube complejas con paneles dinámicos y alertas, sin olvidar lo importante, que es la colaboración para un equipo de DevOps bien administrado y que permite a los usuarios invitar a muchos compañeros de equipo, conectarse y colaborar utilizando el sistema de notificación activo.

- **New Relic** https://newrelic.com: es una plataforma de monitoreo basada en la nube que proporciona observabilidad de pila completa en una nube segura. New Relic proporciona una forma simple y asequible de ajustar consultas, alertar y analizar los datos de telemetría de aplicaciones e infraestructura.

- **Sensu** https://sensu.io: es una plataforma de monitoreo de código abierto muy valorada en el ámbito de DevOps. Diseñada para ser flexible y escalable, Sensu permite a los equipos de desarrollo y operaciones supervisar la salud de sus sistemas y aplicaciones de manera proactiva.

13.6.1. Configuración de métricas con Prometheus

Prometheus es una herramienta de monitoreo de código abierto altamente escalable, diseñada específicamente para recopilar métricas de series temporales. Todos los datos y métricas se almacenan en la base de datos como series temporales (junto al instante de tiempo en el que el valor se ha registrado).

Las métricas que almacena Prometheus pueden ser de cualquier tipo. Dependen de la naturaleza de la aplicación o del sistema que se quiera monitorizar. Por ejemplo, puede ser el uso de CPU o de memoria, el número de conexiones, el número de peticiones o la cantidad de sesiones activas. Todas las mediciones y métricas recogidas ayudarán a diagnosticar errores o problemas de servicio en los sistemas y aplicaciones que se monitorizan. Sus **características** más relevantes incluyen:

- **Modelo de datos de series temporales:** almacena los datos como series temporales, lo que permite realizar consultas y análisis basados en el tiempo.
- **Exporters:** se integra con una amplia variedad de exporters que proporcionan métricas de diferentes sistemas y aplicaciones.
- **PromQL (Prometheus Query Language):** un lenguaje de consulta para extraer y filtrar datos de las series temporales.
- **Alertas:** permite definir reglas de alerta basadas en las métricas y enviar notificaciones cuando se cumplen esas reglas.
- **Alta disponibilidad:** puede configurarse en modo de alta disponibilidad para garantizar la continuidad del servicio.
- **Escalabilidad:** puede manejar grandes volúmenes de datos y escalar horizontalmente para adaptarse a las necesidades crecientes de cómputo.

Prometheus opera según una arquitectura cuyos componentes principales son:

- **Prometheus Server:** almacena métricas en una base de datos de series temporales y ejecuta las consultas.
- **Exporters:** expone métricas de sistemas externos (por ejemplo, Node Exporter para métricas de servidores).
- **Service Discovery:** detecta automáticamente servicios que monitorear (por ejemplo, en Kubernetes).
- **Alertmanager:** gestiona alertas basadas en reglas definidas en PromQL.
- **Client Libraries:** integración con aplicaciones (por ejemplo, Python, Go) para exponer métricas.
- **Pushgateway:** permite recibir métricas de jobs de corta duración (por ejemplo, batch).

El servidor Prometheus actúa como el cerebro de la aplicación, encargándose de recopilar periódicamente las métricas de otros componentes llamados **exporters** https://prometheus.io/docs/instrumenting/exporters, que exponen sus métricas en un formato que Prometheus puede entender. Una vez recopilados, los datos se almacenan en una base de datos interna del servidor.

La verdadera potencia de Prometheus reside en su lenguaje de consulta, **PromQL** https://prometheus.io/docs/prometheus/latest/querying/basics, que permite a los usuarios realizar consultas sobre los datos almacenados y analizar métricas en Prometheus. Por ejemplo, la siguiente consulta muestra todos los valores de la métrica http_requests_total:

```
http_requests_total
```

La siguiente consulta obtiene aquellas peticiones HTTP exitosas (status_code=200) del job api-server:

```
http_requests_total{job="api-server", status_code="200"}
```

La siguiente consulta obtiene el total de peticiones HTTP:

```
sum(http_requests_total)
```

La siguiente consulta obtiene las peticiones por segundo promedio en ventana de cinco minutos:

```
rate(http_requests_total[5m])
```

La siguiente consulta obtiene las peticiones en la última hora:

```
increase(http_requests_total[1h])
```

La siguiente consulta obtiene total de peticiones agrupadas por job:

```
sum by (job) (http_requests_total)
```

La siguiente consulta notifica si más del 10% de las peticiones son errores 5xx:

```
rate(http_requests_total{status_code=~"5.."}[5m]) > 0.1
```

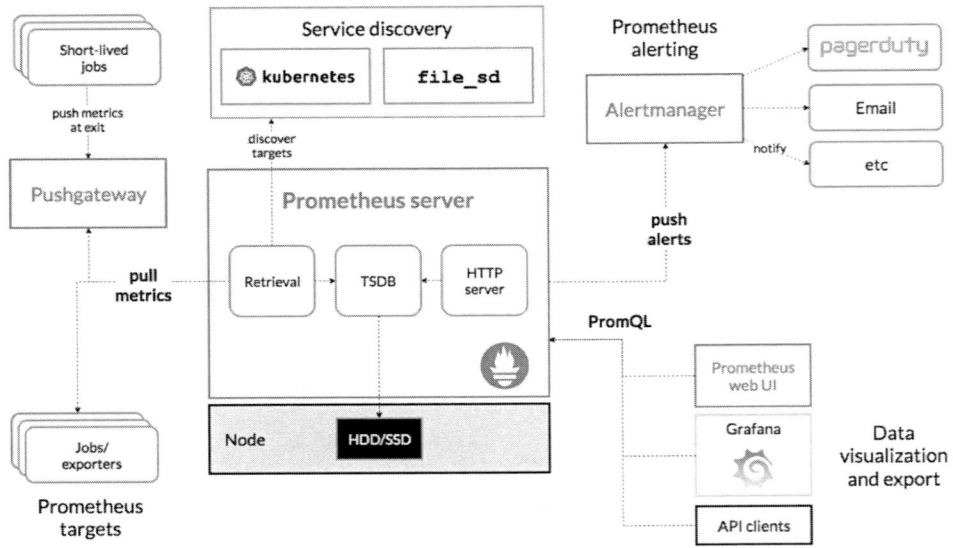

Figura 13.3 Arquitectura de Prometheus

El funcionamiento de Prometheus se podría resumir en los siguientes puntos:

- Los exportadores recopilan métricas de los sistemas y las exponen en un punto final HTTP.
- El servidor Prometheus consulta periódicamente estos puntos finales para obtener las nuevas métricas.
- Las métricas se almacenan en la base de datos interna de Prometheus.
- Los usuarios pueden realizar consultas utilizando PromQL para obtener datos específicos y crear alertas.
- Las alertas se activan cuando se cumplen las condiciones definidas y se envían notificaciones.

Como sistema de monitorización, Prometheus está diseñado para recopilar métricas de manera eficiente. Cuando se combina con OpenTelemetry, ofrece una solución potente para la observabilidad de aplicaciones. En el contexto de Prometheus, las métricas son representaciones numéricas de algún aspecto de un sistema en un momento dado. Pueden ser contadores (valores que solo aumentan), gauges (valores que pueden aumentar o disminuir), histogramas (distribuciones de valores) o resúmenes (combinación de histogramas y summaries).

OpenTelemetry (OTel) puede enviar métricas a Prometheus de varias formas. La opción más rápida es usar el OpenTelemetry Collector que actúa como intermediario: recibe datos OTLP y los exporta a Prometheus.

otel-config.yaml

```yaml
receivers:
  otlp:
    protocols:
      grpc:

exporters:
  prometheus:
    endpoint: "0.0.0.0:8889"  # Puerto donde Prometheus scrapeará
    namespace: "myapp"         # Prefijo para métricas

service:
  pipelines:
    metrics:
      receivers: [otlp]
      exporters: [prometheus]
```

En el fichero anterior se configuran los receptores (para recibir datos), los procesadores (para transformar los datos) y los exportadores (para enviar los datos a Prometheus). El exportador Prometheus en OpenTelemetry se encarga de convertir los datos recopilados por el colector en el formato que Prometheus pueda entender.

En el fichero **docker-compose.yml** definimos los servicios del colector de OpenTelemetry y Prometheus.

```yaml
# docker-compose.yml
services:
  otel-collector:
```

```
  image: otel/opentelemetry-collector
  ports:
   - "8889:8889"  # Endpoint para Prometheus
  volumes:
   - ./otel-config.yaml:/etc/otel-config.yaml

 prometheus:
  image: prom/prometheus
  ports:
   - "9090:9090"
  volumes:
   - ./prometheus.yml:/etc/prometheus/prometheus.yml
```

Prometheus utiliza un archivo de configuración propio en formato YAML para definir las fuentes de datos (targets), las reglas de alerta y otras opciones. En este archivo **prometheus.yml** se especifican las direcciones IP y los puertos de los exportadores que Prometheus debe consultar para recopilar métricas.

```
scrape_configs:
 - job_name: "otel-collector"
  static_configs:
   - targets: ["otel-collector:8889"]
```

Otra forma es hacer uso del exportador desde la aplicación. Si usamos el SDK de OpenTelemetry, podemos exportar métricas directamente en formato Prometheus.

Para utilizar OpenTelemetry con Python podríamos utilizar la librería cliente oficial de Python https://pypi.org/project/opentelemetry-api , que permite a las aplicaciones Python conectarse a un servidor de Prometheus para enviar las métricas de OpenTelemetry.

```
$ pip install opentelemetry-api
```

```
from opentelemetry import metrics
from opentelemetry.exporter.prometheus import
PrometheusMetricReader
from opentelemetry.sdk.metrics import MeterProvider
from prometheus_client import start_http_server

# Configurar el exportador Prometheus
reader = PrometheusMetricReader(port=8000)  # Expone /metrics en :8000
meter_provider = MeterProvider(metric_readers=[reader])
metrics.set_meter_provider(meter_provider)

# Ejemplo de métrica
meter = metrics.get_meter(__name__)
requests_counter = meter.create_counter("requests_total",
description="Total de requests")
requests_counter.add(1, {"endpoint": "/home"})

# Iniciar servidor Prometheus (opcional, solo para pruebas)
start_http_server(port=8000)
```

A continuación, añadimos la configuración de Prometheus para obtener las métricas de la aplicación:

```
scrape_configs:
  - job_name: "python-app"
    static_configs:
      - targets: ["python-app:8000"]  # Ajusta la IP/puerto
```

13.6.2. Visualización de métricas con Grafana

Grafana es una plataforma de código abierto para la visualización y análisis de datos métricos. Se integra de manera seamless con Prometheus y otros sistemas de monitoreo. Permite transformar datos numéricos en gráficos y paneles informativos que facilitan la comprensión del estado de los sistemas. Entre las principales **características** podemos destacar:

- **Flexibilidad:** permite crear dashboards personalizados con una amplia variedad de gráficos, tablas y paneles.
- **Integración:** se integra con múltiples fuentes de datos, incluyendo Prometheus, InfluxDB, Elasticsearch y muchas más.
- **Alertas:** permite configurar alertas basadas en los datos visualizados, notificando a los equipos cuando se superan ciertos umbrales.
- **Templating y variables:** facilita la creación de dashboards reutilizables y adaptables mediante el uso de variables y plantillas.

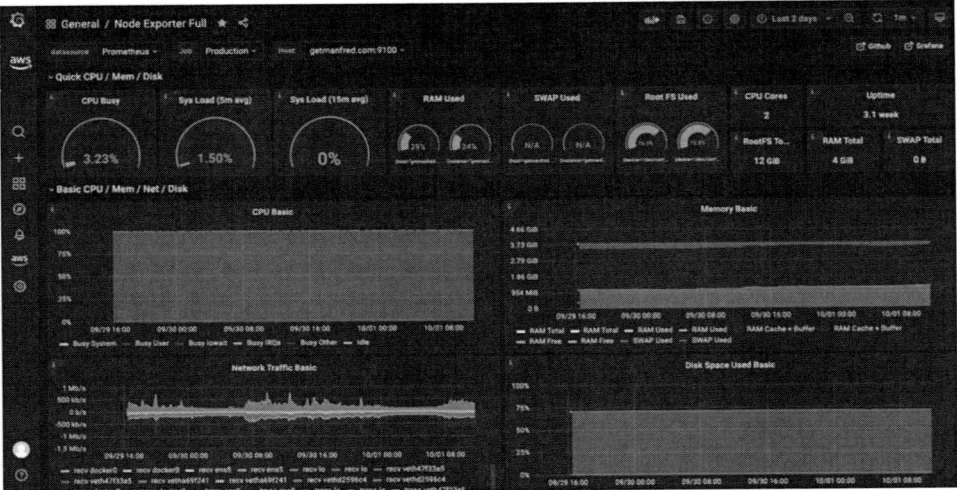

Figura 13.4 Dashboard de Grafana

La arquitectura de Grafana se compone de varios componentes que trabajan juntos para proporcionar una experiencia de usuario robusta y eficiente. Estos componentes Incluyen:

- **Servidor de Grafana:** gestiona la interfaz de usuario y la configuración general.
- **Base de datos:** almacena la configuración y los metadatos de Grafana.
- **Backend:** procesa las peticiones y realiza la integración con diversas fuentes de datos.

- **Frontend:** interfaz de usuario que permite la creación y visualización de dashboards.

Las principales visualizaciones que podemos realizar en grafana son:

- **Gráficos de líneas:** perfectos para visualizar tendencias a lo largo del tiempo, como el uso de CPU o la latencia de una solicitud.
- **Gráficos de barras:** ideales para comparar valores entre diferentes categorías, como el uso de memoria por proceso.
- **Histogramas:** útiles para visualizar la distribución de valores, como los tiempos de respuesta de una solicitud.
- **Mapas:** para visualizar datos geográficos, como la ubicación de servidores o la latencia de red.
- **Tableros:** para mostrar información tabular, como el estado de los servicios o los valores de configuración.

Para comenzar a visualizar los datos en Grafana, lo primero es establecer una conexión con la fuente de datos. Esto implica configurar Grafana para que pueda acceder a la información que nos interese representar, como los datos de métricas almacenados en Prometheus. Una vez establecida la conexión, podrás empezar a crear dashboards personalizados.

Para conectar Grafana con Prometheus, se configura Prometheus como una fuente de datos dentro de Grafana. Asumiremos que ya tienes una instancia de Prometheus en ejecución y exponiendo métricas (por defecto en http://localhost:9090). Los pasos para conectar Grafana con Prometheus son los siguientes:

1. **Acceder a la Interfaz de usuario de Grafana:** acceder a la url de la instancia de Grafana (por defecto http://localhost:3000).
2. **Añadir una nueva fuente de datos:** en el menú de navegación de la izquierda, pasa el cursor sobre el icono de «Connections» y selecciona «Data sources». Haga clic en el botón «Add new data source».

3. **Configurar la fuente de datos prometheus:** se abrirá la página de configuración de Prometheus, donde es necesario rellenar los siguientes campos:

    a. Name: asignarle un nombre descriptivo a su fuente de datos (ej., My Prometheus Server o Prometheus_Local).

    b. Url (Prometheus server URL): esta es la dirección donde su servidor Prometheus está escuchando. Si Prometheus se ejecuta en la misma máquina y puerto por defecto: http://localhost:9090

    c. Access:

        i. Server (default): esta es la opción más común y recomendada. Significa que el servidor Grafana realizará las peticiones HTTP directamente a Prometheus.

        ii. Browser: el navegador del cliente hace la petición directamente a Prometheus. Puede tener problemas de CORS si Prometheus no está configurado para permitir solicitudes desde el dominio de Grafana.

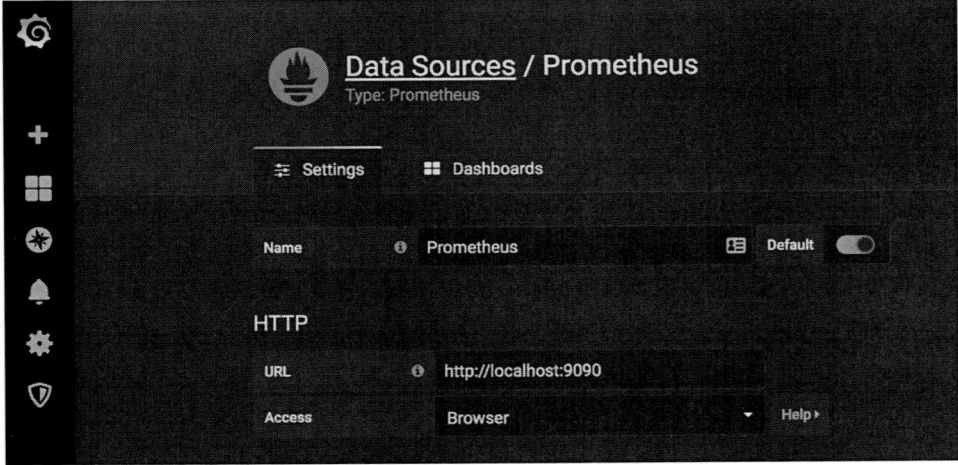

Figura 13.5 Configuración de Prometheus como Data Source en Grafana

Grafana permite visualizar las métricas. Las gráficas son totalmente personalizables. Dispone de paneles dinámicos, que se pueden crear y guardar como plantillas para usar más adelante. También permite explorar datos con consultas *ad hoc* y comparar datos de distintas franjas de tiempo.

Figura 13.6 Visualización de Grafana

Estos dashboards son como lienzos en blanco donde podrá agregar paneles individuales, cada uno de los cuales mostrará un tipo de gráfico específico (líneas, barras, histogramas, etc.). Para cada panel, deberá definir una consulta en PromQL, un lenguaje de consulta diseñado específicamente para extraer datos de Prometheus. Esta consulta indicará qué datos quiere visualizar y cómo quiere que se representen gráficamente.

Grafana le ofrece una amplia gama de opciones para personalizar la apariencia de los gráficos, desde los colores y las leyendas hasta las anotaciones y los umbrales de alerta. Una vez que haya creado un dashboard al gusto de usted, podrá compartirlo con otros usuarios o exportarlo para reutilizarlos en otros entornos.

GLOSARIO

Ahead-Of-Time (AOT) Compilation: técnica de compilación que consiste en que el código fuente se traduce a código máquina ejecutable antes de que la aplicación se ejecute. Esto contrasta con la compilación Just-In-Time (JIT). Permite tiempos de inicio más rápidos y un menor consumo de memoria, común en microservicios y serverless.

AMQP (Advanced Message Queuing Protocol): estándar de protocolo abierto para la mensajería asíncrona que define cómo se intercambian los mensajes entre las aplicaciones a través de un broker. Ofrece características como la fiabilidad, la seguridad y la interoperabilidad entre diferentes proveedores de middleware de mensajes.

Ansible: automatización de configuración, despliegue de aplicaciones y orquestación, sin agentes.

Apache Kafka: herramienta que permite publicar, almacenar y procesar los registros. Esta plataforma también permite suscribirse a ellos en tiempo real.

Apache Flink: motor de procesamiento de stream distribuido que procesa flujos de datos en tiempo real y por lotes. Destaca por su baja latencia, procesamiento con estado y garantías de exactamente una vez. Se emplea en análisis en tiempo real, ETL y sistemas de eventos complejos.

API First: estrategia de desarrollo que consiste en que el diseño y la especificación de la API se realizan antes de implementar cualquier código de la aplicación. Esto fomenta la colaboración y el diseño centrado en el consumidor de la API.

API Gateway: punto de entrada único para todos los clientes que acceden a un conjunto de microservicios. Se encarga de tareas como el enrutamiento de peticiones, la autenticación, la autorización, la limitación de tasas y la transformación de protocolos, con lo que se simplifica la lógica del cliente.

Apache Pulsar: plataforma de mensajería y streaming distribuida de próxima generación, de código abierto. Combina las características de una cola de mensajes tradicional con las capacidades de un sistema de streaming, ofreciendo alta escalabilidad, baja latencia y durabilidad para datos en tiempo real.

Apache Spark: framework de programación para procesar datos de forma rápida. Es un motor de procesamiento responsable de orquestar, distribuir y monitorear las aplicaciones de procesamiento de datos.

Broker: en sistemas de mensajería, un servidor intermediario que facilita la comunicación entre publicadores y suscriptores. Recibe mensajes de los publicadores, los almacena y los entrega a los suscriptores interesados, desacoplando a los remitentes de los receptores.

Change Data Capture (CDC): conjunto de patrones de diseño de software que se utiliza para determinar y rastrear los cambios en los datos, de forma que las acciones puedan realizarse en función de esos cambios. Permite replicar datos entre bases de datos o sincronizar sistemas en tiempo real sin impactos significativos en el rendimiento.

Chef: herramientas de automatización de configuración basadas en agentes, para gestionar el estado de los servidores.

CI/CD: acrónimo de integración continua (CI) y entrega continua (CD) o despliegue continuo (CD). Representa un conjunto de prácticas que automatizan la construcción, prueba y despliegue de código, lo que acelera el ciclo de vida del desarrollo de software.

Code First: enfoque de desarrollo de software donde el modelo de datos (clases de código) se define primero y luego se utiliza para generar la base de datos o las API.

Consul: herramienta de código abierto de HashiCorp que proporciona descubrimiento de servicios, configuración, orquestación y una malla de servicios. Permite a los servicios registrarse y encontrarse entre sí. Gestiona la configuración de forma centralizada en entornos distribuidos.

Containerd: runtime de contenedores de código abierto que gestiona el ciclo de vida completo de los contenedores, desde la descarga de imágenes hasta la ejecución, supervisión y almacenamiento. Es un componente central de Docker y Kubernetes.

Command Query Responsibility Segregation (CQRS): patrón arquitectónico que separa las responsabilidades de lectura (queries) y escritura (commands) de una aplicación o base de datos. Permite optimizar el rendimiento, la escalabilidad y la seguridad al adaptar modelos de datos y tecnologías de almacenamiento específicos para cada tipo de operación.

DataOps: metodología ágil que aplica principios de DevOps a todo el ciclo de vida de los datos, desde la adquisición hasta la entrega y el análisis. Busca mejorar la calidad, la velocidad y la colaboración en las pipelines de datos, automatizando y monitoreando el flujo de datos.

Despliegue continuo (Continuous Deployment - CD): extensión de la entrega continua. Cada cambio de código pasa todas las etapas de la pipeline de prueba y entrega, y se despliega automáticamente en producción sin intervención humana. Requiere una alta confianza en la automatización de pruebas y despliegue.

DevOps: cultura y conjunto de prácticas que integran el desarrollo de software (Dev) y las operaciones de TI (Ops). Busca acortar el ciclo de vida del desarrollo de sistemas, mejorando la entrega continua de software de alta calidad a través de la automatización y la colaboración.

DevSecOps: extensión de DevOps que integra la seguridad en cada fase del ciclo de vida de desarrollo de software. Busca automatizar y anticipar las preocupaciones de seguridad desde el diseño hasta el despliegue y la operación, haciendo que la seguridad sea una responsabilidad compartida.

Docker: plataforma que utiliza la virtualización a nivel de sistema operativo para empaquetar software en unidades estandarizadas llamadas contenedores. Estos contenedores incluyen todo lo necesario para ejecutar la aplicación, lo que asegura que se ejecute de manera consistente en cualquier entorno.

Domain-Driven Design (DDD): enfoque de desarrollo de software que se centra en modelar para que coincida con el dominio de negocio. Implica una colaboración estrecha entre expertos en el dominio y desarrolladores, creando un lenguaje ubicuo y un modelo de dominio que impulsa la arquitectura del software.

Entrega continua (Continuous Delivery - CD): práctica de ingeniería de software donde el software se mantiene en un estado que puede ser liberado a producción en cualquier momento. Implica que cada cambio de código que pasa las pruebas automatizadas se puede desplegar manual o automáticamente en un entorno de producción o preproducción.

Envoy: proxy de servicio y edge de código abierto diseñado para entornos nativos de la nube. Actúa como un proxy de capa 7 de alto rendimiento, proporcionando características críticas para un service mesh como descubrimiento de servicios, equilibrio de carga, tolerancia a fallos y observabilidad.

Function as a Service (FaaS): modelo de servicio en la nube que permite a los desarrolladores ejecutar código sin gestionar la infraestructura subyacente. Los desarrolladores escriben funciones pequeñas y autónomas que se ejecutan en respuesta a eventos, escalando automáticamente y facturando por el tiempo de ejecución.

GitOps: enfoque para la entrega continua de software basado en Git como fuente de verdad declarativa para la infraestructura y las aplicaciones. Permite gestionar y automatizar el despliegue de software observando el estado deseado en un repositorio Git y aplicando cambios.

Gradle: herramienta de automatización de construcción de código abierto, popular para proyectos Java (Android). Combina lo mejor de Ant y Maven con un DSL (Domain Specific Language) basado en Groovy o Kotlin, ofreciendo flexibilidad y rendimiento en la construcción de software.

GraphQL: lenguaje de consulta para API y un runtime para ejecutar esas consultas con los datos existentes. Permite a los clientes solicitar exactamente los datos que necesitan, ni más ni menos, reduciendo el exceso de datos y las múltiples peticiones HTTP.

Grafana: plataforma de código abierto para la visualización y el análisis de datos de series temporales. Permite crear dashboards interactivos y personalizables a partir de diversas fuentes de datos (incluido Prometheus), lo que facilita el monitoreo y la toma de decisiones.

GraalVM: entorno de ejecución universal de alto rendimiento que incluye un compilador JIT (Just-In-Time) avanzado y un modo nativo (Ahead-Of-Time). Permite compilar aplicaciones Java (y otros lenguajes) en ejecutables nativos, con lo que mejora el rendimiento, el consumo de memoria y el tiempo de inicio.

gRPC: framework RPC (llamada a procedimiento remoto) de alto rendimiento y código abierto desarrollado por Google. Utiliza Protocol Buffers para la serialización de datos y HTTP/2 para el transporte, lo que permite la comunicación eficiente entre servicios en diferentes lenguajes.

Helidon: conjunto de bibliotecas Java de código abierto para construir microservicios y aplicaciones nativas de la nube. Ofrece dos modelos de programación (Helidon SE para funciones puras y Helidon MP compatible con Micro Profile). Se centra en la velocidad y la eficiencia para entornos nativos de la nube.

Infraestructura como código (IaC): práctica que gestiona y provisiona infraestructura (redes, máquinas virtuales, balanceadores de carga) mediante archivos de código en lugar de configuración manual. Permite automatizar.

Integración continua (Continuous Integration - CI): práctica de desarrollo de software en la que los desarrolladores integran su código frecuentemente en un repositorio compartido. Cada integración es verificada por una construcción automatizada (incluyendo pruebas), con lo que se detectan errores de integración de forma temprana y continua.

Istio: plataforma de código abierto que proporciona una capa de malla de servicios completa para Kubernetes. Permite gestionar el tráfico de red, aplicar políticas de seguridad, recopilar telemetría y aplicar resiliencia a la comunicación entre microservicios.

Kafka: plataforma distribuida de streaming de eventos de código abierto. Permite publicar, suscribirse, almacenar y procesar flujos de registros en tiempo real. Se utiliza para construir pipelines de datos en tiempo real, aplicaciones de streaming y microservicios reactivos.

Kind (Kubernetes in Docker): herramienta que permite ejecutar clústeres de Kubernetes locales utilizando contenedores Docker como nodos del clúster. Es útil para probar Kubernetes, desarrollar y probar aplicaciones en un entorno de clúster simulado.

Kubernetes: sistema de orquestación de contenedores de código abierto que automatiza el despliegue, escalado y gestión de aplicaciones en contenedores. Proporciona alta disponibilidad, escalabilidad y gestión del ciclo de vida de las aplicaciones.

Linkerd: malla de servicios de código abierto para Kubernetes conocida por su simplicidad, ligereza y rendimiento. Proporciona observabilidad, fiabilidad y seguridad para las comunicaciones entre microservicios, con un enfoque en la experiencia del desarrollador.

Maven: herramienta de automatización de construcción de proyectos de software de Apache, principalmente para proyectos Java. Gestiona dependencias, compila código, ejecuta pruebas y empaqueta aplicaciones siguiendo un modelo de proyecto basado en XML (POM - Project Object Model).

Message Queuing Telemetry Transport (MQTT): protocolo de mensajería ligero, publicación-suscripción, ideal para dispositivos con recursos limitados y redes de baja latencia o inestables. Es ampliamente utilizado en el Internet de las Cosas (IoT) para la comunicación eficiente entre sensores, actuadores y plataformas de datos.

Microservicios: la arquitectura de microservicios es una aproximación para el desarrollo de software que consiste en construir una aplicación como un conjunto de servicios pequeños que se ejecutan y se comunican por mecanismos muy ligeros. Cada servicio tiene la tarea de implementar una funcionalidad completa. Se puede programar en diferentes lenguajes y usar diferentes tecnologías para almacenar los datos.

Micronaut: framework Java de código abierto para construir aplicaciones modulares, fácilmente testeables y nativas de la nube, diseñado para microservicios y funciones serverless. Utiliza la inyección de dependencias en tiempo de compilación para tiempos de inicio rápidos y bajo consumo de memoria.

Microk8s: clúster de Kubernetes ligero y de código abierto diseñado para ser instalado en una sola máquina (Linux, Windows, macOS). Es ideal para el desarrollo local, Edge IoT y entornos de desarrollo rápido, lo que proporciona una forma sencilla de obtener un clúster K8s funcional.

Minikube: herramienta que permite ejecutar un clúster de Kubernetes de un solo nodo localmente en su máquina. Es ideal para el desarrollo local, pruebas y aprendizaje de Kubernetes, sin la necesidad de configurar un clúster completo o usar la nube.

MLOps: conjunto de prácticas que aplican principios de DevOps a los modelos de machine learning. Busca estandarizar y optimizar el ciclo de vida completo de machine learning, desde el desarrollo y entrenamiento del modelo hasta el despliegue, monitoreo y reentrenamiento continuo en producción.

Observable: en programación reactiva, una fuente de datos que puede emitir una secuencia de elementos a lo largo del tiempo. Los observadores (suscriptores) pueden suscribirse a un observable para recibir notificaciones sobre nuevos datos, errores o la finalización de la secuencia.

OpenShift: plataforma de desarrollo y despliegue de aplicaciones de código abierto de Red Hat construida sobre Kubernetes. Añade herramientas para desarrolladores, automatización de CI/CD, seguridad empresarial y funcionalidades para operaciones.

OpenTelemetry: conjunto de herramientas, API y SDK de código abierto diseñado para instrumentar, generar, recolectar y exportar datos de telemetría (métricas, logs y trazas). Permite observar el rendimiento y el comportamiento de aplicaciones distribuidas de manera estandarizada y agnóstica al proveedor.

ORM (mapeo objeto-relacional): técnica de programación que permite a los desarrolladores interactuar con bases de datos relacionales utilizando objetos y métodos del lenguaje de programación que están usando, en lugar de escribir consultas SQL directas. Facilita la manipulación de datos y reduce el código boilerplate.

Pipeline: en el contexto de DevOps o CI/CD, una secuencia automatizada de pasos que un cambio de código debe seguir desde el desarrollo hasta la producción. Incluye etapas como construcción, pruebas, despliegue y monitoreo, asegurando un proceso de entrega de software eficiente y fiable.

Podman: motor de contenedores sin demonio (daemon-less) que permite ejecutar, gestionar y organizar contenedores y pods de forma similar a Docker, pero sin la necesidad de un proceso de demonio de Docker. Es popular por su seguridad y compatibilidad con Kubernetes.

Portainer: herramienta de gestión de código abierto que simplifica la administración de entornos Docker y Kubernetes a través de una interfaz gráfica de usuario (GUI). Permite desplegar aplicaciones, gestionar contenedores, imágenes, volúmenes y redes de forma intuitiva.

Programación reactiva: paradigma de programación asíncrono que se centra en las secuencias de datos y la propagación de datos mediante el establecimiento de una dependencia definida entre los modelos de ejecución subyacentes y los flujos de datos emitidos de un componente a otro.

Prometheus: sistema de monitoreo y alertas de código abierto, diseñado para entornos altamente dinámicos de microservicios. El objetivo es recopilar métricas de las aplicaciones y la infraestructura a través de un modelo de extracción (pull model). Permite consultas potentes y alertas configurables.

Protobuf (Protocol Buffers): protocolo para serializar datos estructurados de manera eficiente en el tiempo y en el espacio. Es un formato de intercambio de datos independiente del lenguaje y de la plataforma, utilizado para la comunicación entre servicios, especialmente en gRPC.

Quarkus: framework Java nativo de Kubernetes diseñado para la JVM y compilación nativa (GraalVM). Optimizado para entornos de microservicios y serverless, ofrece tiempos de inicio rápidos, bajo consumo de memoria y alto rendimiento.

RabbitMQ: software de encolado de mensajes conocido como broker de mensajería o gestor de colas. Las aplicaciones se pueden conectar a estas colas y transferir y leer mensajes en ellas. Se puede usar principalmente para reducir las cargas y tiempos de entrega por parte de los servidores de aplicaciones web.

Rancher: plataforma de código abierto para la gestión de Kubernetes en cualquier lugar. Permite desplegar, gestionar y operar clústeres de Kubernetes en múltiples nubes, on-premises o en edge, proporcionando una capa de gestión unificada.

REST (Representational State Transfer): estilo arquitectónico para sistemas distribuidos que define un conjunto de principios para la comunicación entre componentes. Se basa en recursos identificables por url, operaciones sin estado (GET, POST, PUT, DELETE) y la representación de recursos (JSON, XML).

RxJava: implementación de las Reactive Extensions (Rx) para la Java Virtual Machine (JVM). Es una biblioteca que permite la programación reactiva mediante el uso de observables, con lo que facilita la composición de programas asíncronos y basados en eventos.

SDKMAN (SDK Manager): herramienta de línea de comandos para Linux, macOS y Windows que simplifica la instalación y gestión de múltiples SDKs (kits de desarrollo de software) en sistemas basados en Unix. Permite cambiar fácilmente entre diferentes versiones de Java, Maven, Gradle, Scala, Kotlin, etc.

Service Discovery: mecanismo que permite a los servicios de una arquitectura distribuida (como microservicios) encontrarse y comunicarse entre sí de forma automática. Evita la necesidad de codificar ubicaciones de red fijas, permitiendo que los servicios se escalen o reubiquen dinámicamente.

Service Registry: una base de datos o componente centralizado donde los microservicios registran su ubicación de red al iniciarse. Actúa como un directorio para que otros servicios puedan consultar y descubrir las instancias disponibles de un servicio particular.

Service mesh: capa de infraestructura programable que facilita la comunicación entre servicios en una arquitectura de microservicios. Proporciona características como descubrimiento de servicios, enrutamiento, equilibrio de carga, seguridad, observabilidad y resiliencia sin modificar el código de la aplicación.

Serverless: modelo de ejecución en la nube. El proveedor de la nube gestiona completamente la infraestructura del servidor. Los desarrolladores solo escriben y despliegan código (funciones) que se ejecutan bajo demanda, escalando automáticamente y facturando solo por el tiempo de computación consumido.

Sidecar: patrón de diseño en arquitectura de microservicios. Un proceso auxiliar se ejecuta junto al contenedor principal de una aplicación en el mismo pod. Proporciona funcionalidades complementarias (por ejemplo, logging, monitoring, seguridad), sin afectar el código de la aplicación principal.

Sistema de control de versiones (SCM): software que gestiona los cambios en documentos, programas informáticos, sitios web grandes y otra información que cambia con el tiempo. Permite a múltiples desarrolladores colaborar en un mismo proyecto, rastreando cada modificación, quién la hizo y cuándo, facilitando la reversión a versiones anteriores.

Spring: framework para la plataforma Java que permite desarrollar aplicaciones Java de forma rápida y eficaz, ya que ahorra líneas de código y se salta las tareas repetitivas. Actualmente es el framework Java más utilizado, llegando a convertirse en un estándar *de facto* del mundo Java.

Spring Boot: framework de código abierto para crear aplicaciones Java de forma rápida y sencilla. Simplifica el desarrollo de aplicaciones Spring independientes, listas para producción, con configuración por convención y servidores embebidos.

Swagger: conjunto de herramientas de código abierto para diseñar, construir, documentar y consumir API RESTful. Incluye la especificación OpenAPI para describir API de forma estandarizada y herramientas como Swagger UI para la visualización interactiva de la documentación.

Traefik: proxy inverso y balanceador de carga de código abierto moderno que se integra dinámicamente con su infraestructura. Es popular en entornos de microservicios y contenedores (Docker, Kubernetes) por su capacidad de descubrir servicios automáticamente y enrutar el tráfico.

User agent: cadena de texto enviada por el navegador web o cliente al servidor. Identifica el tipo de software del cliente, sistema operativo y versión, permitiendo al servidor adaptar la respuesta (ej. contenido, formato) según las capacidades del cliente.